글·시·사진
원양연

도서
출판 행복에너지

초판 1쇄 발행 2012년 2월 15일

지 은 이 원양연
발 행 인 권선복
편   집 성지현
디 자 인 최동희, 최새롬
업무지원 박순예, 박소은
마 케 팅 이승훈, 이란
발 행 처 도서출판 행복에너지
출판등록 제315-2011-000035호
주   소 서울특별시 강서구 화곡동 24-322
전   화 0505-666-5555
팩   스 0303-0799-1560
홈페이지 www.happybook.or.kr
이 메 일 ksb6133@naver.com

값 15,000원
ISBN 978-89-966988-9-0 03690

도서출판 행복에너지는 독자 여러분의 아이디어와 원고 투고를 기다립니다. 책으로 만들기를
원하는 콘텐츠가 있으신 분은 이메일이나 홈페이지를 통해 간단한 기획서와 기획의도, 연락처
등을 보내주십시오. 행복에너지의 문은 언제나 활짝 열려 있습니다.

'산과 삶 그리고 마라톤' 출간 후 산이 전하는 이야기를 '산과 카멜레온'으로 출간하게 되었습니다. 산에서 '안녕하세요, 반갑습니다. 조금만 더 가면 됩니다, 힘내세요.' 라는 격려에 용기를 얻어서 미흡하나마 변화를 시도하며 한발 더 나아가 봅니다.

정상에서 대자연의 장관을 볼 수도 있고, 안개구름으로 한치 앞도 못 보기도 하고, 동·남·서·북을 분간하지 못하여 길을 잃기도 하고, 어둠으로 나락에 빠질 때도 있습니다. 또 아름다움에 매료되어 선녀를 찾아 헤매고, 108번뇌로 길을 잃어 방황하기도 합니다. 그러나 산에서 흘리는 땀방울로 혼돈을 안정시키며 길을 찾으면 산은 현명한 답을 찾아줍니다.

비가 메마른 대지를 살려내듯이 산은 계절의 변화로 우리에게 메시지를 전합니다. 임진왜란 때 조총의 위력을 알았음에도 400여 년 동안 '농자천하지대본야'를 주장하다가 한발 앞서 변화한 왜(倭)의 침략으로 우리나라는 50년 동안 일제강점기를 당하며 나라 없는 서러움(살상, 강간, 토지강탈, 징용, 열등민족 등)으로 죽음과 뼈에 사무치는 고통을 안고 살아야 했습니다. 일본은 우리나라보다 20~30년 빠른 명치유신(산업화)으로 세계대전을 일으켜 세계를 손아귀에 넣으려 했습니다.

산에 남겨진 무수한 외세침략에서 다시는 이러한 불행을 대물림하지 않아야 합니다. 외세의 침략을 이겨낸 것이 자랑이 아니라 외세의 침략이 근본적으로 발생하지 않는 것이 최우선 과제입니다. 그리고 대자연은 연연세세 이어가는 것으로 후손에게 빌려 쓰는 것임을 명심해야 합니다. 자식사랑은 지극정성인데 자식들의 교육장이고 삶의 터전인 자연에 관심을 두고 마구잡이 개발을 하지 않기를 기원합니다.

끝으로 산에서 흘리는 땀방울 하나가 고통으로 다가오고, 땀에 저린 찌릿한 냄새가 삶의 썩은 냄새로 풍겨올 때 이 고통의 길을 왜 걷는지 자문하며 산행을 포기하고 싶을 때도 많았습니다. 그러나 산에서 흘리는 땀방울이 삶의 굴레를 벗겨내는 희망으로 자리하고 땀 내음 가득한 옷이 세상의 고통을 흡수하여 떨어낼 때 맞이하는 자연의 부드러움과 포근함으로 인생을 전환하기에 다시 산을 찾아 떠납니다. 산에서 성철스님의 '산은 산이요, 물은 물이로다.'를 화두로 안고 방황도 해야겠지요.

산에서 만나는 수필을 용해시켜 세상에 빛을 보게 해준 출판사 관계자 및 옥필을 내려주신 (주)부일금고 박일국 회장님, 동명대학교 문석남 박사님, 쉼터산악회, 산과 카멜레온에 표지디자인으로 색동옷을 입혀주신 동의과학대학교 최동희 교수님께 깊은 감사를 드립니다.

참고로 산에 대한 개요 및 역사관계, 문화유적과 전설 등은 문화재관리소, 시청 및 군청, 해당지역의 설명문 및 안내판, 다음 및 네이버, 산악회 홈피, 기타 관련 서적 및 사이트 자료를 참조하였고, 여러 산악(우)회와 동행하여 들은 구전을 참고하였음을 양해드립니다. 덕분에 좋은 이야기를 담을 수 있는 것에 심심한 감사를 표합니다. 그리고 산악(우)회에 동행하여도 오랜 벗처럼 따뜻한 격려와 배려를 부탁드리겠습니다.

순백의 화원이 물결치는 것을 느끼며, 임진년 입춘날에…

오늘날은 자연과 함께 아름다운 삶을 추구하는 웰빙 활동이 많이 늘어납니다. 대자연에서 하늘이 주시는 복에 감사하고, 선(善)한 삶을 충전하며 행복한 미래를 설계하는 모습이 아름답습니다. 웰빙생활 과정에서 산행으로 기록한 〈산과 삶 그리고 마라톤〉에 이어, 두 번째로 〈산과 카멜레온〉을 다시 출간한다고 하니 축하합니다.

옛날부터 근면하고 성실하면 일상에서 일어나는 어떤 역경도 이겨낼 수 있는 든든한 삶의 터전을 이룰 수 있다고 하였으며, 나아가서는 그로 인하여 좋은 결과를 얻는 경우도 많았습니다. 즉, 삶의 도정에서 무엇을 바라며 막연하게 기다리는 것보다, 사소한 일이라도 자신이 추구하는 방향성을 정확히 인지하여 목적대로 성실히 수행하면 그것이 곧 공든 탑이 되고, 미래에 있어서의 훌륭한 삶의 보람으로 승화되곤 합니다. 이러기에 근면과 성실은 사람들이 갖추어야할 기본 덕목이며, 과거로부터 오늘날 아니 앞으로도 인간사회생활에 꼭 필요한 요소인 것입니다.

농부가 무더운 여름에 근면과 성실로 가을에 충성한 결실을 맺듯이 산행하며 자연과 더불어 느낀 것을 글과 사진으로 하나하나 남기고, 삶에서 파생되는 다양한 생각들을 수필로 담담하게 표현하여 〈산과 카멜레온〉을 발간하는 결실에 박수를 보냅니다.

'내일 지구가 멸망해도 한그루의 사과나무를 심겠다.' 라는 말처럼 목표를 향하여 성실하고 근면한 생활이 영속되기를 바라며, 아무쪼록 산행에는 많은 역경과 위험이 도사리고 있으니 언제나 안전에 유념하여 즐거운 산행을 하면서 좋은 결과가 있기를 바랍니다.

(주) 부 일 금 고   대표이사 박 일 국 (인)
개성고(부산상고) 전 동창회장

山

문석남

바로 내려다 보면 길은 수평이고,
　바로 올려다 봐도 길은 수평인데,
　　길따라 수평으로 보면, 길 본연의 모습이 보인다.

　하여,
　　보니까 보이는 것이고,　보면 보이는 것이건만,
　　보는 것이 그 자체를 보는 것이 아니고,
　　　보이는 것도 그 자체가 보이는 것이 아니다.

　그러기에,
　　보이는 것을 통하여　보이지 않는 것도 볼 때,
　　비로소 〈보는〉 것이며,
　　　보이는 것과 〈함께〉 〈하나〉가 되는 것이다.

　　山,　무엇을 보고　무엇이 보이는가?
　山,　스스로　보여주지　않는다.
山,　그럼에도 〈거기〉에　〈있다〉.

비오듯 흐르는 등줄기 땀을 훔치며
내 심장 더 와 닿는 산을 보겠다고
구름 속 넝쿨을 헤집으며 여름 산을 보았는데
파랗게 잘 익은 커다란 하늘은 가지개를 켜며 여름을 가두고
언듯언듯 푸성귀 가을을 내밀고 있다.

산은!!
새각시 연분홍 진달래가 볼연지 부끄러운 듯 봄을 채색하고
계곡마다 옛 장군님 기를 내뿜는 우렁한 폭포는 여름을 합창하며
고사리 영롱 오색단풍은 온 산하에 가을을 불놀이하고
백설기 눈밭은 내 초상화를 그리며 겨울을 합창 한다

그렇게 산은
내 마음을 능선에 업고 10여년 삶을 이야기 하였더라.
어느 화가가 산처럼 더 아름다운 그림을 그릴까
어느 조각가가 산처럼 더 섬세한 조각을 할 수 있을까
어느 성악가가 산보다 더 맑은 음률을 노래할까
산은 카멜레온이었다

어느 형용사로도 형언할 수 없는 찬란한 산을
글쓴이는
또 꿰매어서 모든 이에게 산행기로 알리려는 힘을 감탄한다.
아마도 산의 진실과 창의성과 거대한 힘의 뿌리를 배웠으리라
어쩌면 글쓴이는
카멜레온 보다 더 예쁜 카멜레온이 아닌가 싶다

쉼터산악회

차 례

■ 책을 펴내면서
■ 격려의 글
■ 권두시
■ 축하의 글

산

영남알프스(가지산)	경남 언양	2008	2	96
영남알프스(배내봉~영축산)	경남 양산	2007	4	100
영남알프스(향로산)	경남 양산	2007	1	106
영취산	경남 창녕	2008	6	110
와룡산	경남 사천	2007	2	114
화왕산	경남 창녕	2009	9	119
황매산	경남 합천	2008	5	123
황석산	경남 함양	2007	8	127
지리산 삼신봉	경남 하동	2007	12	132
지리산 성제봉	경남 하동	2007	4	137
지리산 촛대봉	경남 산청	2009	8	142
지리산 반야봉	전북 남원	2009	2	148

경상북도

백암산	경북 울진	2008	2	152
아미산/방가산	경북 군위	2009	8	156
운달산	경북 문경	2009	7	160
응봉산	경북 울진	2009	1	165
일월산	경북 영양	2008	5	169
조령산	경북 문경	2009	3	175
주왕산	경북 청송	2007	10	179
화악산	경북 청도	2009	5	183

부산광역시

금정산 고당봉	부산 금정	2007	1	188
금정산 장군봉	부산 금정	2007	6	192
백양산	부산 진구	2009	2	196
장산	부산 해운대	2008	12	200

구름도 쉬어가는 대관령

선자령
(仙子嶺)

▶▶▶

일 시 2007. 12. 23. (일) 12:30 ～
     16:00 (날씨 : 약간 맑음)
명 칭 선자령(1,157.1m)
소재지 강원도 평창군 도암면, 강릉시
     성산면
동 행 솔바람 산악회
코 스 대관령휴게소 → 새봉 → 선자령
     → 초막교

강원도 영동과 영서를 가로지르며 구름도 쉬어 간다는 대관령은 겨울철에 영서지방의 대륙 편서풍과 영동지방의 습기 많은 바닷바람이 부딪쳐서 우리나라에서 눈이 가장 많이 내린다.

선자령은 대관령(832m) 북쪽에 솟아 백두대간의 주능선을 이루며, 산경표에는 대관산, 동국여지지도와 1900년대에 편찬된 사탑고적고(寺塔古蹟攷)에는 보현산이라고 하였다. 보현사(普賢寺)의 기록을 전하는 태고사법에는 만월산으로 기록되어 있는데, 선자령이 떠오르는 달과 비슷하기 때문으로 추정한다. 보현사는 신라시대에 낭원(朗圓)국사 보현이 직접 창건한 절로 경내에는 낭원대사오진탑(朗圓大師悟眞塔 : 보물 191)과 낭원대사오진

탑비(보물 192)가 있다. 선자령에서 남쪽으로는 발왕산, 서쪽으로 계방산, 서북쪽으로 오대산, 북쪽으로 황병산이 보이고, 맑은 날은 강릉시내와 동해가 보여서 전망이 일품이다.

 들머리에서
　　대관령의 광활한 초원을 덮은 설원으로 가는 차 속에서 '중국인의 지혜와 배짱'이란 책장을 넘긴다. 옛날에 황하의 치수 문제는 중국인의 사활이 걸린 중대한 것이었다. 요(堯)황제때 곤(鯀)이 치수를 맡으면서 인(甄 : 메우다)과 장(障:가로막다)으로 진행하였으나 실패하고, 순(舜)황제 때는 곤의 아들 우(禹)가 소(疏:통과시키다)와 도(導 : 이끌다)로 치수를 성공적으로 이끌었다. 우는 아버지의 실패를 분석하여 이룬 성공으로 국민의 신망을 얻어서 훗날 하왕조의 시조가 된다. 철저한 원인과 분석이 실패를 방지하는 대책임에도 현대의 첨단과학으로도 분석부족으로 실패하는 경우가 많다. 어업협정 때도 분석자료로 대응하는 일본과 분석자료 부족으로 대응하는 우리의 자세에서 누가 협정을 승리로 이끌겠는가?

　　대관령휴게소(832m) → 새봉 → 선자령(1,157.1m) (12:30～14:30)

　　대관령국사성황당(大關嶺國師城隍堂) 표지석에서 훌륭한 분들을 많이 모셔서 나라를 위하여 밝은 빛을 영원히 전해주기를 기원하며 선자령으로 향한다.
　　능선은 구릉지대로 예전에는 군사지역으로 사용되어 국군벙커가 있었다는 설명문이 있다. KT통신시설물도 넓게 자리하여 고원지대의 두메산골이 아니라 개발된 목장지대로 탈바꿈해 있었다. 백두대간도 개발로 옷을 벗겨졌는데 지맥들의 실상은 오죽할까? 그래도 군 초소 제거 등의 복원사업으로 환경을 개선하고 있으니 천만

다행이다. 새봉 전망대에서는 첩첩이 밀려오는 산의 군무에서 우리의 뿌리가 시작되었고 다양한 형태의 꽃이 피어났을 것이다. 어느 하나 소홀히 생각할 수 없는 대자연의 엄숙함에 숙연해진다. 대관령 초원지대 위로 거대한 풍력발전기가 하늘 높은 줄 모르고 돌아간다.

　풍력발전단지는 새로웠지만 우리의 혼령이 잠든 대관령을 초토화시켰다고 생각하니 마음 한구석이 공허하다. 바람이 강한 곳을 택하여 어쩔 수 없었겠지. 이것저것 다 따지면 되는 것이 없을 거야. 풍력발전이 일어나는 만큼 지하자원사용도 줄어들겠지. 이왕설치된 것 좋은 효과를 바라며 휘몰아치는 바람에 몸의 중심을 잡으려고 고개를 숙인다. 매서운 바람에 풀도 고개를 가누지 못하고, 홀로 남은 소나무도 45도정도 누운채 가지를 사시나무 떨듯 떤다. 매서운 바람으로 갈지(之)자로 걸으며 선자령에 도착하니 더욱 세찬 바람이 얼굴을 때리며 하산을 재촉한다. 시베리아 설원을 연상한 대관령은 지구의 온난화로 잔설만 군데군데 보일뿐 알몸으로 추위에 떨고 있었다. 추위에 지친 황량한 초원 위로 더욱 세찬 바람이 몸을 감아온다. 바람한번 세기는 세구나.

 선자령 → 초막골 → 초막초등교(영동고속도로) (14:30~16:00)

　선자령에서 초막골로 가는 길은 급경사로 대관령의 완만한 길과 상당한 대조를 보인다. 모든 일에는 상대성이 존재하니 자신의 생각에 상대의 의견을 결합하여 좋은 대안을 만들라는 계시처럼 보인다. 소나무도 재목으로 굵고, 곧게 자라서 하늘을 받들어 듬직하면서도 국가 문화재를 복원하는데 사용해도 손색이 없겠다.

　백년대계라는 것은 이런 소나무가 표본이겠구나. 어떤 소나무는 요가로 동양화를 연상시킨다. 옛날 동화가 생각난다. '어린나무가 모진 바람에 허리를 굽히고, 모양이

틀어지고 있어서 고목나무는 어떤 역경이라도 이겨내는 굳은 의지로 곧게 자라라고 충고를 하였다.' 어린나무는 곧게 자랐을까? 아니면 기형으로 자랐을까? 곧게 자랐으면 재목으로 궁궐의 기둥이 되어 역사를 바치고 있을 것이고, 기형적으로 자랐으면 관광나무로 지정되어 생의 역사를 쓰고 있겠지. 아니면 우리가 생각하지 못한 또 다른 어떤 위치에서 다른 모습으로 있겠지. 양면성의 법칙에 의하여 음과 양의 조화, 완만함과 가파름 등 상호존재하기 때문에 세상은 균형을 잡아가는 것 같다. 가끔은 세상의 보편타당성에 매달려서 부족한 사람을 능력있는 사람에게 견주어서 평가할 것이 아니라 양면성의 존재를 고려하여 부족한 사람이라도 개인의 특성과 능력을 개발하도록 저마다 소질을 개발해 주는 우리가 되자. 자식이 공부를 조금 못해도 낙담하지 말고, 자식의 소질과 능력을 관찰하여 미래에 유망한 업종과 접목시키는 방법도 있다.

선자령도 완만함과 급경사가 있으며, 희망과 절망, 흑과 백 등의 양면성에서 어떻게 의사결정을 하느냐에 따라서 선택이 달라진다. 단면적인 부분만 강조하여 한 곳의 의견을 무시하는 것보다는 서로 보완하고 발전시켜주는 방법을 찾자. 어둠과 밝음의 조화가 존재하기에 이 세상을 살 수 있다. 낙엽이불이 숲을 덮는 은은한 계곡에는 얼음이 꽁꽁 얼었어도 물은 흐른다. 물과 공기로 성형수술을 한 얼음에서 새로운 디자인도 보고, 물에 고인 낙엽에서 추억도 그려진다. 하늘에 매달린 영동고속도로 교각에서 기술 발달에 찬사를 보내지만 한편으로 교각을 받치는 석축주변이 허물어져 초막골계곡에 뒹군다. 마무리가 부족하면 선진국진입이 어렵다. 끝마무리는 상품의 좋고 나쁨을 결정하는 요소로 아무리 좋은 물품도 마무리가 미흡하면 제 가격을 받지 못한다. 부족한 마무리로 수리공사에 따른 일자리는 계속 있겠지만 불실공사 일자리보다는 새로운 일자리와 새로운 업종을 창출시키는 곳에 재원을 집중 투자하면 충분하게 일자리를 확보할 수 있을 것이다. 맑은 계곡처럼 깔끔한 마무리를 기대한다.

날머리에서

동해바다는 달이 둥그렇게 떠서 금빛 광장이 되고, 잔잔하게 물결치는 파도는 로렐라이 언덕의 인어공주가 연주하는 선율 같다. 저 달빛처럼 언제나 넉넉하게 세상을 비출 수 있는 우리가 되었으면 좋으련만 그릇이 작아서 달빛조차도 보기가 민망스럽다.

관음보살의 신력
설악산 오세암
(雪嶽山 五歲庵)

산행정보
★

▶▶▶

일 시 2007. 10. 20. (토) 05:00 ~
        14:30 (날씨 : 맑음)
명 칭 설악산(1,707.9m)의 봉정암 및
        오세암
소재지 강원도 인제군, 양양군 일대
동 행 두메산골
코 스 오색 → 대청봉(1,707.9m) →
        봉정암 → 오세암 → 영시암 →
        백담사

　※ 설악산은 1,708m높이로 신성하고 숭고한 산이라
하여 설산(雪山)·설봉산(雪峰山)·설화산(雪華山) 등으
로 불렸고, 남한에서는 한라산(1,950m)·지리산(1,915m)
에 이어 세 번째로 높은 산이다. 백담사 및 백담사계곡·
신흥사 및 천불동계곡·용대자연휴양림·십이선녀탕계
곡·옥녀탕계곡·장수대·대승폭포·울산바위·속초
및 양양 바다 등 관광지가 많다.

　※ 오세암은 647년(신라 선덕여왕 13) 자장(慈
藏:590~658)이 이곳에 선실(禪室)을 지은 뒤, 관세음보
살이 언제나 함께 있는 도량이라는 뜻으로 관음암(觀音
庵)이라 하였다. 1445년(조선 세조1) 생육신 김시습(金時

씁)이 출가하였고, 1548년(명종 3) 보우(普雨)가 문정왕후에 의해 선종판사로 발탁되었다. 1643년(인조 21) 설정(雪淨)이 중건하여 오세암으로 이름을 바꾼 전설이 전한다. 설정이 고아가 된 형님의 아들을 이 암자에서 키웠는데, 어느 날 월동 준비를 위해 혼자 양양까지 다녀와야 했다. 암자에 혼자 있게 될 어린 조카(4세)를 위하여 몇일동안 먹을 밥을 지어놓고, 조카에게 밥을 먹고 난 뒤 법당에 있는 관세음보살상에게 '관세음보살, 관세음보살' 이라고 부르면 잘 보살펴줄 거라고 일러주고 암자를 떠났다.

그러나 설정은 밤새 내린 폭설로 이듬해 눈이 녹을 때까지 암자로 갈 수 없게 되었다. 눈이 녹자마자 암자로 달려간 설정은 법당에서 목탁을 치면서 관세음보살을 부르고 있는 조카를 보게 되었다. 어찌된 연유인지 까닭을 물으니 조카는 관세음보살이 때마다 찾아와 밥도 주고 재워 주고 같이 놀아 주었다고 하였다. 그때 흰 옷을 입은 젊은 여인이 관음봉에서 내려와 조카의 머리를 만지며 성불(成佛)의 기별을 주고는 새로 변하여 날아갔다.

이에 감동한 설정은 어린 동자가 관세음보살의 신력으로 살아난 것을 후세에 전하기 위하여 암자를 중건하고 오세암으로 이름을 바꾸었다고 한다. 법당 뒤로는 관음봉·동자봉이, 오른쪽으로는 공룡릉이 올려다보이며, 인근에 내설악의 꽃으로 일컬어지는 만경대가 있다.

들머리에서

사랑의 멜로디를 전해주는 가을불꽃의 설악산을 찾고자 밤을 밝히는 불꽃으로 어둠을 헤치며 설악산 단풍의 화려한 꿈을 꾼다. 찬 새벽공기를 맞으며 김밥을 먹으니 속이 차갑고, 매서운 바닷바람은 사시나무 떨듯이 몸을 떨게 한다. 어둠을 뚫고 목적지를 향하여 끊임없이 달리며 내일을 맞는다. 설악산 오색의 새벽은 어제 찔끔거린 비로 기온이 뚝 떨어졌고, 체감온도까지 더해져서 속은 냉기가 흐른다. 체온을 끓어 올리려면 움직여야 한다. 움직이자.

 오색약수터 → 대청봉(1,707.9m) → 중청봉 → 소청대피소
(05:00~08:30)

어둠에 잠든 돌계단을 깨우는 발이 안착할 곳이 없을 정도로 좁은 경사라 숨을 죽이고 고개를 떨구며 하염없이 어둠과 투쟁을 벌인다. 가끔 전해지는 다리의 경련

으로 낙오의 불안감이 가슴을 쓸어내리는데, 어둠이 걷히는 곳으로 하얀 포말이 일어나며 쾌청한 소리가 힘을 북돋우니 오색폭포다.

오색폭포는 웅장한 자태로 자리를 지키고, 길 바쁜 나그네는 미소로 답례하며 이내 자리를 뜬다. 어둠은 빛을 흑색으로 통일시킨다. 빛이 없으면 색이 없어서 세상의 화려함을 만날 수 없다. 동해의 일출은 금빛물결을 출렁이며 생명의 혼을 불어넣고, 산 능선을 넘은 태양은 형형색색의 화려한 수를 놓는다. 화사하게 물드는 세상에 인고를 잊으며 대청에 다다르니 나무는 두터운 옷을 벗어던지고 앙상한 가지로 추위를 맞이한다. 가지마다 서리가 내려 하얀 옷을 입었어도 바람은 그것도 시샘이 나는지 매섭게 몰아치며 옷을 벗겨낸다.

대청봉에는 매서운 찬바람이 몰아쳐서 장갑을 낀 손도 톡톡 끊어질듯 에리고 쓰라리며 몸은 사시나무 떨듯이 떨린다. 속초바다의 짙푸른 물결도 넉넉하게 다가오는 것이 아니라 추위와 겹쳐서 더욱 싸늘하게 덮쳐온다. 대단한 바위들의 웅장한 서사시도 가슴에 못을 박듯이 솟아서 냉기를 불어넣는다. 급감하는 체감온도에서 생명의 고귀함을 생각해보고 생명이 끝날 때 무엇을 남기고 사라지는지 점광석화(粘光石火)처럼 인간의 덧없음이 떠오른다.

생명의 가치는 한계에 이르렀을 때 불꽃처럼 피어올랐다가 불꽃처럼 시들지만 우리는 그 가치를 잡고 무엇을 할 것인가? 무엇으로 이 세상에 나의 흔적을 남겨둘 것인가? 산을 좋아하고 산에서 길을 찾다보면 자신을 찾게 되어 미래에 대한 자신감이 충만 되겠지. 설악의 화려한 바위봉우리에서 자신감과 힘찬 정기를 받아서 미래를 위한 초석을 쌓는다.

대청봉을 찾는 인파에 비해서 설악산이 깨끗이 잘 보전되고 있지만 군데군데 과일껍질이며 자그만 쓰레기들이 우울하게 한다. 후손에게 물려줄 유산을 고려하지 않고 자신의 편리를 위하여 양심불량을 일으키기 때문이다. 자연을 보호하려는 이

심전심이 퍼져갈 때 수려한 금수강산이 영원히 보전되어 후손에게 욕되지 않을것
이다. 쓰레기 없는 자연을 만들자.

 소청대피소 → 봉정암 → 오세암 → 영시암 → 백담사 → 백담사주차장
(09:20~14:30)

　소청대피소에서 아침을 먹어도 추운 몸이 진정되지 않아서 후닥닥 봉정암으로 내
달려 도착하니 푸른 원색의 하늘이 희망을 전하고, 허공에 매달린 부도탑에서 고고
한 삶의 가치를 깨달으며 오세암가는 얼음길에서 위험을 탈피하는 방법을 배운다.
경제가 줄기차게 상승곡선으로 치닫고 있다가 하강 국면으로 전환되면 모든 것이
악재로 보여 경제가 폭락한다.

　설상가상으로 미끄럼지대를 만나면 하염없이 하강국면사태에 이르지만 사전에
지지대를 설치하는 안목으로 중간 중간에 지지대를 설치하였다면 악재를 상승국면
으로 전환시킬 수 있는 버팀목이 될 것이다. 오세암가는 길은 경제곡선처럼 여러
등선과 계곡을 거치는데 능선이 끝나는 곳에는 아름다운 산천이 안락감과 편온함
을 선사하여 힘을 축적시켜주고, 이를 벗어나면 한숨이 나올 정도로 고통과 시련을
준다. 때와 장소에 따라서 달라지는 경제적 조건의 바탕을 분석과 기술축적으로 극
복할 수 있는 원천을 만들어야 한다.

　아름다운 것은 숨어 있어서 찾지 않으면 발견할 수 없듯이 설악산을 걷는 산행지
로 착각할 것이 아니라 우리의 삶을 지혜롭게 만들어주는 광장으로 받아들이자. 앞
뒤로 돌아보고, 주변도 살피면서 자연이 주는 세상의 이치를 조금이나마 가슴에 담
는다면 좋은 결과를 품은 것이나 진배없다.

　오세암은 숲속의 아늑한 정원처럼 정겨운 맛으로 고객을 맞이한다. 오세암은 봉

정암과 대표해서 고승들이 수련한 곳으로 역사적으로 위명한 장소이고, 전하는 말에는 오세암과 봉정암을 3회이상 오르면 극락왕생한다고 한다. 관음봉과 동자봉이 오세암을 수호하여 영적인 암시가 내려올 것 같다. 동자승의 실감나는 이야기를 뒤로 하고 영시암에 이르니, 추위에 떨고 산행으로 지친 등산객에게 감자로 따뜻한 자비를 베푼다. 등산객은 기와불사로 답례하여 상호 원원전략이 발동되어 따뜻함이 온누리에 승화된다.

백담사계곡의 아름다운 자갈들은 공깃돌처럼 부드럽고, 선율을 따라 흐르는 하얀 물결은 백옥의 투명한 은쟁반을 빗어 놓고 쉬면서 산행을 정리하란다. 자연의 절경에 자신을 찾으며 미덕의 자세를 갖추는 기회로 삼는다. 행복은 잠든 사람에게 있는 것이 아니라 행복하도록 자신을 만들어 가는 덕목에 있는 것이다. 투자 없이 투자수익을 기대하는 것도 어불성설 아닌가? 기회는 쟁취할 때 부여되므로 부단한 노력으로 목표를 달성하여 밝은 미래를 밝히자.

날머리에서

아늑한 백담사 가람을 따라서 흐르는 시냇물과 붉은 단풍은 너무나 맑고 순수하여 숨길 것이 없으니 자연스럽게 따스하고 푸근하면서 헌신하는 어머님을 만나는 것 같아 감사인사를 올린다. 사람들의 정성으로 쌓는 돌탑에서 자신을 정화시켜 어떤 난관도 극복하겠다는 의지가 보여서 대한민국의 미래는 밝다.

돌탑의 정성들이 각각의 개체로 존재하는 것이 아니라 하나로 묶여서 더 큰 세상을 위한 경쟁력으로 발전될 것이다.

칠면조 훈제에 소주한잔 걸치고, 강원도 황태국물에 속을 풀어내니 추위도 가시며 몸도 훈훈해져 세상을 전부 얻은 것처럼 감회를 안고 요람 속으로 파고든다.

선경의 백미
설악산 용아장성릉
(龍牙長城陵)

산행정보
★

▶▶

일 시 2008. 10. 18. (토) 02:30 ~
15:30 (날씨 : 맑음)
명 칭 설악산 대청봉(용아장성릉)
소재지 강원도 인제군, 고성군, 양양군,
속초시
동 행 가마산악회
코 스 오색 → 대청봉 → 봉정암 →
용아장성릉 → 영시암 → 백담사
→ 용대리주차장

　　설악산은 강원도 속초시, 양양군, 고성군, 인제군에 걸쳐 있으며 남한에서 한라산, 지리산 다음으로 높은 산으로 외설악에는 대청봉(1,708m), 천불동 계곡, 울산바위, 권금성, 비선대 및 금강굴, 비룡폭포 및 토왕성폭포 등 기암절벽과 폭포가 장관을 이루고, 내설악에는 백담사계곡, 수렴동계곡, 백운동계곡, 가야동계곡, 대승폭포, 백담사, 봉정암, 오세암 등 산세와 계곡이 선경의 비경으로 있다.

　　가을단풍이 대청봉, 화채봉, 한계령, 대승령, 공룡능선, 용아장성, 천불동계곡, 장수대와 옥녀탕 등이 붉게 물들 때 용아장성을 산행하면 오금이 저려오면서도 설악산의 절경에 빨려들어 무아지경에 다다른다. 용아장성

21

릉은 용의 이빨처럼 날카로운 암봉이 장성처럼 병풍을 쳐서 붙여진 이름인가? 뜀바위, 개구멍바위, 핸드폰바위, 촛대바위, 병풍바위, 3형제바위 등과 함께 어우러진 소나무와 향나무의 자태는 신비로움까지 전해주는 마력이 숨었다. 용아장성릉의 형용할 수 없는 절경을 자일과 크랙을 이용하여 산행하는 것도 묘미이다.

들머리에서

가을이면 붉디붉은 다홍치마를 입는 설악산에 매료되어 비둘기마냥 마음은 설악산에서 춤춘다. 수많은 사람들이 입이 닳도록 자랑하는 용아장성릉에 안기고자 신속히 산행예약을 하고 날짜만 손꼽아 기다리는 설레임은 어린시절에 소풍가는 전날 밤이나 진배없다.

수렴동계곡과 오세암을 산행할 때 쭉쭉 솟은 용아장성릉 암봉에서 신비한 마력이 뿜어져 나올 때면 신선이 사는 곳이라 여겼다. 어둠을 쫓으려 차속에서 밤잠을 설치고, 달빛이 유난히 밝은 한계령에서 된장국으로 어둠을 말아먹고 정신을 깨워서 오색에 도착하니 시계는 새벽2시 30분으로 별들이 초롱초롱 빛난다. 저 별들만큼이나 빛나는 사연들이 이 설악산을 찾는 사람들에게 알알이 새겨져 있으리라. 저 영롱한 별들처럼 항상 사람들의 길잡이가 되어 주고, 꿈을 꾸는 사람들에게 희망을 주는 등대가 되자.

암울한 과거의 그늘에서 길을 잃고 헤매는 사람들도 포기하지 않고 굳게 해낼 수 있다는 신념을 심어주자. 별들아! 우리의 꿈이다. 어둠에 잠든 설악을 깨워도 오랜만에 만난 친구처럼 반갑게 악수를 해서 정겹다. 설악산아! 오늘도 단잠을 깨워서 미안합니다.

오색약수 → 대청봉(1,708) → 소청대피소 → 봉정암 → 사리탑
(02:30~07:30)

새벽3시부터 설악산을 만났지만 가을철에는 부지런한 사람들이 많아서 설악산은 더 이른 새벽부터 손님맞이로 분주하다. 불빛이 장사진을 이루며 산을 굽이도는 사이로 별빛이 초롱초롱 빛나서 불꽃놀이가 연상된다.

오색폭포도 하얀 물보라로 졸지마라고 웅장한 오케스트라를 연주하고, 나무들도 기지개키며 수다를 떨며 하모니를 이루니 대청봉으로 이어지는 턱 높은 계단이 장애가 될 수 없고, 수직의 가파른 길이 한계를 결정지을 수 없다. 무수히 흐르는 땀

으로 기운이 빠져가도 정신을 동여매고 설악산의 비경을 품으려고 악전고투를 벌인다. 일출로 고통도 물 흐르듯이 사라지기를 기대하며 대청봉을 향하여 한걸음 한걸음 빨려든다. 새파란 이엉을 이고 있는 대청봉이 어둠의 장벽에 놓여있어서 시계를 보니 05시 30분으로 알람이 울리는 시간이다. 이불 속에서 엎치락뒤치락하는 시간에 대청봉과 마주하는 것이 뿌듯하고, 저 깊은 곳에서 벅차오르는 희열로 삶의 보람이 더욱 꿈틀거린다.

대청봉 일출을 먼동이 트는 것으로 대체하고 소청 약수터에서 기운을 돋우고 봉정암에 도착하니 세상을 구도하는 불경소리가 그윽하게 천지를 덮는다. 목탁소리에 마음이 열리고, 불경소리에 평온함을 느끼는 것은 세파에 찌들린 탓일까? 경쟁의 소용돌이에서 자신을 돌이켜볼 여가도 없이 생활에 쫓기기 때문일까? 자연의 풍경소리에서 잃어버린 자신을 발견하고 자신의 위치를 점검해 볼 기회를 부여 받는 것도 인생의 행복이라 감사함이 절로 우러나온다. 허공에 매달린 사리탑에서 불공드리는 아낙네의 연약한 손끝에는 희망이 실려 있다.

우리민족은 부지런함을 둘째가라면 서러워하였던 민족이 아닌가. 이 봉정암까지 올라와서 꼭두새벽에 불공을 드리는 어머니의 지극 정성이 있기에 어떤 고통이라도 충분히 극복할 수 있으며, 대를 이어서 길이길이 전해질 것이다.

선조들께서는 잘못이 발생하면 남에게 전가하지 않고 자신의 잘못으로 여기고 일을 계속 개선·발전시켰다. 우리도 어떤 일이 발생하면 과거나 이웃을 탓하지 말고 자신이 문제를 해결하는 자세를 갖추자. 과거를 탓하며 한숨을 짓는다고 과거가 바뀌는 것은 없다.

과거를 탓하고 과거에 머물러 있으면 시간만 허비될 뿐 아무 의미가 없다. 잘잘못을 따지기 전에 해결방법을 찾아 실행하는 것이 필요하다. 과거를 탓하며 한발자국도 내딛지 못하면 꿈과 희망을 달성할 수 없다. 이웃나라는 벌써 내부의 갈등을 외부로 돌려서 세계 속에 우뚝 선 화려한 잔치를 향해 달리고 있음을 명심하자.

 사리탑 → 용아(로프지대, 핸드폰 · 촛대바위, 개구멍) → 영시암 → 백담사(07:30~15:30)

　사리탑 우측으로 바윗길을 타면 하늘 높은 줄 모르고 솟은 암봉군락을 만나는데 위험을 무릅쓰고 암봉 꼭지에 다다르니 내려갈 길이 엄두가 나지 않는다. 길이 없어 길을 찾으려고 저 멀리 로프를 타는 일행에게 길을 물으니 돌아가서 죽은 나무가 걸쳐진 곳에 등산로가 있단다. 아! 올라올 때보다 내려갈 때가 위험이 증가하여 돌아서 내려갈 일이 아찔하다. 바둥거리는 떨림으로 알려준 곳에 도착하니 나무에 50~60여m의 줄이 매달려있다. 줄을 타고 수직절벽을 겨우 내려서서 다음 봉우리에 가려니 다시 로프를 타고 비슷한 거리를 올라가란다. 머야! 용아릉이 익히 험하다고 들었는데 장난이 아니구만. 정신을 바짝차려야겠다. '용아릉에 안전사고가 자주난다' 는 말이 빈말이 아니었구나.

　용아장성릉은 오지를 이용하여 올라야 수월하고, 낭떠러지 바위사이를 뛰어 넘을 때는 원숭이와 고양이처럼 낮은 자세로 민첩하게 안전을 확보하여야 한다. 바윗길이 위험하여 우회하면 길은 간 곳이 없고 다시 암봉이 길을 안내한다. 위험이 곳곳에 도사리는 난관을 헤치고 암봉꼭지에 도착할 때마다 펼쳐지는 설악산의 경이로운 장관에 감탄사가 절로 나온다.

　아! 용아릉을 중심으로 대청, 중청, 그리고 공룡능선, 가야동계곡과 수렴동계곡 등이 아침햇살에 깨어나서 대자연의 장엄한 서사시를 들려준다. 용의 이빨처럼 수많은 칼날 능선이 부서지는 해살에 꿈틀거리고, 계곡은 용이 승천한 자국으로 거듭

태어난다. 중국 장가계는 침식작용으로 발달한 바위들이라 살결이 거뭇하고, 황산은 거대한 화강암으로 뚱뚱한 아줌마의 바위산이라면 설악산은 수줍음을 타는 매끈한 아가씨 산이라 손대면 톡 터질 것 같은 아스라한 감칠맛 넘쳐난다.

암봉사이의 향나무와 소나무는 온갖 형상의 삼라만상으로 자라는데 분재원의 분재를 어찌 여기에 비유 할 수 있겠는가? 생명을 잃은 고사목도 설악산의 절경을 놓을 수 없어 백골로 서 있는데 장식품으로 발전되어 더욱 큰 가치가 발휘되는 것은 죽음도 미화시키는 설악산의 능력이리라.

설악산 용아릉에서는 한국화가 끊임없이 펼쳐지며 소나무자체로도 멋이요, 암봉만으로 예술품이요, 기암절벽과 소나무가 금상첨화로 어우러져 선경이 따로 없는 듯하다. 예술품은 장소와 시간에 따라서 가치가 달라지듯이 용아릉을 보면 볼수록 그 신비감에 매료되어 신선이 되어 살고 싶다.

수렴동계곡 건너 백운폭포는 금강산의 구담폭처럼 폭포와 소로 비경을 겸비했음에도 가뭄으로 가냘픈 여인이 흰 옷 속에 숨겨진 하얀 다리를 살며시 씻는 자태라 애간장타고, 단풍은 불을 피우다 시들어 버린 모닥불이라 애석하다. 모든 것이 잘 갖추어졌으면 금상첨화이겠지. 부족해도 현재에 존재하는 바위와 소나무 그리고 단풍을 하늘이 준 선물로 감사히 받아들이자. 부족함이 있어야 부족함을 채우기 위하여 또 다른 내일을 설계한다는 것으로 위로하며 구멍지역에 도착하니 저 건너 바위군락 속에 오세암이 자리한다. 작년에 직접 접근하여 볼 때는 평탄한 곳으로 알았는데 난공불락의 요새에 자리를 잡고 있었구나. 어떻게 저런 곳에 암자를 건축할 수 있었을까? 신선들이 노닐던 자리가 따로 없고, 선경이 따로 없도다.

우리가 발붙인 모든 곳이 곧 선경으로 잘 보존해서 후손들에게 물려줄 의무가 있다. 밀려오는 개발의 소리에 자연은 선경을 내어 놓고, 우리는 선경을 잃어버려 꿈에서나 그리는 곳이 되었으니 우리의 마음은 더욱 황량해지고 허전할 따름이다. 게구멍에서 부득이한 사정으로 수렴동산장으로 돌아오니 백담사계곡의 유수처럼 시간이 흘러 영시암에서 국수 한 그릇도 못 얻어먹고, 명경처럼 맑은 물에 발 한번 담그지 못하고 백담사에 도착하여 아쉬움이 밀려든다.

그래도 백담사까지 붉게 물든 단풍과 백담계곡에 흐르는 명경 수에 위안을 삼으며 길을 재촉한다. 가을이면 어김없이 백담사 다리에 늘어서서 버스를 기다리는 장사진은 백담사 계곡에 세워진 돌탑만큼이나 오랜 세월이 흘러도 영원하겠지. 목을 축이러 약수를 찾았건만 여기도 장사진이다.

산천초목과 계곡도 목이 말라서 사람에게 공급할 약수가 부족한 모양이다. 어서 빨리 비가 내리기를 학수고대하며 용아장성릉의 대미를 맞는다. 꿈을 실현시키기 위하여 부단히 노력하자 그러면 달성된다.

날머리에서

용아장성릉은 설악산에서 자연휴식년제로 출입이 통제되어 있는 곳인데 용아장승릉의 명성이 자자하여 산악회를 따라서 다녀오게 되었다.

산행 중에 우여곡절이 많았어도 가슴 깊이 새겨진 산행으로 거듭났다. 부족하면 채우되 과유불급(過猶不及)하지 않아야 중용을 지키며 깨어 있는 사람으로 발전할 수 있다.

"초한지"에 '말위에서 천하를 얻을 수는 있어도 말위에서 천하를 다스릴 수 없다.'고 한말처럼 위치와 행동이 분명해야 위엄이 서고 명령이 제대로 하달 될 것이다. 유방을 도왔던 수많은 공신들이 토사구팽 되는 것도 유방의 욕심이 과한 것보다는 일등공신이 스스로 물러나려는 마음이 부족한 것도 원인이리라.

들어서는 것도 대단히 어려운 문제이고 물러날 때는 더욱 어려운 문제이면서 중요한 결단이다.

물러나서도 생활의 여유를 가질 수 있는 자세를 갖추어야 후회 없는 여생을 꾸밀 수 있으므로 현역시절의 옛 부귀영화에 연연하지 말고, 새로운 길을 찾아 나서는 용기가 있어야 또 다른 세상이 반겨주는 것이다.

설악산 용아릉에서

억겁의 시간으로 탄생한 설악산에
살며시 안겨드니 선경이 펼쳐지고
암릉은 신이빚은 보물로 영원하니
소나무 세월속에 수놓고 연마했네
세상이 어렵다고 하소연 하지말고
낙낙장송 굳은의지로 삶 개척하자

용아릉에 새겨진 선상의 선물들을
꿈속에 그려보며 병풍으로 펼칠때
꿈결은 용이되어 하늘을 날아가고
용아는 붉게타서 빛을밝혀 주었네
어려운 난관에도 삶의길이 있으니
신념과 끈기로 난관헤쳐 빛을잡자

폭풍우와 모진햇살에 피어난 설악
만물이치 단풍설법 스스로 붉히니
세상의 모든풍파 물흐르듯 풀리고
서로를 위해서 아픔을 수용하였네
내탓 니탓으로 세상빛을 잃지말고
설악에서 마음을 정화해 원원하자

원시시대로 시간을 돌리는
설악산 공룡릉선
(雪嶽山 恐龍稜線)

산행정보

▶▶▶

일 시 2009. 05. 23. (일) 05:00 ~
17:00 (날씨 : 흐리고 가끔 비)
명 칭 설악산 공룡능선
소재지 강원도 양양군, 인제군,
고성군 등
동 행 백양동문산악회
코 스 설악산 소공원 → 비선대 →
마등령 → 희운각대피소 →
천불동계곡 → 소공원

설악산 공룡능선은 마등령에서 대청봉사이에 솟은 암봉 군집으로 공룡의 등을 닮았다.

외설악은 천불동계곡과 소공원지역이고 내설악은 가야동 계곡이고 오세암과 연결된다. 대한민국의 젖줄이고, 기상인 백두대간이 미시령을 넘어 설악산 공룡능선을 거쳐서 소백과 차령으로 뻗어간다.

공룡능선에서는 설악산의 용아장성릉, 화채능선, 울산바위 등의 빼어난 절경을 파노라마로 감상할 수 있고, 들쭉날쭉한 바위봉우리들은 선경의 풍광이다.

공룡능선에 담긴 삼라만상에 자연의 신비가 숨었고, 옮기는 발자국마다 마음을 정화하면 시기와 오욕으로 점철된 흔적을 털어내며 정신을 가다듬을 수 있다.

들머리에서

계획이 현실로 실현될 때면 세월이 유수처럼 흘러서 깜짝깜짝 놀래고, 지난 세월을 돌이켜보면 쌓은 공덕이 없어서 후회도 한다. 부족한 공덕에 후회하며 좌절하지 않고 미래를 설계하는 초석으로 삼으며 설악산으로 향하는데 두려움이 스친다. 지난주 체육대회 때 축구하다 심장마비로 정신을 잃어서 산행 중에 이 현상이 발생하면 어쩌지. 병원에서 심근경색에 관련한 검사를 받았는데 약조제도 없이 격한 운동을 삼가라는 정도의 처방이다. 결과는 있고 원인을 찾을 수 없으니 스스로 해결책을 찾아가야 한다.

공룡능선 산행으로 만감이 교차되지만 움츠린다고 구제될 것도 아니고, 인명은 재천이다. 두려움은 패자요, 도전은 승자다.

 소공원 → 신흥사 → 비선대 → 세존봉 → 전망대 → 금강문 → 마등령
(05:00~08:30)

여명을 맞이하는 설악산은 아침의 싱그러움이 피어나는데 비몽사몽 설 잠을 깼는지 설악산입구가 낯설기만 하다. 아무리 연상해도 낯설고, 새로운 지역에 들어온 기분으로 고개를 흔들며 설악산 소공원과 권금성을 보니 제대로 찾아온 것 같다. 기억의 희미함을 쓰러진 후유증으로 돌리며 저 멀리 뾰쪽한 바위봉우리가 세존봉이고, 희미한 바위능선이 공룡능선이구나.

구름이불을 덮고 늦잠을 즐기는 공룡능선은 속세의 달콤한 이야기도, 자신에게 회자되는 무용담도 의미가 없는 모양이다. 잠을 깨우지 않고 신흥사를 지나니 저항령계곡은 첩첩이 뻗은 능선으로 깊고 깊은 골이라 곰도 나왔단다.

예전에 많았던 동물들은 어디로 갔나? 동물보호를 주장하며 야생동물을 식탐하

는 언행불일치가 근절되지 않는 한 야생동물을 보호할 수는 없다. 야생동물의 감소는 생태계 파괴로 사람의 생존권마저 위협받을 수 있다. 인간의 이익을 위하여 무수한 자연물이 소멸되는 것은 반드시 상대 급부가 따른다.

자연개발로 야금야금 취한이익은 현재는 영향이 적지만 이것들이 모여서 장래에 동시에 밀려올 때는 어떤 결과로 나타날지 아무도 예측할 수 없다.

울산바위도 조용히 쉬어서 비선대로 접근하니 생동감이 넘쳐난다. 청아한 물소리로 아침을 깨우고, 금강굴을 안은 미륵봉(장군봉), 형제봉, 선녀봉이 의복을 갖추고 손님을 맞는다. 뽀얀 화강암 위로 흐르는 옥류에 정신을 가다듬을 때 '마고선(麻姑仙)이 와선대(臥仙臺)에 누워 비선대(飛仙臺)를 감상하다가 하늘나라로 올라갔단다.'

순백의 절제된 색상을 타고 흐르는 맑은 물은 하늘과 땅을 연결하는 기운이고, 연초록 자연은 생명의 승화점이라 자연에서 정신을 수양하고 삶의 질을 향상시킨다. 금강굴이 잠시 들렀다 가라고 길을 내어 놓는데 시간관계상 다음에 뵐 것을 기약하고 싱그럽게 깨어나는 마등령자락으로 흡수된다.

순백이 민족의 정서를 표현하고, 곧게 뻗은 화강암이 기상을 나타내며, 봉우리마다 깃든 사연과 전설이 인생의 파노라마로 펼쳐진다.

모든 몽상이 연초록의 싱그러움에 안정되니 범봉, 1275봉, 화채봉 등이 단장하고 손님을 맞는 선경에 들어섰구나. 세존봉을 지나 금강문으로 들어서니 청아한 샘물을 내어 놓으며 속세의 업을 놓으며 정화하란다. '잘되면 내 탓이고, 못되면 조상 탓'으로 돌리는 이기심을 떨어내며 마등령에 도착하니 미시령으로는 진입이 금지되었다.

백두대간은 공룡을 지나서 소백과 월악으로 맥을 연결하여 지리산으로 흐른다.

이 대자연에 자신의 이익(나무젓가락, 과일껍질이라도 버리는 행위)을 추구하는 것은 과욕이요 업보다. 후손에게 썩은 금수강산을 물려주는 죄를 범하지 않도록 아름다운 금수강산에 발자국만 남기자.

자신의 행위가 타인에게 나쁜 영향을 주는 것도 욕심이다. 욕심을 똑바로 인지하여야 스스로 정화하는 혜안을 얻을 수 있다.

타인에게 도움을 주면서 과시하거나 잘난체하는 것도 욕심이다. 오른손이 하는 일을 왼손이 모르게 하라고 하였다. 욕심을 버려보자. 그럼 세상이 맑아진다.

마등령 → 오세암갈림길 → 나한봉(1276) → 1275봉 → 신성봉 → 희운각
(08:30~12:30)

마등령에서 조반 후 산행을 계속하려는데 등산객이 노 전대통령 서거 소식을 대화로 나눈다. 아닌 밤중에 홍두깨도 유분수지 먼 소리야! 황당함을 물으려는 순간 일행 중에도 서거 소식이 문자로 들어오고, 핸드폰으로도 서거 소식이 전해온다. 이렇게 원통할 수가 억장이 무너지고 갈기갈기 찢어지는 비통함을 하소연 할 곳도 없고, 공룡능선으로 안개비가 매섭게 몰아치며 자연도 애도를 표한다. 원통함과 슬픔을 가슴에 묻으며 설악산을 기록한다.

공룡능선은 신이 빚은 걸작품으로 삼라만상이 삶의 다양성을 보여준다. 젊은 멋으로 싱싱함과 강건함이 있는가 하면 노인의 구수한 맛으로 속세의

풍파를 흡수하여 어떤 고행도 부드럽게 응대할 여유가 있고, 칼날의 위용으로 강토를 지키는 국군의 용감성이 보이는가 하면, 수줍은 여인의 희생으로 부족한 공간을 채워서 더욱 아름다운 설악산을 창출하는 멋도 펼쳐진다. 신록으로 단장한 바위와 암봉들은 대한의 맥이고, 보배로운 기상이다.

5월은 계절의 여왕이라고 했나? 연달래를 비롯한 무수한 봄의 화신이 대자연을 장식하여 오가는 사람들의 표정마다 순수하고 맑아서 청순함이 깃들었다. 가식 없는 순수함이 삶의 현장으로 들어가면 서로를 잡아먹는 악귀로 변하는 것은 어떤 이유일까? 권세명예를 얻으려는 발악으로 국민을 공포의 도가니로 몰아간다. 스포츠맨쉽으로 권세명예를 얻는 미덕을 발휘할 수는 없나? 흑백선전과 이전투구로 범람하는 대자연은 병들어 간다.

설악산과 지리산 그리고 한려해상공원 등에 케이블카와 요식업을 넣어 부귀영화를 누리겠단다. 자연을 파괴하면 이익이 창출되겠지만 그로인하여 오염되고, 썩어

죽은 자연환경을 물려받은 후손은 우리를 어떻게 평할 것이고, 어디에서 살겠는가? 결국 당면의 이익을 취하여 후손들이 추한 것을 전부 떠안아서 대가를 치러야 하는 불상사는 명약관화하다. 후손들이 황폐하고 타락한 도시에서 살지 않도록 후손을 배려하는 정책을 펼쳤으면 한다. 제발 자연을 자연으로 볼 수 있기를 기대한다.

억겁의 세월로 조성된 자연로를 걸으며 정신이 맑아질 때 신선봉이 안개구름 속에서 길을 안내한다. 둥그러운 부드러움과 강직함을 겸비한 신선봉이 말한다. 고인의 깊은 뜻이 허되지 않기를 바란다고.

 희운각 → 천당폭, 양폭, 오련폭 → 귀면암 → 이호담, 문수담 → 소공원
(13:10~17:00)

희운각에서 정비 후 슬픔에 잠긴 신선봉과 손을 놓고 천불동계곡으로 향한다. 가느다란 빗줄기가 고인에 대한 자연의 애도눈물이어서 더욱 착잡하다. 국가의 전(前) 통수권자를 잃고, 얻은 것은 무엇인가? 죽음이 헛되지 않기를 발걸음마다 새기지만 암흑은 거칠 기미가 없으니 머리는 천근만근이다.

천당폭과 양폭이 대신 울어서 속이라도 후련하다. 자연은 억겁의 세월로 신구의 조화를 이루며 멋진 전경을 보이는데 우리는 자연의 뜻을 거역하고 있으니… 천불동계곡이 첫손에 꼽을 정도로 아름다움을 유지하는 것은 삼라만상이 어울려 있어도 자리다툼을 하지 않으며, 미를 함께 발휘하며 서로를 인정하고 가치를 존경하기 때문이다.

서로를 존경하며 현 위치에서 미를 완성시켰기에 천불동계곡이 탄생한 것이다. 각자의 가치를 존중하고, 인정할 때 서로 승화되어 가장 아름다움 천상이 이루어지는 것을 사람들은 왜 모르는가? 자연스럽게 활동하면 자연스럽게 아름답고, 화려해진

다. 양폭에서 휴식을 취하고, 담과 소를 따라 내려오며 벅찬 감회가 새롭다.

자연의 순수성으로 소(沼)는 비취빛 옥류가 되고, 우리의 젖줄이 된다. 초자연의 비취빛 물길이 세상을 순수성으로 정화시키는 것을 본다. 바위들과 기차놀이를 하는데 다람쥐가 재롱을 피운다. 사람과 친숙한지 무서움도 없이 요리저리 맴도는 모습이 귀엽다 못해 앙증스럽다.

신흥사 청동대불의 과묵함으로 귀를 열어 경청하는 세상이 되기를 바라며 소공원에서 여정을 접는다.

모든 것은 자신과의 싸움이다. 당장의 이익에 현혹되지 마라 미래를 보고 굳은 의지로 나서라. 인기에 영합하면 자신의 소신을 잃어버리고 표류하여 남을 시기하고 괴롭혀서 자신도 잃어버린다.

자신이 없기에 상대를 비방하고 적을 만드는 것이지, 자신이 곧고 올바르며 뚜렷한 소신을 가지고 나아가면 적이 없다. 자신의 부족을 상대를 공격해서 얻으려는 궁색한 전략은 이제 단절시키자. 그리고 협객이 되지 말고 장수의 예를 갖추자.

날머리에서

척산온천에서 목욕재개 후 낙산사에서 고인의 명목을 빈다. 옛 동창회장님의 배려로 체력을 회복하고 어둠을 헤치고 골인하는 시간은 새벽2시를 알린다. 너그러운 웃음으로 인정스럽게 감싸는 한결같은 선배님의 품이 포근하다.

선녀들의 놀이터
설악산(雪嶽山)
십이선녀탕

산행정보
★

▶▶

일 시 2009. 10. 17. (토) 12:30 ~
17:30 (날씨 : 맑음)
명 칭 설악산(723.3m) 장수대 및 십이
선녀탕
소재지 강원도 인제군 북면 한계리 및
남교리
동 행 가을
코 스 장수대 → 대승폭포 → 대승령
→ 삼거리 → 십이선녀탕계곡 →
관리사무소

※ 십이선녀탕은 설악산 서북주능 안산삼거리에서 남
교리로 흐르는 계곡으로 백색의 화강암에 옥색의 물이
흐르며 다양한 배경의 폭포와 소(沼)가 탄생하였다. 화
강암의 우아한 곡선은 선녀의 의상과 날개로 선녀가 노
닌 듯하다. 복숭아탕은 자연의 극치로 선녀가 첼로를 연
주하며 선율을 따라서 하늘로 올라가 구름이 되고, 바람
이 되어 자연에 동화된다.

십이선녀탕 코스는 남교리에서 직접 십이선녀탕으로
가는 방법도 있으며, 한계령에서 서북주능을 타거나 장
수대에서 대승폭포를 지나서 가는 방법도 있다.

※ 장수대는 기암괴석과 낙락장송이 어우러진 숲에 위
치하고 있으며, 1959년에 설악산전투를 회상하며 전몰

장병의 명복을 기원하는 뜻에서 건립, 명명되었다고 한다. 이곳은 한계사지, 옥녀탕, 대승폭포, 하늘벽 등을 찾는 관광객들의 휴식처로 사용되기도 하였다고 한다.

 들머리에서

붉은 빛에 취하는 가을을 흡수하고자 배낭을 멘다. 남쪽은 푸른 기운이 만연해도 설악은 가을단풍으로 절정을 이루어 금수강산에 수를 놓은 대자연의 향연이 시작되었다는 뉴스다. 붉은 융단의 화려한 여배우를 만나는 환상으로 온갖 상상의 나래를 펴며 급하게 달린다. 소양호 끝자락이 파란하늘을 담으며 겨울 채비에 들어가는 것도 동심이요, 차들의 행렬도 동심이라 가을은 젊음을 찾아주는 신비한 여신이다. 꿈의 물결이 밀려오는데 꿈의 물결을 기다려 맞이할 여가조차 없이 급히 마중가도 세상은 밝고 아름답게 빛난다.

 장수대 → 대승폭포 → 대승령 (12:20~13:30)

가을 단풍이 만연한 장수대에는 오색물결이 일렁이고, 관광객도 형형색색 단풍에 수를 놓은 듯 아름다워 명소가 사랑을 만드나 보다. 가을바람에 나부끼는 낙엽에 화려한 세상이 멀리 떠나는 것 같아서 낙엽을 매달아 두고 싶은 충동이다. 화려하고 아름다운 단풍에 주체하지 못하고 우왕좌왕 방황하며 환상을 쫓아 들머리로 들어선다. 화강암 뽀얀 속살과 어우러진 단풍이 울긋불긋 융단을 펼쳐서 감탄사가 연발되고, 사람들의 얼굴에 복사꽃이 피어나 사랑을 노래하는 과정을 보며 가을단풍은 신(神)도 생각을 바꾸게 하는 힘과 능력이 있다고 인식된다. 이 대자연이 있기에 고정관념에 사로잡히지 않고 새로운 변화를 시도하고, 자신의 발전을 위한 모티브를 찾는 것이다. 이 대자연의 멋진 풍광에서 올바른 가치관을 찾는다면 더 없이 좋은 결과라며 잘 다듬어진 목재계단을 따라서 단풍 터널을 따른다. 햇빛의 농도에 따라서 붉은색과 노란색 등으로 변화되는 향연은 사람들의 가슴에 가을을 심어두는 과정이었다. 매연과 스모그 현상으로 혼탁한 세상의 빛이 원색의 빛으로 열려 있기에 이 가을이 더욱 그립고 눈에 넣어도 아프지 않을 것이다. 하늘에 매달린 대승폭포는 물이 적어 폭포수의 웅장함을 보여주지 못하지만 88m 높이로 장엄한 사나이의 기품이 서려있었다. 개성의 박연폭포, 금강산의 구룡폭포와 함께 우리나라 3대 폭포로 전설이 전해진다. 어머니의 지극한 내리사랑을 담은 대승폭포의 전설을 읽으며 삶의 본질이 착하면 하늘이 구원하듯이 숭고한 어머니의 사랑은 끝이 없구나. 옛말에 '내리사랑은 있어도 치사랑은 없다.'고 하지 않았던가. 당신의 모든 것을 희생하면서도 자식사랑에 여념이 없으시고, 당신은 배를 곯으면서도 자식에게는 먹을 것을 만들어 주시는 숭고한 정신은 신경숙의 '엄마를 부탁해'라는 책에서 잘 표현되고 있다. 우리시대에 효도 물질관으로 가치가 달라지는 시점에서 옛날 효에 대한 역사를 더듬으며 자식 된 도리를 새겨본다. 추위로 몸을 칭칭 동여매고 하산하는 등산객과 교우하며 대승령이 이른다. 대승령은 백담사, 장수대, 한계령, 선녀탕으로 연결되는 사거리로 만나면 흩어지고 흩어지면 또 다시 만나는 곳이니 지식과 생활이 얽힌 곳이다. 산은 다양한 흩어짐의 시작이자 끝이고, 흩어진 기운이 다시 모이는 장소이다. 결합이 있으면 흩어짐이 있는 것이 자연의 순리요 또한 가치 변화의 이치 아니겠는가?

 대승령 → 안산삼거리 → 십이선녀탕계곡(두문폭포, 복숭아탕 등) → 관리소 (12:30~17:00)

대승령에서 가을을 잃어버리고 겨울을 맞는다. 몰아치는 바람에 남은 가을의 낙엽을 날리며 흩어지는 바람결에 공룡능선, 한계령 등의 내설악을 둘러보니 옅은 구름에 가려서 시야가 불투명하다. 오늘은 비와 구름, 바람과 안개, 가을과 겨울 등의 기온과 계절적 변화를 실감하면서 우리의 삶에도 변화무쌍이 산재한 것을 인식하며 시간을 초월한 가치관의 세상을 만들었으면 한다. 안산삼거리에서 십이선녀탕을 따르니 안산은 바위봉우리로 우뚝 솟아서 앙상한 나무들의 호위를 받는데 품위를 잃은 군주처럼 보인다. 군주의 위엄은 주위를 호위하는 병사들의 품격에서 나오는 것인가? 군주만 위엄과 품격을 갖춘다면 바람 앞의 등불처럼 보일 수 있으므로 병사들도 품격을 높여주어야 한다. 선녀를 꿈꾸며 내려가는데 나뭇가지가 길을 막아

서 피하는 순간 '쿵' 하며 암흙이되고 산에 메아리
가 친다. 인식과 행동의 순간에 몸이 정확하게 작동
하지 않으면 사고가 발생하고, 후유증이 따른다. 추
측과 감각으로 행하는 일들이 한 · 두가지인가? 가
끔 그 때 왜 그렇게 했지? 옛일을 돌이키며 후회를
하는 것 보다는 냉철한 판단과 신념으로 좋은 결과
를 도출하는 자신을 만들자. 이런저런 고통의 산물
은 자신에게 귀착되므로 이를 극복하는 방책도 정
립해야 하고, 그러면서 정립된 가치에 또한 스스로
고착되는 우를 범하지 않아야 한다. 물이 모여서 혼
탁한 웅덩이를 만들고, 이 물은 바위와 계곡으로 흐
르면서 맑은 물로 정화되고 옥빛의 보석을 내어 놓
으며 가을을 담는다. 화강암을 타고 떨어지는 물이
폭포와 소로 작품이 되어 전시된다. 폭포수가 바람
결을 따라 은빛 물보라로 대지를 적셔갈 때 선녀가
복숭아탕에서 첼로를 연주하는 환상을 감상한다. 복
숭아를 음각으로 깎은 곡선은 비욘세의 엉덩이 보
다 더 우아하고 고운 자태이다. 현악기의 선율이 울
려 퍼지는 선녀들의 놀이터와 별장으로 선경에 비
할 바가 아니다. 십이선녀탕 계곡을 찾는 모든 여성
들이 가을 단풍을 입고 우리의 생활 속에서 삶을 예
쁘게 장식하고 있었다. 멀리서 찾을 것이 아니다.

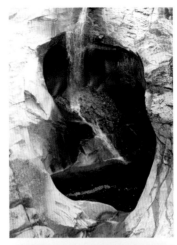

날머리에서
어둠이 내리는 한계령에서 매서운 바람
에 가을을 보내며 자신을 정비한다. 행복은 만들기
에 따라서 크기가 정해지고, 생각하는 관점에 따라
서 넓이가 커진다. 더욱 값진 미래를 가꾸고 맞이하
고자 활력을 불어넣으며 희망을 쏜다. 힘내라 세상
은 우리 편이다.

무릉도원의
청옥산(靑玉山)
두타산(頭陀山)

백두대간의 댓재와 백봉령 사이에 위치한 청옥·두타
산은 고적대(1,354m)·망지봉(1,210m)·중봉산(1,284m)
이 이웃하고, 무릉계곡을 품어 소금강(小金剛)이라고도
한다. 산이 깊어 관목대와 초본대가 형성되고, 주목군락
지·잣나무·소나무 숲이 울창하여 청옥산 주봉의 소나
무는 조선시대에 경복궁 중건용 대들보 목재로 사용되
었단다. 무릉반석·금란정·삼화사·학소대·쌍폭·용
추폭포·두타산성·천은사 등의 관광명소가 있다.

산행정보

일 시 2009. 07. 18. (토) 07:00 ∼
18:00 (날씨 : 흐리고, 빗방울)
명 칭 청옥산 (1,403.7m) · 두타산
(1,353m)
소재지 강원도 동해시 삼화동과 삼척시
하장면
동 행 물과 바람
코 스 매표소 → 쌍폭·용추 → 학등
→ 청옥산 → 박달령 → 두타산
→ 두타산성 – 매표소

들머리에서
청옥·두타산의 무릉계곡은 몇 번 찾았으나
산행 기회가 좀처럼 주어지지 않았다. 이번에도 몇 일전
폭우와 주말에도 폭우가 예상되어 불안하다. '자라보고
놀란 가슴 솥뚜껑보고 놀란다.' 라는 속담처럼 폭우가 예

상되어도 겁먹지 말고 안전산행에 초점을 맞추면 불가능도 없을 것이다. 짙은 안개와 빗발이 앞을 막아도 도전하지 않는 자 쟁취할 수 없다. 한니발도 알프스를 넘지 않았는가? 호랑이를 잡으려면 호랑이굴로 들어가야 하듯이 청옥 · 두타산으로 들어가 해결방법을 찾자. 아직 산은 눈물을 흘리지 않는다.

 관리매표소 → 무릉반석 → 삼화사 → 용추폭포 → 학등 → 청옥산 → 박달령 (07:00〜12:30)

여름을 잠재우는 두꺼운 구름에서 언제 눈물이 쏟아질지 모르는 불안감을 안고 무릉계곡으로 들어선다. 풍부한 수량의 계곡물은 하얀 물보라를 일으키며 세차게 부서진다. 물소리가 경쾌하여 무거운 심리상태도 쓸려가고 불안감도 사라진다. 금란정과 무릉반석에 새겨진 시(詩)와 글귀에서 '산천은 의구한데 인걸은 간데없네.'가 떠오른다.

진시황제도 불로초로 늙지 않기를 바리기 보다는 글로 영원불멸을 고려했으면 '분서갱유(焚書−坑儒)를 저지르지 않아도 되었는데. 생애의 유적(물)은 타의 추종을 불허하니 이름이 남아 영원불멸에 대한 공상의 반은 성공한 셈이다. 추사 김정희 선생도 부러워할 무릉반석에 새겨진 필체는 자연훼손보다 예술품으로 승화되어 보이는 것은 자연과 조화를 이루기 때문이리라. 예전 매미태풍 때 폭우로 삼화사에서 용추까지 쑥대밭이 되었는데 잘 정비되어서 다정히 손잡고 사랑을 속삭여도 될 곳이다. '세월이 약이겠지요.' 세월은 모든 것을 치유하는 만병통치약이다. 순리를 따르면 악은 사라질 것이고, 순리를 거역하면 온갖 사건이 벌어진다. 순리에 따라 자신을 다스리는 명약을 만들면 평화로운 세상이 올 것이다.

학소대는 학이 날아간 대(臺)에서 학을 기리며 슬피 울고, 쌍폭은 굉음을 내며 장엄한 폭포로 떨어진다. 용추폭포는 물의 곡선을 따라 항아리, 엉덩이, 시루떡으로 빚어져 예술품으로 탄생되었으니 자연은 살아 숨 쉬는 유기체였다.

폭포수는 산산히 부서졌으나 하나가 되고 여러갈래 물줄기가 다시모여 바다에서 대 통합을 이룬다. 바다는 수증기를 하늘로 날리며 새로운 곳을 찾아 떠나란다. 헤어짐과 만남의 반복은 생명의 순환과정이다. 인간도 윤회를 통하여 사람으로 재탄생하니 항상 바른 자세로 살아야 한다. 자연은 현존하는 사람을 정화시키는 마력이 존재한다. 그러므로 자연을 파괴하면 사람에 대한 정화능력이 사라져 정신이상자가 늘어날 수 있으므로 자연을 겸허하게 대하자. 하늘과 맞닿는 천국의 계단을 올라 문간재를 지나서 청옥산으로 향한다. 화려한 버섯에 유혹의 손길이 미치고, 고사리가 활짝 피어 원시림을 그리고, 전망대에서 폭포와 눈을 맞추며 산행의 피로를 덜어낸다. 일상생활의 고통과 불확실한 미래로 삶을 포기하려면 먼저 산을 만나봐라. 산은 삶의 의욕을 북돋아주고 활력소를 불어 넣어 삶을 윤택하게 만드는 비법을 심어준다. 학등에서 준령 봉우리들이 구름과 장난치며 신선놀음한다. 차츰 산과 눈높이가 비슷해지고, 주목나무와 물푸레나무가 고산지대임을 알려주어 투자한 시간이 현물로 전환될 때. 아! 청옥산이다. 신비감으로 자리하였던 청옥산 정상은 기대가 크면 실망감도 크듯이 공허한 마음이 헬기장처럼 휑하다. 그래 알면서 속고 모르면서 속는다고 하였다.

청옥산은 박달령으로 길을 안내하며 욕심을 버리고 순수한 자연의 미를 좋아하란다. 박달령 길은 산허리를 감으며 하산하는 분위기가 연출되어 안절부절한데 문바위가 제대로 산행하고 있으니 걱정하지 말라며 박달령에 안착시킨다.

 박달령 → 두타산 → 깔닥고개 → 산성폭포 · 거북 · 두타산성 · 곰 → 매표소 (12:30~18:00)

박달령에서 두타산까지도 만만찮다. 밋밋한 능선은 고진감래의 인고를 심으란다. 시간을 투자한 것보다 성공은 아름답지 않을 수 있다. 그러나 성공하지 못한 사람보다는 성공한 것에 만족하면 그것도 행복이다. 산이 좋아서 산을 찾았으면 산에 충실하자. 구름이 태양을 가려주는 그늘에서 행복을 느끼고, 시원한 시야와 바람에서 잠시라도 고통을 잊으면 그것도 행복이므로 과욕을 버리자. 버리면 아까워서 부여잡고, 붙잡고 보면 불편해서 놓았다가 또 부여잡는 악순환의 거듭된 반복에서 두타산에 이르니 정상석도 간사한 인간의 마음을 알았는지 무릉계곡으로 돌아앉았다. 험준한 준령이 장벽을 치고, 동해바다가 무한하다.

동해바다의 200해리는 독도에서 시작되어야 하는데 독도가 공동수역이 되었으니 억울함을 어찌 다할까? 해상왕국을 표명한 비류백제는 고구려에 패하여 일본으로 건너갔고, 일본은 끊임없이 해상영역을 넓히는데 우리는 바다도 잃고 생활터전도 줄어들어서 한숨이 절로 나온다. 밀려오는 준령의 정기로 기운을 얻어 두타산성으로 향하는데 끝없이 번지점프를 하게 한다.

청옥산과 두타산이 서로 마주하는 봉우리이면서 완전 다른 의미의 명칭으로 기록되어 있는 사연은 무엇일까? 재질은 비슷한데 제공하는 기능이 다른가? 서로 생뚱맞으면서도 한울타리에서 어울리는 배려 때문에 금송은 낙낙장송을 연출하며 푸르고, 깔딱고개는 정신일도하사불성의 철학을 가르쳐 한눈 팔사이가 없다. 한숨을 돌릴 때쯤 산성폭포는 12단의 폭포를 이루는데 끝을 볼 수 없고, 거북바위는 장수의 비결을 묵언으로 설법하고, 곰바위는 먹거리를 찾아서 절벽도 마다않으며 어슬렁거린다. 등이 따뜻하고 배가 부르면 건너편에서 관음암과 관음폭포가 선경이라 선망의 대상으로 자리하며, 비오는 날의 수채화가 그려진다. 두타산성에 피맺힌 일본의 침략이 다시는 이 땅에서 발생하지 않도록 자주국방을 구축하여 선인들의 희생정신이 헛되지 않기를 빌어본다.

날머리에서
청옥 · 두타산은 원시자연의 비경을 품은 꿈의 세계다. 또 다른 신비함을 품은 육백산과 이끼폭포를 찾아 여정을 떠날 준비를 한다. 끝없는 여행은 끝없는 신비함과 모험심이 피어난다.

학소대 〈무릉정공 최윤상 무릉구곡가〉

맑고 시원한 물에 내배를 띄우니
학(鶴)떠난지 이미 오래되어 대(臺)는 비었네
높은데 올라 세상사 바라보니
가버린자 이와 같아 슬픔을 견디나니

상류의 동굴에서 흘러내리는 물줄기가 이곳을 지나는데 이 바위에 학
이 둥지를 틀고 살았다고 하여 학소대라고 한다.

 두타산성

두타산성은 102년(신라파사왕 23년)에
처음 쌓았다고 전해지며 1414년(조선 태종
14년)에 삼척 부사로 왔던 김맹손이 다시
쌓았는데 그 둘레 2500m, 높이가 15m에
이르며 돌로 쌓아 만든 성이다.

이곳은 1592년(선조 25년) 임진 때 왜군이 이곳에 쳐들어와 많은 사
람들이 이 산성에 피난하였고, 이 고장 청년들은 의병을 조직하여 산성
밑에 허수아비 신상을 만들어 절벽사이에 세워놓고, 많은 군대가 있는
것 처럼 위장 전술을 써서 왜군의 공세를 퇴각 시켰으나 3일간의 치열
한 전투 끝에 끝내 함락당하여 많은 무고한 피난민과 의병들이 장렬하
게 전사한 거룩한 호국정신이 깃들어 있는 유서 깊은 곳이다.

치가 떨리고 악이 받치는
치악산
(雉嶽山)

산행정보

▶▶▶

일 시 2007. 10. 14. (일) 11:10 ~
　　　 16:50 (날씨 : 흐린 맑음)
명 칭 치악산(1,288m)
소재지 강원도 원주시
동 행 산길따라 두둥실 산악회
코 스 황골주차장 → 입석대 → 비로봉
　　　 (1,288m) → 사다리병창 →
　　　 세림폭포 → 구룡주차장

　　치악산은 가을 단풍이 아름다워 적악산(赤岳山)이라
하였다. 경상도 의성의 한 사람이 적악산 오솔길에서 구
렁이가 꿩을 잡아먹으려는 것을 구해주었다. 구렁이가
야밤에 나타나서 나그네에게 만약 상원사의 종이 3번 울
리면 살려주겠다고 하였는데 상원사의 타종소리가 들려
와 나그네는 살아났다. 확인하니 상원사 종에 꿩 세 마
리가 머리를 부딪쳐 타종하고 죽었던 것이다.

　　꿩(雉)의 보은을 기리고자 치악산으로 개칭하고, 우리
나라에서 가장 높은 상원사(1,100m)에 종을 복원해 놓
았다. 치악산은 1,000m 이상의 고봉 능선이 약14㎞정도
이어지며, 주봉인 비로봉(1,288m), 남대봉(1,181m), 향로
봉(1,043m), 매화산(1,085m) 등이 어우러져 깊은 계곡을

부채살처럼 펼쳐놓으며 맑고 푸른 물을 흘려보낸다. 꿩의 보은을 담은 상원사를 비롯해서 세존대, 만경대, 문바위, 아들바위 등이 있고, 영원산성, 해미산성, 금두산성, 천연동굴과 북원적 양길이 궁예를 맞아들여 병마를 정돈했다는 성남사도 위치한다.

 들머리에서

어둠이 깔린 새벽은 인적이 드물고, 사연을 실은 바람이 도로를 쓸어가면서 차창의 뿌연 사연도 소백산과 충주호를 지나며 단풍의 설레임으로 밝아지며 안정된다. 강원도 원주는 "원(元)"씨 성의 본거지로 조선 태종이 스승 운곡 '원천석' 선생에 대한 보답으로 명명한 입석대도 있는 곳이다.

20여년전에 등정 후 한 두 번 왔었는데 이제는 강원도(강릉과 원주의 두문자 임)의 중심축으로 발전하여 도시화가 급속도록 진행되어 옛 환경을 잃어 아쉽다.

황골주차장 → 입석대 → 헬기장 → 비로봉 (11:10∼13:20)

가을을 채색하는 초라한 계곡은 흐르는 세월을 보여주며, 단풍잎은 하나 둘 화려한 과거를 뒤로하고 낙엽으로 뒹굴고, 들과 밭에는 가을걷이가 끝나 메마른 대지로 목마른 갈증을 증가시킨다. 푸르른 모습을 잃고 사그러지는 세월은 황혼으로 접어들기 보다는 누추한 농촌의 꺼져가는 불빛으로 보이며, 어느덧 또 하나의 나이를 쌓아야만 되는 시간이 되었다. 그래 꺼져가는 것에 연연할 것이 아니라 또 새로운 삶을 잉태하기 위하여 잠시 움츠려 있는 것으로 생각하자. 오고 가는 것이 삶의 이치요, 자연의 법칙이다. 모든 것을 안고 갈 수는 없잖아. 필요에 따라서 미래를 위하여 과감하게 버려야 할 때도 있다. 이랭이골 계곡은 철문으로 출입을 통제하는데 얼마나 무질서하였으면 쇠창살로 길을 막았겠는가? 법이 있는 것인지 없는 것인지,

법 집행이 게으른 것인지, 국민들이 법집행을 방해하는 것인지, 아니면 다른 사연이 있는 것인지. 몇몇의 도덕성 부족으로 피해를 보는 사람들은 법을 잘 지키는 성실한 사람들이다. '성실한 사람이 잘사는 사회를' 의 구호와 같이 성실한 사람들이 잘사는 사회는 되지 않아도 성실한 사람이 피해를 입지 않는 사회가 되었으면 한다. 그리고 성실한 사람에게 포상하는 방법도 있었으면 한다. 성실한 사람이 잘사는 사회를 구상하며 입석대까지 코가 땅에 닿도록 속도를 내니 태종이 스승 운곡"원천석" 선생을 그리며 명명하였다는 입석대가 절벽위에서 집채만한 바위(2~3층 높이정도)로 앉아 있다.

입석대는 굳은 의지로 살며 부귀영화에 집착하지마라고 설법한다. 치악산(속설 : 치가 떨리고, 악에 받치는 산)은 인고의 참 의미를 전달하고자 급경사로 시련을 부여한다. 중도 포기하는 사람도 만만찮다. 세상에는 쉬운 것이 없다. 자기가 어떻게 생각하고 실행하느냐에 따라 가치가 달라지고 인정받는 선이 정해진다. 한 등산객이 '아이들은 때가 묻지 않아서 잘 오르내린다.' 고 한다. 그렇다 어린이들은 천진난만하여 삶의 무게를 생각하는 것이 아니라 놀이로 생각한다. 그러나 어른들은 속세의 때가 묻어서 산행을 삶의 굴레로 탄식하기 때문이다. 어른도 삶의 굴레를 떨쳐버리고, 취미와 건강으로 그리고 삶의 원동력으로 받아들이면 한결 쉬운 길이 될 것이다. 산꼭대기에 도깨비뿔이 솟았는데 비로봉 정상이다. 경제도 저 고봉처럼 상승곡선이 유지되었으면 좋으련만. 그러나 고봉의 정점에 도달하려면 넘어야할 난관이 많다. 하강의 정점에서 상승하기 위하여 좌절하지 않아야 되고 체력과 능력도 사전에 튼튼히 키워야 한다.

그리고 정신을 무장하여 중도에 포기하지 않고 상승곡선을 계속 유지시켜야 한다. 비로봉에서는 산들이 파도치며 넘실거리고, 구름이 김삿갓 되어 세상풍류를 전하는 이 고장은 산천이 살아 숨쉬기에 문화와 삶이 공존하여 여유로운 삶을 즐기는 것 같다.

비로봉(1,288) → 사다리병창 → 세렴폭포 → 구룡사 → 구룡사주차장
(14:00~16:30)

밀려드는 산천에서 웅장한 대한의 기운을 흡수하고, 가을바람을 따라서 행로를 재촉한다. 하염없는 계단은 한계를 실험하고, 땅이 꺼질듯 거친 숨이 저절로 나와 '올라가면 내려올 것을 왜 올라가는지 모르겠다.' 라는 이야기가 실감난다. 발전된

미래를 품에 안으려면 건강한 사람들이 많아야 하며 어려운 난관도 슬기롭게 넘길 수 있는 담력과 체력이 뒤받침되어야 한다. 세월이 흐르면 흐를수록 더욱 급락하는 체력을 보강하려는 정신자세도 미래를 지키는 초석이다. 하루가 무섭게 추락하는 체력을 소홀히 관리하면 건강도 잃고, 자신감도 잃는다.

사다리병창(거대한 암벽길이 사다리처럼 만들어져 있으며, 소나무 등이 바위와 조화를 이루고 있어서 붙여진 이름)은 수직절벽으로 치악산의 운치를 선사하고, 그윽한 소나무 향기와 단풍은 노력에 대한 가치를 부여하는 것 같다. 무릎에 가해지는 압력이 증가될 때 세렴폭포가 그윽하게 맑고 가느다란 물줄기로 객을 맞이하여 여정을 푼다. 짊어지고 온 속세의 남은 때를 개울에 흘려보내며 구룡사에 들어선다.

속세의 때를 씻어도 속세로 들어서면 또 속세에 물드니 세상사는 법을 담으라고 옛 향기를 그윽하게 전하지만 범민에게는 요지경세상에서 맑음으로 살 수 없는 또 다른 문제가 대두된다.

구룡사에서 통천문주변까지 나열된 시(詩)를 읽으며 자신을 정화하고, 삶을 깨닫고, 사상을 감상하며 잃어버린 길을 찾는다. 삶의 굴레에서 잃어버린 주옥같은 글은 사람을 안정시키며 한결 푸근하게 만드는 비결이 숨었다. 자연과 어우러진 시 현수막에서 풋풋한 인정이 살아난다.

날머리에서

유흥음식소와 자동차휴게소가 국립공원을 점령하고, 주변이 황폐화되는 것을 보며 국립공원을 포기하는 것은 아닌지 걱정이다. 치악산이 성형수술하지 않고 자연의 모습으로 만나기를 기대하며 국립공원이 앞장서서 수려한 계곡을 보호하였으면 한다.

우수한 민족이라 좋은 방법들을 많이 강구할 수 있을 것이다. 너무 단순한 것만 좋아하지 말자.

단군신화가 깃든

태백산
(太白山)

산행정보
★

일 시 2007. 1. 7. (일) 12:30 ~
17:30 (날씨 : 맑음)
명 칭 태백산 장군봉(1566.7m : 시산
제장소) / 천재단 (1560.6m)
소재지 강원도 태백시 및 경상북도 봉화군
에 소재
동 행 백양동기산우회
코 스 유일사관리소 → 태백산 → 망경사
(단종비각, 용정) → 반재 → 당골
관리소

태백산은 단군신화가 깃든 곳이며 전국 12대 명산으로 '민족의 영산' 이다. 천제단에는 태고 때부터 천상의 기운이 서려 있어서 하늘에 제를 모셔오고 있으며, 삼국사기에는 왕이 친히 천제를 올렸다는 기록도 있다. 세종실록지리지에 신라시대에는 오악 가운데 북악으로 태백산을 받들어 봄과 가을에 제를 모셨다고 한다.

산세가 높아서 고산식물이 자생하고 정상일대는 주목(살아서 천년, 죽어서 천년을 산다고 함)이 사시사철 비경이고, 주목나무에 핀 겨울의 설화와 상고대가 환상적이다. 사찰로는 망경사, 백단사, 유일사, 만덕사, 청원사 등이 있고, 해발 1,500m에는 단종대왕을 모신 단종비각과 용정이 있다. 신라시대 자장율사가 창건했다는 망경

47

사에 있는 용정(우물)은 우리나라에서 가장 높은 곳에 위치한 샘물로 개천절에 올리는 천제(天祭)의 제수(祭水)로 쓰인다고 한다. 또한 당골에도 매년 개천절에 제를 올리는 단군성전이 있다.

 들머리에서

온화한 날씨가 갑자기 기온이 급강하하면서 중부지방에는 눈보라가 몰아친다. 2007년 시산제를 올리려고 태백산을 선택했는데 날씨로 무산되지 않을까 노파심으로 안절부절이다. 아침날씨도 매서운 바람이 몰아쳐서 친구들이 과연 몇 명이나 나올까 걱정을 하였는데 39명이나 참석하여 한결 마음이 가볍다. 동해안 화진포휴게소에는 파란 바다가 광활하게 펼쳐져 응어리진 가슴을 후련하게 뚫어주어 묵은 체증이 내려가듯 머리가 맑아진다. 차량이 동해로 진입하여 동해의 푸른 바다를 볼 수 있어서 새해의 의미가 더욱 살아난다.

유일사매표소 → 유일사쉼터 → 주목군락지 → 태백산 천재단(1560.6)
(12:30～15:00)

매서운 바람이 살을 타고 들어와 오금이 떨리는 유일사매표소는 등산객들로 인산인해를 이룬다. 추운날씨임에도 불구하고 많은 사람들이 태백산을 찾는 것은 우리의 정서가 서려있는 명산임을 감지할 수 있다. 태백산을 오르는 중간부터 설화가 피어나 등산객들의 입에서 탄성이 자연스럽게 흘러나온다. 고목의 허리를 굽히고 설화를 피운 주목나무는 아직도 늙지 않은 젊음을 과시하며 하늘을 받든다. 잎을 달고 있는 주목나무는 하얀 고깔우산을 받쳐 들어 태양빛을 차단하고, 어제 내린 눈은 북풍한설에 얼어서 눈꽃이 흩어짐이 없도록 지켜주어서 화려한 설경이 유지되었다. 굽이굽이 물결치는 산들은 백색으로 덮혀서 티끌 없는 세상이 얼마나 아름다운가를 보여준다. 찬바람으로부터 주목나무를 보호하고자 대나무울타리를 설치하는 등 자연보호에도 심혈을 기울이는 정성이 대단하다. 자연을 보노라면 고목은 고목대로 어린나무는 나무대로 풀은 풀대로 자신의 위치를 꿋꿋하게 지키며 그 역할을 다하는 모습에서 삶의 이정표를 보는 것 같다. 매서운 역경이 몰아쳐도 어떤 핑계도 없고, 춘하추동 계절이 변화해도 그 계절 그 시점에서 제 위치를 지키고 있다. 땅에 고정되어 있는 것이 아니라 변화에 따라 변화하면서 대자연의 향연을 하모니로 표현하며 대자연의 멋을 발산한다.

우리도 우리를 그대로 앉혀 놓을 것이 아니라 변화하면서 자신을 개발하고 꾸준하게 노력할 때 아름다운 세상을 만들 수 있고, 목적한 바를 이룰 수 있을 것이다. 한배검 앞 태백산 장군봉(1,566.7m)에서 시산제를 알리는 축문에 모두가 숙연해지며 태백산 천지신명께 자신들의 마음을 정리하고 다짐한다. 한배검으로 이동하여 마음을 정리하고 살을 에는 추위를 피해서 망경사로 이동하며, 자아의 정립을 위하여 대자연의 품에 안긴다.

천재단 → 망경사(단종비각, 용정) → 반재 → 당골(단군경전)
(15:00~17:30)

매서운 추위와 바람으로 손가락이 얼어서 움직임도 둔하고, 얼굴은 얼어서 입이 다물어지지 않을 정도다. 영월에 유배되어 세상을 뜬 단종을 태백산의 산신령으로 제위하여 '태백산 단종대왕지비'에 모셔놓아 역사적 비극을 회상하게 한다. 수많은 이권다툼으로 왕이 신하에 농락당한 우리의 권력다툼이 현 시대에도 연이어 오고 있다는 것이 서글프다. 역사를 배우고 가르치면서도 현실은 서로의 뒷다리를 잡으려고 난리법석을 치니 특정한 성인을 위한 도덕 교육이 재조명되었으면 한다. 매서운 바람에 국민들의 고통이 날아가 버리고 눈 덮인 하얀 세상처럼 순수한 사회를 만드는 방법은 없을까? 눈이 녹으면 옛 모습에 더욱 더 지저분한 자국을 남기듯이 또 하나의 진흙탕으로 변질될 수도 있겠지. 그래 현재의 시간으로 만족하자. 거짓을 눈으로 덮으면 무슨 의미가 있겠는가? 비료포대를 타고 등산로를 신나게 지쳐본다. 봅슬레이 경기장처럼 구불구불하고 느렸다 빨라지는 등산로에서 동심으로 돌아가 모든 것을 잊으며 신나게 살자. 바람이 잔잔한 계곡에는 시냇물이 눈 사이를 돌며 졸졸 흐르고, 나뭇가지에 매달린 눈들도 지쳐서 떨어진다. 자기의 역할을 다하면 떨어지고 흩어지는 것이 자연의 이치라.

　태백산 단군성전은 우리나라의 하늘을 여신 단군님의 위업을 기리는 곳이다. 단군님께 묵념을 올리며 힘찬 대한민국이 되도록 도움을 요청한다. 태백산은 우리의 귀중한 자연유산이고 우리나라를 연 중요한 터전이다. 산을 하나의 자연으로, 산을 우리의 교육장으로 그리고 우리 삶의 터전으로 길이 보전하고 간직할 때 유구한 역사는 변함없이 이어질 것이다. 세상이 변해도 원천이 살아 있어야 유구한 역사를 간직할 수 있으며 우리를 하나로 대동단결 시킬 수 있다.

날머리에서

　이 매서운 추위에도 모두 안전하게 완주산행 한 것에 대단한 자부심을 가질 것이고 고마울 따름이다. 친구와 가족들은 서로의 역할이 소중하였음을 인식하였을 것이고, 참여하지 못한 친구들은 이 아름다운 비경을 다음에 함께 볼 수 있도록 꼭 동참하였으면 좋겠다. 오늘 산행은 친구와 이웃 등에 대한 배려로 역경을 헤치면 좋은 것이 있다는 것을 일깨워준 산행이었다고 생각한다. 그

　리고 대자연이 이런 아름다운 설경을 볼 수 있도록 기회를 준 것에 감사를 드리고, 또 추웠지만 날씨도 청명하여 비경을 볼 수 있었던 것은 태백산 산신령께서 우리의 인생여정이 악하지 않았다는 것을 간접적으로 알려 주는 것 같기도 하다.

　2007년에는 모든 일이 만사형통하여 소망한 뜻이 전부 이루어지기를 바라면서, 행복과 행운은 앉아서 기다리는 것이 아니라 스스로 찾아 나설 때 더 가까워짐을 터득한다.

　새해에도 안전 산행하고 모두에게 태백산 산신령님의 영험이 있기를 기원한다.

가야산
(伽倻山)

산행정보

▶▶▶

일 시 2009. 05. 10. (월) 10:30 ~
　　　 16:30 (날씨 : 맑음)
명 칭 가야산 상왕봉 (우두봉 1,430m)
　　　 · 칠불봉 (1,433m)
소재지 경남 합천, 거창 및 경북 성주
동 행 백양육돌이 산우회
코 스 백운동 → 백운사지 → 서성재
　　　 → 칠불봉 → 상황봉(우두봉) →
　　　 해인사

　　가야산은 자연경관이 수려하여 "조선팔경의 하나", "해동제일의 명산"이라고 불렸으며, 백두대간이 소백산에서 지리산으로 뻗어 내리다 동쪽으로 혈맥을 갈라 솟아오른 곳으로 단지봉, 수도산으로 이어진다. 또한 가야산은 6가락국의 주산으로 정견모주(正見母主)라는 산신(女神)이 상아덤(서장대)에 머물면서 천신(天神) 이질하와 교감으로 두 아들을 낳아서 대가야의 시조 이진아시왕과 금관가야의 시조 김수로왕을 탄생시킨다. 김해(금관)가야 김수로왕은 인도의 아야타국 공주 허황옥과 결혼하여 금관가야를 번성시킨다.

　　가야산은 예로부터 3재(화, 수, 풍)가 돌지 않는 영산으로 우두봉, 칠불봉, 상아덤, 만물상, 가야산성, 해인사,

매화산과 홍류폭포 등의 명승지와 관광지가 유명하다. 특히 해인사는 법보사찰로 팔만대장경이 있고, 성철스님('산은 산이요, 물은 물이로다.')이 입적한 곳이다.

 들머리에서
　　봄기운은 자취를 감추고 여름이 성큼 다가와 산행 때 땀깨나 흘리겠다. 가을보다 화창한 하늘은 원색의 물결이 가득하여 눈은 시원하지만 계속되는 가뭄으로 올해 농사를 제대로 지을 수 있을지 걱정이 앞선다. 하천도 가뭄으로 몸살을 앓는지 검은 색상에 거품이 부글거린다. 기후 변화로 발생할 재앙을 생각하면 오금이 저려온다. 지구온난화를 막으려면 자연 살리기에 앞장서야 되는데 우리의 산천은 할퀴고, 쓸려나가 도시로 탈바꿈되니 희망이 없어 보인다. 자연은 상처를 입었어도 웃으며 환하게 우리를 맞아주어 더욱 산이 그리워진다.

백운매표소 → 가야산성 → 백운사지 → 서상대 → 칠불봉 → 우두봉
(상왕봉)(10:30～13:00)

　　백운동〈성주 쪽〉초입에서 가야산과 맞닿은 하늘은 가을보다 맑고 투명하여 눈이 시리다. 원색의 물결이 순수한 자연인으로 정화하여 주니 머리도 맑아진다. 날씨가 맑으면 도시는 작열하는 태양으로 생명력을 잃겠지만 산은 더욱 푸르른 생명을 만들어낸다. 파란하늘과 연초록빛 산이 어우러진 천상과 지상에서 신(神)이 만나 국가의 탄생 설화가 만들어지기 충분한 지형이다.
　　건국신화 등이 현실과 동떨어져도 원시자연이 주는 생명의 빛은 충분한 설득력을 가졌다. 순수하지 못하면 상대를 부정하고, 그로 인하여 자신의 가치를 추락시킨다. 생각에 따라서 사물의 가치가 달라지고, 환경변화로 사물의 가치가 달라질 수

있으므로 긍정적인 마인드로 문화를 만들고 전파해야 한다. 자연의 순수함으로 긍정적인 마인드를 상승시키며 생활의 활력소를 살려서 신의 장소로 나아간다. 나무 그늘에서 햇볕을 피하며 상대적 가치를 배우고, 흐르는 시냇물에 가슴을 씻으며 상대의 배려를 담는다. 자연물이 알려주는 교훈에서 삶의 참모습을 찾으며 번뇌를 떨어낼 때 서상대가 한고비를 넘겼으니 잠시 체력을 회복하란다. 발자국마다 새겨지는 인(忍)으로 자신을 수양하며 상대를 배려하고, 덕을 쌓는 실천으로 어두운 세상을 밝혀간다. 400년간 이어져온 경주 최부자집 가훈을 생각하며 최씨 집안이 쌓아온 덕들이 현대의 성불이구나. 작심삼일이라는데 지금까지 내려온 공력은 우리보다 약5만배(400년*365일/3일)나 되니 타의 귀감이로세.

성불과 성인을 어렵게 찾을 것이 아니라 언제나 우리 이웃에 있으므로 이웃을 공경할 때 그 것이 곧 성불이다. 혼자서 부자로 모든 것을 소유하려면 결국 모두 것을 잃는다. 진정한 부자는 덕을 베풀고, 또 다른 부자를 탄생시켜 부자의 수를 넓혀나가면 소비가 증가되어 우리나라가 세계의 기둥이고, 중심이 될 수 있다. 표현은 쉬우나 실천하려면 또 다른 탐욕이 자신을 덮어오니 끝없는 자기성찰이 필요하다. 음덕(응분을 바라지 않고 쌓는 순수한 덕)과 양덕의 차이는 천양지차지만 덕을 베푸는 훈련의 일환으로 노하우를 전수해보자. 그러면 자연적으로 음덕이 상승하고, 부귀영화도 함께 따라온다. 수직절벽의 계단에서 자신을 버리면서 자신을 만들 때 어! 칠불봉과 친구들이 반긴다. 이 또한 행복이로다. 새 생명이 피어나는 연초록의 기운에 정기를 듬뿍 담고, 농촌의 들녘을 보며 풍년을 기원한다. 칠불봉에서 바위 암릉을 따라서 상왕봉(우두봉)에 이르니 덕유산능선과 지리산 능선이 근엄한 자태로 우리를 품는다. 각 산들이 멀리 떨어져 있어 보여도 전부 이웃사촌이요 형제다. 세상의 관계는 자신이 남을 멀리하는 것이지 남이 나를 멀리하는 것이 아니로다. 마음의 사용방법은 자신에게 있으므로 선행을 많이 베풀어야겠다. 우두봉은 이웃과 어울려서 힘찬 정기를 이 땅에 심는다.

우두봉(상왕봉) → 토신골 → 해인사 → 주차장 (13:00~16:30)
가야산 우두봉을 맞은편에서 볼 때는 소의 현상이었고, 수도산에서 볼 때는 연꽃으로 피어났다. 사물을 볼 때는 전체를 보아야 한다. 잭웰치부인은 10-10-10 기준으로 의사결정을 하는데 10분 10시간 10년에 어떤 결과가 발생할지 고려하여 정책을 판단한단다. 근시안적으로 눈앞의 이익에 치중하니 반복된 불실로 밑 빠진 독에 물붓기식이다. 재투자가 반복되니 업종이 다양하지 못하여 정책 실행에 한계가 발생한다. 10년 후를 예측하여 투자하면 중복투자를 차단하여 경쟁력도 강화되고 업종도 다양해질 것이다.

이 경제에 불 끄는 소방시설도 필요하지만 불을 예방하는 정책이 더욱 간절할 때 우리나라 3보사찰 해인사(불보 : 통도사, 법보 : 해인사, 승보 : 송광사)가 자리 한다. 대적광전에서 마음으로 씻고 팔만대장경을 만난다. 800여년의 세월에서 화재, 도난, 도굴, 침략, 기후 등으로 사라질 수도 있는 목판을 보존한 것이 대단하고, 후손도 영원히 보존할 유산이었다.

선조들께서는 천년, 만년을 고려하여 목판의 건조기술과 보관기술을 개발하며 무생물에 생명을 불어넣는 혼을 쏟으셨다. 팔만대장경의 목판도 중요하고, 목판에 새겨진 얼과 정신도 계승할 자산이다. 우리문화는 우리가 빛내고, 그 정신을 이어 받을 때 최고의 가치가 된다. '해인도'를 따라 돌면서 도가 무엇이고, 가질 것이 무엇이고, 버릴 것이 무엇인가의 번뇌에 휩싸일 때 진실된 자세로 해인도를 도는 불자들이 아름답게 빛나고 있었다.

날머리에서

현풍 약사 온천에서 목욕재개 후 발산되는 잠재능력을 보면서 인력개발이 기업의 역량임을 본다. 야인〈홍재규〉 책에서 "사람들을 훈계할 때 높은 지위에 있는 자가 한번 화를 낼 때마다 뜻있는 부하 백명이 아첨배로 전락한다.", "눈물을 밖으로 흘리고 눈물을 잊어버린 사실을 잊어버린다면 평생 남의 탓만 하다 살아가고, 눈물을 안으로 흘리고 눈물을 흘린 사실을 잊지 않는다면 한국도 일본이상으로 강해질 수 있다."란 구절을 새겨본다.

🏯 해인사

　경상남도 합천군 가야산 서남쪽 기슭에 있는 절로 통도사·송광사와
함께 우리나라 삼보(三寶 : 佛寶·法寶·僧寶) 사찰 중 하나로 고려대장
경판(팔만대장경)을 보관하여 법보사찰이라 한다.
　〈삼국유사〉에는 676년(문무왕 16) 의상(義相)이 부석사를 창건하고 해
인사·화엄사·범어사 등 화엄10찰(華嚴十刹)을 세웠다 한다.
　〈화엄경〉의 '해인삼매'(海印三昧)에서 유래 절은 화엄사상(華嚴思想)을
근본으로 한 대도량이다. 끊임없는 화재와 왜구의 요구가 있었지만 대
장경판전(국보 제52호)만은 피해를 입지 않았다.

 팔만대장경

　국보 제32호. 목판본은 1,516종에 6,815권으로 총 8만 1,258매이다.
초조대장경(初雕大藏經)과 속장경(續藏經)이 몽골의 침입으로 소실된 뒤
1236년(고종 23) 강화에서 시작하여 1251년 9월에 완성되었다.
　대장도감(大藏都監)에서 주관하여 제주도·완도·거제도 등의 자작나
무를 재료로 부패를 방지하고자 바닷물에 절여서 그늘에서 충분히 말렸
다. 한 목판에 가로 23행, 세로 14행으로 310자 내외가 새겨졌는데 정교
한 판각술로 한석봉은 "육필(肉筆)이 아니라 신필(神筆)이다." 라고 경탄
했다. 해인사는 1년에 1번씩 대장경판을 머리에 이고 탑 주위를 도는 행
사를 한다.

산행정보

▶▶▶

일 시 2008. 02. 23. (토) 10:40 ～
15:10 (날씨 : 맑음)
명 칭 괘관산(掛冠山 1,251.6m) 및
천황봉(天皇峰 1,228m)
소재지 경남 함양군 백전면, 서하면,
병곡면, 지곡면
동 행 두메산골 산악회
코 스 빼빼재 → 헬기장 → 괘관산 →
안부삼거리 → 천황봉 → 안부
삼거리 → 원산(지소)

함양의 진산으로 불리는 괘관산은 백운산에서 동쪽으로 튼 능선상의 최고봉으로 함양읍 북쪽을 병풍처럼 둘러쌓고 있는 일명 갓거리산이라 불리운다. 서하면 및 백전면의 경계인 빼빼재에서 정상까지는 육산으로 부드러우며, 키작은 나무들이 자라서 시야가 열리고, 정상은 거대한 바위군집으로 조망이 빼어나다. 괘관산정상에서 천황봉까지 정상부근 철쭉 군락지는 함양팔경의 하나로 알려졌으며, 억새들이 춤추는 가을도 자랑거리의 하나다.

들머리에서

베란다에서 추위를 가늠하고자 손을 내미니 손을 밀치는 찬바람이 산행을 망설이게 하여도 겨울 산

56

에서 자신을 버리며 새로운 희망을 찾아야겠다고 어둠을 헤집는다. 세상에서 한자
리를 유지하는 것이 쉬운 일이 아니므로 꾸준한 자기개발이 필요하다. 비록 목적이
뚜렷하지 않지만 건강을 잃으면 모든 것을 잃기에 건강을 챙기는 것도 목적이 되겠
지. 그래 심신이 건강하면 모든 일을 자신 있게 진행할 수 있고, 심신이 약하면 매
사에 의욕을 잃어 부정한 생각에 멍들게 된다. 추위와 싸움도 건강을 유지시키는
요소이다. 시골 산천의 산과 들에는 봄맞이 준비에 분주한 농부의 손길이 정겹다.
새 생명의 씨로 봄을 깨우는 농부의 부지런함이 인류를 먹여 살리는 원천이라. 경
호강이 산천을 휘돌아 옥토를 살찌우듯 구절양장의 고행에는 세상을 밝게 하는 지
혜가 담겨 있구나.

 빼빼재 → 헬기장 1,2,3 → 통신탑 → 괘관산(1,251.6m)
(10:40~12:45)

빼빼재(원통재)는 괘관산과 백운산사이의 재(고개)로 서상면과 백전면을 연결하며
철쭉이 아름답게 피어나고, 난(亂)이 발생하면 많은 사람들이 이곳으로 피신하였단
다. 깊은 상처만큼이나 높은 빼빼재에서 약5km를 걸어야 정상에 도달할 수 있단다.
빙판 길은 꽁꽁 얼어붙어서 아이젠도 제구실을 못하여 걷는 것이 불편하고, 강풍
주의보로 매서운 바람이 몰아쳐 몸을 제대로 가눌 수 없다. 육산의 부드러움을 시
샘하는 길에서 세상은 순조롭지 않구나. 호사다마(好事多魔), 좋은 일도 마가 끼어
있으니 언제나 주의를 기울이지 않으면 안 된다. 먹이를 준다고 덥석 받아먹다가는
물리는 수가 있으니 돌다리를 두들겨보고 건너듯 산행을 해야겠다.
제1헬기장에서 백운산과 눈을 맞추니 언제 한번 만나자고 손을 흔들고, 앞에는
비단구렁이 같은 산 능선이 까마득하다. 정상이 안 보이면 미지의 세상을 꿈꾸며

산길을 찾는 재미가 솔솔할텐데. 정상이 육안으로 빤히 보이는 관계로 근육이 긴장되고, 스스로 고행의 자물쇠에 갇혀 버린다. 동일한 사물도 환경과 관점에 따라서 느낌과 형태가 상당히 다르므로 생각을 바꾸자. 긍정적으로 달성할 수 있다고 접근하면 모든 일이 잘 해결될 수 있다. 불가능하다거나 힘들다고 지레 겁을 먹고 포기하면 안 된다. 자문자답하며 아무리 어려운 일도 포기하지 말고 가능성을 찾아서 무한도전을 하자. 천리 길도 한걸음부터라고 하지 않았나. 사람 발걸음이 무섭다. 움츠러드는 마음을 바로 잡고 정상을 향하여 나아간다. 가녀린 억새가 겨울의 끝자락에 매달려 떨고, 눈발이 휘날리는 끝자락에는 바위관모를 쓴 괘관산정상이 얼굴을 내민다.

　괘관산표지석에 입 맞추고 고개를 드니 세상천지가 뻥 뚫렸다. 밀운불우(密雲不雨)의 답답한 심정에 사로 잡혀 있을 때 이곳에 올라서면 시원하게 해결되는 기회를 얻을 것 같다. 서너번 찾은 덕유산 능선이 스승이 되어 옛 이야기를 들려주는 아름다운 산천에 경의를 표한다.

　괘관산 → 안부삼거리 → 천황산 → 안부삼거리(유턴) → 원산(지소)
　(12:45~15:10)

　밀려오는 산들의 이야기에 귀 기울이며 온고지신을 일깨우고, 험한 암릉에서 자신을 수양하는 능력을 키운다. 천길 나락 위에 서 있을 때 대처능력은 얼마나 되고, 자신감 있는 행동이 가능한지 고려하며 천황봉으로 들어서니 돌탑들이 곳곳에서 하늘에 제를 올린다. 하늘의 정기가 돌탑으로 내려와 우리강산이 더욱 아름다운 자태로 고이 간직되기를 기원한다. 지리산능선이 하늘을 나는 용처럼 멋을 부리고, 서북쪽으로 덕유산능선이 연결되어 백두대간의 맥을 잇고, 황석산, 거망산, 금원산 등이 덕유산에서 이곳으로 이어져 오는 것 같다. 마을들도 이제는 고요한 오지의 마을이 아니라 개발에 대부분 상처를 입고, 성한 곳이 없구나. 도로와 임도로 산허리는 잘리고, 채석장은 산을 둥지 채 파헤쳐 붉은 흙빛이 널려 있어서 정겨운 옛 농촌의 모습이 희미해진다. 예전에는 아름답고 순수한 자연을 벗 삼아 풍류를 읊었을 장소들이 흔적 없이 사라지며 도시로 탈바꿈하였다.

개발의 풍요 속에서 얻은 것도 많겠지만 그에 못지않게 잃는 것도 많을 것이다. give and take라고 하지 않았나. 산들도 숲의 모습을 벗고 예전의 민둥산으로 탈바꿈하였으니 자연에서 구할 수 있는 귀한 약재 등도 사라져가고, 물 부족 국가로 전락해 가는 시점에 미래의 암울한 모습이 그려져서 불안하다. 산이 헐벗으면 식물자원의 종이 사라지고, 동식물 및 박테리아 등의 유용한 자원도 사라져서 미래에 꼭 필요한 바이오 자원을 구할 수 없어서 재앙이 발생하지 않을까 두렵다. 병원균에 대한 항체를 자연에서 얻는다는데 종의 멸종은 억만금으로도 구매할 수 없는 미래의 자원임을 잊지 말아야 한다.

원산(지소)리로 내려오는 계곡은 겨울잠에 빠져 있지만 하염없이 흘리는 눈물은 세월을 보내는 서러움인가? 봄에 자리를 내어주는 것에 대한 아쉬움인가? '성자필쇠(盛者必衰)라 하였던가? 모든 것이 흐름의 변화에 자리를 내어 주어야 하고, 해를 거듭하여 연속되면 윤회로 이어지겠지. 봄·여름·가을·겨울 명칭은 동일하게 돌아와도 오는 것과 가는 것이 다르고, 변화도 급속하니 자신의 길을 찾는 것도 중요하고, 이 나라가 쇠하지 않게 잇는 것도 중요하다.

인공림이 하늘을 향하여 키재기하는 산림에서 가슴이 시원하다. 나무들을 사랑하는 것은 마음이 탁한 것이 아니라 좋아져서 그렇다. 개울가 얼음 녹는 소리에 봄소식을 들어서 좋고, 흥겨운 가락에서 풍요로운 세상을 만나서 기쁘다.

날머리에서

태양빛이 따사로운 곳을 찾아 개울물에 손을 담그니 몸이 얼얼하다. 햇빛의 따스함과 물의 냉랭함이 겹치는 시점에 몸과 마음도 따로 놀고 있는 것은 아닐까? 몸과 마음을 동일시시키기 위하여 교육을 받는다.

아름다운 세상을 만드는 것은 우리의 목표이고 가야할 길이다. 암울한 세상이라도 밝은 마음으로 보듬으면 미래가 열릴 것이다.

학이 춤추는

무학산
(舞鶴山)

산행정보

⭐

▶▶▶

일 시 2008. 04. 06. (일) 10:00 ～
15:30 (날씨 : 맑음)
명 칭 무학산(761.4m, 백마봉 776m)
소재지 경남 마산시
동 행 백양 동기산우회
코 스 MBC APT → 봉화산 → 서마지기
→ 무학산 → 학봉(철탑) → 백운사
→ 서원곡

　　무학산(761.4m)의 옛 이름은 두척산이었으나 학이 날개를 펴고 춤추듯이 나는 형상이라 무학산으로 불린다. 마산시를 서북쪽에서 병풍처럼 둘러싸고 있으며, 서원계곡에는 맑고 청량한 물이 흐르고, 수목은 수려하여 많은 사람들이 즐겨 찾는다.

　　산세는 전체적으로 급한 편이고, 정상에서 마산시와 바다, 돗섬 유원지가 보이며 마창대교(?)는 마산 앞바다의 상징물로 우뚝 솟았다. 무학산의 백미는 학봉머리를 장식하는 아름다운 바위형상과 학봉 산허리에 피어나는 진달래군락을 비롯한 서원계곡의 백색미인인 벚꽃이다. 동쪽으로 뻗은 능선에는 702m의 봉우리가 솟았으며, 서마지기라는 넓은 공터에 억새와 진달래가 노련미와 화사함으로 대조를 이루며 피어나 또 다른 멋이 있다. 무학산 물맛은 예로부터 유명하여 정상의 청량샘을 비롯한 약수터가 여러 곳에 있으나 사람의 발길이 잦아지면서 빛을 잃었다.

들머리에서

산이 붉게 불타는 진달래의 군무를 보고자 무학산으로 달려간다. 25년여 전에 불타는 무학산에 반하여 진달래가 만개한 무학산을 다시 꼭 보고 싶었는데 날씨와 개화시기 등이 맞지 않아서 옛날처럼 진달래가 만개한 무학산을 만나기가 좀처럼 쉽지 않다. 진달래 무학산을 기대하며 진영휴게소에서 '초한지'에 대한 이야기를 나누며 훌륭한 임금님은 여린 백성에게 우선적으로 먹거리를 풍족하게 공급하는 것이 최우선과제이고, 그러면 세상은 태평성대를 이루고, 차츰 인간의 욕심은 끝이 없어서 물욕과 야욕으로 넘쳐나 '도(道)'가 필요하게 된다. '도'는 분수도 모르고 물욕과 야욕에 차서 불나비처럼 달려드는 사람에게 필요하다. 여린 백성은 쥐뿔도 없으면서 도인처럼 욕심을 버리면 모든 것을 잃고 궁핍한 생활로 전전하다가 힘 있는 자가 한 대 쥐어 막으면 하소연할 곳도 없는 것이 현실이다.

그러므로 쥐뿔도 없이 '도'를 논하기보다는 방어능력을 갖추고 자신의 과욕이 타인에게 피해를 입히지 않는 척도로 사용하였으면 한다. 제왕이 되고 싶으면 먼저 여린 백성을 풍족하게 먹을 수 있도록 해야 한다.

그러면 자연스럽게 사람들이 모여든다. 잘못 이해하여 정치판의 금권정치로 오해하는 것은 아닌지 모르겠다. 왕은 여린 백성을 잘 먹여 살리는데 주안점이 있고, 도는 왕의 폭정을 견제하는 정신적지주로 존재하는 것이다.

MBC APT → 봉화산 → 서마지기 → 무학산(761.4m) (10:00~13:00)

벚꽃이 이지러지는 조그만 계단식 텃밭을 도시에서 가꾸며 사는 것도 행복으로 잔정이 담겨진 텃밭은 도시의 문화를 형성해 간다. 늙어서 소일거리가 있는 것이 큰 기쁨이고 행복이라 코딱지만한 땅에서 수확을 맛보는 이를 부러워하며 진달래 불을 지피는 봉화대의 봄을 따라 하늘로 나른다. 자연 전망대에서는 진달래가 소규모 꽃 잔치를 벌여서 이번에는 불타는 무학산을 볼 수 있다는 기대로 희망이 커진다.

어떤 꿈이라도 미래를 밝히는 원동력이 되니 무한대의 꿈을 꾸며 삶을 윤택하게

하자. 봉화는 고려시대부터 적의 침입을 알리고자 사용하여 조선시대에 정비되었다는데 적의 침입을 예견하고도 맨날 당한 역사를 보고 있으려니 복장이 터진다. 수탈당한 불행한 역사를 탈피하고자 진취적인 광개토대왕을 숭상하는 것은 아닌지. 전쟁에 대한 방비책 등을 준비할 때도 본질적인 문제는 피해버리는 무책임한 논쟁이 비일비재하고, 논쟁에 휘말리기 싫어서 도망쳤다가 살아 돌아온 자들은 결과를 도출한 사람들만 질타하니 자주국방이 제대로 될리가 없다. 우리사회는 비겁자들의 권모술수에 이끌리고 있으니 어떻게 정도를 걷는 방법은 없나? 그리고 일을 처리하면서 그럴 것이라는 추상적인 관점보다 정확한 계획과 실용주의로 명확하게 문제를 해결하는 정책이 나왔으면 한다. 한가로운 마산 포구는 천혜의 요새로 우리를 비웃는다.

바람 따라 낙타 능선을 오르내리니 진달래와 산수유가 미소를 띠고, 들꽃들이 손을 흔들며 봄소식을 전한다. 정상에 다다를수록 진달래는 꽃몽우리에서 움트는 앙상한 가지로 바뀌며 불타는 무학산을 선사하지 않는다. 어찌 인간의 힘으로 깨울 수 있겠는가, 모든 것은 자연의 힘으로 일으켜야 한다. 때를 잘 만나야 성공할 수 있는 것처럼 때를 만날 수 있는 준비자세가 필요하다. 때를 제대로 만난다는 것이 쉬운 일이 아니다. 인생의 가치도 때를 잘 만났을 때 활짝 핀다. 때를 만나려면 기다릴 줄도 알아야 되고, 나아갈 줄 도 알아야 한다.

활짝 핀 진달래를 기약하며……

무학산 → 학봉 → 백운사 → 서원곡 (14:00~15:30)
서마기지에서 정상까지 349~356개정도의 나무계단 하나하나에 삶의 역경이 배어있고, 이를 얼마나 슬기롭게 헤쳐 가느냐는 각자의 몫이고 풀어야할 과제이다. 잠에서 깨어나지 않은 진달래 군락의 화려한 모습을 보지 못하는 것은 아직 때를 만나지 못한 것도 있지만 청량샘을 혼탁하게 만든 사람들에게 경각심을 주고자 꽃이 피지 않는 것도 있겠지. 자연 사랑, 말보다는 스스로 아끼고 보존하지 않으

면 우리의 문화유산을 잃어버려 침략의 실마리를 제공하게 된다.

　일본은 우리를 식민지화시키기 위하여 우리의 문화유산을 폄하시켜 우리에게 식민사관의 뿌리를 내리려고 하지 않았나? 광개토대왕비 조작 및 임나가야 설 등 무수한 역사적 조작으로 우리를 짓밟는 구실을 만들어 식민지화를 당연시했다. 문화를 잃으면 뿌리를 잃는 것과 동일하므로 문화의 중요성을 누누이 강조할 필요가 있다. 청량샘은 옛 부터 물맛이 시원하여 무학산의 대명사처럼 자리하였는데 버려진 샘으로 묻어버리기는 아쉬운 샘이고 문화유산이다. 잃어버리는 자연유산이 현실에서 큰 영향이 없다고 생각할 수 있지만 하나하나 무너지는 유산들이 곧 대자연을 파괴할 것이고, 그 결과 우리의 설자리도 잃어버릴 것이다. 사람이 자연에 미치는 영향은 형용할 수 없을 정도로 많다.

　자연보호는 우리가 보존할 과제요 숙제다. 아쉽지만 군데군데 피어난 꽃에 만족하며 학이 춤추는 등을 타고 학이 되어 하늘을 비행하는 재미도 있고, 학의 목에서 미끄럼을 타며 스피드도 즐겨보고, 가끔은 숨겨진 절경에 탄성을 지르며 서원곡에 도착한다. 벚꽃군락이 서원곡에 하얀 눈을 펄펄날리니 진달래를 대신하여 학이 벚꽃과 춤추어 절로 어깨가 덩실거린다. 벚꽃 잎이 함박눈으로 떨어지는 봄날의 화사함 때문에 봄은 언제나 여인으로 표현되는구나.

　날머리에서

　마산의 유명한 아구찜을 놓칠 수 없제. 지역토속 음식은 그 지역의 특징과 특색을 알 수 있으며, 문화를 느낄 수 있는 좋은 기회다. 산행 후 문화를 찾는 기행도 좋을 듯하다.

도산국사가 깨달음을 얻은

미녀봉·오도산
(美女峰 · 吾道山)

산행정보

▶▶▶

일 시 2008. 06. 14. (토) 11:00 ～
      15:00 (날씨 : 맑음)
명 칭 합천 미녀봉(930m) 및 오도산
      (1,137.7m)
소재지 경남 합천군 묘산면, 봉산면 및
      거창군 가조면
동 행 두메산골(동래전철역 출발)
코 스 오도산 자연휴양림 → 말복재 →
      미녀봉 → 오도재 → 오도산 →
      오도산 자연휴양림

미녀봉과 오도산은 경남 합천군 묘산면, 봉산면과 거창군 가조면의 경계로 북동쪽의 두무산(1038m), 북쪽의 비계산(1126m), 남서쪽의 숙성산(899m) 등과 함께 가야산의 기슭이다.

오도산은 도선국사가 깨달음을 얻었던 곳으로 숙성산 정상에서 이 산을 보면서 산의 기운과 형상에 도취되어 꼬박 일주일을 움직이지 않았다고 한다. 이를 본 주민들이 도선이 잠든 것으로 보고 숙성산 정상을 성수단(聖睡壇)이라고 했단다.

도선국사가 도취될 만큼 이 산에는 지실골, 한시골, 폭포골, 두오골 등 맑고 깊은 계곡이 포진하며 안으로 들어가면 갈수록 깊이가 더하는 산이다. 정상에 서면 지리산을 비롯해 수도산, 가야산, 자굴산, 황매산, 덕유산, 백운산, 계관산, 황석산, 기백산이 사방으로 둘러서서 파노라마를 연출하고 남으로 합천호가 빛나니 선경이 따로 없다.

　오도산 자연휴양림은 숲속의 집, 야영테크 등 휴양객을 위한 편의시설이 잘 갖추어져 있고, 오도산 자연휴양은 천연림 소나무와 참나무류, 산벚나무, 머루나무, 다래나무 등의 다양한 식생이 분포되어 자연학습장이다.

 들머리에서

　'부산항 항만물류의 이해'를 읽으며 물류시스템을 생산자 – 소비자로 설계하면 만사형통이지만 집합과 분산 등을 생산자와 소비자가 직접 수행하기에는 한계가 있으며 분업화된 유통구조를 단순화시키면 이에 종사하는 많은 사람들이 실직하여 또 다른 산업의 문제를 야기 시킨다.

　전자산업의 발달은 새로운 유통구조를 만들어서 사람의 개입을 최소화시켜 물류비용을 감소시킬 수 있으므로 인위적인 조작보다는 기술의 개발로 아담스미스의 '보이지 않는 손'이 작용될 필요가 있다.

　이로 인한 전자산업의 발달은 유휴인력을 흡수하여 고용의 이동이 일어나고 산업은 변화되어 새로운 소비를 창출하고, 경쟁력도 상승할 것이다.

　고령으로 진입하며 대가야(고령)의 얼을 전달하는데 경부이어달리기를 할 때 출발지 및 종착지로 몇 번 온 적이 있어서 거리는 낯설지 않았고, 고령광장에서 건각들의 힘찬 함성과 숨결이 느껴지며 미래를 개척하는 희망이 돋아난다.

　단풍나무들이 손짓하는 오도산 자연휴양림은 가을에 들어선 것 같은 착각을 일으킨다.

 관리사무소 → 말목재
→ 유방봉 → 미녀봉
(930m) (11:00~13:00)

　　오도산 자연휴양림은 자연 속
에 휴양시설과 문화공간을 잘 갖추어
생활에 불편이 없게 보였으나 산속 깊
은 곳까지 산림을 훼손하여 산의 청량
함과 신선함을 반감시켰고, 계곡은 물이
끼로 순수함을 잃어버렸다. 자연에 가하
는 사람의 손길은 자연을 보호하는 것
이 아니라 자연을 혹사시키는 결과를 낳는다. 자연의 넓은 덕을 짓밟지 않도록 자
연을 자연 상태로 두었으면 한다. 미녀봉가는 산길이 유순하면서도 마사토라 미끄
럽다. 말목재는 숙성산과 미녀봉의 갈림길로 숙성산은 도선국사가 득도한 곳이라
가고 싶지만 발걸음은 미녀를 만나고 싶어 미녀봉으로 움직인다. 첫 봉우리에서 유
방샘이 가조쪽으로 1km아래에 위치한다는데 유방샘 물맛은 우유맛일까? 꿀맛일
까? 달착지근하게 흥분하여 유방봉으로 향하니 눈썹바위 2개가 아이샤도우를 하고
멋을 부린다. 눈썹처럼 오목조목한 바위군락에 감탄하며 로프를 타고 설경을 넘어
간다. 거창 가조는 장방형의 넓은 뜰로 쟁반테두리를 의상봉, 장군봉, 미녀봉 등이
옥구슬로 장식하고 있으며, 화산처럼 쭉 솟은 오도산이 신비롭다. 전하는 말에는 일
본왕조의 시조와 터가 이곳 지형과 일치한다고 하는데… 우리나라는 예부터 왕조가
많이 탄생하는 명당자리구나. 많은 왕들이 탄생하여 이국에서 새로운 왕조를 세워
우리를 피박하고 있으니 내리사랑은 있어도 치사랑은 없는 것인가?

　　그리고 좋은 터전을 가지고 있으면서 제대로 활용하지 못하는 것은 우리의 책임
이다. 자손이 잘되는 것은 좋은 일이라도 애비가 힘이 없으면 손자가 할애비 수염
을 뽑듯이 달려든다. 우리의 후손이 뻗어가도 그들은 일인자가 되고자 우리에게 거
침없이 달려들 것이다. 그러므로 침략을 방지하고, 자식교육을 올바로 시켜서 존경
의식을 갖게 하려면 힘이 있어야 가능하다.

 미녀봉(930m) → 오도재 → 오도산 → 지실골 → 자연휴양림 (13:00~15:00)
　　미녀봉에서 2개의 작은 봉을 넘으면 오도재로 오도산까지 약 400m정도

표고차가 있고, 거리는 1.6km정도이며 일직선으로 경사지를 올라야 한다. 더위와 싸움은 힘에 부치는 전쟁으로 목에 걸어놓은 수건을 짜니 땀이 주르르 흐른다.

오도산 정상은 군사시설의 고깔모자를 쓰고 있으며 도선국사가 숙성산에서 이 산을 보고 득도하였다는데 머리를 잘라 명당터를 없앴으니 어찌해야 되나. 훌륭한 인물이 많이 나와야 먹여 살릴 터전을 만들고, 기술을 개발할 것 아닌가? 땅의 기운이 없으면 북돋아주고, 지형이 나쁘면 지형을 고쳐서 성인이 나오게 하는 방법을 찾자. 남으로 합천호가 용이 되어 승천을 준비하는 너머로 황매산, 의룡산 및 악견산 그리고 북으로 가야산 서쪽방향으로 덕유산과 지리산능선이 함께 숨을 쉰다. 아득히 먼 줄 알았는데 이웃하여 삶을 영위하며 기운을 나누고 있고, 손을 내밀면 맞닿을 곳이었구나. 자신의 이익과 출세를 위하여 미래를 보지 않고 발등에 불만 끄니 미래의 원동력을 상실할 수밖에 없었네. 발등의 불이 내발인지 남의 발인지도 모르고 끄는 현실에서 한편으로는 서글프다.

산이 꺽은선그래프를 그리며 깨우치라고 일러주는데 위선자들은 계곡은 고려하지 않고 달려가기 바쁘다. 계곡을 설명하면 복잡하게 산다고 핀잔을 주며 대화도 받아들이지 않고 실행해 버린다.

일이 잘못되면 중도포기 혹은 책임회피에 급급하다. 막상 새로운 길을 갈 때는 발목을 잡고 복지부동하니 진정한 지도자의 역할은 무엇이고, 국민을 존경하는 지도자의 탄생은 가능할까? 자연휴양림길도 급경사로 바위나 나무에 부딪혀서 다리가 얼얼하고, 바위들이 단장하고 맑은 물과 놀고 있는 곳에서 안도의 숨을 쉬니 산딸기와 오디가 맛깔스럽다. 여름산행 때 산딸기와 오디는 영양 보충으로 안성맞춤이고, 약수는 오아시스와 같은 샘물이다.

날머리에서

자연휴양림에서 하산주와 수박으로 배를 채우니 세상이 다정하고 아늑하다. 삶의 깊은 맛은 나눔의 정에 있는 것이라. 항상 다정한 손길로 고객을 감싸는 산악회에 감사를 표한다.

가조휴게소에서 미녀봉의 전체형상을 감상하고 김해로 들어서니 차가 밀린다. 유가도 오르고, 화물연대는 파업하는 와중인데도 교통체증이 일어나는 것은 아직은 살기 좋은 나라인가 보다. 개인적 영위를 놓지 않으려 하니 세상이 복잡해진다. 그러므로 공유하는 맘을 가지자.

미륵존불을 기다리는
미륵산
(彌勒山)

산행정보

★

▶▶▶

일 시 2007. 5. 26. (토) 11:00 ~
         15:00 (날씨 : 맑음)
명 칭 미륵산(461m)
소재지 경남 통영시
동 행 솔뫼산우회
코 스 산양읍(세포고개) → 현금산 →
         작은망 → 여우치 → 미륵산 →
         미래사

통영시 미륵도에 위치한 미륵산(461m)은 용화산(龍華山)이라고 하는데 고찰 용화사의 명칭을 따른 것이다.

미륵존불(彌勒尊佛)이 당래(當來)에 강림하실 용화회상(龍華會上)이라 미륵산과 용화산 명칭을 함께 사용한단다. 미륵산에는 용화사와 효봉문중(曉峰門中)의 발상지 미래사(彌來寺), 관음암, 도솔암이 있다.

미륵산은 울창한 수림과 계곡, 기암괴석과 바위굴, 한려해상의 다도해 조망이 시원하고, 청명한 날에는 대마도도 보인다고 한다.

통영에는 해저터널(일제시대 때 완성), 한산도, 한려해상국립공원 등 다양한 관광코스가 있다.

들머리에서

　　햇살이 따뜻한 하늘은 황사로 뿌옇게 채색되어 시야가 거칠다. 봄철이면 불청객 황사가 지속되는 날이 많아지고 세상이 우중충한 색을 띠는 것은 지구 온난화 때문일까? 지구 온난화로 기후변화가 예상되고, 엄청난 재앙이 예측된다. 경제 성장의 뒤편에는 지구를 괴롭히는 문제가 따르므로 환경보존에 힘쓰지 않으면 자연재앙은 명약관화하다. 과거의 시간에 남겨진 발자취가 욕되지 않도록 좋은 환경을 후손에게 남겨주었으면 한다.

　　산양읍 → 현금산(386m) → 작은망 → 여우치 (11:00~12:40)

　　시간이 흐르며 태양빛이 강해져 상큼한 바다는 사람을 유혹하고, 아기자기한 만(灣)은 물이 빠져서 소라와 집게들이 옛 이야기를 들려줄 것 같아 동심으로 돌아가 조개도 잡고, 인어를 만나 사랑을 나누고 싶다. 푸른 하늘 향해 두 팔 벌린 녹음 속으로 미꾸라지처럼 몸을 흔들며 들어선 길은 급경사로 몸이 방어를 한다. 미끄러지는 걸음으로 조급하게 잡은 나무에서 가시가 손을 파고들어 붉은 빛깔이 선명하게 배어나온다. 산딸기가 방긋방긋 웃어서 한웅큼따서 깨무니 입안에 신맛이 은은하게 퍼지며 몸의 정기가 꿈틀거린다. 상큼한 산딸기를 따서 사랑하는 사람에게 전하는 멋이 전달되며 서로를 아끼고 배려하는 순수함이 퍼져간다. 산은 자체로 아름답고, 인정을 베풀며 나누는 넉넉함이 더욱 아름답다. 자연산 대나무 죽순, 취나물 등을 채취하는 재미와 먹는 즐거움을 누리며 건강도 챙겨가니 일거양득이다. 풍부한 자연산으로 기운을 높여가니 걸음이 가벼워 금방 현금산이요, 살랑거리는 바람을 따라서 엉덩이를 흔드니 작은망이다. 사방이 훤하게 트여 전망이 수려하고, 수림에서 고요하게 속세의 때를 씻겨주는 봉화사가 현모양처처럼 다소곳하다. 우리 건축양식은 숲이나 산에서도 튀지 않고 조화를 이루어 애정이 더 간다. 하늘 높은 줄 모르고 솟은 것이 아니라 자연의 범위에서 건축되었으며, 세월이 흐를수록 배어나오는 고고한 자태에서 무게와 평온함을 만날 수 있다. 계단식 논과 밭이 마을 뒤편에서 경작되는데 고향의 향기와 옛정감이 넘치는 삶의 질곡을 그려놓은 것 같고, 손길에 깃들여진 후덕함도 보인다. 산과 들의 신나는 노래에 바다 소식도 가미되니 세상은 닫혀 있는 것보다 열어 놓은 것이 아름답다.

여우치 → 미륵봉(416m) → 미래사 → 미륵불 → 주차장
(12:40~15:00)

시작과 끝은 동일하다. 나무의 중심에서 시작하여 여러 방면으로 뿌리내리며 땅 끝으로 머물고, 다시 그 끝은 나무의 중심으로 모여드니 시작과 끝이 동일하다고 보아야 할 것이다.

즉, 산세의 흩어짐이 바위군락의 징검다리를 건너 미륵산으로 기운을 집결시킨다. 쉬엄쉬엄 징검다리 바위 봉우리를 건널 때마다 한려해상국립공원의 다도해가 찬란한 보석으로 피어나며 한산도, 사량도, 통영대교가 어우러져 하나의 영상으로 파노라마가 연출된다. 알알이 점을 찍으며, 고요하면서도 움직임이 있고, 화려하면서도 고요함이 있어서 섬들 하나하나에 정감이 넘치고 생명력 살아나 힘이 솟는다. 사랑한다고 말로만 하지 말고 자연이 주는 사랑을 받아보라 사랑의 의미를 더욱 깊이 느낄 것이고, 어떻게 사랑해야하는지 이해할 수 있다. 저 바다에는 자기를 희생하며 산화한 이순신장군의 참다운 사랑이 잠들어 있다. 고인의 조국사랑이 어떠했는지 우리는 익히 잘 알고 있다. '나의 죽음을 알리지 마라' 는 고인을 기리며 미륵봉을 넘어가니 케이블카 설치공사가 한창이라 주위가 어수선하다. 산이 신음을 하

여 마음이 애처롭지만 이왕 공사를 진행한다면 산에 흠집을 최소화시키고, 자연에 동화되는 환경으로 조성하기 바란다. 수림 속을 유영하며 미래사로 날개 짓 하니 미래사는 아늑한 수림 속 아방궁으로 미륵이 도래하는 곳이란다. 사대천왕은 목조각이 아니라 탱화로 그려져 있으니 종교도 차별화와 특성화가 도입되었나, 선견지명이 있어서 탱화를 안치하였나? 아담하면서 정감 있게 다듬어 놓은 정원과 가람이 어머님 품처럼 편안하여 마루에 누워서 하늘을 보니 구름들이 춤추는 이벤트를 연출한다.

할! 스님의 조용한 한마디 '몸을 눕히지 말고, 세워 놓으라.' 그래 눕는 것은 나태함이요, 세우는 것은 긴장감이다. 흩어짐 없이 자신을 세우는 것이 얼마나 어려운 일인가? 극락이 다른 곳에 있는 것이 아니라 마음에 있다. 편안하고 안락하게 자신을 바로 세울 수 있으면 곧 극락이요, 유토피아다. 화려하게 피어난 꽃들도 많아서 붉거나 살색 연꽃, 만병초, 달맞이꽃, 나리꽃, 민들레꽃들이 밝고, 빼어난 미소로 가슴에 피어나니 세상 보는 눈이 퇴색되지 않았나 보다. 미래사 주차장에서 미륵불이 안치된 곳까지 오솔길은 국립공원으로 나무들이 늘신늘신 하다. 풀잎은 빛을 받아 초록융단처럼 반들반들 윤이 나고, 푸른 바다에 하얀 물보라를 일으키며 경쾌하게 달리는 여객선은 한 폭의 수채화로 자리한다.

미륵불(석가모니불의 뒤를 이어 57억 년 후에 세상에 출현하여 석가모니불이 구제하지 못한 중생을 구제할 미래의 부처)앞에서 예불을 올리는 보살의 낭낭한 반야심경의 독경에 절로 숙연해지고, 본연의 자세로 돌아간다. 미륵불을 기다리는 것이 아니라 벌써 미륵불이 도달해 있는지 모른다. 사람마다 가지고 있는 마음이 곧 미륵이요, 성불하면 미륵이다. 오가며 만나는 사람마다 '성불하세요.' 라는 인사에서 모두가 미륵이 되어 미륵의 세계로 들어가기를 기원한다.

날머리에서

솔뫼산우회는 100회 산행을 맞이하여 기쁜 날의 축제를 연다. 잘 익은 돼지고기와 천연의 나물로 보쌈하여 제공하니 산삼이 부럽지 않다. 정성이 듬뿍 담긴 고기 한 점, 나물 하나에 정감이 오가니 여기가 곧 미륵세계구나.

마빈 온천에 들러서 광명의 선남선녀를 잉태시키니 솔뫼산악회의 정성에 감복하고, 고객을 위한 관심에 심금이 울린다.

일본왕실의 탄생지
별유산 우두봉
(別有山 牛頭峰)

산행정보

▶▶▶

일 시 2007. 12. 19. (수) 10:50 ~
14:30 (날씨 : 맑음)
명 칭 별유산
(우두산 의상봉 1,046.2m)
소재지 경상남도 거창군 가조면 수월리
동 행 자율산악회
코 스 의상봉매표소 → 고견사 → 의상봉
→ 별유산 → 마장재 → 매표소

별유산(우두산(牛頭山) 혹은 의상봉(義湘峰 1,046m)은 아홉 봉우리(의상봉, 처녀봉, 장군봉, 바리봉, 비계산 등)로 이루어지며, 산세가 덕유산, 기백산에 못지않게 수려하고, 빼어나다. 고견사와 고견사 폭포, 가정산 폭포, 최치원 선생이 심었다는 은행나무, 의상대사가 쌀을 얻었다는 쌀굴 등이 있다.

의상봉(義湘峰 1,046m)은 일본 왕실(고천원)에 관한 전설과 신라 문무왕 때 의상대사가 과거세에 이어 현재세에서도 참선(參禪)한 곳이라 의상대사 이름이 붙여졌다. 속세를 떠나 별유천지비인간(別有天地非人間)이라 할 만큼 경치가 빼어 난 암봉으로 옛날에는 우두산(牛頭山)·견암산(見岩山)·소금강(小金剛)이라 불렀다. 의상봉을 오르는 길에는 수석이 즐비한 고견천(古見川), 견남정(見南亭)터, 고려말 유형귀 장군이 신마(神馬)를 얻었다는 가마소, 신라 애장왕이 탄 수레가 머물렀다는 가정곡(佳亭谷)이 있는데, 1백자 높이에서 떨어지는 가정산 폭포(고견사 폭포)와 낙화담(落花潭)이 있다.

 들머리에서

새벽에 대통령선거에 투표하고, 봄날 같이 따스한 기운에 밀려오는 나른한 잠을 책으로 깨운다. 창가로 스치는 사물이 사라졌나 출현하는 반복과정에서 정신이 혼미해진다. 타인이 보는 자신의 삶은 스쳐가는 일상이겠지. 자신에 부여된 귀중한 시간으로 승화시켜 타인의 평가에서도 귀중한 존재가 되도록 좋은 발자취를 남기자. 그래도 잠은 밀려오네.

우두산 매표소 → 고견사 → 의상봉(1,046.2m) (10:30~12:00)

가조는 아담한 타원형 쟁반의 지형이고, 산도 다양하여 남은여생의 터전으로 살고 싶은 곳이다. 일본 왕가의 조상신이 살았다는 '고천원'에 비견되는 지형설명을 읽으며 우리의 국토에서 훌륭한 인물들이 많이 나오는데 왜 이렇게 우여곡절을 겪으면서 고통의 자물쇠를 풀지 못할까? 왕이 많이 나오는 땅이라 서로 왕이 되려는 아귀다툼 때문일까? 5년만 지나면 새로운 왕이 탄생되는데 왕권으로 다투지 말고 윈윈전략으로 아름답고 부강한 국가가 되도록 모색하면 좋겠다. 흑백선전이 난무한 전쟁터를 보고 있노라면 한숨이 절로 나온다. 스위스를 모방하여 국회의원 30%이상인 당(黨)이 당별로 왕을 선정하고 2년마다 돌아가며 왕을 하면 국민들은 아귀다툼을 보지 않아도 될 것 같다. 진정 정직하고 성실한 사람이 잘사는 사회는 실현될 수 있을까? 샘물에 목을 축이고 하늘을 쳐다보고 산과 악수를 한다. 고견폭포는 아기의 오줌보다 약한 물줄기로 낙수를 떨어뜨리고, 주변의 바위들도 가뭄으로 먼지를 날리며 갈증을 호소한다. 최치원선생이 심었다는 은행나무가 이심전심의 옛 시간을 지키고, 고견사는 그림으로 역사의 시간을 간직한다. 과거와 현재가 혼재한 고목나무에 마련된 새둥지는 천년의 둥지가 아닐진데, 고목나무는 얼마나 많은 새둥지를 바꿔주며 새들의 보금자리를 제공해 주었을까? 지극정성으로 세월을 지탱한 고목나무에서 현대와 고대의 인연이 떨어져 있는 것이 아니라 하나의 울타리에 존재하구나. 현재 제작된 어떤 결과들이 후세까지 남아서 문화가 되고, 이정표가 되어 생활을 윤택하게 해준다. 안부에서는 우두봉 표지석이 급하게 먹으면 체하므로 둘러가란다. 우두봉 허리를 돌아 108고행의 계단에 매달려 전광석화처럼 스치는 도(道)의 질문에 답을 얻지 못하고 우두봉 정상에 다른다. 아! 장군봉, 별유산, 매화산, 가조마을... 시원한 조망권에서 가슴에 와 닿는 한마디 '아!' 이것이 서민의 도가 아니겠는가? 우리산하에 경의를 표하며, 이 산하가 영원하기를 바라고, 이 땅과 바다에 또 다른 짓밟힘이 없기를 기원한다.

 의상봉 → 별유산 → 마장재 → 매표소 (12:00~14:30)

　　의상봉 계단에서 생명을 놓칠까 불안에 떨며, 떨리는 발로 별유산에 이르니 가야산국립공원 가는 길이 봉쇄되었다. 매화산(천하제일봉)이 화려한 의상으로 유혹하고, 가야산이 연꽃으로 세상을 구원한다. 산들이 차별화와 개성을 보유하듯이 사람들도 자기에 맞는 차별성을 보유하여야 이 험한 세상을 지탱할 수 있다. 산줄기를 따라서 희망이 전해지고, 맑은 물에서 생명이 살아나고, 논과 밭에서 내일을 위한 꿈을 담금질하는 우리국토는 언제나 순수하고 정겹다. 바위마다 간직한 기품과 기백은 왕조 탄생의 비밀이 있게 보인다. 만삭의 몸으로 비계산을 바라보는 어미바위, 거북바위, 남근바위, 형제바위 등은 우리의 모습을 펼친 파노라마다. 발에 차이고, 길을 막는 돌들이 명작품이고, 천혜의 자원이었다. 천혜의 자원은 관광수입으로 황금알을 낳는 거위인데, 당장의 이익을 위하여 황금알을 황금알인지도 모르고 파괴시키니 포복절도(抱腹絶倒)할 일이다. 모진 역경과 풍파로 자연이 빚은 삼라만상에 탄복하며 이제 우리도 관광 상품에 눈을 돌렸으면 한다. 일본의 조상신 '고천원'의 발상지로 일본인들이 자주 찾는 관광명소로 만들어도 좋다. 고풍스런 한국과 일본이 어우러지면서 옛 생활의 문화와 접할 수 있는 체험문화로 건축양식을 구성하는 것도 좋다.

우리는 낚시터에서 낚시로 고기를 잡지만 어떤 사람은 낚시터를 만들어 고객을 끌어들이고, 상권을 형성시킨다. 국가도 관광자원 창출로 상권을 활성화하여 일자리를 창출시켜야 한다. 호주나 뉴질랜드도 자연환경을 최대한 보존하며 관광수입을 올리고, 자원의 산물인 특수한 동식물로 관광산업의 부가가치를 높인다. 우리정책도 일률적인 개발정책보다 환경도 보존하며 천혜의 환경에서 영원히 먹고 사는 터전을 만드는 정책을 수립했으면 한다. 자연식품을 세계에서 인정받는 약품이나 식품으로 탈바꿈시키면 큰 수입을 창출시킬 수 있다. 미래의 꿈이 영원히 이어져 우리의 자연소득이 영원히 발생하는 터전을 만들자.

그래서 원천적으로 가난한 사람들도 소득을 창출할 수 있는 기회를 많이 제공하자. 개발로 산은 멍들고 자연식품은 고사되거나 천연기념물로 전락하는 것을 막자. 우리의 동식물을 보호하듯 겨울의 메마른 가지에도 목을 적셔주는 방법을 생각하자.

날머리에서

하루의 일과는 빛으로 시작하여 빛으로 끝나는 것인가? 청명한 날씨만큼 마음도 청명하여 세상을 전부 안고 싶다. 세상의 빛을 찾을 수 있는 것도 행운이지만 그 빛에 사랑을 실어 보낼 수 있는 것도 보람이다. 화창한 빛의 조화에 호탕하게 '아!' 라는 감탄사를 외쳐보자.

그러면 가슴이 열리면 광명을 얻을 것이다. 거대한 거북이가 산으로 올라가는 모습을 발견하고, 미인봉에서 미인을 만나니 가조에서는 산들의 축제를 영원히 만날 수 있을 것 같다.

넉넉하며 기백이 서린

보해산(普海山)·금귀봉(金貴峯)

일 시 2007. 9. 29. (토) 11:30 ~
16:30 (날씨 : 흐림)
명 칭 금귀봉(837m), 보해산(911.5m)
소재지 경남 거창군 거창읍, 가조면,
가북면, 주상면 경계
동 행 부산 울타리산악회
코 스 거기 내포리 → 금귀봉 → 보해산
(911.7m) → 안부오거리 → 원거기

보해산은 상대산(上大山)으로 불교에서 유래된 지명이다. 보해산의 서쪽 절골과 해인터에 보해사라는 절이 여러 암자를 거닐었는데 현재는 절이 없어지고 보해산과 보해초등학교 등 보해사의 '보해' 라는 이름만 전해진다. 보해산은 여섯 개의 암봉으로 칼날처럼 날카로우며 수직절벽은 철옹성을 보는 것 같다.

산세는 설악산 용아장승을 연상시키며 불영산과 금귀봉으로 이어진다. 소나무가 많아서 송이버섯 채취장이 있고 솔 냄새가 그윽한 산길은 평온하여 한적한 가을의 여심처럼 감미롭다. 금귀봉 정상에서는 가야산, 수도산, 덕유산 능선이 병풍처럼 펼쳐지고, 서남쪽으로 지리산 능선도 구름 속에서 가물거린다. 거창 및 함양일대는 산수가 수려하여 수승대, 사선대, 가조폭대, 가북낙모대, 심모정, 인풍정이 있고, 가조온천에서 심신의 피로를 풀며 문화를 즐기면서 행복지수를 높일 수 있다.

 들머리에서

　　가을비가 바람에 춤추며 심란하여 산행을 갈 것인지, 포기할 것인지 가을비 따라 축축하고 심란하다. 자신을 둘러 싼 모든 판단은 자신에게 달렸으므로 자신을 담금질하여 두려움을 감소시키고 자신감을 불어 넣으려고 나선다. 비를 맞으며 산행하다 보면 빗속을 걷는 자의 심정을 이해하고, 헤아릴 수 있겠지. 달리는 차에서 책읽기는 잠의 지침서고, 산과 들은 최면술사라 꿈속으로 빠져든다. 비몽사몽간에 도착한 '거기 내포리'는 황금물결이 너울너울 춤추고 코스모스는 한들한들 활짝 웃는다. 어둠과 밝음은 눈꺼풀 한 장의 차이지만 현상에 보이는 이미지는 대단한 차이로 나타난다.

내포리 → 옛고개 → 710m봉 → 금귀봉 (11:30~12:40)

　거기 내포리 산행초입에 감나무는 감으로 가을을 매달아 익어가고, 붉은 고추는 가을을 놓으려고 매달린 집 모퉁이를 돌아 소나무가 그윽한 동산에 이르니 솔향기가 은은하게 코끝을 자극한다. 두 팔을 활짝 펴서 솔향기를 힘껏 들어 마시며 가을의 정취를 음미한다. 산이 험해지며 육신이 압박당해도 솔향기에 취해서 고통을 적당한 활력소로 전환하며 목적지로 향한다. 동일한 사안도 보는 관점과 주변 환경에 따라서 느끼는 감도와 결과가 다르게 나타난다. 자신을 불행하게 하느냐 행복하게 하느냐는 긍정적인 사고와 부정적인 사고에 따라서 확연히 달라지므로 긍정적인 사고로 즐겁게 행동하여 좋은 결과를 얻어야 한다. 동일한 산행장소에 모두 목적한 바는 동일한데 굳이 힘들다고 생각한들 무슨 소용이 있는가? 현재의 상황을 최대한 즐기며 산행을 하자. 송이채취장이란 팻말이 유혹하며 번뇌를 실험한다. 촉촉한 날씨라 송이가 금방 얼굴을 내밀며 반길 것 같아도 송이는 보이지 않고 온갖 버섯들이 화려한 자태로 뽐내고, 산들국화와 제비꽃도 무리지어 피어나 가을정취를 만끽하게 한다. 홀로 핀 무명초는 고행의 의지를 보여주며 삶의 진정한 가치를 높여준다. 각자의 위치와 역할이 존중되기에 더욱 이 세상은 아름답게 피는 것이다. 소나무향기 나는 길은 고향의 품에 안긴 것처럼 여유롭고 넉넉하며, 어머니처럼 포근하다. 편안함은 언제나 보장되어 있는 것이 아니라서 금귀봉으로 오르는 길이 시련을 요구하지만 이상의 세계에 또 다른 나를 찾고자 쉼 없이 땀을 흘리니 산불감시초소에서 억새가 가을 익어가는 소식을 전해준다. 저 멀리 가야산이 능선을 긋고 그 능선을 따라서 단지봉, 수도산, 그리고 덕유산능선이 구름에 평행을 이루며 힘차게 뻗어간다. 산과 들 사이로 거창읍은 회색으로 채색되고 있으며, 가조면은 녹색 속의 황금들판으로 채색되어 우리가 살 곳과 유지하고 보존할 곳이 어디인가를 설명한다. 자연 속에서만 생활할 수는 없는 일이라 자연을 보존하면서 개발하는 전략이 필요하다. 도시처럼 회색공간으로 밀폐시키지 않고, 자연 속의 도시를 건설하도록 많은 노력과 동참이 따라야 한다.

 금귀봉 → 안부 → 835m봉 → 보해산 → 안부오거리 → 원거기
(13:20~16:30)

　　금귀봉에서 미끄럼타는 맞은편에는 보해산이 하늘을 받치려고 높이 솟았다. 내려가면 또 올라가야 하므로 내려가는 것이 빨리 중단되기를 빌어도 하강은 끝이 없다. 힘이 들어도 산이 보이지 않거나 이웃에 떨어져 있을 때는 산은 꿈이 있고 희

경상남도

망을 품게 하는데, 하강을 하면서 코앞에 산이 솟구쳐서 올라가야 할 때는 악몽이고 괴롭다. 목표는 정해져서 어떤 어려움이 닥쳐도 감내하면서 중도포기하지 않아야한다. 삶의 맛은 스스로가 만드는 것으로 실패와 절망은 자신의 의지에 달려 있다. 어렵다고 투정하지 않고 한발 두발 노력하면 언젠가는 결실을 맺어서 성공의 길로 들어선다. 암릉에 걸쳐진 로프에 의지하고 바위틈에 손가락을 끼워 몸뚱이를 당겨가며 땀범벅이 되어 쉰내가 물씬 풍겨도 솔향기에 묻힌다. 쉬운 일은 없다. 어떤 역경과 난관도 풀어가다 보면 협조자도 있고, 해결의 실마리도 어렴풋이 보인다. 아무리 미래가 암울해도 헤쳐 가야할 우리의 사명이다. 전망대에서 푸른 융단이 깔린 곳으로 새가되어 날고 싶다. 고사목 너머에 생명의 푸르름이 가득하니 산은 죽은 사람도 살릴 만큼 생명력이 강하게 넘쳐난다. 수직절벽의 매끄러운 연결선에서 자신의 위치도 찾아보고, 황금들녘 벌판에서 자신의 행적도 찾아보는 것이 좋다. 열심히 노력한 대가에 따라서 형성되는 결실로 가슴이 활짝 열리면서 희망이 가득하다. 연속되는 기암은 다양한 형태의 그림이 겹치면서 로댕의 생각하는 사람으로 만든다. 이스터섬의 석상처럼 저 산하를 수호하는 바위가 있어서 우리 농촌은 더욱 풍요로운가 보다. 어디 하나 흠잡을 곳 없는 산하가 자랑스럽다. 암릉을 넘으니 국토지리원의 삼각점경계석과 안내판이 보해산표지석을 대신한다. 또 다시 찾을 때는 보해산표지석이 자신을 PR하겠지.

사과과수단지에는 가을이 영글어 우리 품에 안길 것 같고, 마을을 따라 흐르는 개울은 목마른 갈증을 시원하게 해소해 준다. 산속 작은 마을도 농촌의 냄새를 잃고 펜션으로 옷단장하였고, 과수원도 새와 동물의 침입을 막기 위하여 이중삼중으로 그물망을 쳐 놓았다. 인심이 사나운 것인지, 장막으로 왕래를 단절시키는 것인지? 그물이 만들어질 때 마다 사람과 사람의 정다움에도 장벽이 쳐진다.

날머리에서

개울물에 피로를 풀고, '대추를 보고 대추를 먹지 않으면 늙는다.' 하여 입에 물고 가을을 오물거린다. 하산주에 국수는 무병장수를 기원하는 울타리산악회의 뜻으로 인지하고 감사드린다.

살아가면서 한순간의 실수라고 자신을 놓지 말고, 실수가 없도록 노력하면 좋은 결과를 얻을 수 있을 것이다. 최선을 다하여 자신을 가꾸며 노력하자.

가천 다랭이 마을
설흘산
(雪屹山)

산행정보

▶▶▶

일 시 2008. 04. 13. (일) 11:00 ~
        14:30 (날씨 : 맑음)
명 칭 응봉산(매봉산 472m), 설흘산
        (봉수대 482m)
소재지 경상남도 남해군 남면 선구리 및
        홍현리
동 행 해오름산악회
코 스 선구(팽나무) → 매봉산 → 안부
        → 설흘산 → 가천(다랭이)
        (11:00~14:30)

남해의 가천(다랭이)마을을 병풍처럼 두르는 있는 응봉산(매봉산)과 설흘산은 암봉으로 이루어져 산행의 묘미를 맛볼 수 있는 곳으로 능선을 따라 걷다보면 앵강만과 노도, 여수 돌산반도 및 한려수도, 태평양 등을 조망할 수 있다. 선구마을에서 시작하는 응봉산 등산로에는 칼바위, 전망대, 너럭바위, 수직절벽 등이 장관이고, 한편으로 화려한 꽃들의 잔치가 벌어지니 스릴과 낭만이 병존한다.

앵강만에 호박처럼 앉아 있는 섬 노도는 구운몽의 작가 김만중선생이 유배된 곳이고, 설흘산 봉화대는 남해의 봉화를 받아서 내륙의 망운산과 여수의 돌산 봉화대로 연결하여 적의 침입을 한성으로 알려주었단다. 산행

후에 가천 다랭이(계단식논과 밭)에서 천수답의 옛 추억을 연상하고, 암수바위에서 남녀의 사랑을 배우고, 죽방에서 죽방멸치를 잡는 선조들의 지혜를 터득하고, 고성 공룡박물관에서 공룡의 발자취를 관람하는 기회를 가질 수 있다.

 들머리에서
　　초한지 총6권을 전부 읽으며, 국가의 흥망성쇠는 왜 발생하고, 왕은 하늘이 점지한 것인가? 하늘의 뜻은 현재에 어떤 영향을 미칠까? 복잡한 머리를 식히고자 배낭을 메고 길을 나선다. 생동감 넘치는 봄의 활기에 자연스럽게 활력소가 충만되어 기분이 상승하는 것은 봄이 주는 참 맛이다. 창선대교와 어우러진 유채꽃 잔치는 세상을 황금으로 물들이고, 고만고만한 한려수도의 섬들은 봄꽃으로 단장하여 방긋방긋 웃으니 사람들은 함께 놀아보고자 물밀듯이 밀려온다.
　꽃보다 더 아름다운 사람들의 인파로 흥겨움이 넘치는 봄은 세상을 밝게 만들고, 새 희망을 선사하여 생명력이 깨어난다. 바다의 골에는 죽방을 설치하여 죽방멸치를 생산하는데 그물로 잡는 것보다 멸치의 원형이 잘 보존되어 맛이 뛰어나 명성이 자자하다. 남해의 해안선을 따라서 굽이굽이 도는 과정은 옛 고향 길의 정겨운 맛이 물씬 풍긴다.

선구(팽나무) → 칼바위 → 너럭바위 → 매봉산(472m) (11:00~12:40)

　선구마을의 사촌해수욕장이 한가로이 봄볕을 쬐며 S라인으로 폼을 잡고 있다. 팽나무그늘에서 관음을 즐기다가 해안선에 반하여 안기려는 심정을 달래서 소로를 따라서 능선으로 접어든다. 평온한 갈잎이 깔린 길은 고향의 뒷산처럼 정겹고, 정서적으로 안정되어 여유로움을 음미하며 걷는다. 계속 이어지는 밋밋한 길로 지루해지려는 순간, 바위가 하나 둘 나오면서 등산로가 미로 찾기로 변하고, 이내 바윗길로 탈바꿈 한다. 전망대에서 남해바다의 푸른 싱그러움과 희망을 가슴에 담고, 오지를 이용하여 바윗길을 오르면 천길 수직절벽이 정상까지 이어지고, 돌틈 사이로 진달래가 붉게 피어나 수줍은 새악시 볼에 연지곤지를 찍은 것처럼 감칠맛이 넘친다. 바위와 진달래의 앙상블은 순박하면서도 예쁘장하고, 화사하면서도 여백이 있어서 친근감이 더욱 배어난다. 자연은 일정한 것 같으면서도 시간과 장소에 따라서 다양하게 변화된 자태를 보여주는데 우리는 그것을 인지하지 못하고 현재 상태를 설명한다. 꽃이 피고지고, 세월이 가는 엄청난 변화의 바람이 부는데, 자신을 기준으로 해석하고, 과거를 망각하고 현재의 모습에 급급하여 판단을 그르치는 경우가 종종 발생하구나. 변화의 대전제를 알면서도 자신과 연관되는 변화가 어떻게 변하는지 찾다가 시간만 낭비하여 사회에서 도태되는 경우도 부지기수다. 사회변화에 자연스럽게 적응하려면 10%정도는 책에 투자하고 열심히 현상을 파악하자. 현상을 파악하면서 효율과 효과를 논리적으로 정립시켜 가면 자신의 가치를 상승시켜서 어떠한 난관도 헤쳐갈 수 있고, 변화에 능동적으로 대처할 수 있다. 바윗길 끝자락을 택하여 삶을 향상시키고자 허황된 욕심을 무수하게 버려 보아도 그 무수한 버림 속에 민생고가 먼저라 얼른 주워 담으니 응(매)봉산 정상이다. 응봉산의 한 바위능선이 가천(다랭이)을 감싸는데 공룡알 3개를 품은 봉우리는 신령이 깃든 것 같다. 현실의 세계를 글로 표현하기 어려울때 대 자연은 신령의 세계로 변하여 마음으로 세상을 보는 여유도 가지란다.

 응봉산 → 헬기장 → 안부(가천마을 갈림길) → 설흘산 → 전망대 → 가천 (12:40~14:30)

U자형으로 떨어진 설흘산이 밉지만 어쩌랴 중도에 포기할 수는 없지 않는가? 설흘산에 우뚝 솟은 칼바위는 대장군의 기상이 서려서 범접하지 못하도록 직선로가 없고 허리를 감싸는 길을 내어 놓는다. 이름 모를 꽃이 사방에서 피어나 들꽃 잔치를 벌여 걸음을 멈춘다. 꽃의 화려함 뒤에서는 종족번식을 위하여 짧은 시간에도 수정하고, 열매를 맺으며 씨앗을 멀리멀리 퍼트리는 활동이 활발하게 일어난다. 그런데 우리는 올해의 농사를 어떻게 지을지, 어떤 열매를 땅에 심어서 어떤 열매를 맺을 것인지 계획이라도 세웠는지 자문해 보자.

목표가 있으면 목표를 달성하기 위하여 부단한 노력을 기울이지만 세월에 자신을 흘려보내면 어느덧 인생은 한숨만 가득 찬다. 가끔 흐르는 세월이 무섭게 보이면 나락으로 빠져들을 수 있으므로 정신을 가다듬고 행로를 계속해야 한다. 꽃이 알려주는 교훈을 새기며 꽃의 근거지가 훼손되지 않고 사람과 조화롭게 살아가는 터전을 만들어 내는 것도 우리의 몫이다.

이 세상에 사람만 살아간다면 얼마나 삭막하겠는가? 봉화대가 설흘산정상을 더 높이는 곳에서 바다를 보니 침략해 오는 일본의 야욕을 물리치지 못하고 짓밟힘을 당하는 조상의 애절한 모습이 그려진다. 봉화를 육지로 연결하는 것도 중요하지만 그 보다 중요한 것은 침략이 예견되었든 안 되었든 유비무환의 터전을 왜 마련하지 않아서 국민들이 유린당하도록 내버려 두었는지. 봉화를 방어의 개념이 아닌 승전의 개념으로 사용하는 발상은 안 했을까? 육지의 자원보다 더 풍부한 자원이 바다에 있는데도 불구하고 바다를 활용하지 못한 우물안개구리 발상이 아쉽다. 내륙 대운하 건설로 자연환경을 파괴하는 것보다 연근해를 이용한 해상운송을 발달시켜는 것도 좋은 효과를 거둘 수 있다. 강의 생태계파괴는 누구 책임이며 어디에서 보상받을 수 있나? 서민은 이래저래 찬밥신세다.

날머리에서

가천(다랭이) 천수답과 암수바위는 관광상품으로 인기가 높다. 암수바위 전설은 1751년 남해 현령 조광진의 꿈에 노인이 '내가 가천에 묻혀있는데 그 위로 우마차가 다녀 몸이 불편하니 꺼내주면 좋은 일이 있을 것이다.' 현령은 바위를 꺼내어 숫미륵과 암미륵으로 봉하여 풍요와 다산의 상징으로 그리고 뱃길의 안전과 물고기가 많이 잡히도록 기원하였단다.

경 상 남 도

국태민안을 빌었던

시루봉
(곰메 : 熊山)

산행정보

▶▶▶

일 시 2008. 12. 26. (금) 10:30 ~
       14:30 (날씨 : 맑음)
명 칭 시루봉(곰메 : 熊山 694m)
소재지 경남 진해시 및 창원시
동 행 푸른 하늘과 파란 바다 그리고 섬
코 스 안민고개 → 삼거리(불모산,
       시루봉, 안민고개) → 시루봉
       → 고개 → 자운초등

시루봉(곰메 : 熊山), 곰메바위(熊山巖)는 표고 653m의 봉우리에 높이 10m, 둘레50m 크기로 우뚝 솟아 자못 신비스럽다. 곰메는 신라시대 때에 전국의 명산대천에서 국태민안(國泰民安)을 비는 장소였고, 고을에서 춘추대제를 지낼 때는 '웅산신당'을 두어 산신제를 지냈다. 근대에는 명성왕후가 세자를 책봉하고 전국의 명산대천을 찾아 세자의 무병장수를 비는 100일 산제를 드렸다는 곳이다.

그러나 지난 한때 왜구의 항해 표적이 되기도 하였다. 멀리서 보면 정상에 시루떡을 올려놓은 것 같기도 하고, 여인의 젖꼭지를 닮은 것 같기도 하다. 쾌청한 날씨에는 대마도가 보이며, 지금은 신항만, 거가대교 공사가 한창

84

이다. 진해의 군항제(벚꽃축제)와 연결하여 산행 후 마금산 온천에서 몸을 풀면 명품 산행이다.

 들머리에서

이상기온 현상으로 겨울이 초봄처럼 따뜻하여 가벼운 한파가 엄습하면 체감온도는 북극날씨라 구둘장과 씨름하며 방콕하고 싶다. 아침을 잠재우면 하루 종일 잠결에 헤맬 것 같아서 새벽을 박차고 진해의 진산 시루봉으로 길을 잡는다. 쾌청한 하늘에 점을 찍을 때 차창 밖으로는 사람들이 깃대를 세우며 종종걸음을 치고, 안민고개 약수터는 빠짝말라서 더욱 을씨년스럽다. 장복산과 시루봉으로 연결된 능선은 창원과 진해를 구분하는 줄기로 해안도시(진해)와 분지형도시(창원)의 특징을 잘 보여준다. 근대사회에서 자연의 지형지물을 이용하여 반공정책을 펼쳤던 역사가 두 도시에 잘 그려져 있다.

안민고개 → 능선 → 삼거리(불모산, 시루봉, 안민고개) (10:30~12:30)

안민고개는 창원과 진해를 연결하는 도로였었다. 예전에 고개마루 절개지를 방치하여 삭막했는데 지금은 깔끔하게 단장하여 시집오는 새악시처럼 예쁘장하다. 10년이면 강산이 변한다는 말과 더불어 격세지감이 느껴진다. 추위로 꽁꽁 얼어붙었던 대지는 따뜻한 햇살을 받아서 새 생명을 잉태하고자 깨어 있었다. 아무리 어려운 시간이라도 굴하지 않는 대자연의 기운을 흡수한다. 어렵다고 기운을 빼고 있어도 도움 줄 사람 없고, 알아주는 이 더더구나 없다. 희망을 찾아서 자신을 담금질하지 않으면 미래는 암흑이요, 칠흑같은 어둠의 터널만 있을 뿐이다. 대자연의 기운이 살아서 숨 쉬는 아늑한 곳에는 성주사가 자리하여 지난날의 화려함이 덧없음을 설명하고, 화려할 때 자신을 관리하는 능력을 갖추어야 한다고 일깨워준다. 고도성장을 위하여 브레이크없는 질주만 하였기에 파도가 치면 우리는 그냥 주저 앉아버리니 이 얼마나 애석한 일인가? 쓰나미가 몰려와도 이를 막아낼 방파제가 필요하고, 복구할 수 있는 능력도 갖추어야 한다. 미래를 위하여 우리는 이제 재정예산도 수입 = 지출의 균형에서 수입 〉지출의 재정으로 전환하여 잉여예산은 경제가 어려울 때 소비를 창출시키는 원동력이 되도록 설계해야 한다. 성주사는 어떤 어려운 사람도 재교육하여 사회로 환원시켜줄 것 같은 순수함이 배어있었다. 어려운 환경에서 의지할 곳이 있다는 것이 다행이다. 인간미 넘치는 대자연에서 중생의 길을 재정비하여 새 출발 할 수 있다는 것도 참된 복이다. 산 능선으로 진해와 창원이 나뉘고, 박정희대통령시절에 북한의 공중전에 대비한 산업기지보호정책으로 분지 등에 공장을 세웠는데 창원이 그 모델케이스다.

진해는 올망졸망한 리아스식 해안으로 해군기지와 조선소 등 전형적인 해상 전초기지로 위치하기에 손색이 없다. 진해의 섬들은 관광자원도 되면서 군사보호시설의 울타리가 되기도 하여 일거양득의 효과를 가지고 있으니 지형지물의 이용방법에 따라 다윗이 골리앗을 이길 수 있는 지혜도 보인다.

Y자 삼거리는 불모산에서 용제봉으로 이어지는 능선이 병풍을 이루고, 한 갈래는 시루봉으로 이어져 천자봉으로 연결되어 남해의 기운을 받아들이고 있었다. 선택의 갈림길을 미리 예측하고 있어야 엉뚱한 길로 빠져들지 않는다.

 삼거리 → 망운봉 → 시루봉 → 안부(천자봉 가는길) → 자운동
(자운초등) (12:30~14:30)

불모산이 손을 뻗으면 닿을 곳에 위치하지만 나중에 만날 것을 기약하고 시루봉 방향으로 길을 잡으니 응달진 곳에는 잔설이 남아 동심의 세계로 안내한다. 꿈이 이룩되는 도시에 꿈을 만드는 산이 있어서 우리는 영원히 발전할 것이다. 망운봉의 구름다리는 우리를 하나로 연결하며 멋진 로맨스를 선사하고, 바위들은 친구가 되어 흥을 돋우는데 부족한 것은 소나무의 우아한 자태가 없다는 것이다.

화룡점정으로 소나무가 있었다면 그지없는 명산 중의 명산이겠지. 어쩌면 소나무가 없어서 명산일거야. 유방처럼 봉긋한 정상에는 시루바위(곰메)가 유두로 솟아서 나침반역할을 한다. 제단이 되기도 하고, 나침반이 되기도 하고, 동일한 사물을 사용목적에 따라서 유용하게 활용하구나. 결국 사람이나 자연은 목적과 용도에 맞게

제대로 활용하면 어느 것 하나 버릴 것 없는 소중한 자원이다. 적시적소를 못 맞추어 아름다운 꽃을 시들게 하지 말고 활짝 피울 수 있는 지혜와 용기가 필요할 때다. 동남쪽의 가덕도는 부산신항공사가 한창이고, 가덕도와 거제도를 연결하는 거가대교도 뼈대가 갖추어져 있으니 완공될 날도 얼마 남지 않은 것 같다. 완공되면 거가대교도 광안대교처럼 꿈이 실현되는 또 하나의 관광 상품이 될 것이다. 낙동강과 다대포 등도 태양이 작열하여 멋진 풍광을 뿜어내니 2008년 경제가 어렵다고 움츠려들 것이 아니라 저기 역동하는 바다의 정기를 받아서 혹독한 겨울도 훌훌 털고 일어나서 희망을 가지고 전진하자.

하산 길에는 녹차나무가 자라는데 산불방지용이라고 한다. 시민들은 녹차로 건강과 화합을 이루고, 겨울에는 산불을 방지하니 일거다득이라고 해야 하나? 한사람의 지혜가 여러 사람을 먹여 살리고, 희망의 전율이 흐르게 하므로 남을 시기하기 보다는 장려하고 독려하여 영웅을 만드는 사회가 되도록 의식을 전환하자.

날머리에서
　　진해의 천둥오리집에서 수육과 양념으로 보신하니 절로 복사꽃이 피어난다. 무엇을 탓하기 보다는 멋진 풍광을 즐기며 한 끼 식사에 감사하고, 정겨움이 넘치니 행복이 만땅이다.

희망은 쟁취하는 것이지 누가 공짜로 가져 다 주는 것이 아니다. 노력하라 그러면 얻는다.

여름의 피신처 계살피계곡
영남알프스 문복산
(文福山)

산행정보
☆

▶▶▶

일 시 2007. 9. 02. (일) 10:40 ~
       15:40 (날씨 : 비와 흐림)
명 칭 문복산(1,013.5m)
소재지 경북 청도군 운문면과 경주시
       산내면 경계
동 행 백양동기산우회
코 스 운문령 → 894.8m봉 → 문복산
       (1,013.5m) → 계살피계곡 →
       운문면 삼계리

낙동정맥이 영남알프스로 남하하면서 고헌산을 거쳐 894.8m봉에서 북북서방향으로 능선이 뻗었는데 영남알프스에서 1,000m이상으로 막내인 문복산이다.

문복산은 청도와 경주의 경계를 이루며, 영남알프스의 막내산으로 찾는 이가 적어서 깊고 맑은 계곡과 한적한 절경이 극치고, 계살피계곡의 얼음처럼 차고 맑은 물은 정신을 맑게 해준다.

문복산주변의 언양쪽에는 가지산 탄산온천, 석남사가 있으며, 청도쪽은 운문댐과 운문사 등이 있다.

 들머리에서
작열하는 여름의 태양과 더위도 몇일동안 내

린 비로 기세를 잃고, 가을 문턱을 넘어온 첨병이 시원한 바람을 전해줘서 절기를 만들어 농사 등에 활용한 선인들이 참으로 대단함을 느낀다. 검은 하늘이 대지를 축축하게 적셔도 하나둘 나타나는 친구들의 얼굴이 반갑다.

어떤 이야기도 웃음으로 받아 넘기는 넉넉함이 좋고, 서로의 허물을 편안하게 감싸는 맘이 여유로워 좋다. 겪이 없다고 해도 절도와 논쟁이 명쾌하여 하나의 끈이 되고, 서로의 도움으로 우정이 배가되어 밀어주고 끌어주는 친구들이 백만대군과 진배없다.

 운문령 → 894.8m봉 → 960m봉(전망대) → 헬기장 → 문복산 (10:40~12:40)

안개구름 자욱한 운문령은 나그네 여정을 아는지 포장마차에서 민속주 한잔으로 속을 데우고 길을 가란다. 동동주 한잔으로 떨리는 한기를 물리치고 키만큼 자란 억새를 헤치며 고개를 넘고, 안부를 넘으며 안개를 헤쳐 간다. 머리와 얼굴에 맺히는 이슬이 땀과 어우러져 등줄기를 타고 내려와 체력을 보충하고자 빵 한 조각을 입에 문다. 안개로 불투명한 세상을 물끄러미 투시하면서 희미한 길을 따른다. 선조가 세월로 다져 논 산길이 없었다면 안개 속에서 산행이 가능하였을까? 길을 잃고 방황할 때는 희미한 길이라도 찾으려고 많은 시간을 소비해도 제자리 혹은 주변을 맴돌 뿐이고, 체력소모도 엄청 많았던 것을 고려하면 선조들의 행적이 고마울 따름이다. 정상적인 행로를 따라가면 목적지까지 도달시간도 빠르고, 체력소모도 적다. 등하불명(燈下不明)이라 했던가. 선조의 고결한 업적과 행로를 따르면서도 우리가 선조의 업적을 등한 시하는 우를 범하는 것은 아닌지. 선조가 다져온 길이 잘못되었다고 탓하기보다 그 위에 발생한 문제를 해결하는 방법을 찾아서 새로운 방향을 제시하여야 한다. 길에는 여러 가지 장애물이 제거되어 있으며, 불확실성에 대한 불안도 어느 정도 해소되어 열심히 노력하면 충분히 효과를 거둘 수 있다. 안개 속 산길처럼 인생길도 선조가 개척한 길을 따르기 때문에 목적한 방향으로 안정된 행로를 할 수 있다. 불확실한 미래를 개척하고, 도전할 수 있는 것은 선조의 업적이 있기에 가능한 것이므로 선조를 업신여기는 우를 범하지 말고, 보다 훌륭하게 받드는 자세를 갖추자. 전망대는 물안개로 사방이 자욱하여 보이는 것은 없고, 언제 어느때 암흑의 장막이 몰아쳐 올지 모른다. 수목이 길을 가로막고, 괴목으로 미인계를 써서 유혹하고, 가시덩쿨과 억새가 살을 애도 정신을 차리면 길을 이탈하지 않을수 있다. 불안하고, 암흑에 사로잡히면 선조는 행로를 열어서 우리들을 안전하게 인도한다. 지금 우리가 있는 것도 선조의 얼이 있기에 가능한 것이 아닌가? 선조의 고행에 진정으로 감사드리며, 우리도 후손에게 선조의 얼을 잇도록 노력해야 한다. 경사도가 급한 봉우리를 한·두개 넘으니 돌무덤과 헬기장이 쉬어가라고 자리를 마련한다. 노력하면 누군가 돕는구나. 어떤 목적을 달성하고자 열심히 노력하고, 성실하게 임하면 누군가가 우리의 앞과 뒤에서 지원해 줄 것이다.

그렇다고 바라면서 생활하지 말자. 그러면 스스로 게을러져 나락의 길을 걷게 될뿐이다. 성공하여 남에 베푸는 마음으로 열심히 노력하면 수확의 계절에 수확의 기쁨을 맛볼 수 있다. 꿈을 꾸며 꿈을 실현시키는 노력으로 얻는 열매가 진정으로 달고 가치가 있다.

 문복산 → 계살피계곡 (중턱 : 가술갑사터) → 삼계리 (13:30~15:40)

문복산은 아직도 회색구름에 쌓여서 얼굴을 내밀지 않는다. 막내 얼굴을 보고자 다가서니 등산객들이 우리를 반기고, 우리는 등산객이 반가워서 인사를 한다. 산은 산으로 존재하는 무기체가 아니라 우리를 하나로 묶는 역할을 하고, 산과 산 그리고 사람을 연결해서 우리의 문화와 터전을 만드는 유기체다. 하산길에서 질퍽한 흙탕길에 발이 빠지고 머리를 나무에 부딪쳐 몸은 엉망진창이지만 산이 웃으며 맑은 물과 바람소리로 우울한 기분을 달래준다. 수많은 역경에 좌절하거나 굴하지 않고 목적을 향해 묵묵히 걷는 모습이 대견스러웠나 보다.

산은 맑은 계곡에서 알탕을 허락하니 속세의 때를 씻으며 피로를 흘려보낸다. 부끄러움 없이 선녀를 기다리며 웃음 짓는 것은 속세에서 닳고 달아서 두려움과 부끄러움도 잊어버려 감정도 메말라 버린 것인가, 다중의 용기인가, 아니면 자연에 동화되어 어린 시절로 돌아가고 싶은 것인가? 선남선녀로 치장하며 선녀를 기다리는 심보는 공통적이 관심사라 인류 또한 이 공통적 관심사가 없으면 무슨 재미로 살겠는가? 사랑이 너무 지나친 안토니우스는 크레오파트라에 빠져 권력과 부를 모두 잃었어도 가장 흥미진진한 선남선녀의 이야기이고 놀음이다. 선녀를 기다리지만 타인에게 해를 주지 않겠다는 신념이고, 세상이 거짓으로 물들어도 부족한 능력이라도 떳떳하고, 알몸뚱이라도 비굴하지 않고 미래의 꿈을 실천하는 일꾼으로 희망을 가지고 열심히 살아간다. 몇일째 내린 비로 계곡은 하얀 포말을 일으키며 숨 가파도 경쾌하다. 물은 투명하고 영롱한 빛깔을 자랑할 틈도 없이 산산이 부서지며 진주로, 이슬로, 비취로 변화되며 세상을 장식한다. 순수함은 언제 어느 때라도 그 행위가 부드럽고, 우아하며, 낯설지 않아서 우리는 물처럼 살아가려고 애쓰는가 보다. 물이 모이는 합수점에서 떨어지는 웅장하고 장엄한 폭포로 속이 후련하다.

우리는 갈라져 있어도 하나이고, 하나는 다시 각 지역으로 뻗어서 자손만대에 행복한 길을 열고자 분주한다. 후손이 잘 되기를 바라는 책임과 열정이 있기에 어떠한 두려움도 돌파할 수 있는 원동력이 있다.

날머리에서

삼계리에 토종닭들이 우리와 눈을 마주치기 싫어서 닭장에서 눈길을 피한다. 맛과 문화를 찾아 즐기는 것도 지역경제를 활성화시키는 요소라 곡차 한잔 걸치지 않을소냐?

산행 한번은 보약 한재의 효력이 있고, 토종닭은 몸에 활력을 주니 세상만사 부러울 것이 없다. 자연에서 가꾸는 건강에 건배하는 행복감은 아는 사람만이 안다.

그늘에서 빛을내는
영남알프스 상운산
(上雲山)

산행정보

☆

▶▶▶

일 시 2008. 11. 30. (일) 10:30 ~
14:50 (날씨 : 맑음)
명 칭 상운산 (1,114m)
소재지 경상남도 울주군 상북면과
청도군 운문면
동 행 백양동문산악회
코 스 운문령 → 귀바위 → 상운산
→ 헬기장1, 2, 3 → 쌍두봉
→ 천문사(삼계리)

상운산은 가지산 도립공원의 동쪽 능선에 위치하며
쌀바위와 운문령과 사이에 있는 해발1,000m급 봉우리로
영남알프스의 고헌산(1,240m), 문복산(1,014m), 간월산,
신불산, 영축산, 능동산, 재약산(수미봉, 사자봉), 운문산,
구만산, 억산 등을 조망할 수 있다. 가지산 도립공원에
눈이 오면 유럽의 알프스가 연상되고, 운해가 깔리면 섬
사이를 뱃놀이하는 별천지가 된다.

신원천(산이 깊어서), 학심이계곡(학이 노닐던 깊은 계
곡으로 학들이 모여 삶), 심심이계곡에는 수정같이 맑은
물이 흘러서 여름에도 많은 피서객이 몰려들고, 산세는
깊고 웅장하여 가을 단풍은 설악산 등 유명관광지 못지
않게 화려하고, 현란하다. 특히 밀양댐과 운문댐에 드리

워진 단풍은 청풍명월의 고장임을 보여준다. 청도군 운문면 삼계리에서 남쪽으로 뾰족한 봉우리 2개가 보이는데 쌍두봉(929m)이라 하며, 험준한 암릉과 암봉으로 형성되어 있다. 석남사와 운문사, 운문댐, 밀양댐 등도 유명한 관광 명소이다.

 들머리에서

가을 하늘을 보니 왠지 횡한 찬바람이 몰아칠 것 같다. 은행나무처럼 가을단풍을 지탱할 기량은 부족하고, 에라 산에 기대어 가을 남자가 되자. 어제 둘러본 장산의 한가로움에 고독과 악수하며 사색을 즐기던 올 마지막 가을의 여운을 더음미해보자. 푸른 원색 물결에 일렁이는 가을의 파란 창공에 점을 찍으며 미소를 지으면 그것 또한 행복 아니겠는가?

운문령 → 귀바위 → 상운산(1,114m) → 제1,2,3 헬기장
(10:30~12:00)

겨울을 모셔오는 바람은 살을 헤집고, 메마른 대지는 푸석거리는 먼지로 가뭄의 심각성을 적나라하게 보여줄 때 낙엽이 바람에 뒹굴며 지난 시간을 회상하게 한다. 초록의 힘찬 기운으로 세상을 깨우고, 오뉴월 땡볕을 짙은 녹음으로 그늘을 제공하여 선정을 베풀어 준 후 오색찬란한 옷으로 만인에게 희망과 웃음을 선사할 때가 방금 전이었는데 이제는 기꺼이 자신을 버리고 2세를 위하여 토양분으로 산화하는 것이 숭고하다.

상운산 북편으로 하얀 눈이 시루떡에 고물을 올리듯이 얇게 펼쳐진 사이로 낙엽이 산화하는 실루엣은 시간의 흐름을 더욱 현실감있게 보여준다. 동일한 지역도 남과 북의 위치에 따라 기온과 식물자원이 다르므로 사물을 선입견으로 동일하게 평

가할 것이 아니라 상대의 장점을 살려서 실질적으로 효과를 낼 수 있는 천부적인 능력을 키워주는 것이 우리의 몫이다. 파란 하늘과 얼굴이 맞닿을 때 귀바위가 전망대를 내어 놓으며 고헌산과 문복산에 인사를 드리도록 한다. 배려하는 정성에 산과 지형을 살피며 자연의 조화처럼 세상사 균형과 조화를 어떻게 맞추는 것이 좋을지를 고민하며 상운산에 입맞춤 한다. 장엄하게 펼쳐지는 산들은 초록의 두터운 옷을 벗어 던지고 앙상한 알몸으로 고행의 길로 접어들었다. 고진감래의 참뜻을 터득하기 위한 전초전인가? 한비자는 "겨울에 대지를 굳게 닫고 얼게 하는 엄동이 없으면 봄에서 여름에 걸쳐 초목이 무성하게 성장하지 못한다. 사람도 간난신고(艱難辛苦)를 경험하지 않으면 후일의 번영은 없다."라고 주공(周公)의 말을 인용해서 설명했다. 자식을 금과옥조로 키우는 것보다 허허벌판에 홀로 걷는 코뿔소처럼 삶을 개척하는 능력을 심어 주어야 한다.

자기중심주의로 세상을 판단할 것이 아니라 모든 것이 존재하여야 자신이 존재한다는 것을 인식하여 먼저 헌신하는 자세를 갖추도록 기성세대는 새싹들에게 가르쳐야 한다. 내가 손을 내밀지 않으면 누구도 손을 내밀지 않는다. 먼저 손을 내밀고, 이웃을 위하는 희생정신을 갖출 때 자신이 더욱 굳게 만들질 것이다. 인내하고 배려하는 능력이 없으면 삶은 산산이 흩어지고, 의미가 퇴색되어질 뿐이다.

 제3헬기장 → 쌍두봉(929m) → 630봉 → 천문사 → 삼계리
(13:00~14:50)

제3헬기장에서 우측으로 들어서면 쌍두봉으로 가는데 급경사에 수북하게 쌓인 낙엽으로 미끄럼 타다보면 돌부리에 걸려서 정지하는데 쌍두봉이다. 밋밋한 느낌으로 끝자락에 다가설 때 천길낭떠러지가 오금을 저리게 하고, 순간적으로 바람을 따라

새가 되어 아름다운 강산에 빨려든다. 로프에 매달리며 짜릿함과 스릴을 만끽하고, 바위를 부여잡고 삶의 애환을 달래보는 흥미도 있다. 쌍두봉 제2봉에서 손을 흔드는 일행과 교감을 나누며 산과 하나 되니 산들은 어느 덧 나를 감싸고 안전을 위하여 그물을 펼쳐놓았다. 떨어져 있다고 생각하면 하염없이 먼 이웃이지만 친근하게 감싸며 손을 내밀면 산은 가까운 이웃으로 다가오고, 거대한 버팀목으로 자리한다. 한비자는 "거울이라는 것은 자기의 표면을 깨끗하게 지켜서 다른 물건을 어떻게 비출까 하는 일은 생각하지 않는다. 아름다운 것이나 누추한 것을 그대로 비추고 있다. 사람도 이와 같이 마음을 비우고 외물(外物)에 접해야 한다."라고 하였다. 그렇다 자연의 산물들은 언제나 그대로다. 단지 자신이 어떻게 자연을 대하느냐에 따라서 자연은 친구가 되거나 괴물이 된다. 모든 사상적인 바탕도 동일한 것으로 남을 탓하면 전부 남의 탓이고 자신의 허물은 없다.

먼저 남을 탓하기 이전에 자신의 행동거지를 바로 세우고 거울에 비춰진 자신과 타인을 비교하여 타인의 장점을 찾아내어 자신을 개선하는 방법과 좋은 의견을 구하면 훌륭한 미래가 펼쳐질 것이다. 쌍두봉 제2봉에서 제1봉을 보니 칼날의 날카로움으로 하늘 높은 줄 모르고 솟아 있는데, 무당이 칼춤을 추듯이 칼끝을 밟고 회원들이 내려온다. 인간의 힘이 대단하다. 도저히 길이 없을 것 같은 곳을 내려오는 불굴의 정신을 보면서 사람에게는 한계가 없는 것 같다. 낙엽이 수북이 쌓여서 길이 끊겨도 낙엽 밟는 낭만과 길을 개척하는 흥미가 살아난다. 길을 개척한다지만 선조가 닦아 놓은 길 위의 낙엽을 헤치는 과정일 뿐이다. 길이 없다고 탓하고 있으면 목적지로 갈 수 없다. 선조들은 길을 닦아 놓았지만 공짜로 희망을 주지 않는다. 낙엽에 숨겨진 길을 찾듯이 길을 찾아서 열심히 노력하면 좋은 결과를 영위할 수 있다. 하늘 향해 힘차게 팔을 뻗어 자신감으로 불타는 정열을 불어 넣으면 장래는 활짝 열릴 것이다.

날머리에서

가지산 탄산온천에서 피로를 풀고, 메기 매운탕으로 체력을 보충하니 세상에 부러울 것이 없다. 선배님들의 정겨운 말 한마디가 인생의 길잡이고 보약이라.

누가 누구를 탓할 것이 아니라 선배님을 거울삼아 멋진 삶을 살아가는 것도 참된 삶이다. 어려운 경제를 타파하기 위하여 보편적 타당성보다 합리적 타당성도 찾아보자.

스위스 알프스가 연상되는
영남알프스 가지산

산행정보

▶▶▶

일 시 2008. 02. 03. (일) 10:30 ~
　　　　15:30 (날씨 : 흐리며 눈 약간)
명 칭 영남알프스 가지산 (1,240m)
소재지 경남 밀양, 언양 일대
동 행 백양동기 산우회
코 스 석남터널 → 제1봉 → 가지산 →
　　　　석남터널 (회귀산행)

　　사과 향기가 가득한 밀양 얼음골은 영남알프스의 가지산과 재약산이 계곡을 이루는 곳에 위치한다. 삼복더위 때는 얼음이 얼었다가 처서가 지나며 녹고, 겨울철에는 계곡물이 얼지 않고 더운 김이 오르는 신비한 곳으로 천연기념물 224호로 지정되어 있다.

　　얼음골에서 3㎞정도 계곡을 오르면 호박소에 닿는데 10여m 높이에서 떨어지는 폭포와 소($沼$)가 호박처럼 생겨서 붙여진 이름이다.

　　옛날에 깊이를 재보려고 돌을 매단 명주실 한 타래를 다 풀었지만 끝이 닿지 않았다고 할 정도로 깊으며, 짙푸른 초록빛이 에머랄드 보석보다 더 아름답다.

들머리에서

눈발이 흩날리는 거리를 천방지축으로 달리고 싶은 것을 진정시키고 공상의 나래를 편다. 하얀 눈이 가득한 영남알프스에 묻혀서 세상을 잊어버리고 순백의 자연으로 돌아가고 싶다. 목구멍이 포도청이라 어찌 그럴 수 있겠는가? 산에서 스트레스를 풀고 현장으로 달려야 하는 것이 현실이다. 그래도 산과 친구한다는 것이 큰 행복이고 기쁨으로 휴일도 제대로 못 쉬는 사람들을 생각하며 욕망의 그릇을 축소시키고 눈 내리는 눈길에서 미소를 짓는다. 영남알프스의 고헌산이 목적이었으나 가지산으로 향한다.

 석남터널 → 나무계단 → 제1봉 → 가지산 정상 (10:30~15:30)

석남터널 입구에는 추위도 아랑곳없이 사람들이 모여든다. 겨울에 눈을 볼 수 있는 곳이 영남알프스의 일원이라. 부산근교에서 추운 날씨에 비가 내릴 때면 이곳은 눈이 내릴 가능성이 높다.

그리고 일천 미터의 고봉으로 이루어진 산세라 지리산의 장엄함을 맛 볼 수 있다. 남녀노소의 따뜻한 정이 복사꽃으로 피어나는 석남터널을 출발하여 땀이 촉촉하게 배어드니 능선이다. 혹시 급경사를 오를 때 고통이 수반되면 자신의 건강을 체크해 보는 것도 좋을 것이다. 능선을 따라서 고도가 높아지며 가늘게 흩날리는 눈발이 세상을 덮다가 지쳤는지 맑은 하늘을 보여주기도 하고, 어둠속에 빛의 고마움을 알려주고자 안개구름으로 사방을 에워싸기도 한다. 변화무쌍함에서 신비함이 일어날 것 같은 착각으로 원을 그리며 신을 찾다가 한치 앞도 볼 수 없을 때에는 불안에 떨기도 한다. 그리고 실낱같은 빛에서 로또 복권에 당첨된 세계를 그리며 나아간다. 철쭉군락지 표지판에서 산하를 붉게 물들인 세상을 상상하며 눈이 두툼하게 깔린 나무닥트를 오른다. 뽀드득뽀드득 발자국 소리에 동심이 깨어나 눈을 뭉쳐서 허공을 가른다. 눈 위를 떼구르르 구르니 눈사람을 만들고 싶구나. 이것저것 다 해보고 싶은데 생각과 몸이 따로 노니 철없던 시절이 그렇게 부러울 수가 없다. 미끄럽고 우둘투둘한 경사지를 로프와 나무에 의지하며 제1봉에 이르니 사방이 희미한 안개로 자욱하다.

그래도 산줄기가 하얗고 뚜렷한 음양으로 뭉클뭉클 가슴을 진동시키는 힘이 전해오면서 기운이 불끈 솟아난다. 그래 저거야 산들이 전해주는 저 웅장함으로 우리는 항상 새롭게 깨어나서 자신의 역할을 다할 수 있었다. 산이 전해주는 다양한 메시지를 우리의 생활에 접목하며 바위지대를 미끄러질까봐 조심조심 올라간다. 암벽에 눈꽃이 피더니 고도가 높아지면서 보석이 즐비하다. 눈은 가지산 정상을 보석으로 바꾸어 놓으면서 히말리야의 최고봉과 견주어 손색이 없을 정도로 신비롭게 다가온다. 눈이 깔끔하게 단정한 가지산정상에 서니 표지석 옆에 낙동정맥 표지석이 형제애를 발휘한다. 엄동설한에도 변치말자며 요지부동으로 서 있는 모습이 대견하다. 산봉우리들은 하얀모자를 쓰고 우리들을 환영하고 우리는 그들의 품에서 하염없이 날개 짓한다. 무릎까지 빠지고, 뒹굴고, 눈꽃에 반하여 사진을 찍고도 더 아름다운 눈꽃을 찾아서 돌아다니다가 헬기장으로 내려선다. 호박소 방향은 인적이 드물어 눈꽃과 상고대가 더 영롱하게 피어났다. 한참 화사함을 쫓다가 헬기장으로 돌아오면서 오늘의 화사함이 영원히 지속될 것 같은 착각에 빠지지 말자. 언젠가는 눈시울을 붉히며 미래의 동력에 자리를 내어 주어야 한다. 영원한 것은 없다. 꽃이 피면 지고 다시 피고, 계절마다 다른 꽃이 피어난다.

자연의 이치에서 자신의 주관을 재정립해 가면 차츰 새로운 세계가 열리면서 변화에 능동적으로 대처할 수 있는 능력이 생길 것이다. 사람은 망각의 동물이라 과거를 잊는데 과거는 자신을 인정해 달라고 목메어 운다. 과거에 얽매이면 자신을 개발하기 어려우므로 과거를 과감히 떨쳐내려고 발버둥을 친다.

원점회귀하면서

격세지감이 실감나는 산속의 변화가 놀랍다. 급경사로 미끄럽고, 질퍽한 흙탕길이 나무계단으로 잘 다듬어졌네. 계단도 지상 위로 올려서 계단아래는 자연이 숨 쉬게 하고, 물 흐름도 왜곡되지 않게 산 흐름을 따르니 괜찮은 발상이다. 계단 옆으로 통로를 따로 개방하여 자연과 접촉하는 길을 놓았는데 섭섭하다. 자연

연구 등의 특수 목적성이 없으면 일반인들은 지정된 통로만을 이용하도록 하는 것이 좋을 것 같다. 자연에 대한 사람의 접근을 최대한 억제 시켜 자연훼손을 막아야 한다. 가끔 '유명한 사람은 태어나는 것이 아니라 만들어지는 것이다.'란 생각을 하면서 우리의 힘으로 친구를 유명인으로 출세하도록 만들었으면 한다. 친구들이 사회 각계각층에서 역할을 수행하면 우리들이 바라는 이상의 세계로 접근 할 수 있을 것이다. 토론과 비평이 대화에서 머물 것이 아니라 사회적으로나 경제적으로 기둥이 될 수 있는 사람을 만들자. 그러면 우리들도 좀 더 윤택한 삶을 얻을 수 있다. 지금은 가난과 힘든 싸움을 할지라도 유능한 사람을 배출하면 좋은 결과를 얻어 미래사회가 밝아질 수 있다. 머리를 맞대고 유명인 만들기 프로젝트를 수행하면 고통을 한결 쉽게 해결할 수 있을 것이다. 초한지의 항우도 혼자서 병창기를 다루는 훈련을 하다가 맞수와 대적을 하면서 깨달은 것이 병창기 실력이 아무리 우수해도 한사람만 대적하는 결과로 전체를 어우를 수 없다는 것을 알았다. 그래서 손자병법을 공부하여 많은 사람들에게 도움을 주었다고 한다. 이제는 경제가 지배하는 사회이므로 경제에서 한 획을 이룰 수 있는 친구들을 발굴하고 만들어 보자. 옛 글에 '재목의 씨가 따로 있는 것이 아니라 만들어 지는 것이라고 하지 않았는가? 사회의 저명인사를 탄생시키는 것도 우리의 노력이고, 친구가 필요할 때다.

날머리에서

눈꽃에서 스트레스를 날리는 보석을 발견하고, 계단에서 격세지감을 느끼며 미래의 우리들을 만들기 위하여 미세한 봄바람에 희망의 나래를 편다. 실없이 던지는 농담 속에서 웃고, 바람에 흩어지는 육자배기에서 우정이 깊어진다.

낙동정맥의 최고경관

영남알프스
(배내봉, 간월산,
신불산, 영축산)

신불산

동해의 찬란한 빛 태백의 높은 기상 품어 안은
이 빗돌. 쓰다듬고 가시는 이 새천년 꿈과 희망
이루어질지어다 서기 2000년 1월 1일 새아침
삼남면민 정성모아 이 빗돌 세웁니다

산행정보
★

▶▶▶

일 시 2007. 4. 01. (일) 10:30 ~
16:30 (날씨 : 흐림, 평소 5배
황사현상)
명 칭 배내봉(966m), 간월산(1,083m),
신불산(1,209m), 영축산(1,059m)
소재지 양산, 울산, 밀양 소재
동 행 백양산우회
코 스 배내고개 → 배내봉 → 간월산
→ 신불산 → 영축산 → 통도사
입구

영남알프스는 1,000m의 고봉산군이 유럽알프스처럼 연이어 있어서 붙여진 이름으로 산의 기맥은 수려하고 웅장하며, 계곡마다 아름다운 폭포와 소로 경관을 자랑한다. 특히 가지산(1,240m), 운문산(1,188m), 재약산(1,189m), 신불산(1,208m), 영취산(1,059m), 고헌산(1,032m), 간헐산(1,083m) 등의 1,000m 고봉 위에 하얀 눈이 쌓이면 신비함이 뿜어져 나오며 유럽의 알프스를 연상하게 한다. 가을에 억새가 은빛물결로 찰랑거리는 사자평, 간월재는 사랑의 꿈길을 선사한다.

낙동정맥이 흐르는 영남알프스의 등억온천, 사자평, 얼음골, 대곡리암각화, 밀양 농암대, 통도사, 석남사, 운문사, 표충사 등도 관광명소다.

들머리에서

봄철이면 어김없이 찾아오는 황사현상은 어제부터 기승을 부린다. 황사현상이 평소의 5배를 초과하므로 나들이를 삼가라는 뉴스다. 산행 약속이 잡혀 있어서 세상이 온통 누런색으로 채색되어도 집합장소로 향한다. 황사가 심하여 칠흑 같은 날씨에 산행자가 얼마나 될지 초조함과 불안감이 밀려온다. 황사에도 참석하는 회원들이 반갑기만 하다. 고속도로에는 벚꽃과 밥풀꽃(?)이 백색물결을 이루는데 황사로 인하여 붉게 얼룩져 빛을 잃었다. 때를 잘못 만나면 받쳐주는 기운이 부족해서 색채의 아름다움도 희석되고 시들어서 안타깝다. 기회는 때도 없이 찾아오니 때를 잘 만나야 된다는 말이 실감난다.

 배냇고개 → 배내봉 → 간월산(1,083m) → 간월재 (10:15~13:00)

배내골은 6·25동란 때에도 전쟁이 발발 했는지 모를 정도로 산속의 오지인데 양산과 원동으로 이어지는 도로가 연결된 이후로 많은 사람들이 찾는 명소가 되어 명경수 맑은 물은 자취를 감추고 이끼가 물결을 따라 너울너울 춤을 춘다. 산자락을 배어낸 흔적은 황사로 몸이 쓰라린지 우울한 얼굴이다. 상처를 밟으며 능동산에서 이어지는 낙동정맥을 따라 배내봉으로 향한다.

세상이 황사로 덮혀서 주변을 분간하기 어렵고, 겨울을 벗어 던지지 못한 산은 누렇게 시들어 을씨년스럽다. 메마른 억새의 떨림에서 자란난 소나무가 겨울을 떨쳐내지만 황사로 의미가 없어 보인다.

기관지염 피해를 줄이려고 최대한 코로 숨 쉬면서 황사현상을 마다하고 산행하는 저력은 무엇일까?

약속을 지키려는 의무. 자연현상으로 약속을 변경할 수도 있지만 목표를 세웠으면 악조건이라도 달성하려는 의지가 발동되었을 것이다. 환경변화를 이유로 변경과 포기를 앞세우기 보다는 열악한 환경을 극복하고 어떤 일을 달성했을 때 돌아오는 성취감은 무엇과도 바꿀 수 없다. 황사로 억새도 힘을 잃고 바람에 가냘프게 흐느끼고, 배내봉은 철저히 혼자 버려진 듯 적막감에 쌓여서 서 있기가 민망스럽다. 선행자들은 무엇을 생각하고, 어떤 삶의 향기를 찾으며 이 길을 걸었을까? 저 멀리 보이는 간월산정상에 오르면 해답이 있을까? 산들이 빚어놓은 자연의 멋과 말동무하며 자문자답으로 해법을 찾아본다.

능선에는 수 십리 낭떠러지와 겨울잠에 빠진 회색의 깊은 계곡이 블랙홀을 연상시켜도 산새소리 물소리 바람소리가 봄을 잉태시킨다. 모진 황사에도 산수유 꽃은 마음을 쓰다듬으니, 힘들다고 포기하지 말고 항상 깨어서 활동하여 좋은 결과를 도출하자. 진달래 꽃 몽우리 중에서 되바라진 놈들은 일찍 꽃을 피워서 세상을 밝히려 하였는데 황사가 덮쳐서 얼마나 슬프겠는가?

그래서 때를 잘 만나야 목적한 바를 이룰 수 있고, 크게 성공할 수 있는 것이다. 아무리 좋은 상품을 만들어도 적절한 시기를 맞추지 못하면 그 상품은 빛을 발휘하지 못하고 사장되어 버린다. 시기를 잘 맞추는 것도 성공한 사람들이 가지는 마력이다. 성급하지 않고 늦지 않는 적절한 타이밍을 맞추는 중요한 포인트는 언제나 경청하는 마음에서 찾을 수 있다. 부단한 정보 수집과 시장을 활성화시키는 능력도 겸비하여야 한다.

때로는 남이 차려놓은 밥상에 젓가락을 올려놓는 것보다 시장의 주도자로 아름다운 세상을 만들 수도 있고, 자신감 있다면 차려놓은 밥상 위에 편승하여 소비자에게 자사의 상품을 선택하도록 전략을 세워 역전시키는 능력도 갖추어야 한다. 봉우리를 넘으며 간월산(肝月山)에 이른다.

목표를 향하여 부단히 움직이면 결과가 따르고 그 결과들을 쌓으면 간월재에 쌓아놓은 돌탑들처럼 자부심이 생기고, 타인을 위하여 길을 안내하는 이정표가 될 것이다. 간월재까지 차량이 올라온다. 자연이 숨 쉴 공간이 없다.

자연이 살아 있어야 동식물이 살아가고 탄생할 수 있는데, 고지까지 차량이 점령하여 산에서 자주 접하던 식용 산나물(송이버섯, 고사리, 도라지, 더덕 등)과 약초는 우리 곁에서 멀어졌다.

차량이 들어오면 산은 폐허로 변하므로 산속으로 산행 출입을 억제하여 아름다운 강산이 영원히 존재할 수 있도록 정책을 수립하였으면 좋겠다.

간월재 → 신불산(1,209m) → 신불재 → 영축산 갈림길 →
통도사 놀이공원 (13:00~15:30)

간월재 광장을 목재로 정비하여 자연보호에 힘쓰고 있다. 그러나 산을 훼손하여 인공물을 조성하는 것이 좋은 것인지는 생각해 볼 문제다. 최소한의 면적을 사용하고 나머지는 자연으로 되돌려 놓았으면 한다. 산은 인공물보다 자연의 순수함이 더 소중하다. 순수한 추억과 사랑을 회상하고, 자연의 풋풋함과 싱그러움을 살려내야 한다. 공사를 하였으면 마감을 똑바로 하는 정신도 필요하다. 자연과 인공물의 연결 부위는 틈이 벌어져 물이 스며들어 골을 만들고, 물은 골을 따라 급류로 변하니 자연을 더욱 훼손하는 결과가 발생한다. 중국의 관광지에도 인공물을 조성하였는데 자연과 인공물이 만나는 곳을 정교하게 처리하여 인공물이 자연의 일부처럼 보인다. 기술 부족인가? 성의 부족인가? 외관은 화려해도 주의를 기우려 살펴보면 날림 공사가 적나라하게 보인다. 겉만 번지르르하고 마감이 부실하여 제품도 제값을 못 받는다. 우리의 공사는 한번으로 끝나는 것이 아니라 돈을 잡아먹는 원흉이 되고야 그럭저럭 마무리가 된다.

이는 정확한 방향성 없이 대충 대충 적당주의로 공사를 의뢰하고, 공사가 완료되어도 형식적인 감리로 대충 넘어가는 총체적인 부실이 가장 큰 원인일 것이다. 광장 공사를 보자. 인공물을 자연과 밀착시킬 것인가? 약간 공간을 둘 것인가? 대지에 밀착시키면 연결되는 부분으로 스며드는 물은 어떻게 처리할 것인가? 물길로 발생하는 훼손의 방지책은 무엇인가? 보행에 맞는 높낮이와 보폭은 얼마인가? 그리고 시설물의 설치에 따른 자연생태계 변화는 어떻게 될 것인가? 공사로 잘려진 부분은 어떻게 처리할 것인가? 등을 면밀히 고려하여 공사를 진행하여야 한다. 완료 후에도 점검하는 시스템이 부재하여 좋은 계획도 불실로 전락하는 경우를 종종 본다. 우리는 우리가 만든 인공물에 박수치는 경우는 드물다. 현대의 기술로 자손에게 기록되는 문화유산은 어떤 것일까? 잉카제국의 정교한 축대에서 잉카제국의 위대한 문화정신을 엿볼 수 있고, 수많은 관광객이 끊임없이 찾아드는 이유를 생각해보자. 상처만 간직하고 울부짖는 길을 따라서 신불산에 이르니 신불산의 공룡능선을 따라 올라오는 풋풋한 젊음이 향기롭게 빛난다. 자신감이 충만한 새싹들에게 기성세대의 역할은 무엇인가? 날림공사 당연한 거야. 적당하게 세상사는 거지 왜 그렇게 복잡하게 살지. 자연을 이용하여 적당주의를 기성세대가 가르치는 것 같아서 안타깝다. 중국의 유명한 관광지는 자연물과 인공물을 완벽하게 조화시켜 틈도 안보이고, 공사한 잔유물이 방치되어 있지 않았다. 중국기술이 낮다고 평하는 것은 똥 묻은 개가 재 묻은 개를 나무라는 것과 같다. 극일을 외치며 일본의 기술을 따라 잡으려 하지만 마감이 미진한 행동과 결과는 아무리 발버둥쳐도 따라잡기 힘들다. 세계의 구매자는 우리와 일본을 보는 것이 아니라 기술이 미흡해도 완벽한 상품을 원한다. 기술이 좋아도 마감이 불실한 상품은 시장에서 도태되므로 경쟁력을 위하여 깔끔하게 마감하는 자세가 필요하다.

신불산 초원의 반대 능선은 바위들이 수직절벽으로 솟아있고, 울뚝불뚝 솟은 바위들은 억겁의 세월을 버텨서인지 하나하나가 작품이요, 삶의 응어리로 새겨진다. 흑백논리의 상반된 입장이 보여도 능선을 따라서 조화를 이루는 혜안을 찾아야 한다. 억새도 예전에는 성인키 정도로 자랐는데 이제는 무릎정도로 밖에 안자란다. 억새도 태우거나 잘라야 무성하단다. 산이 울부짖는 소리를 들으며 영축산으로 접근하다 영축산정상 100m 앞에서 하산 길로 접어든다. 급경사라 임도를 갈지(之)자로 정상부근까지 개설하였고, 절개지는 흉물스럽다. 야! 이놈들아, 배를 갈랐으면 예쁘게 기워야지 방치해 두면 어쩌란 말이냐? 의술도 없는 놈들이 왜 배는 갈라놓은 거야? 절개지는 골이 파이고, 무너져서 내장이 튀어 나와 안쓰럽다. 소나무 숲의 싱그러움으로 마음을 치유하고, 산새소리에 정신을 깨우며, 물소리에 심신을 맑게 하니 세상이 다시 아름답게 보이고, 자연과 사람을 더욱 사랑하고 싶다.

통도사 놀이공원에는 벚꽃이 만개했는데 요즘은 전국방방 곳곳에 벚꽃잔치가 펼쳐지니 마음이 씁쓸레하다. 우리나라의 사군자 매난국죽(梅蘭菊竹)가운데 매화를 심으면 봄을 더 일찍 깨울 수 있다. 퇴계 이황선생이 애지중지한 "매분"을 생각하며, 전국에 "매화나무"가 심겨졌으면.

날머리에서

황사로 뒤범벅이 된 몸을 정비하고 전부 사랑스럽다. 한복의 고유한 멋을 풍기는 '아구찜' 식당에서 회포를 풀며 삶의 맛을 충만 한다. 매사 떠버리며 잊어버려도 더 듬어가는 자취가 있기에 세상은 맑아지고, 삶이 행복해진다.

석남사[石南寺]

울산광역시 울주군 상북면 덕현리 가지산 동쪽에 있는 절로 대한불교조 계종 제15교구 본사인 통도사의 말사이다. 이 절은 824년(헌덕왕 16) 우리 나라에 최초로 선(禪)을 도입한 도의선사(道義禪師)가 창건했다. 화관보탑 (華觀寶塔)과 각로자탑(覺路慈塔)의 아름다움이 영남 제일이라고 하여 석 남사(碩南寺)라 했다고 한다. 임진왜란 때 소실되어 연대를 이어가며 중창 되고, 6·25전쟁 때 완전히 폐허가 된 것을 1957년에 비구니 인홍(仁弘)이 주지로 부임하면서 크게 중건하여 이때부터 비구니의 수도처로 각광 받고 있다. 현존 당우로는 대웅전·극락전·설선당·조사전·심검당·침계루 (枕溪樓)·정애루(正愛樓)·종루·무진료(無盡寮) 등이 있다. 중요문화재로 는 도의선사의 사리탑으로 전하는 부도(보물 제369호)가 있고, 이밖에 3층 석탑(경상남도 유형문화재 제22호)과 부도 4기 등이 있다.

통도사[通度寺]

영축산은 우리나라 3대 사찰인 통도사가 있는 산으로 영취산이라고도 불리는데 신령스런 독수리가 살고 있다는 뜻이며, 통도사 일주문에도 영 취산 통도사로 새겨져 있다. 영축산은 병풍처럼 둘러싸인 기암괴석과 고 사목, 노송이 우거져 있으며, 부처의 진신사리(眞身舍利)가 있어 불보(佛 寶)사찰이라고도 한다. 사찰의 기록에 따르면 통도사라 한 것은 영축산의 모습이 부처가 설법하던 인도 영취산의 모습과 통하므로 통도사라 했고(此 山之形通於印度靈鷲山形), 또 승려가 되고자 하는 사람은 모두 이 계단(戒 壇)을 통과해야 한다는 의미에서 통도라 했으며(爲僧者通而度之), 모든 진 리를 회통(會通)하여 일체중생을 제도(濟道)한다는 의미에서 통도라 이름 을 지었다고 한다.

영남알프스의 전망터

영남알프스 향로산
(香爐山)

香爐山 海拔976M

산행정보
☆

▶▶▶

일 시 2008. 01. 06. (일) 09:00 ~
    14:40 (날씨 : 맑음)
명 칭 향로산(영남알프스 향로산
    976m, 백마봉 776m)
소재지 경남 양산시 원동면 및 밀양시
    단장면
동 행 백양 동기산우회
코 스 장선리 경로회관 - 안부 - 향로산
    - 백마산 - 백마산성 - 가산 -
    선리마을

　　향로산(香爐山 : 970봉)은 밀양시 단장면 가산 뒤편에 위치하고, 향로봉(香爐峰:727봉)은 밀양시 단장면과 양산 원동면 배내 대리 경계에 있는 뒷산으로 명시하고 있다. 지리산 삼신봉에서 지리산전체 능선을 조망할 수 있듯이 향로산에서는 영남알프스의 전체를 조망할 수 있으며, 백마봉(향로산의 한봉우리)에서는 밀양댐과 백마산성 터를 볼 수 있다.

　　백마산성은 임진란때 왜군과 격전을 벌였다고 전하는 산성이지만 관리가 허술하여 오랜 세월로 성벽은 허물어져 세상 무상함을 일러준다. 내성과 외성으로 쌓았는데, 백마봉 성터는 천연요새로 서북쪽은 깍아지른 절벽을 동남쪽은 석성(石城)으로 축성되어 있다. 가산마을 등

에 돌로 조성된 논과 밭은 백마산성에 부족한 농작물과 식수를 보완한 것으로 사료
된다.

 들머리에서

배내골 선리에서 숙박하며 자녀의 진로문제 및 상담, 한국의 미래사회에
적응 방향, 현정부와 차기정부의 문제점과 기대치, 자연보호와 개발에 대한 청담고
론으로 밤 깊은 줄도 모른다. 다양한 의견을 서로존중하고, 중요한 가치는 공유하는
사고로 어떤 대화도 부담이 없다.

흑백논리보다 상생의 대화를 나누며 능동적 방안도 제시하여 아직도 녹슬지 않
은 아이디어들이 부럽다. 동토지대에도 맑은 물이 흐르며 생명이 살아있듯이 각자
의 희망이 새싹처럼 파릇파릇하여 미래도 젊어지고 잘 살아갈 것 같다.

장선리 경로회관 → 상수도취수지 → 안부(재약산분기점) → 향로산
(976m) (09:00~11:40)

태양열은 동토의 허물을 벗기고, 배내천은 물안개로 대지를 적시는 이른 아침은
조용하면서도 다양한 일들이 일어난다. 일찍 일어나는 새가 멀리 날듯이 이른 아침
의 굴뚝연기에서는 구수한 고향의 맛이 뿜어져 나온다.

이른 새벽을 깨우는 어머님, 아버님의 달그닥 소리에 몸을 뒤척이던 옛 시절을
떠 올리니 눈시울이 뜨거워진다.

아침 기운이 모락모락 피어나는 장선리 휴마을은 녹색농촌체험마을로 나그네가
쉬어가는 정자에서 정감이 넘쳐난다. 그 옆 배내골 자연생태관을 안내하는 장수풍
뎅이, 사슴벌레 등이 자연에도 많은 친구가 있다고 소개를 한다. 오목조목한 공동체

의 따스함을 품고 마을 뒤로 오르면 다랑이 논밭이 길을 헷갈리게 한다. 독도법으로 상수도 취수지를 지나서 계곡을 따라 길을 잡으면 낙엽이 융단을 깐 산길로 접어든다. 계곡의 돌 틈에는 추위를 피해서 낙엽이 잠자고 물은 조용히 흐르다가 단조로움을 깨우려 조르르 퐁퐁거리며 풍악을 울린다.

낙엽을 덮고 늦잠을 즐기는 산도 바스락거리는 소리에 기지개를 켜며 아침 햇살을 품는다. 예전에는 낙엽을 불 소시개로 사용하여 산이 민둥산이었는데 이제는 낙엽을 쌓이니 자연스럽게 황금동산으로 탈바꿈 하였구나.

낙엽에 뒹굴며 지난날의 꿈을 되살리며 하늘과 산이 맞닿는 안부에 닿는다. 북동쪽은 사자평에서 오는 길로 재약산으로 연결되고, 남서쪽은 향로산 방향이다. 땀 흘린 보람을 보상해주는 시원한 바람이 표충사에서 불어오며 잔설의 겨울 멋도 보면서 사색을 즐기란다. 봄을 기다리는 나무들의 이야기를 들으며 전망대에 도착하니 영남알프스 전경이 세파에 찌든 가슴을 활짝 열어준다. 광활한 산세를 따라서 정신이 넓어지며 생명력이 살아나는 이 기분을 어찌 다 표현하리오.

영남알프스가 지리산 능선만큼 신나게 달리는 사이로 스키장이 신불산(양산쪽) 정상을 도려내어 수술대에 오른 육체처럼 보인다. 산을 개발할 때 주변까지 마구잡이로 도려내지 않으면서 도려낸 부분은 자연에 근접하게 치료를 해주었으면 한다.

지난 4월에 황사를 뚫고 올랐던 배내봉, 간월산, 영취산이 한 능선이고, 그리고 반대편으로 재약산 등이 환을 그리며 영남알프스의 전경이 시원하게 들어온다. 옛 추억을 더듬으며 인사를 나누니 산속이라도 친구들이 많아서 좋다. 산의 오르내림처럼 우리의 삶도 굴곡이 있고, 빠져 나오지 못할 깊은 계곡도 있다.

그러나 죽음의 계곡에도 생명체가 탄생하듯이 어떠한 경우라도 희망의 끈을 놓지 말자. 지금은 산이 회색빛으로 잠들어 있어도 봄날의 또 다른 세상을 열려고 은빛으로 치장하는 산을 유영하며 향로산으로 다가간다. 바위들이 단조로움을 떨쳐주어 뒤뚱거리며 나무도 잡아보고, 바위도 잡으면서 향로산에 입맞춤 한다.

아! 영남알프스의 중심이로다. 어하둥둥 내 사랑~. 절로 신명나는 산세에서, 그래 자신을 믿고 열심히 노력하면 좋은 세상을 만날 수 있도다.

 향로산 → 장군미(달음재) → 백마봉(백마산성) → 가천 → 언곡 → 선리
(12:00~14:30)

밀양 표충사 뒤편으로 기암절벽이 성벽을 쌓고, 층층폭포는 빙벽으로 천혜의 요

새이다. 그 위의 사자평에는 억새가 빛바랜 황금물결로 찰랑거리고, 재약산(수미봉과 사자봉)은 삼라만상을 담아서 그윽하게 미소를 짓는다.

산에서 세상을 만나면 삶에서 쌓였던 심리적 갈등도 오묘하게 풀리며 너그러워진다. 그래서 우리는 자연을 사랑하고 자연에 동조되고 싶구나. 발길을 돌려 바위자락에서 백마봉으로 향한다. 비탈에서 자연에 몸을 의지하며 장군미(달음재)에 이르러 하산하고 싶지만 밀양댐을 조망하려고 백마봉으로 올라간다.

살짝 둘러가면서 정상에 진입하니 밀양댐이 푸른 물에 하늘을 담아서 근심걱정을 덜어내란다. 허물어진 백마산성에는 임진왜란의 슬픈 역사가 남았다. 유구한 반만년의 역사를 자랑하면서 짓밟히고 유린당한 것이 참으로 서글프다. 임진왜란 때도 백마산성까지 쫓겨 온 백성들 생각하니 가슴이 저려온다. 국방을 강조하면서도 또 당한 일제시대. 이런 비참한 결과를 국민에게 안겨준 것은 리더자의 정책부재다. 흩어진 백마산성을 복원하여 흩어진 정신을 바로 잡기 바라며 가천으로 들어서니 3~4호정도의 집들이 곧 쓰러질듯이 위태롭다. 남루한 집의 한구석에서 묵언 수행하는 사람은 도인인가, 기인인가?

IMF시절에 실직자들이 첩첩산중으로 들어갔다는데. 석축을 쌓아서 논과 밭이 조성되었어도 풀이 무성하다. 임진왜란 때 개간한 것이 지금까지 내려올리는 없고, 인적이 드물어 자연의 복원과정이리라. 계곡을 따라서 햇빛을 따라서 내려오니 인적이 끊기며 무릎까지 빠지는 낙엽에 명가수가 된다.

옛 시인의 노래도 불러보고, 계곡의 얼음에서 등대지기도 부르며 신흥 펜션지로 자리 잡은 언곡(다람쥐골)을 거쳐서 선리에 도착한다. 천하대장군, 천하여장군 장승이 액운을 막아주고, 마을표지석과 고목나무가 극락세계를 안내하는 것 같다. 영원하소서 선리마을이여.

창녕의 영롱한 진주

영취산
(靈鷲山)

산행정보
★

▶▶

일 시 2008. 06. 29. (일) 11:20 ~
       16:30 (날씨 : 비)
명 칭 창녕 영취산(681.5m)
소재지 경남 창녕군 부곡면 및 계성면,
        밀양시 무안면
동 행 백양동문산악회(동래전철역)
코 스 보덕사(영산) → 영축산성 →
        영취산 → 병봉 → 임도전 재 →
        구계리

영취산은 화왕산 및 관룡산으로 이어진다. 마루금은 바위조각품 전시장으로 세상의 삼라만상을 표현되어 있고, 로프타는 재미도 솔솔하다.

영축산성은 신라의 침범을 막고자 가야가 축성하였고, 임진왜란 때는 왜적과 접전을 벌인 곳이라고 한다. 산성은 이등변삼각형으로 산의 지형조건을 최대한 활용하여 공격과 방어가 용이하도록 축성되었고, 성의 넓이는 약 37,500여 평에 달한다고 한다.

영취산에는 송이버섯이 많이 자생하여 버섯채취시기에는 등산로를 벗어나지 말아야 오비이락(烏飛梨落)의 오해를 받지 않는다. 종암산에서 부곡온천까지 마루금이 연결되어 종주산행(약6시간)후 부곡에서 온천욕을 즐겨

도 좋고, 차를 이용하여 가야왕릉, 부곡온천, 우포늪, 표충사비 등을 연결하는 관광
도 좋다.

 들머리에서

　먹구름이 마른장마를 해소하지 않아서 애간장을 태우더니 어제부터 대
지와 입맞춤한 비는 여운이 남았는지 가느다란 빗줄기로 아침을 적신다. 오후부터
비가 그친다는 소식에 창녕 우포늪에서 시간을 조절하는데 2008년 람사총회가 열
린단다. 습지를 보유한 것은 생명자원의 보고를 가진 것으로 영원히 보존하여 후손
에게 물려주어야 한다. 습지에서 외롭게 비를 맞는 오리 한 마리는 미운 오리새끼
일까? 이지매를 당하는 것일까? 삶의 수렁을 모두 안고 비오는 우포늪을 지키는 오
리여 비관보다는 낙천적이고, 절망보다는 희망을 가지고 어려운 난관을 슬기롭게
헤쳐 나가라. 생각에 따라서 세상은 달라진다. 비관은 버려라. 민속주 '우포늪의 아
침'도 희망을 상품으로 만든 것이니 꿈은 상품으로 팔려서 행복을 준다.

　보덕사(영산) → 전망대 → 632 → 592 → 영취산(681.5m)
　(11:20~14:00)

　가녀린 여인의 눈물로 흐르는 빗줄기는 심란하여 발걸음이 천근만근처럼 무겁게
밀려오니 빗속에서 산행하는 것이 쉬운 일이 아니다. 빗속에서 보덕사는 조용한 휴
식을 취하는데 골자기는 하얀 물보라를 일으키며 분주하다. 정중동 동중정이라고
하였던가, 고요함에도 생동감이 흐르니 세상은 편향된 것이 아니라 상호 보완하는
순환과정을 통하여 발전하구나. 급경사와 빗물이 장애가 될 수는 없다. 성공에는 순
탄한 것이 없다. 천부적인 능력을 타고 나도, 투자하고 활동해야 복이 굴러들어온

다. 일반인들은 천부적인 능력을 가진 자 보다 더욱 성실하고 꾸준하게 목표를 향하여 하나씩 성과가 쌓이면 좋은 결과가 나타나므로 대기만성형으로 살아야 한다. 전망대에서 구름에 갇혀 위치 파악과 방향 찾기도 어려울 때 구름이 걷히면서 구계리마을이 해맑은 웃음으로 다가온다. 전원은 꿈의 궁전이었고, 성스러운 터전이었다. 구름을 이고 있는 바위들은 그림에서 보는 신선계로 신선들이 롤러코스트를 즐기는 장소 같다. 부산 근교에 이런 별천지 바위산이 있다는 것을 상상도 못했는데 산의 위용과 기계가 산행의 묘미를 백배 상승시킨다. 근교산행에서 숨어있는 진주를 만나 행복하면서도 '등잔불 밑이 어둡다.' 라는 속담이 생각난다. 구름을 걷어내고 생 얼굴의 해맑은 모습으로 웃는 바위에 반하여 손을 내밀고, 청운의 꿈을 주는 푸르른 나무에 악수를 청하니 영축산성이 시간을 돌려서 역사의 장으로 안내한다. 불에 탄 나무들이 지리산 고사목지대를 연상시키는데 송이채취 입찰에서 떨어진 사람이 방화를 해서 발생했단다. 물욕에 눈이 멀면 사건을 저질러서 모든 이들을 죽게 만든다. 스포츠맨쉽을 발휘하는 의식교육이 필요하고, 정책도 도덕성에 관심을 가져 승패를 인정하는 사회가 되어야겠다. '못 먹는 감 찔러나 보자' 가 아니라 못 먹는 감 같이 먹는 방법을 찾아보면 상호 잘 먹고 잘 살 수 있는 방법이 있다. 빗속의 악조건을 무사히 넘기고 영취산 정상에서 동고동락의 정을 나누니 영취산이 활짝 웃는다.

영취산 → 667봉 → 병봉 → 임도전 재(송이채취장) → 구계리저수지
(14:00~16:30)

영취산은 갑자기 찾아든 손님에게 산딸기를 내어 놓으며 자리가 변변치 않아도 쉬어가란다. 산딸기를 집어서 입에 넣고 오물거리니 톡톡 터지며 시큼하면서도 달

착지근한 상큼함이 은은하게 입안에 퍼진다. 산딸기가 아니라 산의 향기와 정기가 들어오니 몸이 전율하고, 바람에 전해오는 더덕과 산초냄새에 정신이 맑게 깨어난다. 이제는 구름도 서커스단원이 되어 조화를 부리며 흥을 돋우니 세상을 보는 방법에 따라서 인생의 좌표가 달라진다. 영취산 마루금을 따라서 667봉에 도착하니 고인의 넋을 달래는 추모비가 산행의 안전을 지켜주고, 봉우리를 우회하면 마사토 지역이다. 이곳에서 약270도정도 틀면 청연암 가는 길이다. 청연암 길을 놓치고 쉬엄쉬엄 산딸기를 먹으며 생쥐 꼴로 산과 흥을 맞추는데 '해와 달'의 이야기처럼 흰 로프가 내려와 실험을 한다. 쭉 솟은 바위를 덤블링 하듯이 넘어야 병봉(꼬갈봉)이란다. 비로 미끄러워도 손을 내밀면 바위는 틈을 만들어주고, 필요하면 단단한 동아줄을 늘어뜨려 사람을 구원한다. 산은 착한사람과 나쁜사람을 구분하지 않고 언제나 착한사람을 잉태시키는 정화기였다. 고깔모자를 쓴 병봉에서는 구름이 숨박꼭질하며 자연의 파노라마를 펼치는데 선명한 원색은 우리가 마음에 지녀야할 색이었고, 후손에게 물려줄 색이었다. 구름 속에서 자신을 잃고 방황하는 일이 얼마나 많았나. 살면서 어쩔 수 없어도 순수한 마음의 본질은 놓지 말자. 물질사회에 성장에 맞게 정신세계도 성장시켜야 세상을 아름답게 만들 수 있다. 어두침침한 공기도 원색의 공기로 바꿀 수 있는 기술을 개발하면 일거양득이겠지. 그리고 과거와 현재의 능력으로 현재를 과소평가하면 안 되고, 새로운 것을 받아들이려는 자세를 만들어야 미래에 대한 위험으로부터 보호 받을 수 있다. 병봉에서 종암산방향 임도(林道) 전 재에서 구계리로 하산을 한다. 종암산(부곡온천)까지 목적달성은 못했지만 동행의 안전이 최우선이었다. 인적이 드문 소로는 빽빽한 산림과 넝쿨로 난관을 극복하란다. 어루고 달래며 구계리(내촌, 중촌, 신촌)에 도착하니 영취산은 베일을 벗고 깔끔한 모습으로 말씀하신다. 나중에 또 보자. 헤어짐은 만나기 위해서야 만날 때까지 건강하고...

날머리에서

부곡온천에서 깔끔하게 단장하고, 출출한 배를 채우니 세상이 밝아지고, 한숨자면 극락세계도 갔다 올 수 있겠다. 삶은 혼자서 모래성을 쌓는 것보다 서로를 존경하며 승화시킬 때 더욱 빛난다. 잔을 부딪히며 축하하고, 박수로 격려하며 미래의 희망을 만들자. 못다픈 아쉬움을 추가하는 한잔 술에 떨어내니 세상은 그런대로 살 맛 나는 것이다.

용이 꿈틀대는

와룡산
(臥龍山)

산행정보

▶▶▶

일 시 2007. 2. 25. (일) 10:30 ∼
        15:30 (날씨 : 흐림)
명 칭 와룡산 민재봉(旻岾峯799m)
소재지 경남 사천시, 용현면, 사남면 소재
동 행 백양동문산우회
코 스 백천사 → 와룡산(민재봉) → 새섬
        바위 → 죽림동 임내 소류지

와룡산은 용(한마리 혹은 두마리)이 누워있는 산이라고 하며, 와룡산에는 백천사(白泉寺)와 와룡사(臥龍寺)를 비롯한 사찰이 산재하고, 백천계곡에는 백련폭포를 비롯한 절경이 숨어서 관광객을 맞는다.

와룡산 기슭의 백천골은 임진왜란 때 승병(僧兵)이 왜군과 싸운 기록이 있으며, 백천골에서 와룡산 등성이를 따라 바닷가로 내려오면 성문등(城門燈), 파병산(派兵山), 난곡(亂谷), 퇴병산(退兵山) 등이 임진왜란과 관련된 지명으로 당시 상황을 짐작케 한다.

와룡산은 섣달 그믐날 밤에 산이 운다는 여러 전설이 전해오는데 그 중 하나는 산경표(山經表)에 와룡산이 누락되었기 때문이라는 설과 와룡산이 아흔아홉 골로 한

114

골짜기가 부족해서 백개골이 안되서 운다는 설이다.

원통한 설은 일제강점기 때 일본인이 우리 고장의 정기를 말살하고자 와룡산 정상(민재봉)을 깎아 내렸기 때문이란다.

참고로 사천(四川)지방은 물이 많이 나는 곳으로 백천사는 백번째의 샘이 발견되어 명명되었다며, 경내에는 와우불이 누워있는데, 그 내부(속)에는 다시 법당을 모셔 중생을 구제한다.

들머리에서

춘래불래춘(春來不來春)의 계절은 이상 난동으로 춘래급래춘(春來急來春)의 계절로 변하는 과정에 오늘은 비로 찬바람이 일렁이며 계절의 혼동이 야기된다. 최인호의 '유림 4권'을 읽으면서 맹자의 '성선설'과 순자의 '성악설'에서 사람의 본성은 어디에 해당되나? 라는 의문이 꼬리에 꼬리를 물지만 명쾌한 답이 없다.

벌써 2,000여년전 중국의 춘추전국시대에 이런 사상들이 정립되었다는 것이 놀랍고, 현대사상은 이 사상들의 줄기에서 가지치기를 한 것이라는 느낌이다.

살아가면서 발생하는 다양한 사고를 제대로 정립하지 못하여 정신이 혼미한데 2,000여년전에 벌써 정립되어 있었으며 우리는 2000년전 사상을 계속 사용하고 있었다. 제자백가에 망라된 사상은 얼마나 많을까?

진시황제의 분서갱유로 대부분의 사상이 재로 변하여 애석하고, 실정으로 귀중한 문화유산을 영원히 잃어버려 안타깝다.

백천사 → 백천재 → 백천삼거리 → 민재봉(799m) → 헬기장 (10:30∼13:10)

백번째 샘물이 솟아났다고 명명된 백천사에는 와불(臥佛)과 와불 속 법당이 눈길을 끈다. 가람이 앉을 터를 닦는다고 산이 도려지고, 가람은 시멘트로 조성되어 우리의 고풍스런 멋은 찾아볼 수 없어 씁쓸하다.

고풍의 아름다움을 버리고 현대식으로 건축하는 것은 자금과 시간제한으로 발생하였겠지만 문화재는 당시의 문화적 모습으로 존재할 때 가치가 있다.

내·외국인에게 우리문화를 자랑하지만, 우리 문화를 복원하면서 전통양식이 아닌 현대양식으로 변경하면 그들은 전통 건축양식보다는 현대 건축양식을 보고 배우게 되어 우리의 전통건축은 없고 서양의 문화를 옮겨 놓은 것으로 비쳐지지 않을

까 걱정이다. 전통과 규모를 자랑하는 곳은 가람을 복원하거나 지을 때 전통 양식을 고수하였으면 한다.

제보다 제밥에 관심이 많으면 우리는 문화 후진국으로 전락하게 된다. 일본이나 중국은 전통(고풍)문화를 강조하고, 전통문화 속에서 생활하는 사람에게도 전통문화에 편승된 생활방식을 유지하며 관광객에게 보여주므로 빛나는 문화유산이 옛날부터 있었음을 잘 설명하고 문화민족임을 보여준다.

그 결과 관광객(현대인)은 역사적 사실 관계가 부족하여도 자연스럽게 전통문화에 머리를 끄덕이고, 역사 깊은 문화를 이해하고 떠나가므로 중국과 일본의 역사가 우리나라의 역사보다 깊고, 가치가 있는 것으로 판단할 것이다. 이런 상황에서 우리의 유구한 역사를 아무리 자랑해도 그들은 이해하지 못하고, 고대는 중국과 일본을 새길 뿐이다. 관광객이 본 사실관계가 현대적 시설물인데, 글과 말로 이해시키려니 그들은 거부하는 것이고, 염증을 느끼는 것이다.

우리 문화를 말과 글로 표현하는 것도 중요하지만 현장의 문화도 전통문화 양식을 충분히 고려하는 정책이 필요하다. 말로만 주장하는 것보다 현장에서 역사적 사실을 증명해주는 문화개발이 더 중요하다. 문화의 전통성을 무엇으로 보여주고 알릴 수 있는가? 그리고 그것을 어떻게 생산성과 관광 상품으로 연계시켜 관광객을 확대할 것인가를 신중하게 생각하는 등산로 아래에 백천골이 하얀 바위를 따라서 물줄기가 용처럼 꿈틀거린다.

다가가서 보면 굉장히 아름다운 골을 이루고 있을 것 같다. 문화와 자연의 멋을 어떻게 개발하고 보존하여야 하는가? 이 길을 걸었던 사람들은 무엇을 생각하였을까? 와룡산이 용이라면 우리는 용의 어디를 걷고 있는 것일까? 하나하나 피어오르는 의문점을 낙엽의 흩어짐에 뿌리고, 앙상한 가지에 걸어 놓지만 꼬리에 꼬리를 물고 의문이 쌓일 뿐 어떠한 답도 찾지 못하고 와룡산정상 민재봉에 진입한다.

올망졸망한 다도해의 풍광에 떠있는 사량도, 거제도, 남해, 그리고 섬섬섬 섬들이 화룡점정(畵龍點睛)으로 다가오며 수를 놓는다.

산맥들이 이어지는 백운산, 지리산 등 힘찬 용들이 뻗어가며 대한민국의 국토가 살아있음을 보여준다.

두 마리의 용이라고 하면, 새섬바위와 상사바위가 용의 머리에 해당되고, 우리가 올라온 등선과 기차바위 능선이 각 용의 몸통에 해당되는 것 같다. 그러면 앞에 있는 갑룡사나 용주사가 용의 여의주에 해당되는가?

 헬기장 → 새섬바위 → 도암재 → 갑룡사 → 죽림 임내소류지
(13:10~15:30)

민재봉에서 산 능선 너머로 바위 꽃 봉우리가 맺혀 있었는데 일명 새섬 바위다. 전설에 의하면 아득히 먼 옛날 와룡산 전체가 물에 잠겼었다고 한다. 그 때 새 한 마리가 앉아 있을 정도의 바위 하나가 물위로 나와 있어서 사람들은 그 바위를 보고 새섬바위라고 불렀다 한다. 홍수와 관련한 지명이 와룡산을 비롯하여 전국 곳곳(청도 삼계리 배너미재 등)에 나타나고 있는 것을 볼 때 아주 먼 옛날의 대홍수 '노아의 방주'가 있었던 모양이다. 전설에 의하여 물에 잠긴 산들의 높이를 가늠하면 나름대로 대홍수의 높이를 짐작해 볼 수 있지 않을까?

새섬바위는 수직절벽으로 바위 암봉이 쭉 뻗어서 솟아있다. 아! 용의 머리처럼 화려하면서도 힘찬 기상을 품은 위엄이 서려서 형용하기 힘든 기운이 느껴진다. 용은 물이 많아야 잘 사는데, 와룡산의 아흔아홉 골(계곡)에는 맑은 계류가 흘러서인지 어김없이 저수지나 소류지가 있고, 용의 기운을 돋아준다. 맑은 물과 산이 어우러진 전형적인 배산임수의 명당으로 보인다.

산들이 가지고 있는 저 마다의 기상과 기백은 그 지역의 품위를 나타내는 상징으로 사천(삼천포)해안은 바다가 아니라 강물이 거대한 호수를 만들어 놓은 것 같다.

저수지 너머에 또 하나의 거대한 저수지(바다)가 실루엣으로 겹쳐지면서 묘한 분위기를 연출하는데 사천(삼천포)은 물 많은 고장으로 인심이 풍부하리라. 암릉따라 흐르는 힘찬 기운과 맥을 감지하며, 바위능선을 자일로 하강하는 멋과 재미를 겯드니 산은 젊음과 미를 선사한다. 독수리바위와 칼날바위도 있고, 아버지의 근엄함과 어머니의 부드러움을 내포한 암릉은 예술품의 전시장이고, 사색하는 광장이다. 도암재 앞에는 상사바위(천황봉 625m)가 새섬바위와 같이 하나의 암봉으로 힘차게 솟아있다. 오르고 싶지만 단체 행동에 편승하여 죽림동으로 발길을 옮긴다. 곳곳에는 절이나 굿 당이 자리하여 민속신앙이 뿌리 깊게 내린 곳이다.

하단부에는 108개의 탑을 쌓아두었는데, 아마도 불교에서 말하는 108번뇌를 떨쳐버리거나, 해탈을 위한 경지를 찾고자 건립한 탑이 아닐까? 용의 여의주에 해당되는 용주사도 시멘트 사찰일 뿐 역사적 시간을 보유하지 않아서 아쉬움만 가득하다. 회고의 시간에 와룡산을 보니 산 능선이 모로 누운 여성의 부드러운 허리와 같고, 남성의 기운도 불뚝불뚝 솟아 있어서 음양의 조화가 어우러져 보인다.

음·양의 조화는 만물의 조화로 대변할 수 있는데 우리는 이 조화를 어떻게 이루느냐에 따라서 행복의 척도가 달라진다. 가장 잘 조화된 것이 중용일까? 와룡산 기운을 품으며 임내저수지에 투영된 와룡산을 조영한다. 와룡산은 스스로를 낮추는데 더 미덕이 있다고 설명한다.

날머리에서

사천(삼천포) 수산시장에서 회로 기운을 충전하며 문화의 맛도 즐긴다. '유림 5권'에는 율곡 이이 선생의 기록이 있는데, 율곡 나이 세살 때 외할머니께서 석류(石榴) 한개를 놓고 무엇과 같으냐고 물었다.

율곡은 '홍피낭리쇄홍주(紅皮囊裏碎紅珠) : 석류껍질이 부서진 붉은 구슬을 감싸고 있다.'고, 옛 고시를 인용하여 표현하여 대단한 아이였음을 짐작하였단다.

꿈에 용이 날아와서 잉태하였다는 현룡(現龍:어릴적 이름)의 현명함도 있지만, 우리나라 역사상 최고의 현모양처 신사임당이 부덕과 재능을 가지고 율곡의 자애로운 어머니이자 스승이 있었기 때문일 것이다.

만나면 헤어짐이 있고, 헤어짐이 있으면 만남이 있기에 또 안녕을 고하면서 쓸쓸함을 없애고, 밝음이 가득하여 좋다.

억새가 살랑살랑 춤추는
화왕산 (火旺山)

일 시 2009. 09. 13. (일) 10:20 ～
15:20 (날씨 : 맑음)
명 칭 화왕산(756.6m)
소재지 경상남도 창녕군 창녕읍과 고암면.
동 행 백양육돌이산우회
코 스 관룡사(옥천리) → 용선대 →
관룡산 → 화왕산 → 환장고개
→ 창녕가야왕릉

경남 화왕산(불기운이 강한 산)은 옛날에 화산활동이 활발하여 불뫼·큰불뫼로 불렸으며 정상부에 화왕산성, 창녕조씨 득성지(得姓池), 억새평원이 있다.

화왕산성(사적 제64호)은 둘레가 약 2.7km로 임진왜란 때 곽재우 장군과 의병이 분전한 곳이며, 자하골계곡은 소나무와 대나무가 맑은 물과 어우러져 멋진 풍광을 자랑한다. 말흘리에는 진흥왕 척경비가 있고, 부곡온천과 우포늪도 관광명소다. 설화에는 화왕산에 불을 놓아야 풍년이 든다하여 정월대보름에 달집 및 억새태우기 행사를 하였고, 봄에는 진달래꽃이 붉게 산을 채색한다.

창녕가야왕릉, 목마산성, 관룡사, 관룡산(739m), 구룡산(741m) 등을 연계한 산행코스도 좋다.

들머리에서

벌초시즌임에도 고속도로 통행이 원활하다. 행운의 여신이 함께해서 그런가, 경제가 어려워서 벌초할 여유도 없나? '신4권'에는 궁하면 통한다는 것처럼 어려운 난관에 순응하는 것이 아니라 신념으로 돌파구를 찾아서 진행하면 불행이 행운으로 전환되고, 평생 난관에 봉착하여 지지부진하던 일들이 순간적으로 진행되기도 하고, 급한 위기상황으로 몰려갈 때 잠재적 능력이 발휘되어 생각한 목적이 달성되기도 한다.

극한 상황을 극복하여 목적이 달성되어도 안주하는 것이 아니라 도약을 시도한다. 그래서 삶에 묘미가 있는 모양이다. '만족한 돼지보다 불만족한 인간이 좋다.'고 한 것은 불만족하기에 저승보다 이승이 좋은가?

관룡사(옥천리) → 용선대 → 관룡산 → 영화촬영지 → 화왕산성 → 화왕분지(10:20~12:50)

들판은 황금빛으로 물들며 가을의 정취를 담아가고, 파란하늘은 싱그럽고 담백하여 기분이 활짝 열린다. 삼삼오오 산행하면서 웃음꽃을 피우니 우울한 기분은 사라지고, 사람과 사람이 연결되어 복된 삶이 열려가는 귀중한 시간이다. 나무들이 안락한 보금자리를 만드는 곳에 돌담이 이채롭고, 내부에는 관룡사가 대웅전, 약사전, 석조여래좌상, 약사전3층석탑 등의 문화유적을 내어 놓는다.

원효대사가 100일기도를 마칠 때 화왕산에서 아홉 마리의 용이 승천하여 절은 관룡사(觀龍寺)로 뒷산은 구룡산(九龍山)으로 명명되었다고 하는데 산과 절이 범상치가 않다. 성벽처럼 축성된 돌담은 보통 사찰에서 볼 수 없었으며 구룡산은 암릉으로 장군의 위엄이 서려서 그런지 임란 때 약사전만 화마를 입지 않았다고 한다. 비범한 자리에 비범한 인물이 나는 것인가, 비범한 인물이 비범한 장소를 택하는 것인가? 숨은 보석을 깨워서 세상을 영원히 밝게 만드는 것은 미래의 가치를 실현하는 중요한 부분이다. 미래를 열어가며 중생을 제도하는 진리를 따라서 욕심을 버리고 희망을 채우며 용선대에 이르니 '석가여래좌상' 이 중생을 구원하며 세상을 굽어 살피고 계신다. 한가지 소원을 들어준다는 설이 있는데 마땅하게 빌 소원이 없다. 소원을 빌어서 일확천금을 바라는 것보다 뜻을 두고 꾸준히 노력하고 행동하면 못 이룰 것이 없다는 신념으로 정신을 바로 세운다. 도전은 영원하고, 목적을 향한 실천은 사람의 의지에 달려 있다. 구룡산이 암릉의 진목면을 보여주면서 꿈을 심어주는 길라잡이가 된다. 기쁨이 있으면 시련이 따르는 것인가? 소원성취를 이루려면 인고의 산통을 겪어야 하는가? 하염없는 계단이 한계를 실험하고, 작열하는 태양은 숨을 막히게 한다. 혹시 숨어 있는 송이버섯이 눈에 띄어 이 고통을 넘겨줄려나 언감생심 바랄걸 바래야지. 관룡산에 헬기장도 있었네. 이왕지사 마음의 헬리콥터를 타고 '허준셀트장' 에 도착하니 상도와 장금이 등이 마중 나와 반기고, 화왕산성은 동문을 활짝열어 창녕조씨의 득성지와 비문으로 과거가 현재에 살아있음을 알려준다.

 배바위 → 화왕산정상 → 동문 · 서문 → 환장고개 → 자하골계곡 → 가야왕릉 (12:50~15:20)

화왕산성을 따라 배바위에 이르니 억새가 활짝 피지는 않았어도 초 가을바람에 새초롬하게 흔들리는 환상에서 아리따운 아가씨의 허리춤을 보는듯하고, 하염없이 숙이는 고개짓에서 긍정을 배운다. 상대의 이야기를 듣고, 맞장구치며 상대를 인정하고, 화려한 빛을 상대에게 전하며 사랑을 베푸는 것이 곧 자신을 가장 사랑하는 것이란다. 지난 세월의 참상을 간직한 배바위는 아무 일이 없듯이 침묵으로 굳게 자리를 지켜서 세월이 무서울 따름이다. 정월대보름 달집 및 억새태우기 행사 때 운명을 달리한 고인들께 묵념을 드리고 배바위에 앉으니 세상천지가 평온하고, 가을이 익어가는 들판이 풍요를 선사하여 현실만족감으로 과거가 덮혀 가나 보다. 존재하는 과거와 흩어지는 과거가 세월에서 전설과 유적으로 변화되는 화왕산 능선을 따라 서문에서 화왕산정상으로 향하는 길이 힘들어도 가야한다. 목적을 향하여 달려오고, 목적이 달성되면 허망하듯이 기대가 크면 실망도 크다. 희망과 꿈은 종이 한 장 차이일 수 있다.

그러나 종이 한 장 차이가 인생의 가치를 바꾸기에 그 길을 가는 것이다. 화왕산 표지석에 입맞춤하고, 화왕산성을 한바퀴 돌아서 동서로 가로지르는 억새평원을 걷는다. 동그란 원으로 연상되었던 화왕산성은 타원형 축성이고, 중심 분화구(三池)는 창녕조씨 설화가 전해지는 문화재 보호구역이다. 찰랑이는 억새들의 군무가 현란하여 눈이 부시고, 은빛초원과 맞닿은 파란 하늘에 핀 뭉개구름은 산이 되고 꿈이 된다. 자연에서 항상 새로운 자신을 발견하며 문득문득 잠들었던 시간들로 아쉬운 생각을 하며 환장고개로 하산한다. 길도 가파르고 첩첩이 이어지는 계단이 환장할 정도로 숨을 헐떡거리게 한다. 환장고개 하단에는 체육공원이 삶의 질을 향상시키고, 창녕가야 왕릉은 문화의 고장임을 암시하며 부귀영화도 세월에서 덧없음을 알려주며 공수래 공수거의 이치를 보여준다. 그러나 부귀영화 기간은 짧지만 살아가는 동안 부귀영화가 있었기에 천대받지 않고 살았을 것이다.

자하곡계곡은 큰돌로 치산치수를 잘 해놓았는데 계곡바닥까지 시멘트공사를 하여 물은 땅으로 스며들지 않고 그대로 흘러간다. 화왕산은 불기운이 강하므로 물로 불기운을 누그러뜨려 온화하게 만들어야 되는데 물은 머물 시간도 없이 하류로 곧장 흘러가서 안타깝다. 화마와 수공의 위력이 닥치지 않기를 바라며 자연과 동화되는 정책도 고려해 보자.

날머리에서

부곡온천에서 정비하고 푸른 자연을 만나니 숙연해 진다. 부곡온천이 화려한 명성을 잃어 가는데 신흥세력에 대한 굴복인가? 부귀영화가 가득할 때 신흥세력을 고려하지 않고 자만에 빠져서 미래에 대한 준비 부족일까? 계속적인 차별화가 없으면 세월은 현재를 지워서 과거를 만들 뿐이다. 경제도 희생이 따라야 성장할 수 있는 것도 동일한 이치다.

합천호를 수호하는 용

황매산
(黃梅山)

일 시 2008. 05. 11. (일) 10:30 ~
15:30 (날씨 : 맑음)
명 칭 황매산(1,108m)
소재지 경남 산청군 차황면 및 합천군
대병면 · 가회면
동 행 솔뫼산악회
코 스 장박리 → 975봉 → 황매산 →
상 · 중 · 하봉 → 황매산 → 황매
평전 → 신촌리

경남 산청군 차황면과 합천군 대병면 · 가회면의 경계를 이루는 황매산은 높이 1,108m로 주봉우리는 상봉 · 중봉 · 하봉으로 나뉘고, 소백산맥에 자리한다. 부근에는 송의산(539m) · 효염봉(636m) · 전암산(696m) · 정수산(828m) · 삼봉(843m) · 월여산(863m) 등이 있으며, 황매산의 북쪽은 황강(黃江)이, 동쪽은 사정천(射亭川)이 발원하는 계류가 흐르고, 황매산에서 보는 합천호는 용이 하늘을 나는 모습으로 장엄하면서 웅장함하다.

삼라만상을 전시해 놓은 모산재(767m)와 감암산은 바위의 결정체이고, 무지개터, 순결바위, 국사당(國祠堂), 황매평전의 철쭉 군락과 영화주제공원, 통일신라 때의 고찰인 합천 영암사지(사적 131) 등이 관광명소이며

1983년에 합천군은 황매산을 황매산군립공원으로 지정하였다.

들머리에서

황사와 스모그 현상을 핑계로 방콕하기에는 너무나 처량하고, 좀이 쑤실 것 같아서 푸른 호수와 철쭉이 어우러져 희망을 전해주는 황매산으로 달린다. '손자병법과 21세기'를 읽으며 졸던 눈이 산천으로 접어드니 자연의 싱싱함에 반짝반짝 빛나고, 유유히 흐르는 맑은 시냇물에 세상 보는 눈도 밝아진다. 춘추전국시대에 전쟁을 할 때는 전쟁선포 및 전형 구축 후 상호 공격을 하였고 다친 병사에게는 이차공격을 하지 않는 등 전쟁에서도 예의를 갖추었다고 한다. 이로 인하여 송양지인(宋襄之仁)의 고사성어가 탄생한다. 초나라가 10배의 병력으로 송나라를 침공하고자 강을 건너는데 송나라 양공의 아들은 병력이 열세임을 알고 강을 건너는 초나라를 공격하여야 승리할 수 있다고 누차 간청하였다. 송공은 예의명분 때문에 초나라가 강을 건너서 전쟁준비가 완료될 때까지 기다리고 있다가 전쟁을 치루더니 결국 패망하여 후세에서 어리석고 비웃음의 대상이 되었다. 서양은 이런 전쟁 양상이 18세기 중순까지 유지되었으며 영화 '남북전쟁'에서 잘 나타난다. 동양에서는 손자병법이후 전쟁양상이 완전히 바뀐다. 손자병법에 知彼知己면 百戰不殆(나를 알고 적을 알면 백번 싸워도 백번 위태롭지 않고, 손해 보지 않는다)라 하여 승리보다는 백성의 피해와 아군의 이익을 우선적으로 고려하는 관점에서 전쟁을 조명하였다.

그런데 우리의 협상전략은 어떤가? 쇠고기협상을 보면 국민에게 미치는 손해를 먼저 헤아리는 것이 아니라 상거래를 우선적으로 고려하니 결과적으로 상처뿐인 협상이 되고, 국민도 엄청난 피해자로 전락한다. 소고기 협상을 완료하였다고 미국의회가 FTA비준안을 통과할까? 미국의회가 한미FTA를 먼저 통과하고 소고기를 재협상하는 방법은 없었을까? 먼저 한미소고기 협상을 하고 나니 미국은 잃을 것이 없어서 또 다른 것을 계속 요구할 것이고 우리는 계속 끌려가며 밑 빠진 독에 물 붓기 하는 것은 아닐지 걱정된다. 국민의 이익을 우선적으로 고려한 협상이 되었으면 한다.

 장박리 → 975봉(철쭉군란지) → 황매산 → 상·중·하봉
(10:30~12:30)

태양은 머리를 벗길 듯이 작열하고, 메마른 대지는 뿌연 먼지로 회색 칠하여 그늘진 곳으로 숨어 들어가 자연의 신선함에 빠져들고 싶다. 진입로에 있는 정자나무가 한결 숨을 고르게 안정시켜 주는데, 막상 자연의 품에 안기니 당연한 권리처럼 받아들이며 자연의 고마움을 잊는다.

등산로는 푸석한 흙길로 뿌연 흙먼지를 마시며 끝없는 길을 일렬종대로 오르려니 고뇌와 번뇌가 가슴을 헤집는다. 부정을 긍정으로 전환하자. '소똥 냄새를 맡으며 성장한 사람이 그렇지 않은 사람보다 폐암 발생률이 1/6로 줄어든다.'고 하였다.

산속의 먼지는 면역력을 길러주는 것이므로 사람들이 발산하는 짜증과 신경질을 겸허히 받아들인다. 목적지는 정해졌으므로 나쁜 생각보다는 좋은 생각으로 산행하자. 시련을 뚫고 능선에 다다르니 철쭉이 화사하게 피어 모든 근심걱정이 날아가고 환한 미소가 떠오른다. 불붙은 산에는 여심의 물결이 밀려와 왠지 자연스런 사랑의 이야기가 다가오는 느낌이고, 붉은 꽃에서 환호하는 여성의 목소리도 앵두를 입에 물고 아량을 떠는 소리이며, 불타는 얼굴은 곱게 익은 석류처럼 상큼하다. 갑자기 밀려오는 외로움을 합천호가 용을 승천시키며 시원하게 풀어준다.

아! 세상의 맛은 모든 것이 꽉 막혀 답답할 때 시원하게 뚫어주는 대상이 있기 때문이리라. 막혔다고 좌절할 것이 아니라 뚫을 방법을 찾으면 무궁무진하다. 삶을 한 단계 도약시키며 황매산정상에 안착하였는데 정상은 사람들이 버린 오물로 쓰레기장이 되어버려 마음이 심란하다. 왜 이렇게 지저분한 더러운 행적을 남겨야 하는가? 말로만 환경보호를 외쳐대는 저 파렴치한 인간들을 어찌해야 좋을까? 제발 과일껍질 조차도 버리지 말고, 발자국만 남기고 다닙시다. 상·중하·봉은 요철이 심한 바위봉우리로 파도치는 고달픔을 달래주려 새싹 연두 빛을 내어 놓는다.

싱그러운 초자연의 봄빛이고 생명의 환희에 더해서 합천호는 청룡을 승천시키니 축복은 만들어 가는 것이고 커다란 행복이었다.

경상남도

상 · 중 · 하봉 → 황매산 → 황매평전 → 영화주제공원 → 신촌 (12:30~15:30)

상 · 중 · 하봉에서 합천 대병면 촌로 분들이 떡과 나물로 맛난 점심을 드시고 계셔서 맛을 보았는데 아! 맛이 일품이라 어찌 도시에서 맛볼 수 있겠는가? 부드러우면서도 쫄깃하고, 연하면서 그윽한 향기에 감치는 맛은 왕창 훔쳐가고 싶은 욕망이 일어난다. 떡 두 조각을 받아서 감사인사를 건넨 후 앞에 오는 아줌씨의 애처로운 모습에 떡 한 조각을 건네며 감사의 정을 나눈다. 받았으면 나누어주는 미덕이 우리의 미풍양속이라. 과유불급 어디에 어떻게 적용하느냐는 자신에게 달렸다. 황매산 정상에서 황매평전까지는 병목현상이 심하여 장사진으로 꼼짝달싹하지 않는다. 1시간여를 굼벵이걸음으로 황매평전에 도착하니 철쭉이 붉은 광장으로 잔치를 벌인다. 사람도 붉고, 나무도 붉고, 하늘까지도 붉게 물들어 시집가는 새악씨 얼굴에 연지곤지를 바르고 다홍치마를 입은 것처럼 화사하고 어여쁘다. 약주 한잔에 사랑 타령하는 아저씨 아주머니의 구슬픈 음악에 취하고, 꽃 속에 숨어서 사랑을 나누는 연인들의 자태에 반하며 사랑은 아무나 하나 그림의 떡이다. 등산객이 없던 그 옛날의 황매산 정취와 비교하면 격세지감이고, 영화주제공원에서 영화주인공이 되어 상상의 나래를 편다. 이얍! 훨훨 날자구나 하늘을 날자구나 꿈은 이루어진다.

날머리에서

의령 충익사에서 곽재우 의병장 영혼께 묵념을 올리고, 함께 조성된 문화공간에서 산책하며 곽재우장군님 왜 우리는 국가가 위급하면 의병이 나서야 위기가 극복 되는지요? 국민의 세금을 먹고사는 고관대작은 국가의 위기때 다들 어디 가시고 보이지 않나요? 이제는 국민을 버리는 질곡을 떨쳐버릴 때도 되지 않았나요? 국민을 위한 국가로 거듭나기를 비옵나이다.

용이 승천하는

황석산
(黃石山)

산행정보

▶▶▶

일 시 2007. 8. 26. (일) 11:00 ~
　　　 17:00 (날씨 : 맑고 흐림)
명 칭 황석산(1,192.5m)
소재지 경남 함양군 안의면과 서하면
동 행 백양동문산우회
코 스 안의면 용추교 → 지장골 →
　　　 안부 → 황석산 → 피바위 →
　　　 서하면 우전마을

　　남덕유산에서 남동쪽방향으로 월봉산을 지나 큰목재에서 함양시내로 뻗으면서 혈이 기운을 발하니 거망산과 황석산이다. 금원산과 기백산이 동쪽에서 더 높게 솟아오르고, 서쪽은 백두대간이 남덕유산, 육십령, 영취산으로 이어진다. 수량이 풍부하고 비경이 빼어난 계곡은 용추폭포, 용소, 거연정, 동호정, 농월정 등이 있어 시인묵객들이 풍류를 즐기던 명소다.

　　황석산은 쌍립한 암봉이 백미를 이루고, 설악산 공룡능선에 비유할 만큼 웅장한 바위경관을 자랑한다.

　　산행코스로 거망산을 포함하는데 거망산은 낙타능선으로 억새가 장관을 이룬다. 상호 대조적인 풍광에서 각 산의 특색을 맛볼 수 있다.

들머리에서

태양이 작열하는 늦더위는 식을 줄도 모르고 폭염을 쏟아내고, 도시의 건물은 더위를 가두는 찜통이 되어 한증막이 연상된다.

이열치열(以熱治熱)이다. 더위로 움츠릴 것이 아니라 더위와 맞서는 방법으로 계곡 산행의 묘미를 맛보자.

안의면 상원리 계곡은 늦은 피서를 즐기려는 관광객들로 만원이다. 물과 바위가 어울려 폭포와 소를 만들고, 사람들은 어울려 풍류와 시로 화답하니 더위는 한 다리 건너가 구경을 한다. 폭염도 어떻게 대치하느냐에 따라서 득과 실이 다르다. 그러므로 효과를 높이는 작전을 구사해서 문제를 해결하자.

 일주문 → 지장골 → 폭포 → 안부(분당골과 겹치는 곳) → 헬기장
(11:00 ~ 13:30)

일주문은 문패도 없는 낡은 고목으로 조선시대 귀부인의 장식머리처럼 맞배지붕을 이고, 회색의 남루한 옷차림은 화려한 주변과 비교하여 을씨년스럽다.

세월의 남루한 옷을 갈아 입혀주지도 않으면서, 일주문을 차량으로 에워 쌓았으니 주인 잃은 폐가처럼 보인다. 늙은 것이 무슨 죄가 있을까? 우리들의 터전을 만들어준 참다운 이치를 생각하지 않고, 현재 향상된 삶의 질을 본인이 만든 것으로 착각하여 이웃을 둘러보지 않는다. 헌옷이면 어떠리. 주변이라도 청결하면 근엄한 자세로 세상을 구원하고, 백골로 흩어져도 민족의 정신을 보존할텐데... 지장골 무명폭포(지장폭포?)는 백색 영롱한 진주를 쏟아내며 땀으로 범벅된 나그네를 잠시 쉬라고 자리를 내어 놓는다.

산수가 주는 자연미에 스트레스를 훨훨 날린다. 스트레스는 자신이 만들고 자신

이 털어낼 부산물이다. 자신을 옭죄는 스트레스를 폭포에 흘려보내며 자연에 감사를 드리는데 검은 파이프가 나무사이로 거미줄처럼 펼쳐져 있다. 고로쇠 수액 채취용으로 고로쇠나무는 죄다 구멍이 뚫려있고, 구멍마다 대롱이 꽂혀서 파이프는 흡혈귀라인을 연상시킨다. 허가를 내준 것인가? 아니면 단속을 하지 않는 것인가? 바다도 그물망으로 오염이 되듯이 이제는 산도 파이프로 무자비하게 오염될 것이 명약관화하다. 파이프는 행로를 막아서 산행도 어렵게 하고, 다른 산행로를 만드는 원인을 제공하여 자연을 황폐화시키는 역할을 하는 것 같다.

　자연황폐화는 지금의 폭염보다도 몇배나 강한 폭염으로 우리 목을 누를지 모른다. 경제논리로 자연황폐화가 일어나듯이 자연오염으로 마음이 황폐화되어 산길을 헤매다 들어선 능선은 거망산안부가 아니라 분당골에서 오르는 안부였다. 거망산을 눈으로 산행하고 황석산으로 향한다. 땀은 옷을 물에 헹군 것처럼 흐르고, 바지에서는 땀이 낙수물로 떨어지니 한계를 넘어 삶의 수행길이 된다.

　산은 인생길을 안내하며, 세상풍파도 전수하여 이 국토가 다시 초토화되지 않도록 의지의 한국인을 길러낸다. 어둠의 장막이 앞을 가로막아도 장막을 걷으려는 열정으로 도전하고 실천하면 좋은 결과가 있을 것이다. 모든 것은 게으름이 원인이지 세상이 우리를 붙잡고 있는 것은 아니다.

헬기장 → 황석산북봉 → 거북바위 → 황석산 → 피바위 → 우전 →
거연정 (13:30∼17:00)

　두 마리 용이 바위비늘 옷을 입고 하늘을 향한 암봉은 영화 'D-war' 처럼 승천을 준비하는 장엄한 바위준령이다. 겁도 없이 바위비늘을 손으로 당기고 무릎으로 기면서 북봉에 다다르니 저 멀리 산들이 반갑다고 말을 건넨다. 거망산, 기백산, 금원산, 덕유산능선이 손을 흔들며 백두대간으로 연결되니 산은 홀로 있는 것이 아니라 손에 손잡고 서로를 감싸는 것이었다.

세상의 만물도 단절된 것이 아니라 평상시에는 각자의 역할을 충실히 실행하며 고유의 미풍양속을 유지하다가 단결된 힘이 필요하면 모두가 하나로 운집하여 큰 효과를 거두었던 것이다. 사람들이 길을 내고 구멍을 뚫어서 지역마다 독특한 문화를 희석시켜서 일주문처럼 빛을 잃어가나 황석산은 곧 떨어질 것 같은 바위비늘로도 굳건하게 자리를 지킨다.

자연은 개별적으로 잘난체하는 것이 아니라 자연미로 거대한 아우름의 포용성을 보여준다. 북봉아래 거북바위는 토끼와 달리기를 하다가 수려한 경관에 넋을 잃고 머물렀고, 황산산성은 백제와 신라의 이야기를 전해준다. 신라와 백제의 경계로 축성된 황석산성을 복원시키는데 문헌에 고증된 축성양식이 아니라 현대식으로 단순하게 축성시켜 놓아서 선조들의 축성능력을 욕보인다. 방호벽도 없고, 성벽 위는 깨어진 돌들로 채워지고, 조상님의 축성능력을 너무 낮추어 버리는 우를 범하는 것은 아닌지 걱정이다.

어떤 국가는 유물을 복원할 때 현대기술을 최대한 활용하여 원형대로 복원시켜서 민족의 우수성을 만백성에게 널리 알리려고 노력한다. 우리는 조상을 스스로 폄하하는 것은 아닌지 깊이 반성할 때 맑은 하늘이 흐려지면서 애도의 눈물을 뿌린다. 비로 바위능선을 우회하고, 로프에 의지하여 황석산에 안기니 사람이 들어설 곳도 없을 정도로 촛대처럼 뾰쪽하다. 애환의 눈물은 안개비가 되어 주변을 에워싸니 조상님 혼은 용이 되어 하늘로 승천하신다. 조상님은 자손들이 아무리 해를 입혀도 끊임없는 내리사랑으로 베풀어 주시는 것을 우리는 악용하는 것 아닌지. 가끔 전해오는 치사랑이 부모님의 내리사랑에 비할 수 있을까? 산의 중간쯤에서 바위절벽이 슬픈 눈물을 흘리는데 피바위라고 한다.

임진왜란 때 왜놈들과 전쟁하다 황석산성이 점령당하여 우리 아군을 돕던 아낙네들이 왜군의 총칼에 짓밟히기 싫어서 이 바위절벽에서 치마를 둘러쓰고 뛰어내려 주변이 온통 피바다가 되어서 붙여진 이름이란다. 처절한 절규의 울음소리가 들려오는듯하다. 얼마나 서글픈 조상님들의 피맺힌 절규이겠는가? 총칼에 짓밟힌 역사의 시간들이 우리나라 곳곳에 기록되어 있지만 그 아픔을 잃어버리고 우리는 또 한일합병을 당하지 않았는가?

그런데도 우리는 아직 한가한 세상을 보내고 있으니 참으로 답답하다. 일본은 군국주의를 바탕에 깔고 젊은이들을 일본 국익을 위한 애국심으로 무장시키는데, 우리는 현재도 경제적으로 일본에 당하고 있으면서도 정치는 흑백논리로 대립하면서 국민의 이익보다는 개인의 이익에 앞장서는 것 같아서 한심스럽다.

우리는 왜 우리들끼리 싸움질로 허송세월을 보내야하는지 이해할 수 없다. 흑백논리의 게임이 아니라 어떤 방법으로 경제대국으로 나갈 것인가를 논의하여 저 드넓은 세상의 주역이 되어야 한다. 우리끼리 찌지고 뽁는 전쟁이 아니라 상호 윈윈전략으로 우리를 세계만방에 알리는 능력을 갖추어 광개토대왕의 후예라고 자신 있게 말해야 한다.

우리가 싸우는 동안에도 다른 나라들은 무궁한 발전을 위하여 칼날을 세운다. 언젠가 또 피로 얼룩진 우리 국토가 되지 않기를 학수고대한다. 햇빛이 강렬한 과수원에는 토실토실한 과일이 영글고, 들판에는 곡식이 익어가니 풍요로운 농촌이 행복하기만 하다.

날머리에서

거연정 앞 시내의 하얀 바위와 시인을 부르는 물에서 몸을 단장하고, 농월정을 그리며 식사를 하니 삶이 충만되며 자신을 더욱 담금질 한다.

남해고속도로와 구마고속도로가 정체되어 국도를 따를 줄 알았던 버스는 대전을 돌아서 부산으로 들어오니 얼마나 많은 길을 돌았겠는가?

차는 열심히 달렸지만 소비된 시간과 유류, 도로비에 비하면 효율성과 효과성이 떨어지는 것 같다. 최단 거리를 계획해서 장애물은 우회하는 것이 효율적이지 않았을까? 최상의 서비스를 제공하려는 역발상적인 서비스에 감사하다는 말을 전하고 유구무언이다.

삼성궁이 단군의 맥을 잇는
지리산 삼신봉
(三神峰)

산행정보
★

▶▶

일 시 2007. 12. 16. (일) 10:30 ~
　　　15:00 (날씨 : 맑음)
명 칭 지리산 삼신봉(1,284m) / 삼신
　　　산정(1,354.7m)
소재지 경상남도 하동군 청암면,
　　　악양면, 화개면
동 행 강동산악회
코 스 삼신봉매표소 → 삼신봉 → 삼신산정
　　　→ 상불재갈림길 → 삼성궁

　　삼신봉은 지리산남부능선에 위치하고, 외삼신(1,294m)
과 내삼신(1,354m)이 있으며, 삼신봉은 천왕봉을 비롯하
여 지리산 전체 능선을 조망할 수 있는 최고의 명소로
신령님께 기복하던 제단이 있다.

　　지리산 영신봉에서 출발한 낙남정맥이 삼신봉을 거쳐
김해의 동신어산까지 이어진다. 정상에서 남쪽으로 사천
의 와룡산 민제봉, 남해 금산, 서쪽으로 굽이친 섬진강
변과 광양 백운산이 파노라마처럼 흘러간다.

　　지리산 하동의 쌍계사, 칠불사 등을 비롯하여 불일폭
포, 화계계곡, 청학동, 도인촌 등의 볼거리도 많다. 청학
동 마을에서 삼신봉을 바라보면 왼쪽부터 쇠통바위, 가
운데는 내삼신봉, 오른쪽이 외삼신봉으로 세 개의 봉우

리가 눈에 들어오며 삼신산은 최고의 명당으로 그 아래에는 삼성궁이 자리한다.

들머리에서

가을을 잠재우고 흐르는 계곡물 따라 세월이 흐르고, 뒹구는 낙엽 따라 인생도 흘러서 속이 공허하며 착잡하다. 지난 세월동안 무엇을 하였나 자문하지만 마땅하게 할 말이 없다. 바쁜 일정을 소화하며 사소한 일도 일구었지만 허전한 공간을 지울 수 없는 것은 삶의 무게가 우리의 어깨를 짓누르고 있기 때문일까?

지리산의 맑은 소리에서 한해를 회상하며 미래를 구축하고자 삼신봉으로 방향을 잡는다. 한해의 결실을 담아줄 무엇이 있을거야.

청학동 삼신봉 매표소 → 안부 → 삼신봉(1,284m) → 삼신산정
(1,354.7m) (10:30 ~ 12:10)

청학동이 동안거에 들었는지 따스한 햇볕에도 인적은 드물고, 파란하늘의 청학동을 지키는 기러기솟대(민간 신앙물)가 길을 안내하여 겨울이 부드럽다. 한가로운 삼신봉 계곡은 퐁퐁, 콸콸 쪼르르, 또르르 퐁으로 자연의 선율로 오케스트라를 연주하여 겨울이 살아 있음을 보여준다. 겨

울은 삭막하고, 쓸쓸할 것 같지만 조릿대가 친구가 되어 주고, 잔설이 장난감이 되어 놀아준다. 동토의 대지도 내일을 위한 준비로 깨어 있었고, 회색으로 채색된 겨울 산도 옷매무시를 단정하게 차려입고 흩어짐이 없었다. 몸에 축적된 노폐물을 땀으로 흘리며 안부에서 숨을 돌리니 범상치 않는 바위가 우뚝 서 반긴다.

삼신봉을 수호하는 바위인가? 살며시 접근해서 인사를 올리고 주위를 둘러보니 삼신봉이 손을 흔든다. 삼신봉은 환영의 뜻으로 자리를 마련하여 병풍처럼 펼쳐진

천왕봉을 비롯한 지리산 능선을 보여준다. 파도치며 밀려오는 산들의 군무에서 웅대한 기백이 서려오고, 남해 바다의 기운은 산을 타고 대한민국의 온누리에 퍼져간다. 섬진강 물줄기를 따라서 이어지는 백운산은 선이 부드러우면서 거침없고, 웅장한 자태로 호남정맥의 기상을 연결시켜 간다. 산이 밀려오는 속에서 우리의 뿌리가 터를 잡고, 삶의 터전인 마을이 자리하여 평화로운 지역적 생활 문화가 피어났구나.

구상나무가 하늘을 바치는 바윗길을 따라서 고목나무가 땅을 다지는 등산로를 따라서 삼신상정에 이르니 삼신산정이 삼신봉보다 높지만 주능선에 위치한 삼신봉이 주봉인 모양이다. 산의 높고 낮음보다는 산의 위치가 대표성을 갖추듯이 사람도 이와 다를 바 없다. 사람의 마음으로 승부는 결정난다. 키가 작아도 그릇이 큰사람이 많다. 포부를 가져라.

 삼신산정 → 송정굴 → 쇠통바위 → 상불재 → 삼성궁 (12:10~15:00)

하늘이 활짝 열린 등산로는 어디든지 조망권이 확보되어 가슴이 확 뚫린다. 상쾌한 능선에서는 좋은 소식이 들려오는 것 같고, 삼신봉의 신령님이 바위군락으로 비범한 자세를 설명하며, 자신을 낮추되 비굴하지 않고 엄숙하면서 위엄이 있는 기풍을 갖추라고 한다. 송정굴에서 정좌하면 천왕봉이 정면으로 마주하여 길을 안내하며 자신의 중심을 먼저 잡으라고 한다. 중심을 잃으면 모든 행동이 일정하지 않고, 바람부는대로 의식이 흔들린단다. 도인들은 이곳에 무엇을 깨달았을까? 각자가 깨달은 세계에서 환희의 기쁨이 넘치기를 바라면 쇠통바위에 이른다.

쇠통(자물쇠)를 옆에 있는 열쇠로 열면 온세상에 평화와 축복이 내린다는 전설이 있다. 꿈을 단박에 이루고 싶어 쇠통바위를 열고 싶지만 꾸준한 노력으로 꿈을 실현시키는 것이 삶의 기쁨이기에 쇠통바위 여는 것을 다음으로 미루고, 청학동 청담

호의 에머럴드 보석에 빨려든다. 전망대에서 고시레를 외치다 한라산 까마귀가 생각나서 음식물을 바위 위에 고이 올려놓는다.

세상의 문화는 시대적 환경과 요청에 따른 것이지 고대부터 정해져 있는 것이 아니었다. 근본은 동일하지만 행동양식은 각 지역의 환경이나 족장 혹은 마을의 관습으로 내려오던 것이 사상이나 풍습으로 굳어졌을 것이다.

그러므로 고시레도 동서남북으로 음식물을 던질 것이 아니라 동물들이 먹을 수 있도록 좋은 장소를 택해서 올려놓았으면 한다. 상불재와 쌍계사 갈림길에서 황장산을 바라보니 쌍계사를 전방에서 호위하고, 뒤편으로 왕시루봉이 환한 미소로 웃는다. 예전에 본 것을 기억하는 것인가? 황장산에서 불렀던 왕시루봉은 자신의 자태처럼 둥그런 마음으로 살라고 미소 짓는다. 삼성궁 하산 길은 급경사와 미끄러움으로 하늘과 땅이 연결하는 길이었으며 조릿대가 의식을 잡아주고 있었다.

통과의례를 거쳐 계곡에 이르니 영그는 고드름에서 마음이 얼어서 세상을 보는 눈도 닫힌 것은 아닌지 생각한다. 닫힌 문을 어떻게 열어야 하나. 모든 것을 순리대로 받아들이라는데 순리의 진실은 무엇이고 상대의 요구가 순리인가? 개별적인 관점으로 들어주면 시스템이 작동하지 않고, 시스템을 중단하면 개별적인 관점으로 흘러가서 화음이 맞지 않는다. 답답한 속마음을 고드름은 아는지 말없이 눈물만 흘린다. 개울물 소리를 따라 내려가는 길에서 마음이 편안해지는 곳에는 삼성궁이 자리하여 다른 세상을 열어 놓는다. 우리나라의 단군신화를 연상하여 만든 삼성궁에서 옛 문화를 우리들에게 전해주고, 옛 미풍양식을 잃지 않으려는 사람들게 감사를 드리며, 펄럭이는 깃발에서 중국의 강족마을이 생각난다. 신성한 곳을 공동의 목적으로 성스럽게 보존하고 가꾸는 것은 세상의 가장 근본인 모양이다.

날머리에서

겨울 문턱을 따뜻한 오뎅 국물로 넘으면서 세상의 빛은 따뜻함에 있으매, 마음이 따뜻해야 타인에 대한 배려도 우러나오는가 보다. 겨울 추위로 사시나무 떨 듯이 떨 때는 아무 것도 보이는 것이 없고, 타인을 배려할 시간도 없었다. 단지 고통의 시간이 빨리 지나가기를 바랬을 뿐이었다. 오뎅 국물 한 그릇에 마음이 풀리고 이웃이 보이며 건네는 인사가 아름다워 보이는 것은 마음이 따뜻하지 못하면 남을 볼 여가도 없는 모양이었다. 우리가 우리의 마음을 따뜻하게 만드는 것도 중요한 덕목이요 실천할 과제였다. 그리고 내 코가 석자였다.

삼성궁(지리산 청학동 위치)

청학동은 신라 최치원 선생과 도선국사를 비롯한 역대의 선사들이 동방제일의 명지로 가리킨 곳으로 이 천하의 명지에 배달성전 청학선원 삼성궁이 청학동 도인촌 골짜기 서쪽 능선 너머 해발 850m에 있으며, 지리산청학선원 삼성궁으로 묵계 출신 강민주(한풀선사)가 1983년부터 33만㎡의 터에 고조선 시대의 소도(蘇塗)를 복원하였다. 궁의 이름은 환인, 환웅, 단군을 모신 궁이라는 뜻을 가지고, 환인, 환웅, 단군을 비롯하여 역대 나라를 세운 태조, 한국의 각 성씨의 시조, 여러 현인과 무장을 모신 배달민족의 신성한 성전이라고 한다.

한풀선사를 중심으로 수행자들이 선도(禪道)를 지키고 신선도를 수행하는 도장(道場)으로 수행자들은 새벽에 일어나 삼법수행을 하고 해맞이 경배를 드린 뒤 선식으로 아침을 먹고 활쏘기 · 검술 등 전통무예와 선무를 익히며, 오후에는 솟대를 세우거나 밭을 일구고, 저녁에는 법문을 공부한다. 이곳이 소도라는 것을 알리기 위한 솟대는 1000개가 넘고, 한반도와 만주를 상징하여 조성한 연못, 한낮에도 햇빛 한 점 들지 않는 토굴, 전시관, 전통찻집 아사달, 천궁, 숙소 등이 있으며, 돌과 맷돌 · 절구통 · 다듬잇돌 등으로 꾸며진 담장과 건축물수 많은 돌탑 등이 이색적이다. 삼성궁 탐방객이 궁 입구에 있는 징을 세 번 치면 안에서 수행자가 나와 맞이하며, 탐방객 중 한 사람은 고구려식 도복으로 갈아입어야 안내를 받을 수 있다. 궁 안에 들어서면 수십 년 동안 쌓아온 돌탑과 한국 전통 가옥들과 민족의 뿌리 등을 볼 수 있다. 1년에 한 번 가을 단풍철이 되면 일반인에게 개방해 개천대제라는 행사를 여는데, 이때 한풀선사와 수행자들이 닦은 무예를 구경할 수 있다.

섬진강 모래톱과 진달래

지리산 성제봉
(형제봉)

산행정보

★

일 시 2007. 4. 22. (일) 10:40 ~
       16:30 (날씨 : 흐림)
명 칭 성제봉 (1,115m)
소재지 경남하동군 악양면, 화개면의 경
       계에 소재
동 행 영남산악회
코 스 외둔(소상낙원) → 고소산성 →
       신선대(철쭉재단, 구름다리) →
       성제봉 → 청학사

성제봉은 지리산 촛대봉 세석평전에서 뻗어 내린 남부능선으로 삼신봉을 거쳐서 성제봉(형제봉)으로 솟았다가 섬진강과 맞닿으며 화개면과 악양면의 경계를 이룬다. 박경리 대하소설 '토지'의 무대 평사리와 최참판댁, 그리고 악양 들, 고소성 군립공원, 영호남의 경계를 이루며 굽이굽이 돌아가는 섬진강 물길과 모래톱 등으로 아늑하고, 평화로움이 가득한 곳이다.

악양은 중국 악양과 닮아서 붙인 이름으로 평사리 들판에 위치한 동정호와 악양의 소상팔경, 통천문, 신선바위, 화개장터와 쌍계사 그리고 청학동도 둘러볼만한 명소이다.

들머리에서

봄소식은 철쭉과 유실수에서 화려하게 익어오는데, 촉촉한 안개비에 사색하고, 봄바람으로 여미는 옷깃에서 봄이 움츠려든다. 차창 밖에는 화사한 들꽃이 손을 흔든다. 설레며 눈길을 주니 노랑꽃, 빨강꽃, 파란꽃과 뽀얀 새싹이 여인의 손길로 간지럼 태우며 살랑거려서 무릉도원으로 착각하여 눈껍플의 무게를 못 이기고 잠 삼매경에 빠져든다. 머리는 예절도 없이 아무나 대고 연신 고개를 끄덕이고, 잠결에 밀려오는 봄내음은 더욱 더 깊은 꿈길로 인도한다. 최참판댁가는 삼거리는 화개와 하동으로 나뉘고, '소상낙원(瀟湘樂園)'이라는 바윗돌과 이순신장군의 백의종군 행로지 비석이 세워져 있다. 비문을 보면서 역사는 표현되어야 가치가 빛나고 영웅이 탄생 된다. 우리 역사를 식민사관이 아닌 올바른 역사인식으로 길이길이 후손에게 물려주는 터전이 필요하다. 왜곡되고, 숨겨둔 역사로 후손을 깨울 수 없다. 역사의 흔적을 찾아내고, 필요에 따라서 성역화로 역사적 가치를 향상시키고, 고귀하게 만들자. 일본은 수많은 거짓으로 끝없이 역사를 조장하고, 개발하면서 조상을 융숭하게 대접한다. 우리는 숨기는 것이 미덕으로 생각하여 잘난 것도, 못난 것도 숨기니 고증할 자료도 없어져 우리는 우리역사도 제대로 인식하지 못하는 불행한 시대를 만드는 우를 범할수 있다. 우리 역사의 의식부족은 세상과 협상하고, 포용하는 능력도 상실되어 암울한 역사를 또 후손에게 물려주는 실수를 저지를 수 있다.

외둔(瀟湘樂園) → 고소산성 → 통천문 → 신성봉(대)*구름다리 →
(10:40 ~ 13:30)

박경리 '토지' 16권 전부를 읽는 것은 끈기와 인내가 동반되어야 여정을 마칠 수 있다. 토지의 배경 속에 들어 온 것은 책 속의 등장인물이 된 기분이다. 소상공원(강가의 아름다운 공원?)은 소설이나 전설에서 설명하는 아름다움이 은은하게 깔리며 모래톱과 강물의 부드러운 곡선과 여유로움에 싱그러운 빛이 감도니 꿈속의 낙원보다 끊임없이 새롭게 태어나는 세상이 더 경이롭고 소중하다. 세상구경 나온 나물을 캐는 아낙의 여린 손을 따라서 도란도란 이야기하고 싶고, 살랑이는 바람결을 따라서 봄의 화신을 찾아 날아가고 싶다. 고소성에서 보는 섬진강은 은빛 찬란한 모래톱을 백옥 같은 여인의 살결로 어루만지며 흘러서 덩달아 손도 선을 따라 그림을 그린다. 세상 보는 시야를 넓히려면 많은 여행을 하는 것이 좋다. 닫혀있는 공간에서 자신을 찾는 것은 한계가 있어 자신을 세상에 내어 놓으면 더 많은 세상을 만

섬진강 모래톱과 진달래 지리산 성제봉(聖帝峯) ▌

나게 된다. 산성에 남겨진 옛날의 수많은 사연들은 각자에게 어떻게 전해질까? 고소산성 위로 자란 소나무가 전하는 메시지는 '산성에서 승화한 수많은 아픈 슬픔을 딛고 푸르게 푸르게 생활하란다.' 한편 철쭉은 고소산성주변에 화사하게 피어 고인의 넋을 위로한다. 승화한 조상님께 묵념을 드리며, 계단마다 떨구는 땀방울과 몰아쉬는 숨으로 인내를 쌓는다. 조승희(미국 버지니아 대학 총기 사건)사건이 재발되지 않도록 기성세대가 자식들에게 자신과의 싸움에서 자신을 극복하는 능력과 인내심을 심어주는 교육이 필요하다. 아이들의 짜증과 불평에 편승해서 들어주고, 사주고, 귀공자로 대접한다고 아이들이 만족하는 것이 아니다. 가정교육으로 아이가 스스로 통제하고, 절제하는 능력을 배우며 자기 위치에 따른 삶의 가치와 인내력을 축적시킬 때 아이들은 만족감을 가질 것이다. 선조들은 호연지기(浩然之氣)정신을 교육시켜 국가를 발전시키는 재목으로 성장시켰다. 땀 한 방울에 다리가 휘청이고, 땀 한 방울에 세상이 아른거려도 자신과 싸움에서 자신을 지키기 위하여 고통을 마다하지 않고 걸음을 옮긴다. 한자락 바람으로 신선 세계에 들어선 기분이다. 세상에 존재하는 미물에서 고마움을 배우고, 건네는 과일 한조각과 물 한 모금에서 인내의 결실을 맛본다. 물결치는 봉우리아래 섬진강은 넉넉한 마을의 젖줄로 바빠도 여유를 가지며 살아가란다. 파릇파릇한 새싹이 꺾일까봐 안쓰럽게 보이듯 초년생이 풍파에 흔들림 없이 살도록 가르침을 전해주자. 바위와 나무 틈 사이에서 핀 화사한 철쭉은 우리 자신을 보는 것 같다.

청순함으로 존재를 모르다가 화사하고 곱게 핀 철쭉에서 피곤을 잊고 행복감에 젖는다. 인내력과 존재가치를 시험하는 통천문은 정신을 가다듬게 하고, 신선봉 병풍바위와 바위협곡은 삶의 가치를 쌓도록 수신·제가의 길을 가르친다. 자연은 고통을 주는 것이 아니라 결실을 따도록 배려하는데 우리는 그 뜻을 모르고 현재의 상황에 급급하다. 구름다리가 요람으로 꿈길을 만들고, 구름은 환상의 그림으로 상상의 날개를 펴게 한다. 구름자락에 나를 묻으며 놓지만 나를 놓지 못한다. 아무리 좋아도 고삐 풀린 망아지가 될 순 없다.

신선봉 → 철쭉제단 → 성제봉(1,115m) → 삼거리봉우리 → 청학사 →
노전부락(13:30~16:50)

　　구름다리 흔들리는 요람을 타고 하늘을 날면, 바람은 신선대에 몸을 내려놓는다.
신선대의 철쭉제단은 철쭉꽃망울로 융단을 깔지만 화사한 꽃이 없어 아쉽다. 구름
이 조화를 부리는 몽롱한 환상으로 아쉬움을 달랜다. 꽃도 때를 찾아 피는가 보다.
개구리도 높이 뛰려고 웅크리지 않는가? 정보력이 부족한 것이 문제지. 철쭉제시기
를 맞췄으면 일거양득이고, 금상첨화였을 것이다. 성제봉을 보는 침팬지바위와 백
운산과 억불산을 더듬으며 지리산의 정기가 힘을 발하니 성제봉이다. 성제봉(형제
봉)은 경상도에서 형을 성이라 불러서 성제봉이라 하지만, 표지석에는 성제봉(聖帝
峯)이라고 적혀 있어서 성스러운 제왕의 봉이라는 성제봉이 맞는 것 같다. 청학사
로 내려가는 능선에서 바라보는 성제봉은 제암산의 암봉 축소판으로 제(帝)자의 성
스러운 귀면(貴面)바위 형상을 갖추었다. 굳이 형제봉으로 칭하려면 구름다리가 놓
인 신선대 봉우리와 연결하여야 형제봉이 될 것이다. 청학사와 활공장으로 나뉘는
능선에서 섬진강 너머로 백운산과 억불산이 한 능선으로 이어지고, 성제봉능선을
따라 올라가면 촛대봉과 지리산이 구름을 타고 노닌다. 매끈한 급경사로 S자로 산
길을 서핑하는데 빗줄기가 미끄럼을 더 심하게 태워서 조심한다. 청학사 풍경소리
와 대나무 숲 이야기에 귀 기울이고, 나물을 채취하는 아낙 옆으로 고사리가 다소
곳이 고개를 숙인다. 보리의 풋풋한 푸르름이 바람결에 일렁이니 초원의 싱그러움
이 가득하고, 크로바꽃(?)은 융단을 깔아 그리운 사람과 춤추고 싶게 한다. 과실수
도 푸르게 새 단장하여 싱그럽고, 계단식 논밭의 곡선에서 한가함과 여유로움이 깃
든다. 녹차 따는 할머니 손놀림에서 한해를 설계하는 정성을 보고, 자식에게 맛난
것 주려는 지극 정성으로 농촌은 활력이 살아난다.

날머리에서

악양천에서 알탕으로 지리산정기를 흡수하고, 영남산악회가 멸치다시다로 맛깔스럽게 끓인 떡국과 야들야들한 편육 그리고 산미나리와 취나물 등에 한잔 술을 걸치니 진수성찬과 진배없다. 행복은 파라다이스에 있는 것이 아니라 세상사를 나누는 아름다운 정에서 다가온다.

이순신장군 백의종군 행로 비문

행로지명 : 악양(岳陽), 현소재지 : 하동군 악양면 평사리 외둔

이순신 장군이 정유년(丁酉年 1597년)에 권율 도원수(都元帥) 휘하에서 백의종군 하기 위해 당시 원수부(元帥府)가 있던 합천 초계로 향하던 중 5월26일 전남구례의 석주관(石柱關)을 거쳐 경남지역내에서는 처음 이곳에 도착하여 하루 유숙함. 공은 다음날 두치(豆恥 : 하동군 하동읍 두곡리 두곡)을 거쳐 5월28일 하동현(河 東縣 : 하동군 고전면 고하리 주성)에 도착하여 이틀간 머문 후 초계로 떠남

고소성(河東 故蘇城)

지리산이 섬진강으로 뻗어 내린 산줄기에 위치한 산성이다. 성벽은 길이 800m, 높이3.5m~4.5m로, 아래가 넓고 위가 좁은 사다리꼴의 단면을 이룬다. 길고 모난 돌을 작은 돌고 함께 단단하게 쌓아 올려진 비교적 큰 규모의 산성이다. 성문은 남쪽과 북쪽에 2개가 있는데 섬진강가의 도로에서는 남문언저리가 올려다 보인다. 동북쪽은 지리산의 험준한 산줄기로 방어에 유리하고 서남쪽은 섬진강이 한눈에 내려다보여, 남해에서 오르는 배들의 통제와 상류에서 내려오는 적을 막기에 아주 좋은 위치이다. 산성의 확실한 축조연대는 알 수 없으나, 이곳의 옛 지명이 소다사현(小多沙縣)이었고, 삼국사기(三國史記)는 하동군의 옛 이름이 한다사군(韓多沙郡)이었음을 전하고 있다. 한동군은 큰다사군, 악양면은 작은다사현이었다. 일본서기(日本書紀)는 고령의 대가야(대가야)가 백제의 진출에 대비하면서 왜(倭)와의 교통을 위해 이곳에 성을 쌓았다 한다. 신라 또는 백제의 축성으로 보려는 생각도 있으나, 현재까지의 자료에 따른다면 가야의 성으로 추정한다.

세석평전의 사랑
지리산 촛대봉

산행정보

일 시 2009. 08. 30. (일) 11:30 ~
16:30 (날씨 : 흐리고, 비)
명 칭 지리산 촛대봉(1703.7m) / 거
림골 및 백무동계곡
소재지 경남 산청군 시천면 내대리 거림
골 / 경남 함양군 마천면 강천리
동 행 백양동문산우회
코 스 거림 → 세석평전 → 촛대봉 →
한신폭포 →
백무동 (10:50~17:30)

지리산의 남쪽 거림골에서 세석평전과 촛대봉을 지나
서 북쪽 백무동까지 다양한 자연생태계를 만나볼 수 있
다. 영신봉과 촛대봉사이의 세석평전에는 5~6월경에 세
석철쭉제가 열리고, 가을에는 들꽃이 피어 천상의 낙원
이 전개된다. 일부는 습지와 구상나무, 주목나무 등의 다
양한 식물자원을 보호하고자 특별휴식년제로 관리한다.
백무동은 옛날에 백여명의 무당이 제를 올려서 붙여
진 곳이라 하며, 한신폭포를 비롯한 오층폭포, 가내소폭
포, 첫나들이폭포가 손꼽히고 있으며 이름 모를 비경의
폭포와 소가 백명의 무당처럼 많다.
특히 백무동계곡의 비경은 지리산을 대표할 정도로
빼어나며 옥류에 심신이 자연스레 맑아진다.

들머리에서

연이틀 산행으로 뒤 꼭지가 가려워 후닥닥 집을 나선다. '신3 〈베르베르〉'을 읽으며 부족국가에서 전투와 전쟁으로 노예가 발생하고, 부족 간의 연합 및 독자적으로 도시국가가 성립되며 다양한 가치와 이념이 수립되는 과정을 읽으며 수천년의 세월이 흘렀어도 동일한 형태가 반복되는 것 아닌가.

각각의 특징과 체계로 통제하면서도 신의 권좌에 도전하는 오만이나 절대권좌에 대한 타락으로 몰락하는 역사가 반복되는 것이 필연인가 보다.

내대리 거림 → 폭포 → 전망대(와룡산 · 남해 조망) → 세석평전 →
촛대봉(10:50~14:00)

비가 올랑말랑 망설이는 하늘아래서 스트레칭 후 물 좋고 산 좋은 거림골로 매미소리를 들으며 간다. 매미는 일주일을 성충으로 살려고 5년~10년을 애벌레로 준비한단다. 삶의 탄생은 수많은 인고를 겪어야 이루어지듯이 이 산행도 인내를 감수해야 목적을 달성할 것이다.

산속은 급속한 도시화로 질서 없이 혼잡하여 산속의 집도 이제는 디자인을 추구해야할 때가 아닌가 싶다. 획일화된 모습에서는 훌륭한 디자이너 탄생이 어렵고, 이로 말미암아 결국은 경쟁력을 상실하게 된다. 상류의 오염이 심각해지고 있으므로 시설물을 하단부로 이동시켜서 원천이 맑은 지리산으로 거듭나기를 바라며 바람에 밀려서 밀림 속으로 빨려 들어간다.

산이 넓고 웅장하여 산새들이 지저귀거는 소리에 단조로움을 떨구고, 쭉 뻗은 나무들의 도열에서 기상이 웅비되고, 정글지대 빽빽한 산림에서 개척정신을 담는다. 브레이크 없이 달리는 열차에서 탈선하여 이름 모를 폭포와 소에서 잠시 세상풍류를 즐기며, 물 한 모금 입에 물고 하늘 한번 쳐다보며 근심걱정을 날리고 구름을 타니 바람소리 물소리도 자자드는 곳에 남해를 볼 수 있는 전망대가 쉬어가란다. 안개구름에 갇혀서 사방을 볼 수 없을 때 '벌거벗은 임금님'이 생각나는 것은 왜 일까? 옷의 있고 없음 보다 자신을 감지하지 못하는 것이 눈뜬장님과 무엇이 다르겠는가? '벌거벗은 임금님'의 순수함에 동화되어 안내판에 제시된 지형을 찾으며 앞뒤가 왜곡된 혼미한 상념으로 세석평전에 이른다. 안개구름이 깔린 세석평전 좌우로 영신봉과 촛대봉이 들고 낮이 반복되어 영신봉은 낙남정맥의 최종목적지인 관계로 세석의 전설이 깃는 촛대봉으로 향한다.

촛대봉은 연진여인의 애절함을 표현하는지 안개비로 울고 있었으며 바위들도 엉성하면서도 조각품을 전시하듯이 다양하다. 행동에 따른 댓가, 권선징악(勸善懲惡)은 세상의 이치겠지만 어찌 모든 것을 시퍼런 칼날에만 의존해야 되겠는가? 여진여인과 호야도령이 세석평전의 들꽃으로 피어났나? 아록달록한 들꽃이 아름다운 정취를 느끼게 한다. 어둠이 있으면 밝음이 있고, 전생에 죄가 있음 이생에서 죄의 댓가를 치루며, 돌고 도는 윤회를 따라 추위에 밀려서 백무동으로 길을 간다.

 촛대봉 → 한신폭포 → 오층폭포 → 가내소폭포 → 첫나들이폭포 →
백무관리소 (14:00~17:30)

백무동 하산 길은 급경사와 안개비로 미끄럼틀이 되었다. 비와 어둠이 깔리며 물도 없는 팍팍한 길을 필연으로 받아들이며 그 옛날 선행자의 심정을 헤아리며 정신을 가다듬는다. 시작은 카오스의 이론처럼 왠지 어수선한 분위기와 쫄쫄거리는 물, 엉거주춤한 식물들의 무질서에서 물이 발원하여 질서를 이루며 계곡을 잉태시킨다. 이곳저곳의 혼란이 어느덧 정립되어 경쾌한 징소리와 꽹과리소리를 울리며 폭포와 소를 만들어서 환상의 자연을 정립시킨다. 청아한 물줄기도 원래부터 맑은 것이 아니라 여러 가지의 정화기능으로 맑고 투명함을 이루듯이 어린 싹을 어떻게 정화 시켜 올바른 길로 유도하느냐에 따라서 가치관이 달라지는 것이다. 기성세대는 환 경이 불결하다고 불평하는 것보다 어떻게 악조건을 헤쳐갈 수 있는지를 가르쳐야 이 시대의 변화에 정화되는 모습을 볼 수 있다.

한신폭포는 숨어서 빛을 발하는데 바위가 미끄러워 사진을 찍기도 두렵다. 오층 폭포는 오케스트라 합주곡을 연주하는데 접근하기가 곤란하여 먼발치에서 연정을 느끼는 순간 오층폭포가 한폭을 내어 놓는다. 상단부 폭포를 보면서 하단부 폭포로 미끄러질까 두려우며 시원스럽게 떨어지는 물줄기에 폭포 욕을 하고 싶다. 도인이 도를 닦다가 중도에 포기하고 속세로 돌아간 가내소 폭포는 장쾌한 물줄기도 현란 하지만 소가 너무나 깊어서 검푸르다 못해서 블랙홀로 주위를 빨아 당겨 버릴 것 같아 두렵기까지 한다. 이상한 괴물이 있을 것 같은 상상에 상상력이 가미되어 악 마와의 혈투 혹은 손오공과 그리스와 로마신화의 이야기가 현실로 나올법한 분위 기다. 도인이 도를 통하지 못하였음은 어둠(죽음 혹은 암흑)세계에 대한 정의를 밝 히지 못해서 일까? 물은 흘러서 첫나들이 폭포를 탄생시킨다. 물 자체는 투명하고 맑은데 깊고 얕음에 따라 높고 낮음에 따라 팔색조가 되어 사람을 끌어당기는 마력 이 있다. 비에 젖은 계곡 바위를 따라서 곡예를 하며 혹은 소나무에 매달려 계곡을 살피니 쌍둥이 폭포를 비롯한 무수한 폭포와 소가 인적소리를 음악 삼아 리듬을 맞 춘다. 무당이 백명이 있어서 백무동이 아니라 크고 작은 폭포와 소가 백여개 있어 서 백무동이라 붙여진 것 아닐까? 하얀 물보라가 일어나는 숨은 비경에 막걸리를 한잔 하며 '고시레'를 하는 모습을 보며 아! 넉넉하지 못하던 시절에는 베풀고 싶 어도 베풀 수 없기에 '고시레'로 자연 만물에 베푸는 미덕을 조상님이 물려주셨구 나. '고시레'는 미신이 아니라 천지만물에 덕을 베풀고 살라는 조상님의 지혜였다.

날머리에서

몸을 정비하지 않고 진주로 가는 길이 왜 그렇게 멀기만 한지. 땀내와 끈 적거리는 불쾌감에 안절부절 못한다. 문화인의 고통으로 헐벗고 굶주림을 해결한 후 청결성이 미흡하면 고통의 자물쇠에서 참고 살아야하는 형태구나. 쾌적하게 목 욕 후 식사를 하니 날아갈 듯 기분이 상쾌하다. 이래서 도깨비가 간사스런 인간하 고 친구하지 않겠다고 선언했는가?

촛대봉과 세석철쭉

옛날 대성골에 호야와 연진이라는 서로 사랑하는 연인이 자유롭게 평화스럽게 한 가정을 꾸미며 행복하게 살고 있었다. 아무 부러울 것이 없는 이들에게 오직 자식이 없다는 한가지 걱정이 있었는데 어느 날 곰이 찾아와 연진연인에게 세석고원에 음양수 샘이 있다는 것을 알려주면서 이 물을 마시며 산신령께 기도하면 자녀를 가질 수 있다고 일러주었다. 연진여인은 기뻐 어쩔 줄 몰라 홀로 이 샘터에 와서 물을 실컷 마셨는데 호랑이의 밀고로 노한 산신령이 음양수 샘의 신비를 인간에게 알려준 곰을 토굴 속에 가두고 연진여인에게는 세석 돌밭에서 평생 철쭉을 가꿔야 하는 가혹한 형벌을 내리게 되었다. 그 후 연진여인은 촛대봉 정상에서 촛불을 켜놓고 천왕봉 산신령을 향하여 속죄를 빌다가 돌로 굳어져 버렸고, 아내를 찾아 헤매던 호야는 칠선봉에서 세석으로 달려가 산신령의 저지로 만날 수 없게 되자 가파른 절벽 위의 바위에서 목메어 여진여인을 불렀다고 한다.

그래서 세석고원의 철쭉은 연진의 애처로운 모습처럼 애련한 꽃을 피운다고 하며 촛대봉의 바위는 바로 연진이 굳어진 모습이라고 한다.

 ### 한신계곡(寒新溪谷) 및 백무동

- 한신계곡(寒新溪谷)은 '깊고 넓다'·'한여름에도 몸에 한기를 느낀다'는 뜻으로 지리산의 백무동의 한 계곡이다.

함양군 마천면 백무동에서 세석평전 촛대봉과 영신봉까지로 약 10여 km에 이르며 삼신봉, 촛대봉, 영신봉, 칠선봉, 덕평봉에서 한방울의 옥류가 흐르며 수많은 계곡을 만들고 이 계곡마다 폭포와 소를 비롯한 바위절경은 지리산을 대표하는 백무동계곡으로 합류된 후 염천강(남강의 상류)으로 흘러간다. 전하는 이야기에 '계곡의 물이 차고 험하며 굽이치는 곳이 많아 한심하다'라고 해서 한심계곡이었으나 어원의 변천으로 한신계곡이란 설과, '한신'이란 사람이 농악대를 이끌고 세석평전으로 올라가다가 급류에 휩쓸려서 일행 전부가 죽음을 당해서 한신의 이름을 따서 한신계곡이라 불렀다하며 지금도 비오는 날에는 한신계곡에서 꽹과리 소리가 울려퍼진다고 한다.

- 백무동은 옛날부터 기도객이 많은 곳으로 전국의 무당들이 천왕봉의 성모사(고려 태조의 비 위숙왕후라고 불리기도 함)를 받들어 모시고 있었기 때문이다.

백무동에는 물이 맑고 폭포와 소가 많으며 천황봉으로 이르는 곳이라 언제나 1백명의 무당이 제를 모시고 있어서 '백무동(百巫洞)'이라고 한다. 한편으로는 안개가 많은 마을이라 하여 '백무(白霧)동'이라 하지만 현재는 백무동(白武洞)으로 사용한다. 그리고 백무동계곡을 한신계곡으로도 불린다.

   자연의 변죽 (지리산에서...)

하얀 손을 흔들며 꼬리치는 구름은
매직쇼로 눈을 홀리며 간을 빼내고
맑은 하늘을 안개비가 장막 치더니
장대비 쏟아내며 하늘에 구멍 내도
산하는 묵은 때를 벗겨며 여유롭네.

희망을 전해주며 살랑거리는 바람은
회오리로 혼란에 빠트려 정신 빼고
파란 꿈들을 먹구름이 집어 삼키며
눈보라를 몰아쳐 세상을 꽁꽁얼려도
산하는 허물들을 덮으며 포옹하네.

매고할미의 애절한 사랑
지리산 반야봉
(般若峰)

산행정보

일 시 2009. 02. 07. (토) 07:00 ~
        16:00 (날씨 : 맑음)
명 칭 지리산 반야봉 (1,732m)
소재지 전라북도 남원군 및 전라남도
        구례군
동 행 지리산 운해
코 스 성삼재 → 노고단 → 반야봉 →
        삼도봉 → 화개재 → 뱀사골계곡
        → 뱀사골매표소

지리산의 제2봉 반야봉은 전라 남·북도의 경계이고,
반야봉에서 보는 낙조는 지리산 8경 중 하나이며, 철쭉
과 야생화, 운해가 장관이다. 반야봉에는 지리산의 산신
인 천왕봉(天王峰 : 1,915m)의 마고할미 전설이 있는데,
마고할미는 지리산에서 불도(佛道)를 닦고 있는 반야를
만나 결혼했다. 그런데 어느 날 돌아오겠다고 약속하고
반야봉으로 떠난 반야는 돌아오지 않았다. 남편을 기다
리던 마고할미는 석상이 되었고 봉우리는 반야봉으로 부
르게 되었다.

들머리에서
백색 겨울의 진수를 지리산에서 음미하고자

도시의 불빛을 뒤로하고 어둠을 헤치며 오도재(함양과 마천을 잇는 고갯길)에 이르니 초롱초롱한 별빛이 따뜻한 기운으로 환한 미소를 짓는다.

고갯마루에는 화강암초석에 맞배지붕의 '지리산천하제일문'이 웅장한데 우수한 디자인과 기술력으로 건설되었음에도 섬세함과 디자인, 환경에서 5%정도 부족하여 속빈강정처럼 보인다.

명약관화(明若觀火)한 답은 마무리 부재와 대충주의 때문이리라.

성삼재 → 노고단 → 임걸령 → 반야봉 (07:00~12:00)

성삼재에서 구례를 덮은 운해는 일대 장관이다. 산들은 호수의 섬이 되고, 산을 넘는 구름은 폭포수가 되어서 천하절경의 운해풍광이 펼쳐지니 선계로 들어섰구나. 오즈의 마법사처럼 지리산이 신비한 모험의 세계로 인도하여 기대감이 부푼다. 대자연의 서사시가 연출되는 무대는 부지런히 노력하는 자에게 관람기회를 제공하고 있었다. 흥미진진한 대자연의 쇼에는 관중과 연기자가 동시에 될 수 있는 무대라 신바람이 난다. 선경의 다양한 볼거리를 새기며 노고단에 인사를 드리니 탑에 쉬면서 지리산을 둘러보란다. 저 멀리 천왕봉이 얼굴을 내밀며 만면에 미소를 띠고 지리산 곳곳에 숨은 철학과 묘미를 보물찾기로 즐기라며 흥을 돋운다. 백두대간의 시작과 끝이며, 대한민국의 어머니 산으로 우리를 감싸 돌면서 신령스러움으로 숭고하게 다가온다.

노고단에서 천왕봉까지 약25km이며 3개도로 뻗어 내린 산줄기 속에는 보물보다 더 값진 삶의 뿌리와 문화가 자리하니 돈으로 환산할 수 없는 진귀한 보배로다. 변함없이 자리를 지키며 언제, 어떤 변화도 너그럽게 받아들이고, 풍파에 휩쓸려 모든 것을 잃어도 원기를 회복시켜주는 안식처 지리산에 품긴 것으로 보물의 참뜻을 음

미할 것 같다. 지리산 능선을 따라 돼지령(왕시리봉 분기점), 임걸령(피아골 분기점)을 지나 노루목에서 반야봉으로 방향을 잡으니 길이 험하지 않으면서 인고로 반야(모든 법의 진실성을 아는 지혜)의 참뜻을 수행하란다. 직선일 것 같으며 돌아가고, 돌아갈 것 같으면서 직선이고, 목표지점일 것 같은데 고개를 넘어가란다. 어디 쉬운 일이 있겠는가? 빤히 보이면서 가도 가도 끝이 없는 길을 걸으려니 조바심이 일고 맥이 빠진다. 고행으로 목적지에 도달하여 환희를 맞으려면 목적지는 저 멀리서 또 다른 이상을 가지라고 설파한다. 포기하지 말아야 한다. 지금까지 걸어온 발자취가 성장의 초석이고 밑거름이었다. 전광석화처럼 순간순간이 깨달음을 찾은 것이고, 깨달음은 영원한 것이 아니라 영원히 변화한다. 기둥을 바로 세워야 이러한 다양한 변화에 휘말려들지 않고, 유익한 사회를 만든다. 기둥이 흔들려 변화를 악용하면 사회는 악의 구렁텅이에 빠진다. 일체유심조(一切唯心造)라 하였다. 모든 것은 사람의 마음에서 행해지고 결정되는 것이므로 신기루에 연연하지 않고 목적한 바를 찾아서 굳은 신념으로 나아가자. 끈기와 열정으로 나아가니 반야봉과 입맞춤 하였다. 전라도와 경상도가 운해로 하나가 되었다. 왜 그리도 많은 지역감정이 발생하는지 동일한 사람끼리 삶의 터전이 다르다고 차별화하는 것은 삶에 자신을 구속시키고 벗어나지 않기 때문이다. 이심전심으로 살면서 문을 열어두면 세상은 평온해진다. 삶에 쫓긴다고 잘못을 타인의 탓으로 돌리지마라.

 반야봉 → 삼도봉 → 화개재 → 뱀사골계곡 → 매표소 (13:30~16:00)

어여쁜 여성의 엉덩이 형상인 반야봉에서 천왕봉을 바라보니 엷은 미소로 봉우리와 계곡에 새겨진 명칭 하나하나가 삶의 가치요 보물이란다. 부여된 명칭은 부질없이 지어진 것이 하나도 없단다.

함축된 철학적의미를 새기며 삼도봉에 안기니 삼도봉경계비(경상남도, 전라남·북도)가 자리한다. 경남과 전남의 경계인 불무장등 능선을 따라 피아골과 쌍계사계곡으로 나뉘어 뻗어 내려가는 산줄기는 발을 엮어 놓은 듯하다. 산줄기는 방호벽이 되어 침투를 방지하고, 홍수로 불어나는 물 수위를 조절하는 기능을 가지는 등 어떤 역풍도 견디어낼 요새이며, 삶의 터전을 지켜주는 보배였다. 자연의 지형은 하루아침에 이루어진 것이 아니고, 수억겁의 세월을 거치며 가장 효율적으로 형성되었다. 자연을 겸허하게 받아드려 자연에 숨어 있는 삶의 방식과 지혜를 배워야 한다. 산자락에 볼품없이 버려진 곳은 지역에 맞는 우수한 수종을 조림하여 200~300백 년 후에 문화재를 만드는 재목으로 키우자. 자연의 진실성을 훼손하지 않고, 자연에 다가가면 자연이 주는 무궁무진한 기운을 얻으면서 부가가치도 생성되고 미래의 자원인 물을 얻는 터전이 된다. 순간적인 단맛에 현혹되어 곶감 빼먹듯이 빼먹다 하루아침에 풍지박산 나는 꼴을 한두번 당하였는가? 시류에 흔들리지 않고, 백년대계를 갖추는 정책이 진행되기를 학수고대하며 화개재에 이르니 경상도와 전라도의 옛장터란다. 지금 이곳에서 장을 세우면 얼마나 참석을 할까? 이곳에서 반선까지 뱀사골계곡은 9.2km라고 표시되어 있다.

뱀사골계곡의 반석에 앉은 눈에서 순수함을 배우고, 졸졸 흐르는 물소리에 안도의 숨을 쉬며 가뭄이 가시기를 빈다. 계곡에 하얀 눈이 화강암으로 바뀌고, 골을 따라 물이 모여들어 폭이 넓어지면서 간장소, 제승대, 병풍소, 탁용소, 오룡대, 등의 아름다운 절경이 또 다른 선경을 이루며, 맑고 차가운 물은 사람을 정화시킨다. 우문현답을 이해하려면 '백문이 불여일견'으로 자연에 안겨 보자. 종교 뒤에 자신을 숨기기보다 자연에서 자신의 의지를 구축하자. 심약하고, 병약하여 종교에 의지하면 자신을 정립하지 못하여 끌려 다니므로 자연에서 정신을 수양하여 정신세계를 올바르게 이끌어야 한다.

날머리에서

대 자연에서 자신을 찾는 수행을 하면서 겸허한 생활로 자신의 역할을 명확히 하자. 수행으로 부를 잃어서 굶주림을 미덕인양 자손에게 넘겨서는 안 된다.

국민이 잘 먹고 잘살아야 하고, 언제 발생할지 모르는 외세침략도 방어할 시스템을 구축하여야 한다. 소주 한잔에 피로를 풀며, 경제대국으로 거듭나기를 기대한다.

사슴의 선물

백암산
(白巖山)

산행정보

☆

▶▶▶

일 시 2008. 02. 16. (토) 11:30 ~
　　　 15:20 (날씨 : 맑음)
명 칭 백암산 (1,004m)
소재지 경북 울진군 온양면, 영양군 수비면
동 행 새산들 산우회
코 스 백암온천 → 헬기장 → 백암산
　　　→ 흰바위 → 백암폭포 → 백암
　　　온천

　　영봉에 흰바위가 있어서 백암산이라하며, 동해바다를 붉게 태우는 일출의 장관을 감상할 수 있는 곳으로 청명한 날이면 울릉도까지 보인다고 한다.

　　하얗게 부서지는 파도와 맑고 유리알 같은 투명한 긴 백사장, 해안선을 따라 솟아있는 기암괴석과 바다에 춤추는 갈매기 등이 추억을 만들어주는 명소다.

　　백암산 중턱에 위치한 백암온천은 신라시대 때 사냥꾼이 사슴을 쫓다가 발견하였다는 국내유일의 강알칼리성 유황온천수로 산행과 온천을 동시에 즐길 수 있고, 동해바다를 보며 회를 맛보는 것도 일품이다.

들머리에서

　　술로 채운 밤을 잠으로 채우고 싶어도 습관화된 기상시간으로 눈은 허공을 말똥말똥 맴돌고 속은 쓰리다. 과한 술을 핑계로 하루를 이불 속에 뒹굴 수는 없다. 주섬주섬 산행용품을 챙겨서 산행을 결행하니 푸른바다가 꿈결처럼 펼쳐진다. 비몽사몽간에 '부의 미래'를 읽으며, 미래의 세상변화에 대응하는 묘안을 생각하지만 뾰쪽한 수단은 없다. 밀려오는 물결을 거부하는 것보다 받아들이며 순차적으로 적응해 가자. 미래가 피부에 와 닿지 않아도 자신의 위치 시계는 능동적인가? 수동적인가? 방관적인가? 를 가름하며 방향을 올바로 잡자.

 백암온천 → 존질목 → 천냥묘 → 헬기장 → 백암산 (11:30~13:20)

　　온천의 기운인가, 해살의 기운인가, 바람은 차지만 따듯한 기운이 몸으로 스며들고, 어제 마신 술기운은 숨결로 배출되는 과정에서 정신을 찾아간다. 산이 불어 넣어주는 생명의 위대한 기운으로 힘이 솟고, 깨어있는 자에게 약동하는 희망의 메세지를 전해주는 마력으로 기분이 상승한다. 소나무 숲길의 호젓한 분위기는 푸른빛으로 희망을 높여줘서 그리운 사람과 오손도손 정다운 이야기를 나누며 걷고 싶은 곳이다. 산모퉁이 도는 능선에 천냥묘가 있는데 참 아늑한 곳에 자리하였구나. 설명문과 묘가 있어서 우매하여도 명당임을 알 수 있지 막상 명당을 찾아 나서면 전혀 보이지 않고, 꼭꼭 숨어 있으니 명당을 볼 수 없는 것은 마음이 악한 것인가? 덕이 부족한 탓인가? 명당이 좋다하여도 명당자리에 연연하며 살아갈 수는 없는 노릇이고, 살다보면 좋은 일이 있겠지. 노력하는 사람에게 한 가닥 불빛이 전해지기를 기대하며 열심히 살자구나. 구슬이 있어도 꿰지 않으면 알 수 없듯이 보석을 보는 눈이 미약하므로 자연에 발자국만 남기고 가야겠다. 빙판길이 백설능선으로 바뀌면서 바람이 예술가가 되어 작품을 내어 놓는데 억겁의 세월로 빚어놓은 세상의 걸작품과 다름이 없다. 바람이 빚어 놓은 눈 작품은 유구한 세월로 빚을 작품들의 시험장이고 전시장이로구나. 그래 자연도 시험대에서 수많은 세월을 소비하며 다양한 작품 활동으로 영원히 남을 명품을 만드는구나. 끊임없는 도공의 손길에서 우수한 작품이 만들어지듯이 실패를 성공의 어머니로, 모방이 창조를 태생시키는 예술로 인식하며 끊임없이 노력해야 명품이 탄생하겠구나. 바람이 빚은 작품을 보면서 화룡점정(畵龍點睛)의 작품은 시간도 중요하고, 방법도 중요함을 인식한다. 잔설에 미끄러지니 세상에 맺힌 마음도 미끄러지며 새로운 진리를 담고자 비워간다. 보석처럼 반짝이는 백색의 광채에 대지의 기운이 스며들 때, 코끝을 자극하는 라면 국물냄새로 허기진 배가 요동을 치고 메마른 입술에 침이 고여 꼴딱꼴딱 침을 삼기니 먹는 것 앞에서는 모든 것이 일장춘몽이로다.

　금모천마총(金帽天馬冢)처럼 생긴 저 봉우리가 정상으로 시련의 언덕을 아직 남겨두었네. 눈에 새겨지는 발길의 흔적이 바람에 지워진 것인가? 아니면 사람의 발길이 적은 것인가? 첫눈이 내린 것처럼 매끄럽고 포근한 눈길은 처녀림으로 범접하기 어렵고, 여인의 우아한 곡선를 덮어주는 파란하늘에 질투가 난다.

 백암산 → 흰바위 → 백암폭포 → 백암온천 (13:20~15:20)

　백암산 차돌 표지석은 당당하고 옹골차서 태양의 정기를 품었는가 보다. 사람도 퍼석한 것보다는 당당한 것이 신뢰감이 있고, 끌리는 맛이 있으므로 자신을 발전시키려면 다부진 자세를 갖추는 것이 좋을 것이다.

　한국의 기백이 서려있는 산들이 어깨동무하고, 넘실넘실 군무를 추는 장엄한 관경에 넋이 빠진다. 아!~ 대한의 기백을 이처럼 웅장한 하모니로 본다는 것이 가슴

벅차다. 파도가 너울대며 가슴을 덮쳐도 전혀 허우적거림이 없다. 하얀 꽃을 머리에 이고 있는 산들의 기백에 우리의 숨결이 고스란히 담겨있고, 선조들이 이 강토를 수호하려는 사연들이 깊이 새겨져 있다. 우리를 보존하고 지켜준 산들이 허리를 잘리면서도 아랑곳하지 않고 광활한 대지의 서사시를 들려주어서 눈에 눈시울이 맺힌다. 동해바다의 수평선에 푸른 물결이 끝없이 대지로 밀려오며 생명을 불어넣고, 수평선과 맞닿은 파란하늘은 끝없이 맑은 여운의 빛을 선사한다. 세상이 아무리 혼탁해도 스스로 정화능력을 갖추었구나. 우리가 우리를 정화하지 않고, 탓하고 있으면 소인 잡배와 무엇이 다르겠는가? 청빈의 가치도 이제는 올바른 기운과 부를 간직하여 어떠한 도전과 시련도 헤쳐갈 수 있는 기상으로 재해석해야 이 강토를 잃어버리지 않는다. 산과 바다가 펼치는 파노라마에 매혹되어 백암폭포로 가는 길은 바위가 예사롭지 않으며 고드름이 태고의 세월을 보석으로 빛내는 경이로운 풍광을 보여준다. 한자락 바람에 눈꽃이 피고, 호연지기에 남아의 기개가 뿜어 나온다. 소나무와 백설이 어울려 산의 소중함을 일깨워 주는 길가에는 고모산성과 백암산성이 시들고 있으니 문화재의 가치는 어디에서 찾을까? 선조들의 얼이 방치되어 눈 녹듯이 녹아서 산화해 버리면 어린 새싹들은 조상들을 불쌍한 노인네로 생각하지 않을까 두렵다. 서운함과 우울함에 빠져들 때 백암폭포는 굳게 얼어서 사각형의 강직한 장군모습을 연상시킨다. 여름철에 떨어지는 웅장한 폭포를 연상하니 우중충한 생각이 사라지고 후련해진다. 폭포수를 입에 물고 가슴을 쓸어내리며 삶을 단편적으로 생각할 것이 아니라 이 대자연의 모습에서 꿈을 꾸고 꿈을 실현시키는 중요한 요소로 생각하고 원대한 뜻을 달성시키자.

이 대자연에서 남아의 기개를 잠들게 하지 말자. 고개 들어 하늘을 향해 기합을 넣으며 세상을 품자. 그러면 더욱 아름다운 자신을 발견할 것이고, 해낼 수 있다는 메아리가 들린다.

날머리에서

천년역사를 이어오며 전국에 하나 밖에 없는 백암온천에 몸을 담으니 좋은 효과가 있겠지. 산행과 온천욕을 겸비한 일거양득이 이것 아니겠는가. 밤이 익는 시간에 산행의 기쁨을 나누는 술잔에 취해서 마음을 아무리 매만지고 추스려도 말이 흩어지고, 몸이 흔들려 세상은 암흑 속으로 빨려들었다. 좋은 산은 좋은 사람들을 만들고 못 먹는 술도 달콤하게 하구나.

삼국유사 일연스님의
아미산·방가산

산행정보

★

▶▶▷▶▷

일 시 2009. 08. 29. (토) 10:30 ~
        14:30 (날씨 : 흐림)
명 칭 아미산(737.3m)·
        방가산(755.7m)
소재지 경북 군위군 양지리·장곡리 및
        영천시
동 행 산봉산우회
코 스 양지리 → 앵기랑바위 → 무시봉
        → 아미산 → 돌탑봉 → 방가산
        → 장곡자연휴양림

　　아미산은 팔공지맥 (대구 팔공산 : 1,192m)의 끝자락에 위치하여 앵기랑바위가 연못 속의 연꽃처럼 핀 암릉이다. 앵기랑바위는 꽃의 암·수술에 해당되는 아미산의 백미로 설악의 용아장승에 견주기도 한다.

　　앵기랑바위에는 기암괴석과 소나무가 한 폭의 동양화를 연상시키듯 우아한 멋을 자랑하는데 양지리에서 보면 애기동자승의

　　모습이라 붙였단다. 다섯 바위봉은 병사가 어깨를 맞대고 있는 모습으로 6.25동란, 월남참전 등 흉사에 무사하도록 지켜주는 마을의 수호신 역할을 한다.

　　아미산 주봉은 여인의 아름다운 눈썹처럼 아미(蛾眉) 모양인데 산이 높고 위엄이 있어 아미(峨嵋)로 기록하며,

삼국유사 일연스님이 신라 충렬왕 때 어머니를 모시러온 군위의 인각사 절이 있고, 방가산과 연결되며 군위댐이 공사중이다.

  들머리에서

로마 및 그리스신화를 인용하여 지구의 탄생과 문명 등을 다루는 도서 '신〈베르베르〉' 2권에서는 동물과 식물을 만든다. 전해오는 신화와 전설 등으로 지구의 탄생에서 현재까지를 망라하며 현재를 상상으로 상상을 현재로 전개하는 스토리 기법이 대단한 발상이다. 판에 박힌 세상을 색다른 시도로 흥미와 재미를 첨가한 역발상의 사고가 이런 것이 아닐까? 동식물 및 광물자원이 생겨나는 태초는 어떤 모습일까? 꽁꽁 언 동토도 빛이 들어오면서 꽃이 피고, 나무도 자라며 지구의 생명력이 발생하는 원천은 무엇일까? 신의 조화일까 아니면 자연의 이치일까? 다윈의 진화론을 넘어서 각자의 개성을 가진 신들에 의한 창조론도 재미있는 이야기다. 강가를 따라서 병풍바위가 하천을 감싸는데 군위 학소대인가? 자연예술품에는 전설과 작품에 걸 맞는 명칭이 있는데 작명을 선점하면 영원히 빛난다.

양리지 → 애기랑바위 → 무시봉(667.4m) → 아미산(737.3m)
(10:30~12:40)

산행 들머리에 촛대바위가 쌍립으로 우뚝 솟았는데 황소의 뿔을 닮은 것 같기도 하고, 언덕위의 궁전 같기도 하다. 강은 자연스럽게 애기랑바위를 함부러 범접하지 못하도록 방호를 쳐 범상함이 스민다. 예전에는 성역화로 특정인만 받았겠지만 시대 및 인식의 변화로 산도 관광객을 흡수하고자 손을 흔들며 오서오라고 손짓을 한다. 조급한 마음으로 강을 건너 입구에 들어서니 길도 반듯하게 잘 닦아서 고객에 대한 서비스 정신도 높다. 현란한 봉우리를 밋밋한 길을 따르면 흥이 없어서 암릉을 따라 바위봉우리를 포옹하니 양리지를 비롯한 아담한 시골풍경이 가을 맞을 채비를 한다. 노란빛을 담은 벼며, 오후에 졸고 있는 하천에서 세월은 풍성하기 위하여 한편으로는 잃고 한편으로는 보충하는 과정을 반복하였다. 자연의 섭리에 따라서 득과 실이 공존하며 실에 너무 한탄하면 득도 따르지 않을 것이고, 득으로 실을 커버하면 더 큰 득을 얻을 수 있을 것이다. 취하기 위하여는 베풀어야 함은 자명한 일이다. 화려한 바위봉우리는 로프로 길을 안내하고, 바위틈으로 손을 잡아주어 롤로코스트를 하면서도 무난하게 헤쳐 나아간다. 힘든 고행을 넘길 때마다 분재를 심어 놓은 것 같은 소나무들이 자태를 뽐내며 예술작품을 감상하도록 배려한다. 위급할 때는 화려한 소나무가 아닌 인명구조역할을 하면서 역량을 넘어선 미덕을 발휘하여 자연에서 배울 것이 한·두 가지가 아니다. 자연은 사람의 스승이고, 어머니인 것이다. 바위봉우리의 향연이 끝날 무렵 뒤돌아보니 아! 연꽃이 피어나 세상을 밝히고 있다. 아니 향로에 향을 피워 세상을 극락의 세계로 인도하는 모습이기도 하다. 부처님이 연꽃을 들어서 이심전심을 설파하듯이 꽃보다 바위 꽃이 더 아름다운 묘한 바위 꽃 봉우리는 사람을 숙연하게 한다. 보는 각도에 따라서 애기모습, 연꽃모습, 장군의 모습 등 어찌 보면 눈을 뜨고도 장님 코끼리 만지듯 하구나. 바위에 매달릴 때는 바위의 위험성과 안전성에만 매달려서 전체를 못보고, 한곳을 지나고 나면 다른 곳을 볼 수 없어서 현재가 가장 아름답고, 현재의 가장 현명한 방법이 숲과 밀림을 인지하지 못하여 현실에 급급한 관계로 서로 옳고 그름을 탓하는 것이 우리의 생활이 아닐까? 우리가 사는 바로 저 너머에는 또 다른 넓은 세계가 있으므로 제자리에 안주하는 것은 평화를 잃는 지름길인지 모른다. 방어와 공격이 아름다운 세상을 유지하는 비결일 수 있다. 바위와 어우러진 소나무 풍경화를 영원히 볼 수 있기를 기원하며 아미산에서 보현산을 바라보며 산은 오르내리는 것이 아니라 삶의 철학을 배우는 도장으로 거듭나는 것이었다.

아미산 → 756봉 → 돌탑봉 → 방가산 → 바른골삼거리 →
장곡자연휴양(12:40~14:30)

　아미산 정상부는 아리따운 여인의 눈썹처럼 부드러우면서 고운자태를 가지고 있다. 산의 이름에 산의 모습을 연상하면 그 옛날 첩첩산중에 인적도 드물고 교통도 불편하였는데 어떻게 이렇게 멋지고 고상한 이름을 지었는지 그저 놀랄 따름이다.

756봉에는 큰 바위가 정상에 자리하고 주위는 돌로 축대를 쌓았다. 언제 어느 때 누가 무슨 의미로 이 정상에 돌로 축대를 쌓았을까? 중앙의 바위도 약간 기운 피라밋 형태로 상징성도 보여서 의문이 꼬리를 문다. 조상의 발자취를 따라 여행을 하고 싶지만 가야할 길이 멀고 역할이 따로 있기에 아쉬움을 간직한 채 방가산으로 향한다.

방가산은 산속에 숨어 있는 형국으로 팔공산과 보현산의 울타리 속에서 숨은 안방마님으로 자리한다. 팔공지맥의 끝자락에 해당하는 막내이니 얼마나 귀엽고, 애지중지하겠는가? 인적 드문 한적한 곳에는 덩굴나무가 무슨 원한이 있는지 나무를 칭칭감으며 무성하게 자란다. 스스로 몸을 지탱할 수 없어서 상대를 희생시키며 살아가기도 하고, 상대의 가려운 곳을 긁어주어 공생공존하기도 하고, 상대의 그늘 밑에서 흘린 부스러기로 연명하는 등 삶의 방식도 다양하다.

또한 식물들은 햇빛을 선점하려고 안 보이는 치열한 전투를 치루며 사느냐 죽느냐의 귀로에서 자리다툼도 심하다. 식물들도 이러한데 사람들은 오죽하겠는가? 쉬고 있는 것이 쉬는 것이 아님을 인식해야 한다. 노란 나리꽃이 경쟁의 관념을 떨쳐 버리라고 꽃을 피워 장곡휴양림으로 길을 안내한다.

날머리에서

장곡자연휴양림 샤워장에서 찌든 소금기를 떨어내니 날아갈 것 같다. 환상의 샤워장은 장소와 크기가 중요한 것이 아니라 현재의 고통을 어떻게 해결해주느냐를 설명한다. 황금궁전보다 이 순간이 감지덕지하다. '군위댐' 공사가 한창이라 물길과 도로가 바뀌고 자연이 도시로 변화되는 현장이다.

'삼국유사' 고장의 안내판에서 신 · 구 대면식이 있으며 곧 신흥세력이 점령군으로 나서겠구나. 도시의 발달은 자연을 자연 상태로 두지 못하고 종속시킨다.

경상북도

해탈의 경지

운달산
(雲達山)

산행정보
★

일 시 2009. 07. 11. (토) 11:30 ~
        16:30 (날씨 : 맑고, 흐림)
명 칭 운달산(1,097.2m) /
        성주봉(聖主峯 : 961.8m)
소재지 경북 문경시 문경읍과 산북면
동 행 산 그곳에 산악회
코 스 성주사 → 종지봉 → 성주봉 →
        운달산 → 김룡사

※ 운달산(구름에 닿는다 : 해탈의 경지에 올랐음)은
용암산(龍岩山)이라고도 하며, 백두대간의 대미산
(1,145m)에서 남으로 향한 운달지맥의 주봉이다.

금선대(金仙臺)의 기암괴석과 소나무 등의 풍광을 갖
추고 김룡사(金龍寺) · 화장암(華藏庵) · 양진암(養眞庵) ·
대성암(大成庵)등이 있다. 주흘산(主屹山:1,075m), 백화
산(白華山:1,063m), 봉명산(鳳鳴山:692m)과 함께 문경의
자연산성으로 문경새재가 이웃하고, 월악영봉 등의 명
산이 웅장하게 감싼다. ※ 성주봉(961.8m)은 운달산
(1,097m)에서 당포리 방면으로 솟은 암릉으로 일명 '장
군봉' 이라 하고, 성주사 뒤편에 종지봉(종지를 엎어놓은
모양)과 연결되어 장엄한 암릉을 이룬다.

들머리에서

　　장마와 폭염에서 흘리는 찌릿한 땀 냄새가 싫어서 활동을 멈추고 쉬려해도 공허한 상상이 하늘을 날아다니며 한심하고 처량한 신세타령을 할 것 같아 산으로 향한다. 금수강산을 굽이돌아 옥토를 적시는 하천에 물이 풍족하니 맘도 물길 따라 깨끗해지고 여유롭다. 은빛 물보라가 춤추는 옥수에서 물장구치며 뛰놀고 싶고, 원두막에서 수박을 먹으며 한가로운 시간을 보내고 싶다. 지난 가뭄 때 메마른 계곡과 하천은 희망도 없이 암울했는데 풍부한 수자원이 만물을 소생시키는 것을 보며 물 부족국가로 전락하는 대비는 어떤지 궁금하다.

당포리 → 성주사 → 종지봉(수리봉, 취봉) → 암봉(밧줄) → 성주봉
(11:30 ～ 15:00)

　　주흘산이 울퉁불퉁 신비스럽게 솟아 눈을 현혹시킨다. 만날 때마다 언제나 새롭게 다가오는 산세의 신비감에 매료되어 새로운 세계가 펼쳐질 것 같다. 산을 만날 수 있는 것은 산이 안전하게 품어주기 때문이리라. 변함없는 인자함으로 우리를 반기며 겸허함과 존경심을 가르쳐주는 산에 감사드립니다. 당포리 느티나무 정자에서 담소를 나누시는 어르신들의 맑고, 선한 웃음에서 산촌의 정순함과 후덕함을 보고, 성주사로 향한다. 전면에 보이는 종지봉은 원뿔 암봉이라 오를 수 있을지. 사람의 능력은 무한대라 바위능선에 로프와 홈을 설치하여 불가능을 가능하게 만들어 산행이 수월하다. 무엇이든지 실행하면 안 되는 것이 없구나. 단지 시도하지 않고 말만 많으면 발전이 없으므로 머리를 쓰도록 몸을 일으키자. 한줄기 바람으로 모든 고통이 순식간에 해방되는 시원함을 맛본다. 고마운 바람을 따르니 신북천이 산허리를 감아 돌아 표주박을 만들었는데 그 선이 선녀의 나비처럼 부드럽고, 절묘하여

강물에서 동심을 만난다. 돌고 도는 인생사 머무르면 갇혀서 썩어지고, 자기를 최고로 생각해서 하늘 높은 줄 모르지만, 세상을 유람하니 우물 안 개구리였다네. 물처럼 유연하게 흐르며 풍요로운 젖줄로 베풀며 살아야 하는데 왜 그리 애착이 많아서 발걸음을 띠지 못하고 모든 업을 짊어지는지. 굽이도는 곡선을 따라 한고비를 넘기면 또 한고비가 다가오고, 고비마다 맺히는 고통을 인내로 극복하며 봉우리에 이르렀으나 정상이 아니다. 정상이 아님을 알면서 속고 모르면서 속는 것이 또 삶이다. 바위자락에 매달려 희망을 잃지 않는 법을 배우고, 로프에 매달리며 흐르는 인생의 묘미를 배운다. 고지식한 암봉은 진입을 허락하지 않고 우회를 시키고, 사람과 친근한 바위봉우리는 사람을 맞이한다. 어디 뜻대로 세상사가 순탄하겠는가? 둘러가고 질러가는 하나하나가 살아가는 철학이요, 미학이다. 장엄하지 않은 순박한 성주봉 표지석에서 옛 선인들의 소박함을 만난다. 웅장하고 겉만 화려하여 실속 없이 제자리도 못 지키는 표지석이 한둘인가? 작지만 옹골찬 표지석이 제자리를 굳게 지키는 모습에서 '작은 고추가 맵고, 기질이 있다.'는 말이 빈말이 아니었구나.

성주봉 → 석굴 → 운달산 → 헬기장(갈림길) → 화장암 → 김룡사
(15:00 ~ 18:20)

문경을 둘러쌓고 있는 주흘산, 백화산, 봉명산 그리고 저 멀리 월악영봉이 연꽃으로 반기고, 신선봉, 마패봉, 부봉 등이 반갑다고 손을 흔든다. 조항령에는 칼자국이 있는데 활공장(패러그라이팅 타는 곳)과 김룡사로 연결(향후)되는 임도란다. 짙푸른 녹음을 하얗게 회치지 않고 보존하는 방법은 없나? 산을 원시자연으로 보존해야 건강한 삶을 유지할 수 있다. 순간의 이익은 사회를 병들게 하는 원동력이다. 요철(凹凸)모양의 왕관 성주봉을 뒤로 하고 마주하는 봉우리는 차츰 육산으로 변하

여 길도 편하고, 피로도 줄어서 여유롭다. 석굴에서 도를 연상하며 정신을 잠시 정리하고, 운달산에 들어서니 파리떼가 극성을 부린다. 정상이 오염되었나? 파리들이 휴가를 왔나? 바위에 자잘한 점들은 연속해서 날아오르며 사람을 괴롭힌다. 환경과 공해 문제가 운달산정상에서도 발생하는 것은 자연의 신음이므로 환경보존에 심혈을 기우렸으면 한다. 겹겹이 물결치는 산사이로 구름이 유영하여 산은 섬이 되고, 구름은 호수가 되어 이국적인 풍경이다. 물결치듯 밀려오는 산들에서 가슴 벅찬 서사시를 들으며, 국토가 유린된다면 국민이 정서적으로 불안해지므로 '세상은 넓고 할 일은 많다.' 라는 구절로 대자연의 가치를 높였으면 한다.

자연은 미래를 꿈꾸게 하고, 결실을 수확하여 삶의 존재성을 알려주는 보배다. 헬기장에서 김룡사쪽으로 방향을 잡는데 비가 한 두 방울씩 떨어져 발걸음을 재촉하고, 구름이 어둠을 깔아서 음산한 기분이다. 이정표와 시그널로 방향을 잡으며 화장암에 이르니 물소리가 속세와 연결시키며 안정감을 심어준다. 시간의 단절과 연결은 연속선상에 존재하는데 이를 구분하여 차별화와 가치성을 만들어낸다.

이와 같이 사물 혹은 현상을 쪼개거나 더해서 어떤 결과 값을 도출하면서 자본주의는 발전한다.

그러므로 생각하는 관점을 포괄적으로 두리뭉실하게 할 것이 아니라 철저한 분석능력과 비평으로 사물을 접하는 능력을 키워야 한다. 김룡사는 포괄적으로 살아야 삶의 맛이 있다고 설명하며 고요한 향기를 뿜어낸다.

고요한 산사에 침묵이 흐르며 절의 역할이 무엇인지? 산속에서 고객을 기다릴 것이 아니라 속세에서 중생을 제도하는 적극적인 자세가 필요하지 않을까? 개인의 도를 딲은 것이 전부는 아닐 것이다. 깨달음을 가진 많은 스님들이 중생이 맑아지도록 자신을 던지는 자세에서 우리사회는 더욱 밝아질 것이다.

날머리에서

공자는 예와 시를 중요시 하였다. 시에는 삼라만상이 자리하고, 예에는 삶의 질서가 있다고 한다.

현대적 예는 사람의 거울로 상호 존중하는 의미로 삼자. 저녁식사 때 막걸리 예찬론을 설파하는 어르신께서 참된 삶의 모습은 세월에 있고, 전통술 막걸리가 양주 등을 능가하는 생명력을 가졌단다. 세월은 삶의 깊이를 두텁게 한다.

운달산 김룡사

 서기 588년 신라 26대 진평왕(眞平王) 10년에 운달조사(雲達祖師)가 초창하였으며, 그 후 임진왜란으로 전소하고 1624년 조선조 16대 인조 2년에 혜총선사가 중창한 후 1649년 인조 27년에 의윤, 무진, 태휴 등 삼사가 삼창하였으며 건평이 1188평에 48동의 건물과 14개의 암자가 있었다고 하나 지금은 양진암과 대성암 등이 있고 나머지는 유지만 전한다.

멧돼지의 선물

응봉산
(鷹峰山)

산행정보

▶▶▶

일 시 2009. 01. 24. (土) 11:50 ～
16:00 (날씨 : 맑음)
명 칭 응봉산(일명 매봉산 : 998.5m)
소재지 경북 울진군 북면 덕구리 및 강
원도 삼척시 원덕읍 사곡리
동 행 솔뫼산악회
코 스 덕구온천 → 헬기장1,2 → 응봉
산 → 덕구계곡 → 원탕 → 신선
샘 → 덕구온천

　　응봉산(998.5m)은 매봉산(鷭峯山)이라고도 하며 경북
울진군 북면 덕구리 온정마을과 강원도 삼척시 원덕읍
사곡리의 경계로 산세는 매우 험난하다. 전설에 울진의
한 조씨가 매 사냥을 나갔다가 놓친 매를 응봉(매봉)산
에서 찾았다고 붙여진 지명이다.

　　고려말경 활과 창의 명수인 전모씨란 사냥꾼이 20여
명과 멧돼지를 사냥하며 쫓던 중 상처를 입은 멧돼지가
계곡사이에서 몸을 씻더니 쏜살같이 달아나서 유심히 살
펴보니 국내유일의 자연용출수 온천을 발견하게 되었다
고 한다.

　　온천수는 41도로 중산탄과 나트륨이 가장 많이 함유
되어 있어 피부병, 신경통, 빈혈증 등에 좋다. 덕구계곡

은 기암괴석의 협곡으로 용소폭포, 선녀탕, 마당소, 용유대, 신선샘, 자연용출온천 분수대, 산신각 등의 절경에 맞추어서 세계에서 유명한 교량 12여개를 축소 설치하여 관광명소로 탈바꿈 시키고 있다.

 들머리에서

천년 고도의 찬란한 문화유산이 숨 쉬는 경주에 아침햇살이 스며들어서 국가나 기업이 영원하지 못하고 흥망성쇠가 일어나는 이유에 대하여 의문을 가져 본다. 해살이 내리쬐는 동해바다(화진포해수욕장)가 눈이 시리도록 푸른바다를 펼치며 시원하게 말한다.

태양처럼 부도내지 않고 과거, 현재도 그랬듯이 미래도 붉게 떠오르려면 열정을 가져야 한다고. 영원히 존속하는 기업은 불의와 타협하지 않고, 끊임없이 개선하고, 신사업을 추진하는 열정이 있단다. 경제불황을 뚫고 승승장구하는 기업이 우리나라도 속출하기를 기대해 본다.

덕구온천 → 헬기장1, 2 → 정상 (11:50~13:30)

눈발이 희미하게 휘날리는 강한 냉풍을 맞으며 응봉산으로 접근하니 산세가 평범하지 않고, 날카로운 기세가 하늘로 치솟는 형국이다. 매서운 바람으로 온몸이 얼어갈 때 소나무가 회색겨울에 푸른 옷을 입히며 겨울의 삭막함을 제거하여 희망과 열정을 잃지 않도록 배려한다. 세계경제도 북풍한설의 겨울처럼 꽁꽁 얼어붙는 마당에 우리경제와 기업이 소나무처럼 영원히 푸른빛이 흐르는 방법은 없을까? 이번 세계경제 불황은 금융대출로 발생한 사건이다. 롯데 신격호 회장이 '기업은 예술이다. 기업에 있어서 차입금은 우리 몸의 열과 같다. 과다한 차입금은 만병의 근원이다.'라고 하였는데 경제부흥과 소비촉진을 명목으로 카드발급, 고환율정책, 부동산 경기 활성화로 소득을 초월한 소비를 창출시켜서 버블경제를 조성하고, 이로 인하여 국민들은 빚더미에 앉게 되었으니 얼마나 모순된 경제정책 이었는지 냉철하게 검토했으면 한다. 버블정책으로 경제성장을 이룬 것처럼 보이지만 인프레이션과 차입금이 만연하여 결과적으로 풍전등화와 다를 바 없다.

소득의 범위 내에서 건전한 소득을 유도하고, 여유자금은 우선적으로 차입금을 상환하여 국가재정을 단단하게 하였다면 이런 불황기 때 우수한 외국기업을 흡수 합병하여 경쟁력을 키울 수 있을 것이고, 그 결과 언제나 푸른 소나무처럼 빛날 것이다. 엄동설한과 극심한 가뭄에도 하늘 높은 줄 모르고 꼿꼿하게 서서 푸르름을 선사하는 저 소나무의 기상을 유지하도록 절제된 행동과 어떤 문제도 해결하겠다는 불굴의 의지가 있어야 한다. 실패한 기업의 구성원은 '안 된다'는 자기 영역을 쌓아서 도전을 포기하고, 현재에 안주하며 병든 것조차도 귀찮아하였고, 화합보다는 상대에게 책임을 전가하여 구성원의 열정을 죽였다. 경제를 탓하고 있는 시간에 해결책을 찾는 행동이 더욱 필요하다. 응봉산표지석 너머로 산의 물결이 굽이치고 동해바다는 구름에 갇혔으나 희망의 끈을 놓지 않고, 푸른 모습을 유지하기 위하여 부단한 노력을 경주하여야 한다. 절망을 희망으로 바꾸는 힘은 우리의 손에 달려 있다.

 정상 → 덕구계곡 → 원탕 → 신선샘 → 덕구온천 (13:30~16:00)

추위로 도시락을 게눈 감추듯이 몰아넣어 가슴이 답답하고, 손가락 마디마디가 시리며 끊어질듯이 아려서 먼지가 날리는 급경사를 허겁지겁 내달려 덕구온천 원탕에 손을 담그고, 자연용출 온천수 한 모금을 마시니 불순물이 배출되는 기분이

들며 한기와 갈증이 풀린다. 아! 그래. 이 맛이야! 산행대가로 먹는 물 한잔이 원기를 회복시키고, 성취감과 만족감을 충족시켜 주기에 자연에 감사를 드린다. 삶의 존재가치를 알아가며 희열의 짜릿함이 뭉클뭉클 솟구치며 잔잔한 미소가 흐른다. 화강암으로 예술품을 빚은 협곡은 신비의 세계에 들어온 착각을 일으킨다. 계곡의 얼음 속에서 낙엽화석이 드리웠고, 그 위로 낙엽이 미끄럼을 탄다. 동일한 시간과 장소라도 상황에 따라서 모양과 형태가 다양하다. 언제 어떻게 생활이 역전될지 알 수 없지만 불행이 덮치지 않도록 끊임없는 자기개발과 방어기재가 필요하다.

또한 남을 탓하기보다 장점을 살려서 승화시키는 리더가 되어야 한다. 일본은 경제회복을 위하여 I can do it으로 할 때 우리는 절대절명의 I must do it으로 임해야 일본에 대한 무역역조를 해소시키는 방법을 찾을 것이다. 경제불황과 절대절명의 위기라고 하면서 목적(목표)달성을 위해서 한 행동이 있는가? 자문해 보자. 한탄하는 시간에 실행하는 정신이 필요하다. 주사위가 던져졌으면 해결방법을 찾는 행동이 급선무지 한탄은 필요 없다. 자연 예술품이 전시된 덕구계곡에 세계적인 교량 12여개를 축소하여 설치하였는데 관광지에 맞는 심미안이 있었다. 조형물은 영원하므로 테마가 있는 관광상품을 개발하면 일거양득의 효과를 거둘 것이다. 잠시 쉬는 의자도 관광지나 관공서에서는 동일화와 획일화로 고착된 것이 아닌 아이디어와 창작의 혼이 가미된 다양한 상품을 설치하자.

그러면 관광 상품도 되고 국민들에게 창의력을 키워주어 탐구하는 자세를 가지게 한다. 인간은 생각하는 갈대이므로 끊임없이 생각할 수 있는 시설물과 조형물을 만들어 설치하자. 용소폭포와 신선샘(효자샘 : 노모의 병환을 치료코자 백방으로 묘약을 찾았으나 효과가 없어 신령님께 지극정성으로 빌어 이 샘을 점지 받았고, 샘물로 봉양을 하니 쾌유되었다고 함)은 동토지대에서도 맑은 물소리로 희망과 행복을 전해주는데 정성과 열정이 없어서 옆에 두고도 찾지 못한다고 일러준다. 회색겨울은 봄을 더욱 아름답게 만든다. 새해 복 많이 받으세요.

날머리에서

덕구온천은 사람을 선녀로 만드는 비결이 있다. 오뎅김치국 위로 넘치는 정은 우리를 하나로 연결하여 넓은 세상으로 안내하니 기축년 새해(구정)맞이 기쁨이고 행복이다. 응봉산과 덕구온천, 동해바다의 정기를 지인께 올리며, 어떤 역경도 슬기롭게 극복하는 한해가 되자.

일월산
(日月山)

일 시 2008. 05. 25. (일) 11:40 ~
       16:00 (날씨 : 맑음)
명 칭 일월산(1219m)
소재지 경북 영양군 일월면, 청기면
동 행 금강산악회(조방앞 출발)
코 스 윗대티 → 일자봉 → 일월산 →
       방아목 → 천화사 → 찰당골 →
       천기면 당리

일월산은 동해의 일출과 월출을 가장 먼저 볼 수 있다는 곳이며 정상은 일자봉과 월자봉이 오누이처럼 마주보는 형상으로 무속인들은 음기가 강하여 성산(聖山)으로 추앙하기도 한다. 경상북도 영양군 일월면과 청기면의 경계이며 봉화와 평해의 중간쯤에 위치하여 산은 높으면서 험하지 않고 순하여 순산이라는 애칭도 있다.

낙동강의 지류인 반변천(半邊川)이 발원하며, 남서쪽에 천화사(天華寺), 동쪽에 용화사지(龍化寺址), 황씨부인당, 용화선녀탕등의 명소가 자리한다. 일월산 산나물(참나물, 금죽, 나물취, 더덕, 고사리 등)은 맛과 향이 뛰어나 인기가 높으며 매년 4월~5월 사이에 산나물 축제가 열린다.

들머리에서

아지랑이가 피어오르는 나른한 잠 길에서 '칼 가는 일본 북만치는 한국'을 읽으면서 작금의 한국과 일본의 차이는 무엇인가? 일본정부는 국민 편에서 정책을 시행하는 반면 한국정부는 상대국의 입장을 고려하여 정책을 시행하는 것 같다. 일본은 국민이 집회를 열면 이를 바탕으로 타국과 협상에서 자국민에게 유리한 고지를 점령하는 방법을 강구하는 것 같이 보인다.

즉, 수용이 불가한 것은 국민의 집회를 이유로 거절하거나 협상이 유리(물론 치밀한 통계자료도 전부 준비되어 있다)하도록 이끌어 자국민 보호를 우선하는 정책을 펼친다.

그러나 우리는 국민에게 불리한 것 등을 이유로 집회를 열면 이를 보호하기 보다는 용공분자혹은 무지(無知)한 것으로 국민을 호도하면서 상대국의 입장을 고려하여 협상하는 것처럼 보인다. 국민들은 억울한 상황을 호소할 곳도 없고, 강압된 권력에 침묵으로 일관하니 상호 불신임이 팽배해지고 정부정책과 반대로 하면 성공한다는 속설이 퍼진다. 뉴스에도 피해자(돈 없고, 빽 없는 자)보다 가해자가 우대받는 내용이 종종 나오는데 이는 과학적인 판단보다 주관적인 판단에 기인하는 문화가 사로잡고 있기 때문이다. 이런저런 이유로 사건을 억누르고, 무마시키려는 관습은 상호 불신임이 확대되어 선진국진입은 요원할 것으로 보인다. 링컨의 '국민의 국민에 의한, 국민을 위한 정치'가 하루 빨리 실현되기를 바라며 용화리 천문사 산행 들머리에 다다른다.

윗대티 → 일자봉 → 일월산(1,219m) → 쿵쿵목이 (11:40∼13:30)

초반부터 가파른 급경사를 손살 같이 내달리는 일행을 뒤따르는 바쁜 발걸음은

돌부리에 체이고, 새 등산화에 적응하지 못하여 다리가 쉬어가라고 재촉한다. 평범한 산임에도 불구하고 땀은 비 오듯 쏟아지고 기력이 빠져가니 체력은 저하되어 자신감이 상실되어 간다. 중간 중간 나타나는 평지에서 삼삼오오 짝을 지어 산나물을 채취하는 곳에서 산나물을 채취해 먹으면 기력이 살아나려나? 산의 정기를 흡수하는 보약을 눈에 두고도 산나물을 몰라서 물로 목을 축이고 구슬땀을 흘리며 산 그림자에 기운을 북돋운다. 평범하고 부드러운 정상은 영양군에서 나무단으로 단정하게 정비해 두었고, 뒤편으로 군사시설이 자리하여 조망권 확보가 어렵다.

연무현상으로 산세도 뚜렷하지 않고, 바다도 보이지 않아 내일은 태양이 뜰지 의문스럽고, 군사시설도 해와 달이 뜨는 광경을 제대로 관찰할 수 없는 요인으로 작용하는 것 같다. 군사보호시설은 필요악이다.

남북통일이 되어도 보유할 시설이라도 철조망에 가로막혀 앞으로 나가지 못할 때는 분단과 약소국의 서러움이 우울하게 만든다. 제발 부국강병책으로 우리나라가 과거와 같은 침략의 수모를 영원히 당하지 않기를 기원하며 철조망에서 멀어져간다. 산나물을 많이 채취하여 영양군은 산림자원보존지역을 설정하여 야생식물을 보호함에도 불구하고 나물 캐는 손길이 분주하다. 산나물을 전부 채취하여 씨를 말리면 후손에게 물려 줄 식물자원은 무엇일까? 봄철이면 어김없이 발생하는 산나물 채취도 자제하여 귀중한 식물유산을 자손들에게 물려줘야 그들도 또 그들의 후손을 위하여 귀중한 자연유산을 물려줄 것이 아닌가.

이제는 공해에 대한 환경문제뿐 아니라 자연생태계 보존을 위한 관심을 기우려 다양한 식물자원이 분포되도록 해야 한다.

이 식물자원이 많아지면 바이오제품 등의 개발이 용이해지고 부가가치를 높이는 산업으로 성장시킬 수 있다. 그러므로 산에는 발자국만 남기고 돌아오는 문화로 동식물자원을 보호하면 고용창출과 경제성장 등이 따를 것이다. 굶주림은 악을 탄생시킨다.

 쿵쿵목이 → 베틀바위 → 방아목 → 천화사 → 찰당골 → 천기면 당리
(13:30~16:00)

쿵쿵목이에서 월자산으로 직진하지 않고, 종주하려는 욕심으로 방아목으로 급경사를 하염없이 내려가나 고개를 넘을 때마다 계속 하강곡선을 그려서 전체 지형을 살펴보니 산행코스가 잘못 계획된 것 같다. 찰당골로 내려서니 계곡이 입을 벌리는

경
상
북
도

형국이라 바닥에서 다시 산을 오르려
니 엄두가 나지 않아 동행한 일행은 종
주를 포기하고 당리로 가서 차를 기다
리기로 하였다. 종주 욕심이 다시 발발
하여 일단 최단 코스를 택하여 출발지
(도착지)로 갈 생각으로 천화사까지 올
라갔으나 체력과 시간 부족으로 산행
을 포기하고 일행들이 가고 있는 당리
로 발길을 되돌린다.

찰당골은 천화사(딤골)계곡과 추자
나무골계곡을 막는 저수지(댐)공사가 한창으로 90%정도 완공되었으며 올 여름부터
담수를 시작하여 곧 산정호수가 탄생한단다. 햇볕이 작열하는 도로에서 국민을 위
한 정치를 펼쳐서 산정호수의 푸른 물처럼 가슴이 시원해졌으면 한다.

FTA만 체결되면 경제가 활성화되고, 경제가 살아날 것 같은 꿈에 부풀어 있는데
과연 그럴 것인지 통계와 자료를 분석하면 자명하게 나타날 것이고, 미국이 과연
현재의 FTA내용으로 올해에 비준해줄 것인지 의문이다. 계약서작성능력(상대편과
협상에서 정확하게 주고받을 내역이 무엇인지 혹은 어떤 것이 손해가 되고 이익이
되는지 등 꼼꼼히 분석하고 기록할 능력), 과학적(수학적)분석과 분석에 따른 패턴
등이 향후에 미치는 영향 등을 심도 있게 분석하여 우리경제가 한 단계 성장할 수
있기를 바란다. 우리사회는 이런 통계기법을 활용하면 쫀쫀(째째)하다느니, 대충 알
아서 하면 되지 인생을 복잡하게 산다는 등등으로 상대편을 괄시하고 업신여기는
습성이 많다.

그리하여 어정쩡한 계약과 협상으로 마무리하고 나서 막상 사건이 터지면 그에
대한 대책은 하나도 없고 자기 탓은 빼고 남의 탓으로 돌리려는 못된 악습이 팽배
하다. 대충하려는 문화가 팽배하여 생각이 짧으니 협상력은 부족하고, 산업의 다양
성은 수반되지 못하여 경제성장에 한계가 있다. 견실하고 급속한 경제성장을 바라
면 철저한 통계와 분석자료를 바탕으로 행동하고 실천하는 자세가 필요하다. 건축
경기로 경제성장을 꾀하려니 건축경기를 예로 들어보자. 보도블록 공사를 반복하는
것을 비일비재하게 볼 수 있다.

만약 보도블록 반복 공사비로 홍수예상지역에 거대한 지하 물탱크시설을 갖춘다

면 홍수도 예방되고, 부족한 물도 재활용하여 일거양득의 효과를 누릴 수 있다.

그리고 새로운 산업이 개발되어 또 다른 경제효과를 창출할 수 있는 터전이 되는 것이다. 우리나라는 아열대성 기후로 접어들면서 집중폭우가 예상되는데도 불구하고 치산치수 명목으로 강폭을 줄여서 유휴 토지를 확대하여 눈앞의 이익을 취하니 이 얼마나 위험한 발상인가. 미래를 예측한다면 관계수로를 넓혀서 홍수를 예방하고, 비가 오지 않을 때는 시민들의 휴식공간으로 활용하여 시민 건강에 기여하는 장기적인 계획을 수립하였으면 한다.

그러면 홍수로 발생하는 예산낭비를 막을 수 있다. 예산이 없다는 불평보다 예산을 효율적으로 사용할 수 있는 방법이 이 시대에는 필요하다. 효율적인 예산사용은 다양한 업종에 투자할 기회가 넓어지므로 경제도 살아나고, 새로운 기술과 고용이 창출되어 실질적으로 국민을 윤택하게 할 수 있다. 교묘한 말장난으로 국민을 현혹하지 않았으면 한다. 대운하 건설에 민자유치로 국민의 세금을 하나도 안 쓴다고 해놓고, 대운하가 예상되는 강을 정비하기 위하여 세금을 투입한다니 과연 이 말이 정당한지 의문스럽다.

이제는 건설보다는 바이오, 기술, 항공, 의술 등의 고부가가치를 창출하는 산업을 집중 육성하여 고용도 창출하면서 수출도 활성화하는 시스템이 필요하다. FTA도 중요하다. 떡줄사람은 생각도 안하는데 그것에 목숨 걸 것이 아니라 어떻게 우리의 미래 산업의 업종을 다양화할 것인가에 총력을 기우렸으면 한다. 국민이 정부를 신뢰할 수 있는 바탕이 무엇인가? 를 먼저 생각하고 실천해가면 높은 경제성장을 이룩할 수 있을 것이다.

　　　　날머리에서
　　　　산행코스는 계절에 알맞게 계획해야지 무더운 여름철에 하산 후 다시 산을 오르는 코스는 감당하기 어렵고, 포기하게 만든다.

동행하는 일행 속에 산악회 회장이 계셔서 많은 뒷바라지와 긴밀한 협조로 산행을 잘 마무리 할 수 있었다.

높으면서도 조용하고, 바쁘면서도 위엄이 서린 조직의 문화에서 조직의 수장 역할이 얼마나 큰지를 새삼 느끼는 시간이었다.

일월산 황씨 부인당 설화(日月山黃氏夫人堂說話)

　오랜 옛날, 일월산 아랫마을에 살던 황씨 성을 가진 처녀는 동네 총각과 혼인을 하게 되었다. 워낙 아름다운 규수라 두 젊은이가 서로 탐내어 다투었는데, 그 중 한 총각이 행운을 차지하게 되어 신혼 첫날밤을 맞게 되었다. 원앙금침에 들기 전, 뒷간에 갔다가 신방(新房) 문 앞에 선 신랑은 기겁을 하고 놀랐다. 신방 문창호지에 칼날 그림자가 얼씬거린 것이다.

　그 그림자가 분명 연적(戀敵 - 다른 총각)의 것이라 여긴 신랑은 그 길로 아무 말 없이 달아나버렸다. 칼날 그림자란 실은 문 앞에 있던 대나무 잎의 그림자에 대한 착각이었지만, 신랑은 그것을 알 길이 없었다. 그 길로 영영 달아나버린 신랑을 기다리던 신부는 조바심을 내며 신랑을 기다리다가 몇 날, 몇 밤을 새웠는지 모른다. 침식을 전폐하고 오직 기다림에 몸을 바치던 신부는 마침내 한을 품고 구천(九天)으로 세상을 하직했다.

　그러나 그의 시신은 삭을 줄을 몰랐다. 살아생전 꼿꼿했던 몸가짐도, 앉음새도 흐트러지지 않았다. 돌부처인 양 시신은 언제나 신방을 지키는 듯 보였다. 한편, 도망간 신랑은 외지에서 다른 색시를 만나 장가를 들었다. 그리고 아이까지 낳았으나 아이는 낳는 대로 이내 죽곤 하는 것이었다. 점장이에게 알아보았더니 바로 황씨 규수의 원한 맺힌 원혼(冤魂)때문이라는 것이었다. 괴로움에 빠진 신랑은 그를 일월 산정에 묻어 주고, 그리고 그를 섬기도록 하라는 어떤 승려의 가르침을 받기로 했다. 신랑은 전날의 잘못을 뉘우치고, 지금의 부인당 자리에 시신을 옮기고 작으나마 사당(祠堂)을 지어 바쳤다. 그때야 시신은 홀연히 삭아 없어지더라는 것이다.

　일월산은 조지훈의 고향 근처에 있는 산으로 이 설화와 그의 [석문(石門)]이라는 시가 관련이 있고, 서정주의 [신부]라는 시도 이와 같은 소재를 가지고 있단다.

새도 쉬어가는

조령산
(鳥嶺山)

산행정보

☆

▶▶▶

일 시 2009. 03. 21. (토) 07:50 ~
15:20 (날씨 : 맑음)
명 칭 조령산(1,017m)/
신선암봉(937m)/깃대봉(835m)
소재지 경북 문경시 문경읍과 충북 괴산
군 연풍면, 괴산면
동 행 해오름산악회
코 스 이화령 → 조령산 → 신선암봉
(937m) → 깃대봉(835m) → 조
령3관문 → 조령1관문

백두대간의 한줄기인 이화령에서 조령관사이에 위치한 조령산(1,017m)은 기암 · 괴봉이 노송과 하모니를 이루는 절경으로 신선봉(神仙峯 : 967m) · 주흘산(主屹山 : 1,106m) · 포암산 · 월악산영봉 등을 볼 수 있다. 이화령(梨花嶺 : 548m), 소조령, 문경새재(조령산과 마패봉의 안부)는 영남자재들이 과거시험을 보러가는 관문이고, 군사상 요충지였다. 조령천을 따라 주흘관(제1관문) · 조곡관(제2관문) · 원터 · 교구정터 등의 사적지가 있고 완만하게 흐르는 계곡에는 와폭과 담이 산재한다. 수옥폭포와 용송골, 절골, 심기골 등의 아름다운 계곡이 발달되어 문경새재도립공원으로 지정되었고, 수안보온천, 월악산국립공원, 충주호 등 관광자원이 다양하게 인접한 곳이다.

들머리에서

봄이 무르익을 때라 매화꽃과 암봉에서 선택의 갈등을 일으키다 조령산을 찾는다. 위도가 높아지며 차창에는 봄이 겨울로 바뀐다. 남부와 중부의 위도차가 온도와 계절에 영향을 주는 것을 인지하며 벼농사도 위도에 따라서 시차가 있구나. 그래 성공하려면 때(시)를 잘 맞추어야 한다. 아무리 우수한 물건도 운영자와 사용자가 일치하지 않으면 시장에서 사장되었다가 오랜 시간이 흘러서 빛을 보는 경우도 종종 있다. 그러므로 상품을 시장에 진입시킬 때는 장소와 때가 미치는 영향을 충분히 고려하여야 한다.

이화령 고갯길은 쥐죽은 듯 조용하다. 예전에는 부귀영화를 누리는 유일한 교통로였는데, 고속국도와 중부내륙고속도로가 시원하게 뚫려서 역사의 한 장이 되었으니 격세지감이로다. 영원한 것은 없다.

이화령 → 조령샘 → 조령산(1,017m) → 암릉지대 → 신선암봉(876m)
(07:50~10:50)

이화령에는 바람이 몹시 불어와 겨울로 돌아간 기분이라 옷을 단단히 여미며 안전산행 채비를 갖춘다. 안개와 구름으로 뒤덮인 황량한 쉼터는 인적이 드물고, 충북의 고추석상과 경북의 경계석이 이화령휴게소에 보초를 서도 산적들이 곧 덮쳐올 것 같이 스산하다. 이화령터널은 세월의 변화를 대변하는데 옛 부귀영화는 일장춘몽이요, 상대가 흥하면 자신은 하루아침에 추락하는 것이 자명하단다. 영원한 것에 목메는 것보다는 영원하려면 계속 변화해야 한다. 조령산으로 접어드는데 휘몰아치는 바람과 안개구름이 숨을 멈추게 한다. 군사시설이 있었는지 봉우리마다 방공호와 헬기장이 과거의 상처로 남아서 아물어도 흉물이라 아픈 기억을 남긴다. 과거의 상처를 치료하고 자연에 귀속시키는 일환으로 방공호에 상징적인 나무들을 심고 가꾸었으면 좋겠다. 조령샘에서 생명의 기운을 얻어 조령산에 안기니 조령산은 주위를 전망하라고 자리를 내어 놓는다.

월악산 영봉, 신선봉, 마패봉, 부봉과 주흘산 암봉이 어울려져 연꽃으로 피었으니 세상의 꽃은 꼭 생화만이 꽃이 아니로구나. 계절에 따라 피는 꽃도 아름답고 탐스럽지만 암봉으로 피는 대자연의 꽃은 절대 지지 않는 영원한 꽃으로 길이 보존할 터전이다. 님이 나를 아름답게 보는 것도 중요하고, 내가 님을 아름답게 보는 것도 중요하다. 자신의 마음이 정리되지 않으면 아무리 아름다운 꽃도 그저 하나의 잡초요 성가신 물체일 뿐이다. 꽃은 마음에서 피고, 가슴에 담는 것이다. 암봉의 잔치에 동참하고자 신선암봉으로 향한다. V자형의 골자기를 이루는 바윗길에서 등산화는 물과 흙으로 질퍽하여 미끄럽기가 2배 이상이라 안전에 만전을 기한다. 연무로 로프의 끝을 분간하기 어렵고, 바위가 부서지고, 미끄러져 몸을 지탱하기도 어렵다.

옛 군대시절 유격훈련을 떠올리며 미끄럽고 어려운 바위길을 등반과 하강으로 해쳐간다. 일상생활에서 미래가 불투명하여 두렵고 떨려도 두렵다고 좌절할 것이 아니라 부딪히며 헤쳐나아가면 두려움도 엷어지고 자신감이 충만되어 용기가 일어난다. 현실을 회피하려면 여러 변명이 횡횡 일어나서 혼란만 초래할 뿐이다. 어려운 난관이 휘몰아쳐도 우리가 해결하여야 할 당면과제요 미래를 위한 의지다. 현실을 냉혹하게 판단하여야 경제를 부흥시킬 수 있다. 현실을 회피하다가 다른 사람이 해결하려면 뒷다리를 잡아서 전진도 못하게 막아서 진퇴양난에 빠지게 하는 일이 다반사다.

그러므로 리더는 난국을 회피할 것이 아니라 정면 돌파하는 방향을 설정했으면 한다. 숨을 헐떡이며 W자형 봉우리들을 오르내리다 신선암봉에 도착하니 바위평지에서 숨을 돌리란다. 뭘 그렇게 바쁘게 사는가 한번 주위를 둘러보고 자신을 찾아보란다. 화강암 미끈한 바위는 아가씨들의 각선미를 닮아서 눈이 부시다. 억겁의 세월이 흘렀어도 저렇게 고운 각선미를 유지할 수 있는 비결은 무엇일까? 폭풍우가 휘몰아치고, 엄동한설이 살을 파고 들었을텐데 그 비결은 무엇일까?

 신선암봉 → 깃대봉 → 3관문(조령관) → 2관문(조곡) → 1관문(주흘관) (10:50~15:20)

산들이 노래하고 춤추는 곳에는 소나무가 우아하게 자리하여 풍광을 더욱 빛낸

경상북도

다. 모진풍파와 봄, 여름, 가을, 겨울 4계절을 바꾸어가며 억겁의 세월로 단장한 바위사이를 비집고, 고운자태 청송은 독야청청 푸르름으로 수를 놓았다. 바위에 조각한 예술품보다 더 우아한 천혜의 자연 송은 보는 사람에 따라서 사고가 달라지고, 관점에 따라서 작품가치가 변화된다.

자연이 제공하는 가치를 찾는 능력이 있고, 없고는 개인의 역량이지만 그것이 미치는 효과는 엄청난 차이로 존재한다. 사물의 가치를 귀하게 여길 때 상대의 가치를 존중하고, 자신의 혜안을 높일 수 있다. 산행이 바빠서 산이 주는 교훈을 보지 않고, 산을 어지럽히면 산은 산이 아니라 짐으로 존재하는 우를 범한다.

마패봉과 신선봉등이 깃대봉 뒤로 숨고, 부봉이 돌아앉을 때 깃대봉과 조령관문으로 갈리는 안부다. 언제 깃대봉에 안기겠는가?

깃대봉에서 예전에 만났던 마패봉과 신선봉에 인사를 드리니 반갑게 웃는다. 헤어짐이 있으면 만나고 만남이 있으면 헤어지는 회자정리(會者定離)의 이치를 배우며 또 만나기를 기약한다.

조령3관문에서 역사를 회상하고, 물방울조차 흐르지 않고 메마른 선비샘에서 갈증을 증폭시키며 장원급제와 책바위 전설을 회상한다.

문경새재를 노래한 시(詩)에서 다양한 관점을 만나고, 낭만의 멋을 발견한다.

3관문에서 1관문까지 역사공부하고, 손끝을 얼리는 맑은 시냇물에서 심신을 시원하게 씻는다.

과거와 현재 그리고 미래를 문경새재에서 만나며 안녕을 고한다.

날머리에서

충주호의 저수량에서 극심한 가뭄을 걱정하고, 옥순봉 · 구담봉에서 바위들의 삼라만상을 만나며 소주한잔 곁들이니 행복지수가 높아진다. 신나게 달리는 고속도로는 모두를 우리이웃으로 만들었으니 편리하면서도 느림의 미학도 곁들여야 신 · 구 대조가 이뤄지겠지.

기암의 로켓 발사대
주왕산
(周王山)

▶▶▷

일 시 2007. 10. 27. (토) 11:30 ～
       16:50 (날씨 : 맑음)
명 칭 주왕산 (720.6m) 및 절골
소재지 경상북도 청송군 및 영덕군 소재
동 행 부산 바다산악회
코 스 절골 → 가메봉(1,707.9m) →
       후리매기 → 주왕산(720.6m) →
       대전사 → 주차장

　　주왕산은 석병산(石屛山) · 주방산(周房山)이라 하였
고, 기암절벽과 폭포의 자연경관이 빼어나며 주왕암과
별바위에 이르는 13㎞의 숲이 포근하고, 감미롭다.
　　신라 문무왕 때 창건한 고찰 대전사(大典寺)를 비롯해
주왕의 딸 백련공주의 이름을 딴 백련암(白蓮庵), 청학
과 백학이 둥지를 틀고 살았다는 학소대(鶴巢臺), 앞으
로 넘어질 듯 솟아오른 급수대(汲水臺), 주왕과 마장군
이 격전을 치렀다는 기암(旗巖), 주왕의 아들과 딸이 달
을 구경했다는 망월대(望月臺), 동해가 바라보이는 왕거
암, 주왕이 숨어 살다가 죽었다는 주왕굴(周王窟), 자하
성(紫霞城·일명 주방산성) · 무장굴(武藏窟) · 연화굴(蓮花
窟) 등의 명소가 많다. 소나무 군락을 비롯해 망개나무 ·

복장나무 · 자작나무 · 난티나무 등 희귀식물의 군락도 볼 만하고 가을의 단풍이 절정을 이루면 우주선을 타고 별천지에 들어 온 기분이 연상된다. 달기약수와 달기약수 백숙도 미각을 향상시키는 별미로 여행의 기쁨이 충만 된다.

들머리에서

까치밥이 넉넉히 남은 촌락의 감나무에서 노란 원색의 화려함을 보고, 마을을 휘감는 내천을 따라 조용히 잠든 모래톱의 은빛 찬란함에 심금이 울린다.

단풍의 향연은 축제마당을 장식하여 사람마다 웃음꽃이 피어나고, 들녘은 황금물결이 넘쳐나 언제나 다시 찾아오고 싶은 우리의 고향이다. 고향 산천에 빠져들고 싶어서 물결에 일렁이는 빛을 따라 푸른 하늘로 날개짓하며 날아오른다. 가을은 오곡백과가 풍성하여 보름달처럼 웃음이 가득하다.

절골매표소 → 절골계곡 → 대문다리 → 가메봉 (11:30~14:00)

가을타는 주왕산 절골입구 가을들판은 황금빛으로 풍족함과 여유로움이 가득하고, 푸른창공은 파란 도화지로 상상의 나래를 마음껏 펼쳐보란다. 경치가 아름다워 절골이라는데 얼마나 아름답기에 명명된 것일까? 설레임과 기대감으로 감수성을 살리면서 꿈속 경치로 빨려드니 허공을 걷는 것 같다. 기이한 바위들이 도열한 계곡은 독특한 자태로 엄숙함과 근엄함이 서려 있으며 나무들은 단풍으로 옷단장하여 불꽃을 피우니 강약의 조화가 환상적인 황홀감으로 밀려든다. 계곡을 따라 휘어가는 맑은 물은 여인의 허리처럼 부드럽고 우아하여 손도 자연스럽게 계곡의 선을 따라 흐른다. 연약한 물보라를 일으키는 청아한 폭포는 축제의 환상곡을 연주하여 생기를 불어 넣는다.

절골은 자연의 오케스트라로 하모니를 이루어 장엄한 서사시를 연주하고, 산새와 동물들은 연주에 맞추어 축제의 마당을 한껏 즐긴다. 자연은 공연장으로 하모니로 공생하며 존재하는 미덕을 설명하고, 꿈속에 그리는 사람들을 모셔서 향연을 베푸시니 우리는 초심으로 돌아가 미래를 이끄는 일꾼이 된다. 바위와 바위에서 춤추고, 나무와 나무에서 사랑의 멜로디를 들으며, 푸르른 창공에서 순수함을 읽고, 산이 좋아서 산이 되어 끝없는 이상의 세계를 펼치니 대문다리는 가메봉가는 길을 안내한다. 붉은 물결이 너울너울 춤추니 세상은 붉고 노란 단풍으로 물들었는데 사람이 사람을 시기하는 것은 사람이 사람을 너무 좋아 하기 때문인가? 단풍이 너무 고와서 품에 안고 놓지 않고 싶은 심정도 욕심이리라. 얼굴에 홍조를 띠고 가메봉에 이르니 산천은 다홍치마를 입어 화려하면서 수수한 멋으로 수를 놓았다. 소나무 2그루가 표지석을 대신하며 하늘과 맞닿아 있는데 모진 역경의 세월을 슬기롭게 넘겨야 귀중한 가치로 존재한다는 것을 온 몸으로 보여준다. 성공은 실패의 어머니라고 하듯이 어떠한 시련과 고통도 묵묵히 수행할 뚝심과 정열이 필요하다. 세상을 슬기롭게 헤쳐 갈 지혜를 갖추고 매사에 정진하면 안 되는 것이 없다. 굳은 신념과 실천이 있으면 사람들이 존경하는 위치에 서 있게 될 것이다.

 가메봉 → 후리매기 → 주왕산(720.6m) → 대전사 → 주차장
(14:00~16:50)

주왕산을 만나고자 사창골 후리매기까지 미끄러져가니 계곡물에 비치는 단풍의 고운 자태는 새악시 색동옷보다도 더 붉고 화려해서 감상도 못하고 달려가는 것이 못내 아쉽다. 단풍구경은 때와 장소에 따라서 볼거리가 달라지듯이 모든 일에도 때와 장소를 놓치면 성공의 신화를 쓰기가 어렵다. 선두로 달리기 어려운 어떤 이는

2위 자리를 고집하며 최소의 투자로 성공의 시나리오를 쓰는 경우도 있다. 시장을 선점하여 성공하려면 철저한 분석과 축척된 기술로 시장을 선도하든가, 아니면 시장을 이끄는 힘을 갖춰서 화려한 성장을 구가 할 능력과 추진력이 있어야 한다. 그리고 진입을 할 때는 무소불위로 밀어 붙이되 오너는 퇴출구도 신중하게 선택해 놓아야 전체적인 성공을 유지할 수 있으리라. 후리매기는 주왕산과 주왕계곡의 갈림길로 주왕산까지 2km이다. 대전사까지 목표시간에 도착할지 걱정하며 부지런을 떨지만 붉게 단풍물결로 일렁이는 계곡은 발걸음을 자꾸만 세운다. 아름다운 광경을 가슴에 담으며 울퉁불퉁한 경사지를 숨을 몰아쉬며 오르니 체력은 영양소를 공급해 달라고 적신호를 보내며 아우성친다. 부드러우면서 신속하자. 제풀에 지쳐서 쓰러지면 무슨 소용이 있는가? 호흡을 가다듬으며 칼등고개에 이르니 평온하면서 부드러운 뒷동산 산책길이라 주왕산까지 내달리니 주왕산표지석이 둥그런 얼굴로 미소를 짓는다. 밋밋한 정상에 땅이 꺼지는 한숨으로 실망하며 대전사방향으로 접어드는데 저 건너편에 웅장한 기암들이 도열하여 사열을 한다.

아! 기암바위들이 운집한 대자연을 보니 바쁘고 힘들게 달려온 보람이 있었다. 로켓트 발사대에서 곧 발사될 것 같이 솟은 기암에서 항상 내일을 준비하는 모습을 보고, 웅비하는 바위들의 웅장함에서 기운찬 역동성을 만끽하며, 보면 볼수록 대범하고 웅장한 자연의 멋에 가슴을 활짝 열어 포효를 한다. '대자연이여 당신은 말이 없어도 우리는 당신의 모습에서 이 세상을 더 아름답게 만들려고 노력합니다. 우리가 당신을 괴롭히고 앙탈을 부려도 영원히 품어주시기를 바라오며, 산들의 합창으로 삶의 가치를 충만 시켜 주시옵소서.' 대전사는 기암과 어우러져 자연과 인공미의 조화를 보여주고, 우아한 능선의 허리에서 미끄럼을 타며 신나게 동심을 즐기고 싶다. 아쉽게도 산 앞을 지나는 전선주와 전선이 산과 나를 나누는 경계로 자리하여 불유쾌하여도 당신을 담으려고 혼신의 노력을 기울인다. 자연은 살아 숨 쉬는 유기물이므로 자연을 대할 때는 경건하였으면 한다. 자연의 혜택이 없으면 우리는 어찌 될지 깊이 성찰해야 한다.

날머리에서

추위가 파고드는 기운을 쫓아내려고 라면과 소주로 불타는 단풍에 건배하며 자연에 취해 본다. 자연은 잠자는 사람들을 일깨우며, 자신을 돌아보면서 미래를 개척하란다.

한재 미나리

화악산
(華岳山)

산행정보

☆

일 시 2009. 05. 31. (일) 09:30 ~
      16:10 (날씨 : 맑음)
명 칭 화악산(931.5m)/윗화악산(837m)/아
      래화악산(755m)/철마산(634m)
소재지 경북 청도군, 경남 밀양시 청도
      면 및 부북면
동 행 백양동문산악회
코 스 밤티재 → 화악산 → 윗화악산
      → 아래화악산 → 급경사, 안부
      → 철마산 → 음지리

    화악산은 오랜 옛날 천지개벽으로 온 세상이 물에 잠
겼을 때 황소 한 마리가 앉을 정도로 자리가 남아서 전
해지는 지명이다.

    화악산 정상에는 우물(용새미)이 있었는데 사계절 물
이 끊이지 않았으며, 우물에 용이 살아서 용샘이라 하였
다. 우물의 깊이를 알고자 명주실 두 꾸리를 다 풀어도
우물바닥에 닿지 않았다고 한다. 이 용샘 때문에 마을에
재화(災禍)가 끊이지 않아서 우물에 뚜껑을 덮어 없앴는
데 정확한 위치를 알 수 없단다.

    화악산 마루금은 부드러우며 수려하나 급경사를 종종
만나 비지땀을 흘려야 한다. 소의 배부분은 한재로 한재
미나리(한재천 청정지역에서 재배됨)가 특산품이며, 청

도 반시(씨 없는 홍시 감)와 함께 관광 상품으로 각광을 받는다. 청도역 앞의 추어 탕과 영남알프스의 산과 골에서 흐르는 맑은 물도 훌륭한 관광자원이다.

들머리에서

　　노무현 전 대통령께서 관광객을 맞으며 환한 미소로 손을 흔드시는 것이 그립다. 항상 서민께 자세를 낮추시며 대한민국주권은 국민으로부터 나오는 것을 손수 보여주셨고, 대통령 재임 시에는 강대국 국가 원수들과 동등한 지위에서 대한 민국이 주권 국가임을 세계 만방에 떨치셨던 숭고한 정신적 지주셨다.

　　과거를 죽여야 자신이 살아나는 불행한 고리는 언제쯤 사라질까? 발목을 잡고, 이기심에 사로 잡혀 상대를 죄인으로 몰아야 승리하는 암울한 대한민국이 슬프다. 어둠의 그림자를 벗겨내는 지혜가 필요하다.

　　종교를 빙자하여 사악한 행동을 하는 것은 사람에게 종교가 귀속된 것이나 다름 없다. 경제가 발전 할수록 정신문화의 근본이 사라지니 세상은 이전투구로 변하는 구나. 사람의 본성이 바로 서야 객관적인 진실이 규명될 것이고, 옳고 그름을 판단 하는 혜안을 가져야 도약을 기대할 수 있다.

밤티재 → 화악산 → 이정표 → 조망바위 → 암릉 → 윗화악산
(09:30~12:30)

　　밤티재는 청도 남산과 화악산의 안부로 청도읍과 각남면을 연결하는 고갯마루다. 따스한 아침해살이 비치는 밤티재는 인적이 드물어 여유로운 산행이 예고된다.

　　시그널이 유혹하는 등산로를 따라가며 대지가 잠든 것이 아니라 깨어있다는 사 실에 놀란다. 조용하면서도 움직임이 포착되고, 인적이 드문 곳에서는 달에 첫발을

딛듯이 불안감이 엄습해도 선구자가 안내하는 숨결이 따뜻하게 위안을 준다. 그래 자신의 능력으로 모든 것이 이루어진다는 오산을 버리고 선구자에 대한 예를 갖추는 습관과 이웃과 어울리는 조화가 있어야 미래가 기약되고, 발전이 유지된다. 일이 안 풀리면 남을 탓하기 이전에 자신의 능력을 점검하여 상대를 압도할 능력을 키워야 발전이 이루어진다.

상대를 탓하며 상대를 짓밟고 올라서려는 사악함이 만연하면 세상은 퇴보하고 암흑기로 들어설 것이다. 등산로에 뿌리는 땀처럼 진정으로 땀 흘려 노력하는 자가 승리자가 되는 사회, 페어플레이 정신에 박수치는 사회가 될 때 우리는 선진국으로 진입할 것이다. 한발 한발이 더디고 불편해도 자신의 노력으로 봉우리에 이를 때 다가오는 기쁨과 희열은 말로 설명할 수가 없다.

시원하게 건너 보이는 남산에서 타인을 용서하는 법을 배우고 돌탑에서 자아를 성숙시키며 더위를 식혀갈 때 화악산과 포옹을 한다.

대구지역으로 뻗는 비슬산지맥과 영남알프스산세가 어우러져 물결친다. 일엽편주 두둥실 배를 띠워서 님 계신 나라로 갈까? 저 파도 너머에는 어떤 신비한 보물이 숨어 있을까? 산에 있어도 산이 그립구나. 화악산 마루금 전망대에서 고을을 보면 산줄기의 지세에 따라서 환경이 달라지므로 생활방식이 달라졌다.

이러한 사유로 다양한 문화가 꽃을 피우는데 현대는 획일화를 주장하며 왜 고유의 미풍양속을 인정하지 않으려는지 의문스럽다. 서로의 가치를 존중할 때 빛나는 유산이 만들어지는데 권력으로 상대를 짓밟아 자신에게 동조화 시키는 상황이 연출되니 답답하다.

암릉에 줄타는 곡예사의 첫사랑처럼 순수한 사랑을 찾다가 윗화악산에 이른다. 날씨는 맑아도 마음에는 먹구름이 끼고 천둥번개 친다.

 윗화악산 → 아래화악산 → 안부 → 508 → 안부 → 철마산 → 627봉 → 음지리(12:30~16:10)

윗화악산에서 아래화악산까지 마루금은 녹음이 짙고, 능선이 완만하며 부드러워 고향 길을 걷는 기분이다. 가끔은 하강과 상승하는 고개마다 부딪히는 난관을 헤치며, 그래 삶의 길이 탄탄대로일수는 없다. 어렵다고 포기하고, 쉽다고 달려들어 성공한다면 세상사 어려운 일이 어디 있겠는가?

산행을 통하여 인내력도 키우고, 포용력도 키워서 중도에 포기하지 않고 사회에

서 일어나는 여러 가지 다양성을 슬기
롭게 헤쳐가자.

아래화악산에서 선배님의 말씀은 노
전대통령의 청렴함과 굳은 의지는 아
무나 따라 갈 수 없는 기품이고, 경건
함이었단다. 너무 가난하여 도시락을
나누어 주어도 드시지 않고, 수도꼭지
를 빨며 배를 채웠기 때문에 서민의 애
환을 잘 아서서 백성이 주권재민을 누
리며 평화롭게 사는 터전을 마련하고
자 헌신하셨단다.

백성의 입장에서 백성의 권위를 신장시켰음에도 일부인은 언론에서 대통령의 인
식공격부분만 회자하며 논하니 방송매체가 국민에게 미치는 영향이 얼마나 큰지 새
삼스럽다. 올바른 의식이 있다면 진정한 공적이 무엇이고, 왜 언론은 인신공격에 혈
안이 되었는지를 분석하는 혜안이 있어야 한다.

교육열은 높은데 좋은 결과를 거두지 못하는 것은 분석력이 없이 부화뇌동하기
때문이리라. 뒤에서 길을 잘못 들었다는 전갈이다. 독도법상으로 아랫화악산에서 바
로 좌측 하산 길을 택하여 철마산으로 가야하는데 능선을 따라 옥교산 방향으로 향
했던 것이다. 되돌아와서 철마산으로 향하는데 약300m를 급 하강 후 철마산으로
오르란다. 산딸기와 산초향기로 힘든 고통을 달래며 철마산에 이르니 634봉과 630
봉 두 곳에 철마산표지석이 있다.

산은 그대로인데 사람은 다툼을 부축이구나. 630봉에서 음지리 방향으로 들어서
니 바위들이 비범한 자태로 멋을 부린다. 혈이 뭉쳐서 정기를 이루는 하산 길도 난
코스라 S자로 길을 내어 놓는다.

난관을 돌파할 때 바로 뚫는 것보다 우회하면 효과가 높을 때가 있으므로 난관을
만나면 심사숙고하여 해결책을 찾아보자. 배낭무게가 어깨를 짓눌러올 때 밤나무
및 감나무 단지가 여정을 풀게 한다. 산초와 장미, 메밀과 보리, 매실과 오디 등이
봄의 들판을 장식하고 미나리는 봄을 돋운다.

농촌은 쓰러지는 판자집도 넉넉함과 아늑함이 깃들었으니 동경의 대상이다. 도시
의 각박함을 벗어 던지고 인정이 넘치는 농촌으로 언제 갈수 있을지.

날머리에서

산의 높고 낮음에 관계없이 산이 전해주는 철학은 생활을 바르게 만들고, 푸르름은 삶의 폭을 넓혀준다.

그래서 인자요산이라고 하였나? 농촌들녘으로 퍼져가는 봄의 향기에 덥석 여름이 올려져 있었다. 농사가 잘되어서 농민도 웃고, 이를 구매하는 사람들도 웃는 세상이 되었으면 여한이 없겠다.

부산의 최고봉

금정산
(계명봉, 고당봉)

산행정보

일 시 2007. 12. 02. (일) 09:20 ~
      15:30 (날씨 : 흐림)
명 칭 금정산 (계명봉 601.7m / 고당
      봉 801.5m)
소재지 부산시 금정구, 경남 양산
동 행 백양 동기산우회
코 스 범어사전철역 → 계명봉 → 장군
      평원(746.6봉) → 고당봉 → 동
      문 → 온천장

※ 계명봉(鷄鳴峰) : 낙동정맥의 양산과 부산을 연결
하는 선상에 위치한 계명봉은 금정산의 관문이라 할 수
있으며 봉우리 형세는 장군의 투구 모양이다. 계명봉에
서 대마도를 바라보면 대마도가 지네 형국이고 대마도
쪽에서 계명봉을 바라보면 닭의 형상이라 대마도에 사
는 왜구들은 계명봉을 가장 싫어했다고 전한다.

계명봉에는 암탉과 수탉모양의 바위 자웅석계(雌雄石
鷄)를 비롯하여 범어사의 한 암자인 청련암, 자장암, 계
명암 등이 있고, 계명봉 정상부근에는 봉화대가 있다.

※ 금정산성 : 조선시대에 임진왜란과 병자호란을 겪
고 난 후인 숙종 29년(1703)에 국방을 튼튼히 하고 바다

를 지킬 목적으로 화강암 등으로 쌓았으며 전체길이는 약17,337m이다. 낙동강하구와 동래지방이 보이는 곳에 위치하고 동·서·남·북 사방의 성문과 수구문·암문 등의 시설이 있다. 동쪽 성벽은 산꼭대기부터 500~600m의 분수령을 따라 험준한 지형과 암벽을 이용하여 요새를 이루고, 서쪽 성벽은 산꼭대기에서 구포방면의 능선과 계곡을 건너 동쪽 성벽으로 이어진다.

성내에는 중군소(中軍所)와 군기고(軍器庫)·산성창(山城倉) 등 수비에 필요한 건물과 군량·군기가 마련되고, 국청사(國淸寺)·해월사(海月寺) 등이 있었으나 현재는 국청사만이 남아 있다.

들머리에서

낙동정맥에 위치한 계명봉으로 산행을 하고자 많은 시도를 하였지만 금정산(고당봉)에서 비켜 있어서 등잔불 밑이 어둡듯이 지척에 두고 발걸음을 옮기는 것이 쉬운 일이 아니었을 뿐아니라, 산행의 종착지로 정하면 동행하는 몸도 나른하여 중도포기하고 범어사로 내려서는 것이 관행처럼 되었다.

계명봉을 산행초입으로 바꾸면 가능할 것 같아서 송년산행에 맞추어 계획을 세웠다. 새로운 산행코스는 언제나 설레임과 이상이 꿈틀거린다.

노포동전철역 → 1077지방도 → 낙동정맥도달점 → 계명봉 → 장군평원 (09:20~12:00)

양산으로 이어지는 1077번 지방도는 도로확장 공사로 인도가 없는 도로를 자동차가 쌩쌩달리니 불안감이 배가되어 빨리 벗어나고 싶어도 거리가 멀어서 뜻대로 되지 않는다. 조급하여 고개 꼭지점 절개지에서 산으로 진입하였더니 낙동정맥 분기점이 300여m 앞에서 손짓하며 그곳에서 계명봉으로 올라야 맞다고 알려줘도 소로로 들어선다. 산허리를 감는 소로는 마을사람들의 심신단련코스로 얼마나 많은 사람들이 애용했는지 맨들맨들 하다. 산들이 시민의 건강을 챙겨주는 가장 좋은 장소로 우리 일상에서 산이 없었다면 얼마나 불행한 여생을 살았을까.

둘레코스를 따라 걷다가 낙동정맥 능선이라고 산길로 접어들었는데 인적이 드물어 낙엽이불이 푸근함을 더해준다. 산은 외관상으로는 동일한 모습으로 자리를 지키고 있는 것 같아도 내부는 끊임없이 변화가 이루어지고 있었다. 겉과 속이 달라보이는 이중성으로 생명의 원천을 살려가며, 내일을 향하여 이보전진을 위한 일보

후퇴를 거듭하였다.

금정산의 주 등산로들은 발디딜 틈 없이 인산인해를 이루는데 이렇게 호 젓한 자연스런 원시림을 생생하게 만 날 수 있다니 참으로 산행코스를 잘 선 택한 것 같다. 낙엽으로 발이 미끄러져 산행이 곤란할 때도 있지만 낙엽이 주 는 부드러움과 우아함이 있어서 힘든 것도 잊고 낙엽에 사랑을 담는다.

'낙엽따라 가버린 사랑'의 추억도 그려보며 낙엽에 여인의 향기를 담아 책갈비를 만들며 계명봉에 안착하니 고당봉, 원효봉, 의상봉, 그리고 범어사 전경이 한눈에 들어와서 위치선정의 중요성을 음미 해 본다. 전쟁에서 장소를 선정할 때 적이 보일 곳에서 대응할 수 있는 장소와 적 이 보이지 않는 곳에서 대응할 수 있는 장소, 적진 속에서 위치선정 등을 제대로 할 수 없으면 스스로 자멸하거나 적에게 공격당할 수 있듯이 자신의 위치를 정확하게 파악하고 선정하여야 이 모진 세상을 헤쳐갈 수 있다.

날씨가 흐려서 지네형상을 한다는 대마도를 볼 수 없어서 계명봉이 영양을 챙길 수가 없었다. 먹거리를 빤히 보고 영양가 높은 먹거리 지네를 일본에 빼앗겨서 모 이를 먹을 수 없으니 계명봉도 참 딱하다.

먹거리 전쟁에 뒤짐지고 있는 국가적 대응에 답답함이 일어나서 계명봉에서 급 경사를 따라 바람을 일으킨다. 바람에 허전함을 날리고, 장군봉으로 이어가는 낙동 정맥을 따라 다시 하염없이 상승하니 나무들은 빛이 바랜 회색옷으로 다소곳이 평 온을 찾고, 장군평원(746.6봉)뜰에는 억새의 누런 빛깔이 황혼의 멋이 무엇인지 알 려준다. 늙는다고 서러워할 것이 아니라 스스로 멋있는 늙음을 맞는 준비를 하자.

 장군평원 → 고당봉 → 북문 → 원효봉 → 동문 → 온천장
(12:50~15:30)

장군봉의 암봉을 눈요기하고 고당봉가는 길에 '梵漁寺基'(범어사기)라고 바위에 새겨져 있다. 예전에는 경계를 바위 등에 새겨서 표시한 모양이다. 철조망으로 단절 시키는 행위보다는 상호 통하는 경계가 한결 부드럽고 친근감이 있다. 소나무가 울

창한 곳에는 소나무 낙엽이 융단처럼 깔려서 활엽수와 또 다른 특색을 보여 준다. 녹색의 비단이 깔려있는데 여인의 살결보다 더 보드라운 느낌이고, 자리를 깔고 누우면 금방 잠이 들 것 같다.

조릿대는 춤으로 간지럼을 태워서 허공을 걷는 환상의 도가니라 우아한 날개 짓으로 능선으로 날아드니 바위군락들이 작품을 이루며 낙동강을 굽어보인다. 신성한 곳에 자리한 마애불상은 물질의 풍요로 정신의 세계를 잃지 바라고 일침을 가한다. 산이 품고 있는 자연미에도 고도의 정신세계가 어려 있으니 산행으로 자신을 다스리는 것도 좋을 것이다.

그러고 비경에 숨은 참된 진리를 보려면 체력도 있어야 함을 알자. 고당봉은 바위군락으로 설악산 울산바위 못지않게 위용이 있으니 절로 숙연해진다. 고당봉 정상 표지석에서 부산, 김해, 양산을 보며 중용의 관점을 찾아 북문에서 원효봉으로 향한다.

금정산성은 자연의 지형지물을 최대한 이용한 조상의 지혜지만 좋은 지형조건을 갖추고도 전투에 패하는 것은 어떤 연유일까? 지형지물만 믿고 자기계발을 게을리하고, 탁상행정으로 모든 것을 처리한 결과물이 아닐까? 방어도 전술과 전략이 있게 마련이고, 이를 제대로 활용할 장군과 군사를 길러내는 것도 국방의 중요한 역할이다. 전쟁이 없다고 게을러지는 순간 틈이 벌어져 침투는 일어난다.

날머리에서

온천에 몸을 풀고 한해를 마감하는 뒤풀이로 격세지감을 느끼며 나이는 숫자에 불과하다고 하지만 커지는 숫자의 부피만큼이나 마음도 움츠려든다.

새해가 시작되면 숫자와 싸우다 마음은 허공을 헤맬 것이다. 그래 숫자를 세어본들 무엇을 하나. 숫자 타령보다 건강을 위하여 좀 더 많은 움직임과 사고의 전환이 밝은 생활을 영위하는 진리임을 터득하자.

부산광역시

금정산 파수꾼

금정산 장군봉
(將軍峰)

산행정보

★

▶▶▶

일 시	2007. 6. 03. (일) 11:00 ~ 14:30 (날씨 : 맑음)
명 칭	장군봉(734.5m)
소재지	부산시 및 양산시
동 행	백양동기산우회
코 스	동면초 → 동아대농장 → 금륜사(은동굴) → 장군봉 → 청련암 → 범어사입구

금정산의 최북단에 위치한 장군봉은 바위봉우리로 양산시에 속하며, 정상에서는 양산 뜰과 오봉산, 원효산, 그리고 금정산의 고당봉 등이 조망된다. 원효산(제1천성산)과 장군봉 사이에 경부고속도로와 1077번 지방도로가 부산과 양산을 이으며 상호 문물을 교환한다.

들머리를 양산시 동면 초등학교로 하면 송정사, 금륜사, 은동굴을 만날 수 있으며, 암릉지대를 지나 장군평전에는 억새군락지가 조성되어 있다.

범어사, 동래온천, 금정산성 등의 관광명소와 연계한 산행도 가능하다. 또한 계명봉과 고당봉사이의 낙동정맥을 장군평전이 연결한다.

들머리에서

어제는 날씨가 흐리고 대기는 빗기를 머금어서 장거리 산행을 포기하고, 금정산 산행에 나섰다. 정해진 등산로를 택하지 않고 도심 속에서 금정산으로 접근하려니 곳곳이 절벽과 가옥에 막혀서 등산로를 택하지 않으면 금정산으로 진입할 방법이 없었다. 금정산은 어디서라도 접근할 수 있을 것으로 알았는데, 도시 시설이 울타리가 되고 철책이 되어 접근을 불허하였다. 진입 실패로 금정산 산행을 포기하고 환경이 개선된 온천천을 둘러보는 것으로 방향을 틀었다. 온천천은 대부분 시멘트와 아스팔트로 발의 피로도 심하였다. 오늘 아침까지 밀려오는 피로에 아침운동을 포기하고 잠에 빠져들다가 후닥닥 오늘 산행의 모임장소로 나간다. 가까운 이웃 산이라 게을러지고, 나태해지는 심리현상의 발동이었다.

양산시 외송리 동면초 → 동아대농장 → 금륜사(은동굴) → 726.7봉
(11:00~13:30)

도심 속 시골은 거칠고 황폐하다. 공사 후 마무리가 불성실하여 공사 잔여물이 곳곳에서 환경을 어지럽히고, 비닐쓰레기 등은 곳곳에 방치되어 농촌의 순박함이 지저분하게 다가온다. 도시이면서 시골도 아니고 시골이면서 도시도 아닌, 도시 옆 농촌은 부산스럽고 혼란스러워 분위기를 피하고자 산으로 들어가고 싶어도 좀처럼 산길이 열리지 않는다. 숲과 임도를 번갈아 만나며 신금륜사에 이르니 시멘트 가람 신축공사가 한창이고, 사방이 어수선하여 자연이 파괴 현장에 온 것 같다. 깔끔하게 공사하는 방법은 없나? 공사파편과 지저분한 환경, 방치된 부산물들이 눈살을 찌푸리게 하고 마음마저 심란하다. 강렬한 더위는 '색즉시공, 공즉시색'을 떠 올리기보다는 물 한 모금이 더 고맙고 감사하다. 물질문명에 길들여져 금강산도 식후경이라고 했다. 기본욕구(의식주)가 해결해야 세상의 범죄도 줄듯이 민생고가 우선적으로 해결되어야 세상도 밝아진다. 범민에게는 사상보다는 물이 더 귀중하므로 경제 환경을 넓히는 정책이 필요한 시점이다. 갈증해소 후 고행 길로 접어드니 탐스런 산딸기가 발걸음을 멈추게 해서 친구에게 건네주며 힘을 북돋운다. 힘든 산길은 인내력을 실험하고, 묵묵히 내딛는 발길은 땀방울로 얼룩지며, 옷은 땀에 흥건히 젖어 처량해도 대가로 얻어지는 건강이 있어서 행복하다. 구금륜사는 폐허 속에 여래불과 동굴 속 불상이 세상을 제도하는데, 아늑한 너그러움은 찾아 볼 수 없고, 어수선한 건축 잔여물만 남아서 세월의 무상함을 전해준다. 종교나 기업이나 개인이나 고객

■ 산과 카멜레온

관리는 세월을 이겨내는 중요한 요소
이므로 변화하는 고객니즈에 맞게 관
리방법도 바꿔가야 한다. 바윗길에서
봉우리에 이르니 아! 한줄기 시원한 바
람이 세상의 모든 시련을 날려 보내 후
련하다. 양산천 주변은 구획정리로 반
듯반듯하고, 봉우리 하나는 머리가 잘
렸는데 하얀 면사포를 쓴 것 같다. 유
유히 흐르는 낙동강은 수많은 사연을
실어서 이 강토를 옥토로 바꾼다. 원효
봉과 고당봉은 한 선으로 힘차게 뻗어서 영남의 낙동정맥을 잇는구나.

 726.7봉 → 장군봉(734.5m) → 장군평정 → 청련암 → 범어사입구
(13:30~14:30)

　북사면은 암릉의 위용을 자랑하고, 남사면은 푸른 초원처럼 매끄럽게 윤기가 흐
른다. 금정산의 지형은 대체로 한쪽 면은 급경사고, 다른 면은 부드러운 평지이며
정상부 평원에는 산성마을이 자리한다.
　금정산성은 금정산의 급경사지형을 이용하여 축성하였으며 내륙을 방어하는 중
요한 군사요충지였다. 낙타 등의 암봉마다 사람들이 활기를 불어넣고, 전망대에서
는 암봉이 단장하여 공연을 펼친다. 먼 곳에서 장군봉을 보면 보잘 것 없이 보였는
데 가까이 접근하여 보니 삼라만상의 군상이 인생을 설명한다. 사람을 평가할 때도
떠도는 사람들의 이야기로 평가할 것이 아니라 당사자와 직접 대면해서 의견을 들

고, 일을 시켜보는 것도 필요하다. 선입관으로 사람을 오판하여 종종 우수한 인재를 잃는 경우가 많다. 꼭 필요하면 직접 이야기를 나누어 그릇의 가치를 정확히 평가하자. 우수한 인재 한명이 회사의 흥망성쇠를 판가름 할 수 있다. 인재를 판가름 하는 것이 쉽지 않지만 풍문으로 우수한 인재를 놓칠 수는 없지 않은가? 장군봉 표지석의 낙서는 아직도 우리가 선진 신민으로 진입하는데 한계를 보여주는 것 같다. 우리문화를 아끼고 보존하는 마음자세가 향상되어 자기만의 이익이 아닌 공동체의 이익을 추구하는 문화가 존재해야 하고, 즉흥적인 자신의 이익보다 남을 배려하는 뜻이 있어야 선진국으로 진입이 가능하다. 부를 창출하는데도 도덕과 윤리가 병행되어 부자가 손가락질을 받을 것이 아니라 존경받는 사회로 변화되어야 한다. 장군봉 초원에 정다운 이야기로 생활가치를 향상시키니 하늘은 가을하늘처럼 투명하게 열린다.

푸른 하늘에서 쏟아내는 희망의 빛을 받은 청련암은 수많은 불상을 세워 세상을 구원한다. 저 불상들은 무엇을 가르치고자 존재할까? 이심전심의 석가모니불의 참뜻을 이해하지 못하여 나는 누구이며, 무엇을 알아야 하고, 무엇을 위하여 기도할 것인가 생각하다 마땅한 답도 없어 제자리를 지킨다. 자신을 아는 것이 우선이라 묵언으로 수양을 하다가 자리를 비켜선다. 마음의 수련이 교육으로만 가능하다면 좋으련만 교육은 사회질서의 기초생활이고, 참된 삶의 가치는 무수한 고행과 수행을 통하여 이루어지는 것이다. 그러나 그것도 곧 물질에 흩어지게 마련이다. 수려하게 조성된 범어사수림을 어루만지며 속세로 들어선다.

날머리에서

중국 여행날도 얼마 남지 않았다. 스스로 자신의 위치를 만드는 노력도 중요하고 이웃과 함께 어울려 만드는 방법도 중요하다. 중년에 이런저런 사유로 기회를 놓치면 시간만 소비할 뿐이므로 기회가 왔을 때 좋은 추억과 세상 보는 눈을 키우자. 자신은 아니라고 할 때 제자리에 서 있거나 머무르게 되는 것이다.

이웃과 함께 의논하며 길을 찾는 것도 자신을 발견하는 중요한 계기가 된다. 또한 어떤 일을 할 때 자신의 목적과 방향을 정확하게 설정하여 추진하여야 효과를 거둘 수 있다. 친구따라 강남가듯이 강남도 가봐야 된다.

부산 최초 젖줄 성지곡 수원지

백양산
(白楊山)

산행정보 ★

일 시 2009. 02. 01. (일) 10:00 ~
        15:00 (날씨 : 흐림)
명 칭 백양산(642m)
소재지 부산진구, 북구, 사상구
동 행 백양동문산악회
코 스 주례전철 → 애진봉 → 백양산
        → 불웅령 → 만남광장 → 만덕
        고개 → 남문 → 온천장

백양산은 낙동정맥구간으로 금정산(金井山 : 796m)과 엄광산을 이어놓는 교두보로 금정봉(397m), 불웅령(611m), 애진봉, 삼각봉 등의 봉우리가 이어지며 동쪽에 성지곡수원지와 어린이대공원이 있다.

성지곡수원지는 삼나무, 전나무 등의 조림으로 수림이 울창하고, 산허리에는 원효대사(元曉大師)가 창건했다는 선암사(仙岩寺)를 비롯한 운수사, 용문사 등이 위치한다. 정상에서는 부산시 전경과 멀리는 동해바다가 조망되며 서쪽으로 부산의 젖줄인 낙동강과 곡창지대인 김해평야 및 김해가야의 주산 신어산 등이 조망된다. 산과 바다 및 강 그리고 도시의 전경 등을 여러 각도에서 볼 수 있어서 많은 사람들이 찾는다.

들머리에서

산행 피로와 근교산행으로 게으름을 피우다 허둥거린다. 이상하게 가깝거나 시간여유가 있으면 지각하기 쉽고, 거리가 멀거나 시간이 없으면 지각할 확률이 적어 심리작용이 행동에 미치는 영향이 크다. 언제나 초발심을 유지하며 생활하는 것이 여간 어려운 일이 아니다. 한비자를 읽으며 군주와 철학의 의사결정이 사회에 어떤 영향을 줄까? 의사결정은 한쪽을 선택하면 한쪽은 상대적으로 손해를 보는데, 철학은 두 조건을 만족시키는 해를 요구하며 자연의 섭리(본질)를 찾고자 하니 진퇴양난의 갈등 속에서 책을 덮는다. 기축년 새해 인사를 나누며 넉넉한 웃음에서 건강과 자연미가 넘쳐난다.

주례전철역 → 삼각봉 → 돌탑 → 애진봉 (10:00~11:30)

도시의 미로를 구전으로 찾으며 산행 진입로로 접근하니 건강공원이 시원한 약수를 음용하며 여유를 가지란다. 한잔의 약수가 보약이고, 한발자국이 건강을 지키는 담보라 돈으로 건강을 구매하지 말고 땀으로 건강을 챙기는 습관을 가졌으면 한다. 땀의 건강을 앞장세우며 삼각봉에 이르니 이등변 삼각형 바위봉우리가 위풍당당하다. 교통 신호등처럼 갈 길을 알려주는 삼각봉(454m)에서 우리의 금수강산 천리 길을 애무하며 달려온 낙동강이 김해평야를 잉태하고 남해로 흘러드는 곳에 승학산, 가덕도가 안녕을 고한다. 을숙도, 명지도, 진우도(眞友島), 대마등도, 장자도, 일웅도 등이 강물과 어우러져 이별을 아쉬워하지만 대의를 위하여 큰 바다로 합류하니 여간 자랑스러운 것이 아니다. 낙동강은 우리의 젖줄이요 중요한 생명수로 오염시키면 안 되지만 대구와 진주 등의 여러 도시를 거치면서 각종 오폐수와 중금속으로 오염도가 날로 심해져서 걱정이다. 낙동강을 주요 식수원으로 사용하는 부산을 비롯한 인근도시들은 낙동강을 안고 있는 여러 도시들과 긴밀히 협조하여 강의 오염을 최소화하는 동시에 철새들이 살아갈 수 있는 보금자리를 마련해야 한다. 저 멀리 불모산을 비롯하여 첩첩히 인접한 산들이 한울타리로 너와 내가 구분되어 있는 것이 아니라 하나로 연결되어 있으니 서로 좋은 뜻을 모아서 상생의 정책을 펼쳐야 할 것이다. 낙동정맥으로 뻗어가는 엄광산, 꽃마을, 시약산, 승학산이 정맥의 기운을 되살리고, 금정산을 거쳐서 북으로 이어지는 산들은 힘차게 뻗어가는 우리의 기상이므로 낙동정맥이 영원히 존재하는 대책을 세웠으면 한다. 고개마다 마주치는 역경을 생활의 돌파구를 찾는 기회를 부여한다고 생각하면서 중도에 포기하지 않는 삶의 철학을 배우자. 꾸준하게 걷는 지구력도 직장이나 사회생활에서 낙오하지 않는 능력과 인내심을 길러주고, 자신의 고통을 남에게 전가하지 않고 배려하는 자세를 길러준다. 멀리 날려는 욕심보다 한걸음 한걸음 체력을 안배하며 걸으면 목적지에 도달하는 희열을 맛볼 수 있다.

애진봉 헬기장에서 시산제를 올리며 천지신령님과 백양산 신령님께 산우회의 건강과 안녕을 빌고, 산천초목과 모든 동·식물과 유·무기물에 대한 자연보호를 다짐하며 약소하게 차린 음식물을 흡족하게 드시라고 엎드려 고한다. 시산제를 통하여 자연에서 우리가 보호 받기 위해서는 우리가 자연을 보호해야 된다는 것을 재인식한다. 사랑은 행복을 얻기 위하여 존재하는 것이 아니라 행복을 타인에게 전해주기 위하여 존재한다. 옛 선인들은 걸어가다 동식물이 놀랄까봐 풍경소리 그윽한 방울을 달고 다녔다고 하지 않았던가? 아무리 하찮은 미물이라도 생명이 있고, 무기물에도 예술적 극치가 담겼으니 자연은 무한한 것이 아니라 유한한 것임을 잊지 말아야 한다.

 애진봉 → 백양산 → 불웅령 → 만남광장 → 만덕고개 → 남문 →
온천장 (13:20~15:00)

시산제로 부른 배를 보듬고, 해빙으로 질척거리는 길을 걷다가 쭈굴딱 미끄러져 엉덩방아를 찧어서 질퍽한 흙이 옷을 도배해도 액땜으로 간주하고 백양산 정상에 안착한다. 산과 강, 육지와 바다, 도시의 건물을 조망하니 부산의 중심부에 서 있는 느낌이다. 영도 남항에는 먹거리를 실어나르는 상선이 수정과에 잣을 띄워놓은 것처럼 떠있고, 북항에는 수출입 컨테이너가 분주하게 움직인다. 세계경제불황으로 역동적인 부산항의 역할이 쇠퇴하여도 명실상부한 대한민국의 컨테이너 항구로 역할

을 다하는 부산항이 자랑스럽다. 부산항을 통해서 수출된 우리상품이 세계를 누비는 것을 상상하며 대한민국이 경제대국으로 성장하기를 바란다. 오대주 육대양을 누비는 영원불멸의 대한민국을 구축하는 과제를 짊어지고 새로운 역사를 쓴다는 각오로 임해야 원하는 바를 얻을 것이다. 불웅(태)령의 급경사는 먹이를 준다고 덥석 물어버리는 어리석음을 깨우치라며 징검다리도 두드리며 건너라는 급경사를 내어놓는다. 만남의 광장은 만덕과 초읍 그리고 동래와 북구를 연결하는 장이라 북새통이다. 이심전심이 통하는지 밝은 웃음이 사랑스럽다. 남을 욕하고 시기한들 무슨 소용이 있으랴 내가 잘되어 혜택을 줄 수 있고, 남이 잘되어 나를 도와 줄 수 있으므로 서로가 잘 되도록 상부상조하는 정신을 갖추자.

그리고 의사결정도 바르게 하자. 잘못도 미적미적 넘어가면 그것은 사랑이 아니라 두 번 죽이는 것이다. 잘못을 고칠 수 있어야 진정한 사랑이다. 좋은게 좋다고 구렁이 담 넘어 가듯이 두리뭉실 넘어가면 발전이 없다. 잘못을 고쳐야 영원한 직장이 되고, 불가능을 가능하게 만든다. 만덕고개에서 축지법으로 목욕탕에 직행했지만 선발대는 남문에서 케이블카로, 도보로 목적지에 도착하였다.

날머리에서

4주동안 4곳의 온천을 돌았으니 횡재인가? 베푸는 배려에 감사하며 행동하면 즐거움과 삶의 가치가 충만 된다. 독불장군보다 상호인정하면 행복은 옆에서 웃는다. 영원한 행복을 위하여 외세 침략에 국민이 노출되지 않도록 하소서.

기장국과 거칠삼국

장산
(萇山)

산행정보

▶▶▷

일 시 2008. 12. 14. (일) 13:40 ~
       16:30 (날씨 : 맑음)
명 칭 장산 (634m)
소재지 부산시 해운대구, 기장군 일원
동 행 하늘과 구름
코 스 성불사 → 장산 → 7부 능선 회전
       → 장군바위 → 임도 → 성불사

장산은 해발 634m로 부산에서 금정산, 백양산 다음 높은 산이고, 황령산, 금정산, 장산이 만들어낸 수영강에는 거칠산국(居柒山國)이 있었고 기장에는 장산국이 있었다고 한다.

동래패총에서 철제유물이 상당히 발견되고 있으며, 동래패총의 규모도 동래역부근으로 한정된 것이 아니라 동래일대로 넓게 분포하였으나 일제 때 우리나라 문화의 우수성을 말살하고자 문화재 발굴과 규모를 동래역으로 한정시켰다고 전한다.

복천동 고분도 부족국가체계의 번창한 유적이란다. 쾌청한 원색의 푸른 하늘이 온 누리를 비칠 때면 동해와 남해의 푸른 바다가 형용할 수 없게 가슴을 시원하게 해준다. 시시때때로 변하는 빛의 조화를 연출하는 바다와 금정산 및 백양산을 비롯한 거제도, 김해 신어산, 양산 영취산 등이 장엄한 합주곡을 연주하면 용솟음치는 정렬이 샘솟는다. 산과 바다가 웅장한 오케스트라를 연주하는 하모니는 장산만이 보여주는 풍광이요 멋이다. 그리고 우리의 섬 대마도가 남해에 일직선으로 자리하여 신기루처럼 떠오를 때는 복받치는 슬픈 아픔이 다가와서 눈물이 맺힌다.

들머리에서
도시에서 김장은 1년 농사로 김치 맛에 따라 식탁의 음식 맛이 좌우되고, 가정의 건강에도 영향을 미친다. 핵가족화와 여성의 사회활동이 증가되는 시대 변화에 따라 남자도 부뚜막을 들락거려야 가정이 화목하게 되는 것을 격세지감으로 회상하며 오후에 장산을 찾는다. 청명한 날에는 우리 땅 대마도가 남해바다에 신기루처럼 떠있어서 노를 저어가고 싶은데 어찌하여 일본에서 볼 수 없는 대마도가 일본 땅인지 이해 할 수 없다. 왜 일본은 독도를 주장하는데 우리는 대마도를 주장하지 못하고 조용히 대응하자는 말만 다람쥐 쳇바퀴 돌리듯이 돌릴까? 바다가 태양 빛을 품었다가 내뿜으며 비너스 탄생의 신비한 빛이 장산에 있다.

삼호가든 → 성불사 → 너털지대 → 교차점(신도시방면) → 정상
(13:40~14:40)

눈이 시리도록 푸른 원색하늘에 구름이 하늘하늘 춤추며 재롱을 피우는 것이 앙증스러워 마음은 벌써 장산 정상에 섰다. 계절은 겨울이지만 햇살은 봄빛이라 불어오는 바람을 계절적으로 표현할 말이 미묘하다. 연속되는 기후변화를 감지하며 언제 닥쳐올지 모르는 환경재앙이 두려우면 기후변화의 주범인 오염원을 발생시키지

않아야 한다. 그럼에도 산길 군데군데 쓰레기가 쌓여있으니 가시적으로 보이지 않는 곳에서는 얼마나 많은 환경오염물질이 쏟아져 나오겠는가? 늘어나는 인간쓰레기를 잡으려고 산에 CCTV를 설치할 날도 멀지 않은 것 같다. 제발 오물을 투척하는 인간쓰레기도 하루 빨리 청소되기 바라며 약수터에서 목을 축이고 정상에 안착한다. 도시는 자연의 색을 잃어버리고 회색으로 채색되었으며, 복천동고분도 현대의 옷을 입으려고 사방이 잘려졌다. 부산에도 거칠산국, 장산국 등의 선사시대 문화유적이 많으므로 문화재를 발굴하여 문화관광 도시로 부산을 만들면 쾌적한 문화도시로 탈바꿈할 것이다. 도시를 현대식 건물로 채색하는 것보다 좀 더 우아하고 세련된 녹색도시를 조성하면 아이들도 정서적으로 안정되는 수준 높은 도시가 되도록 묘책을 발현시켰으면 한다.

정상 → 7부능선 일주 후 정상 → 장군바위 → 임도 → 성불사
(14:40~16:30)

　　정상에서 7부 능선으로 내려와 장산허리를 감아 도니 억새밭이 누런 대로 남아서 성자필멸(成者必滅), 회자정리(會者定離), 연고성쇠(軟膏盛衰)라는 말을 떠오르게 한다. 영원히 지속될 것 같은 기운이 하락하고, 경제도 파도를 친다. 분석능력이 발달하여 상승과 하락의 시점을 찾을 수 있을 법도 한데 하락을 설명하면 매장되기에 수수방관하여 골을 더욱 깊이 패게 만든다. 빛 잃은 억새사이로 송정과 기장 바다가 신기루를 실어오는 한편으로 성한 곳이 있으면 멸하는 곳도 있고, 모였으면 흩어지는 것이 당연하듯이 이는 구분되어 발생하는 것이 아니라 공존하는 것이다. 즉, 존재와 부존재가 공존하며 우리를 맴돌고 있는 것이다. 우리는 원칙을 알고 다가올 미래를 점지하여 흥을 오랫동안 지속시키는 묘책을 찾는 것이 원안이다. 장산의 기

운이 흐르다 혈이 뭉쳐서 솟은 바위 아래는 명당인지 묘가 위치하고 앞으로 반송과 금사동이 햇살에 눈부시다. 회동수원지가 한반도를 그리는 너머로 금정산, 영취산, 천성산, 대운산, 달음산이 병풍을 치며 다가온다. 다시 정상에 도착하니 광안대교, 황령산, 봉래산, 승학산, 백양산, 김해 신어산, 가덕도 그리고 낙동강과 합수하는 동해와 남해바다는 태평양의 발원지로 바다의 힘찬 기운을 끌어올린다. 숲에서 나무를 보면 전체를 보지 못하고, 보는 나무만 관심을 가지고 바라보니 건너편 나무에는 관심을 두지 않는 것이 일반적이다.

그런데 이렇게 전체를 볼 수 있는 위치에 서면 사물은 혼자 있는 것이 아니라 서로 긴밀하게 연관되어 있음 알 수 있다. 인과응보(因果應報)라 하지 않았던가? 모든 것에는 원인과 결과가 따르기 마련이고, 고무풍선처럼 한곳을 누르면 다른 곳이 팽창하듯이 이러한 관점에서 사물을 관찰하고, 사용할 때 정확한 맥(경제 등)의 흐름을 잡을 수 있다. 낙동강과 바다가 만나는 다대포 합수지역은 석양빛이 황금을 깔았는데, 연금술사가 찾는 황금일 것이다. 금을 만드는 재료를 전달하는 푸른 강물은 우리의 젖줄이고, 희망이다. 저 젖줄이 어느 날 시멘트로 포장되어 생물이 살지 않는 강으로 전락되지 않기를 학수고대한다. 장군바위는 남성의 상징물로 하늘 높은 줄 모르는데 예전에는 기우제를 지낸 곳이란다. 현대는 취하기만 할 뿐 베풀지를 않으니 마른하늘을 보고 비를 기다릴 것이 아니라 음식도 장만하여 푸짐하게 나누며 정을 베풀면 좋은 효과가 있을 것이다. 석양에 잉태되는 광안대교와 바다에 비치는 빛은 환상의 하모니로 권력의 황홀경에 홀려서 주지육림을 만드는 악수는 두지 말았으면 한다.

날머리에서

산은 변하여도 말이 없다. 산을 산으로만 볼 것이 아니라 우리를 비춰 보며 자신을 찾는 기회의 장으로 보자. 자연을 중심으로 변화하면 행복한 삶이 영위되는데 사람중심으로 정책을 펼치니 세상은 모자란 것이 너무나 많다.

인간의 욕심을 채우려면 재화는 한정이 없으므로 자연을 중심으로 먼저 욕망을 절제하는 능력을 키우자. 이런 과정을 거쳐서 경제가 어렵다고 자가당착하지 말고 합심해서 세계 속에서 우리문제를 풀면 밝은 미래를 볼 수 있다. 내분이 커질수록 불행이 앞장설 뿐이다.

소가 점지한 미황사

달마산
(達摩山)

산행정보

★

일 시 2007. 3. 25. (일) 12:00 ~
        17:00 (날씨 : 맑고 스모그현상)
명 칭 달마산 (499.5m)
소재지 전남 해남군 송지면, 북평면,
        현산면
동 행 백양동문산우회
코 스 미흥사 → 부도전 → 금샘안부
        → 달마산(불썬봉) → 바람재 →
        송촌리

해남군에 위치한 달마산은 땅끝기맥이 덕룡산에서 주작산과 두륜산으로 맥을 잇다가 다시 힘을 발해서 달마산을 잉태하여 사자봉(122m)에서 땅끝 마을과 접하여 바다와 맞닿는다.

바다와 맞닿는 곳을 끝이라 표현하지만 그것은 끝이 아니라 생명의 원동력을 흡수하는 곳으로 만물의 생명이 소생하고, 모든 힘의 근원이 되는 곳이다.

고려시대 고승 무애대사는 달마산을 두륜산과 접하고, 삼면이 바다에 닿아 있는 산으로 송호리에는 소나무와 참나무가 무성하여 치마를 두른 듯하고, 기암괴석은 우뚝 솟은 깃발과 흡사하며, 산 형세는 사자가 찡그리고 하품을 하는 것 같기도 하고, 용과 범이 발톱과 이빨을 벌리고 있는 것 같기도 하며, 멀리서 보면 하얗게 쌓인 눈이 공중에 떠 있는 듯하다 했다.

들머리에서

봄날의 따스함이 감미로운 꿈결로 인도하고, 산과 들은 봄기운으로 눈망울이 뽈똑뽈똑 돋아나 생명이 약동하며 온 세상을 푸르름으로 가득 채워간다. 새 생명의 움을 피우는 자연의 섭리는 겨울에 움츠렸던 가슴을 요동치게 하고, 가슴 깊은 곳에서는 힘찬 기운이 솟구친다.

겨울은 봄꽃을 피우기 위한 기다림이고 자신을 정비하는 시간이었다. 화사한 봄꽃을 위하여 무성함을 버리고, 스스로 낮춰서 새로 피어날 생명을 가장 돋보이게 하는 배려였다. 태어날 생명을 위하여 스스로 버리고 또 탄생시키는 자연에서 겸허해 질뿐이다. 순천을 돌아 해남 길에는 예전에 무등 태워준 덕룡산과 두륜산이 손을 흔들고, 다산 정약용선생의 유배지도 세월을 지키며 후손을 양성한다.

정약용선생은 유배지에서 무수한 저서를 남겼으며, 형 정약전선생도 흑산도로 유배가서 우리나라 최초의 물고기 해부학 '자산어보'를 저술하였다. 언제나 제자리에 있지만 항상 살아 숨 쉬는 산들이 정겹고, 밝은 미소로 우리를 반기는 산에서 덕을 배운다.

미황사 → 부도전 → 금샘안부 → 사자봉 → 문바위재 달마산(불썬봉)
(12:00~13:30)

적당한 키 높이의 동백나무만 보다가 갑자기 하늘높이 자란 동백나무 군상을 보니 또 다른 세계에 들어선 착각을 일으킨다. 동백으로 허한 벌판이 푸르게 바뀌고, 붉은 동백꽃은 화사하게 피어나 봄을 장식한다. 미황사 뒤편에는 바위들이 꽃으로 피어나 병풍을 설치하였고, 가람을 놓은 담과 석축에서는 고찰의 향기가 그윽하여 아늑한 고향집에 들어온 것 같다.

대웅전은 빛이 바래서 새 옷으로 단장을 하였으면 하지만 연로한 모습으로도 더욱 더 고고한 자태를 빛내며 굳건하게 있어서 스스로 자세가 낮추어진다. 세월로 빛이 바랬지만 그 빛이 가치 있게 보이는 것은 청빈의 순수함에 강인한 의지가 담겼기 때문이다. 자연 속에서 절개와 조화를 배운다.

미황사는 정겨운 토담너머로 달마산을 병풍처럼 간직하고, 만인에게 삶의 평안함

　부도전에는 희귀한 선사시대 유물(돌에 새겨진 원숭이모양 등)이 있어서 선사들의 부도에 목례하고 동백나무의 군상이 펼쳐진 산길을 따른다.

　숨을 헐떡이며 땀을 쏟는 등선에는 아기를 엎은 어머니 바위들이 연이어 산을 오르는 모습이다. 어미바위들 옆으로 갓 피어난 진달래가 볼이 가려운지 파르르 떨고, 생명을 잉태하려는 나무들은 꽃망울을 터트리려고 삐쭉삐쭉 얼굴을 내민다.

　언제나 보는 자연이지만 언제나 신비롭고, 다정다감하여 생각은 머무르지 않고, 넓은 바다를 향하여 끝없는 유영을 한다.

　산 능선에서 도솔봉 쪽으로 연꽃향로처럼 피어난 바위가 절경을 이루어 단숨에 내달려서 봉우리에 안기고 싶은 마음이 꿀떡같다.

　땅끝(토말)은 진도와 완도가 호위를 하고, 혹시나 상할까봐 섬들이 첨병으로 철저한 경계를 선다.

　바다는 리아스식 해안으로 신들이 물방울을 떨어트려 조각한 절경사이로 산은 다시 산을 잉태하고, 산들은 생명의 선으로 연결되어 땅끝에 이른다.

　땅끝은 바다에서 바람소리 물소리로 정기를 받아서 올망졸망한 꿈을 실은 생명의 섬을 또 피운다.

　달마산 일자능선에는 개구멍도 있고, 망부석도 있고, 문바위, 남근석 그리고 칼날의 날카로움도 있고, 여인의 가슴처럼 부드러움과 풍만함도 자리한 자연의 예술품에 탄복한다.

　자연의 예술품을 영원히 보존할 수 있는 터전도 마련하고, 후손들이 언제나 감상하면서 삶의 철학을 배우도록 해야 한다.

　자연에 안길 때마다 흐트러진 마음을 다독거리고, 정립하면서 짧은 인생의 방향도 잡고, 자신을 회상하니 입가에는 웃음이 살짝 피어난다.

문바위재 → 불썬봉(달마산 : 499.5) → 농바우 → 바람재 → 송촌리
(13:30~17:00)

문바위재는 미황사에서 정면으로 보면 움푹 들어간 곳에 해당된다. 미황사는 푸르름 속에서 자신의 얼굴을 내밀지 않고 고즈넉하게 자리하여 산사의 겸손함을 보여준다. 어쩌면 저렇게 균형을 잡힌 몸매를 보여주는가? 창건설화처럼 인간이 자리를 잡은 것이 아니라 영적인 관점에서 점지하여 흐트러짐 없이 자연과 조화를 이루는 안성맞춤 그 자체이다.

남녘의 봄바람이 꿈을 실어와 잠든 사고와 정신을 깨우니 삶의 가치를 더욱 보람차게 만든다. 외줄 인생에서도 삶을 찾아야 하고, 낭떠러지 벼랑에서도 두려움을 극복하는 능력을 키워야 한다. 낭떠러지와 외줄에 있어도 사람들의 희로애락(喜怒哀樂)을 파악하여 우리의 경쟁력을 높여야 한다. 상대를 모르고 책상에서 상대를 파악하는 것은 어불성설이고, 지피지기가 되었으면 냉정한 처리방법과 의사결정을 내려야 한다.

산속에서 자신을 찾아갈 때 자연이 주는 맛의 진실을 오감으로 느낀다. 바위들이 쭉 솟아다 내려앉고, 홀로서서 고독의 애환을 달래고, 누군가를 기다리는 망부석은 마음을 애처롭게 한다. 천길 낭떨어지는 간담을 서늘하게 하고, 연결을 단절하고자 우뚝 솟아 하늘을 찌르는 모습에서 더욱 더 깊은 사색에 빠진다. 어떤 것이 조화로운가? 불규칙적인 파장으로 표현되는 형상에서 꿈틀대는 관념의 허상에서 나름대로 자연의 이치를 정립해 보지만 한줄기 바람으로 흩어져 버린다.

자연의 이치를 깨우치고자 바위끝자락에서 메아리치고 싶지만, 동물들이 놀랄까봐 마음으로 메아리를 울려 퍼지게 한다.

공자가 주유열국하면서 설법한 것을 제자들이 기록하고 정립하여 빛이 발하면서

유교사상이 만들어지지 않았는가? 이 한발자국의 이동가치는 무엇인가? 바람 따라 스치는 세월 속에 남는 것은 무엇인가? 사람들이 살아가는 무수한 이야기 속에 담긴 것은 무엇일까? 그래 시작하기가 어렵지 한발 한발 내디디며 흔적을 남기자. 그러면 그것들이 쌓이고, 쌓여서 업적으로 남을 것이다.

달마산 봉수대에서 저 멀리 관음봉이 아스라이 보이고, 농바위재에서 바람재로 가는 길에는 봄바람이 더욱 세게 몰아오니 가슴이 뻥 뚫린다. 달마산에서 송촌리 쪽으로 뻗은 능선에는 돌을 다듬거나 작품을 만들려는 바위들이 쭉 펼쳐져 있다. 조물주가 금강산을 빚기 전에 연습한 흔적인가?

옛 사람들은 어떻게 전설을 만들었을까? 전설을 생각하면 생각할수록 감칠맛이 있고 뜻이 깊으니 산은 예술품의 전시장을 넘어서 철학의 산실로 자리한다. 산은 예술품을 빚고자 한창 작업 중으로 바위 봉우리들은 꽃으로 피고, 사연은 바위마다 깃들어 특징과 개성이 되어 간다.

송촌 저수지에 아롱거리는 달마산은 용이 나는 형상이었고, 부드러운 곡선미는 사람을 유혹한다.

산과 억새가 어우러져 담긴 저수지에서 마음도 투영되어 세상이 아름답게 피어난다. 달마산은 일직선으로 늘어서서 나신을 숨김없이 펼쳐놓았다. 자신감의 발로였다.

날머리에서
시간의 흐름 속에서 차는 어둠을 뚫고 나아가고, 꿈결에 달리는 차속에는 넉넉한 덕이 가득 차 있으니 언제나 세상을 밝게 그리고 자신 있게 살자.

스스로 꿈을 접는 우를 범하지 말고 무슨 일이든지 달성할 수 있다는 신념을 품자. 그러면 언젠가는 그 꿈이 달성되겠지.

미황사

대한불교조계종 제22교구 본사인 대흥사의 말사로, 1692년(숙종 18)에 세운 사적비에 의하면 749년(경덕왕 8)에 의조화상(義照和尙)이 창건하였는데, 창건설화에 의하면 돌로 된 배가 사자포구에 이르러 사람들이 다가가면 멀어지고 물러나면 가까이 다가오는 일이 계속되었다.

그러자 의조가 제자들과 함께 목욕재개하고 맞이하니 비로소 배가 포구에 도착했다. 배에 올라보니 금의인(金衣人)이 노를 잡고 있고, 큰 상자 안에 경전, 비로자나불상, 문수보살상, 보현보살상, 40성중, 53선지식(善知識) 16나한, 불화 등이 꽉 차 있었고, 배안에 있던 바위를 깨니 검은 황소 1마리가 나왔다.

그날 밤 의조의 꿈에 금의인이 나타나 말하기를 "나는 인도 국왕으로 금강산에 봉안하고자 경전과 불상을 싣고 왔으나 금강산에 절이 가득해 새 절터가 없어 돌아가던 중인데 이곳의 지형이 금강산과 비슷하므로 소 등에 불상과 경전을 싣고 가다가 소가 머무는 곳에 절을 지으라"고 했다.

이에 다음날 소 등에 경정과 불상을 싣고 길을 떠났는데 한 곳에 이르러 소가 한번 크게 울고 드러눕자 그곳에 통교사라는 절을 짓고, 소가 다시 일어나 가다가 마지막으로 머문 곳에 지은 절이 바로 미황사다. 소의 울음소리가 아름다워 미(美)자와 금의인이 황금으로 번쩍거리던 것 황(黃)자를 따서 미황사(美黃寺)라고 했다고 한다.

- 조선후기의 목조건물인 미황사 대웅전 보물 제947호, 1754년(영조 30년)에 중건
- 동서부도전, 다른데서는 볼수 없는 물고기, 게, 문어, 거북이 등의 문양이 새겨져 있음
- 동백나무 숲과 미황사 뒤편의 달마산을 감상하는 것이 좋음

정약용 선생의 목민심서

만덕산
(萬德山)

산행정보

★

일 시 2008. 03. 15. (토) 12:00 ~
        16:00 (날씨 : 맑음)
명 칭 만덕산(깃대봉 411.6m) 및
        다산초당
소재지 전남 강진군 도암면 일대
동 행 솔뫼산악회
코 스 옥룡사 → 만덕산(깃대봉) →
        바람재 → 용문사 → 석문교

만덕산 깃대봉은 산이 낮지만 여러 암봉이 어우러져 빼어난 비경을 간직하며, 강진만은 호수처럼 부드러워 그리움이 일어나고, 잘 정리된 논밭은 시원함과 질서의 미덕을 보여준다. 깃대봉 아래에는 다산 정약용선생의 초당과 백련사가 자리하고, 일대 1.3ha에서 자라는 동백나무 1,500여 그루는 천연기념물 제151호로 지정되어 있다. 다산 정약용 선생(조선 말기 당대 실학을 집대성한 대학자)은 강진에 유배되어 18년간 후진을 가르치고, 목민심서, 경세유표, 흠흠심서 등 500여 권의 저서를 완성했다. 고려청자도요지, 전라병영성, 영랑생가 등의 유적지 및 관광지를 둘러보는 것도 괜찮고, 짱뚱어 매운탕도 고장의 특미다.

들머리에서

봄이 날개 짓으로 온 세상을 덮어가는 시점에 봄의 화신을 최전방에서 만나는 만덕산과 다산 정약용선생의 유배지를 관람할 수 있는 절호의 기회다. 봄의 전령 매화와 산수유가 세상을 화사하게 물들이고, 꽃망울은 새악시의 볼처럼 금방이라도 터질듯이 팽팽한 고운얼굴을 선보인다. 곧 있을 꽃들의 잔치를 떠올리며 '중국인의 지혜와 배짱'에서 치수법의 지혜로 인(메우고)과 장(가로막고)의 정책 그리고 소(통과시키고)와 도(이끌고)의 정책사이에서 부자의 운명이 바뀌는 의미를 새긴다. 실패는 성공의 어머니라고 했나.

치산치수에 사용한 수많은 용어들이 한두 단어로 집약되고, 서로 상반되는 전략으로 목적을 달성하는 능력과 의사 전달력을 터득하는 기술을 가져야 한다. 축약과 전달의 관점에 스치는 봄 풍경이 따사롭다.

옥룡사 → 301봉(필봉) → 337봉 → 만덕산(깃대봉 411.6m)
(12:00∼12:50)

봄 바다의 푸른 물길을 따라 집들이 옹기종기 모여서 담소를 나누고, 바둑판처럼 반듯한 논이 시원하고 경쾌하다. 유유자작 흐르는 강물에 사연을 실어 보내면 저 푸른 바다에서 봄 처녀를 만날 수 있으려나. 누런 갈대가 젊은 빛으로 바뀌는 것은 봄의 기운이 상승하여 새 생명의 근원이 충만 되기 때문이리라. 옥룡사에서 나무와 덩굴로 조화를 이룬 작품이 멋있다.

환경과 시각에 따라서 작품성이 달라지고, 놓여 있는 위치에 따라서 가치가 변화되는 모습에서 한 우물을 파는 것 보다는 시대적 환경에 대응하여 자신을 개발하는 능력을 키워야 한다. 상승하는 열을 식혀주는 옹달샘에 도룡용 알이 버젓이 자리하여 목마른 갈증을 참으며 얼마나 종족번식을 할 곳이 없기에 궁여지책으로 이곳에 자리를 잡았겠는가? 대 자연의 생명자원을 보전시키기 위하여 우리의 터전이라도 기꺼이 내어주어야 한다. 생명이 고갈되는 환경에서는 사람이 살수 없다. 홀로 활짝 핀 진달래꽃이 애처로우면서 화사하여 되바라진 놈의 철딱서니 없는 따돌림일까, 종족번식의 선점을 위한 진화일까?

자연은 다각도로 진화하며 환경에 적응할 것이다. 헉! 광산이 광물을 채취하고 방치한 능선 옆 수직절벽을 한가닥 로프로 안전장치를 하여서 엄청 불안하다. 사건이 터질 때는 안전 불감증을 외치지만 현장은 아직도 요원한 세상이다. 수많은 사람들이 등산하는 행로를 이렇게 방치하고도 안전 불감증을 외친다. 전시행정은 이런 것을 두고 하는 말이다. 정부는 이런 문제가 발생할 것을 예상하고 폐광에 따른 예치금으로 안전장치를 마련할 수는 없는 것인가, 아니면 받아둔 예치금을 다른 곳에 전용하였나? 안전 불감증에 떨리는 다리를 이끌고 필봉을 위시한 바위 봉우리를 넘어서 만덕산 깃대봉에 안착한다.

강진만의 여유로움과 넉넉함에 평온을 느끼고, 반듯하게 정리된 논이 산과 바다와 조화를 이루는 농촌에 살으리렷다. 강진만을 따라 섬들이 쉬어가라고 자리를 내어놓고, 갈대의 노래 소리에 팔을 들어서 저 푸른 바다를 향하여 날개 짓한다.

 만덕산(깃대봉) → 바람재 → 274 → 236 → 185 → 293 → 286 → 용문 (12:50~16:00)

앞으로 보이는 야트막한 봉우리 4개정도를 넘으면 산행도 대충 마무리 될 것으로 판단하며 가벼운 발걸음으로 산행하는데 거대한 암봉이 만개의 보석을 박은듯이 찬란한 빛을 발한다.

아! 빛의 마술이 이런 눈부신 전경을 연출시키다니 놀랍다. 만덕산의 명칭이 만개의 보석(덕)을 심어놓은 것인가, 만개의 덕이 보석으로 변화되어서 생긴 것일까?

밋밋한 일직선의 산이 순간적으로 보석으로 변하는 것처럼 사물을 직관적이고 관념적으로 보지 말고 장점 부분을 발굴하면 더욱 값진 보석을 찾을 수 있구나.

보석을 품고 바람재로 내려서 시원한 바람으로 봄 산행의 열기를 식히며 마을 뒷산을 돌아다니는 기분으로 걷는데 봉우리를 넘으면 봉우리가 다가서고, 헉 또 봉우리가 다가선다.

도대체 봉우리가 몇 개야? 허기지고 기운이 빠진 상태에서 떡과 과자로 체력을

보충하려해도 물을 준비하지 않아서 체력이 고갈되고 갈증이 심해진다. 말 그대로 '그림의 떡'이 되어버린 떡과 과자.

도상거리는 아직도 약4km정도가 남 았으니 까마득하다. 봉우리들이 새끼 를 치는지 꼴도 보기 싫고, 전망대에서 사진 찍는 것도 귀찮아지며, 어서 빨리 마지막 봉우리에 도착하고 싶어도 발 은 더욱 더 허공을 맴돌며 맥이 빠진 다. 교행하는 사람들이 기운을 떨구며 바람재를 묻는 심정을 이제야 알 것 같다.

지도상에는 약12개정도 봉우리가 예상되었으나 현실은 15~20개의 봉우리가 훨 씬 넘게 보인다. 낮은 산이라고 우습게보았다 큰 코 다친 격이다. 경험하지 못하면 어려움을 느끼지 못하고, 산이 낮다고 방심하면 순간적으로 위험이 엄습한다. 매사 에 준비를 철저히 하면 어떠한 위험도 헤쳐 나갈 수 있어도 방심하면 운명이 좌우 되는 불행도 따른다.

어떤 현상을 상식의 선입견으로 판단할 것이 아니라 면밀히 파악하여 대응하는 것이 전투에서 승리하는 터전이다. 마지막 봉우리에서 건너편 산을 보니 바위절벽 이 수직의 선으로 웅장한 전경을 이루고, 현재의 봉우리아래 끝에는 정자를 배치하 여 절경을 감상하도록 배려하였다. 맞은편 산이 석문산으로 덕룡산과 주작산으로 이어질 것이다.

석문공원과 팔각정자의 조화는 산수의 풍요를 아는 사람들에게 더 말할 나위 없 이 좋은 곳으로 옛 선비들이 시 한수를 읊었을 곳이다.

백련사 → 다산초당 → 다산 유물 박물관

우아한 동백림의 숲속에 자리한 백련사는 옛 시간을 전해주는 전설 속의 장소처럼 조용해서 문화재가 시들어가는 기분이다.

영남지방에서는 절에서 참배하는 활발한 움직임을 볼 수 있는데 비하여 호남지 방에서는 절이 하나의 문화재 정도로 자리하여 영남지방과 호남지방의 종교에 대 한 대중적인 차이로 보여진다. 울창한 동백림의 서정적 고요함에 강진만의 잔잔한

전
라
남
북
도

213

바다는 다산 정약용선생의 애달픈 사연을 담은 것 같아서 숙연해지고, 18년간의 유배생활에도 불구하고 장소적 · 환경적으로 수많은 저서를 남긴 터전이라 한편으로는 감회가 새롭다. 숲속 탐방로에 위치한 해월정에서 조선시대에 당파싸움의 암울한 역사로 많은 사람들이 희생되었어도 사람을 완전히 감금한 것이 아니라 특정지역에 유배시켜서 활동을 어느 정도 자유롭게 보장하였다. 그 결과 대석학자는 불후의 저서를 남기게 된다. 허준의 '동의보감'도 유배지에서 생겨난 것으로 유배에 대한 사고도 다시 생각해 볼 필요가 있다.

다산초당에는 다산 정약용선생의 초상화도 없어서 뵙지 못하고, 빛바랜 건물에 걸려있는 '다산동암'이라는 현판을 물끄러미 바라본다. '목민심서'에서 다산께서 직접 판 뒤편의 우물을 찾아서 정약용선생을 그리며 목을 적시니 잔잔한 파장이 일어난다. 선생의 깊은 뜻을 미약하게나마 담은 것이 조그만 위안이다. 뒤편 바위에 새겨진 '정석(丁石)'이란 글은 다산선생께서 직접 새기셨다는데 어떠한 심정이었을까? 18년간의 유배생활과 500여권의 저술내용이 함축되었을까? 다산선생께서 남기신 업적은 상상하지 못할 무한의 도가 집대성된 것이리라.

일제가 신민통치의 합법화 명목으로 실용적인 학문이 없어서 우리나라가 당연히 일제의 신민지가 되어야 한다고 주장할 때 우리는 정약용선생의 목민심서 등을 기반으로 실사구시의 학문을 내세워 일제의 부당성을 주장하였다.

그리고 목민심서는 우리의 학문에 한 획을 긋는 전기를 마련한 중요한 계기가 되었다. 선생의 업적은 많은 저서를 남긴 것뿐 아니라 학문적 전환에 대한 가치성도 대단한 위치에 있어서 가치를 따질 수가 없다.

또한 정약용선생의 형님 정약전선생도 흑산도에 유배되어 자산업보(물고기 도감 및 해부도)를 남기셨으니 이러한 저서들이 실사구시의 큰 위치에서 학문의 계보를 재정립한 것이다. 다산 유물관에서 고개를 숙여 고인의 뜻과 업적이 영원히 승화되고 받들어져서 우리나라가 부국강병으로 우뚝 설 수 있기를 기대한다.

날머리에서

목민심서를 읽고 꼭 한번 들러보고 싶었는데 몇 번의 기회가 있어도 들르지 못하여 항상 가슴에 새겨 두었다. 이번에 솔뫼산악회에서 만덕산 산행 + 다산선생 유배지 관광 기회를 주어서 너무나 고맙다.

우리의 문화와 전통을 계승하고, 위대한 업적을 이루신 생가와 유배지를 잘 보존한다면 훌륭한 관광자원으로 빛낼 수 있으며 우리의 가치를 세상에 널리 알릴 수 있다.

그런데 우리는 훌륭한 문화유산을 개발로 사라지게 하고 있으니 이 얼마나 애닲은 것인가? 다산 초당 저 너머 만덕산자락에는 산허리가 잘려지고, 광석을 캐기 위하여 산을 도륙하는 소리가 울려 퍼진다. 문화와 개발 그 가치를 영원성으로 판단한다면 우선적으로 선택할 것은 자명하다.

수많은 선조들이 수많은 문화와 자연유산을 남기셨는데 그것을 활용하는 것보다는 모르쇠로 묵살하고 있어서 항상 쫓기며 사는 것은 아닐까? 오늘 만덕산 산행과 다산초당 방문에 깊은 뜻을 새기며 밤하늘에 성인을 그려본다.

학이 단풍을 빗는

백암산
(白巖山)

산행정보

▶▶▶

일 시 2009. 11. 07. (토) 11:10 ～
16:00 (날씨 : 흐리고 맑음)
명 칭 백암산(상왕봉 : 741.2m)
및 백양사
소재지 전라남도 장성군 북하면 및
전라북도 순창군
동 행 새산들산악회
코 스 전남대수련원 → 몽계폭포 → 재
→ 사자봉(왕복) → 상왕봉 → 백
학봉 → 백양사

내장산 국립공원에 속한 백암산(상왕봉 : 741.2m)은
사자봉, 가인봉, 백학봉이 있으며, 전남·북의 도경계를
이룬다. 백암산의 백학봉(630m)은 '학(鶴)이 흰 날개를
펴고 있는 모습'이라는 뜻이고, 백학봉 날개에서 자라는
소나무는 날개에 띠를 두른 듯 주변 절경과 어우러져 신
비감을 자아낸다.

백학봉에서 백양사와 백양계곡의 단풍을 한눈에 볼
수 있으며, 백학봉 중턱의 영천굴과 약사암도 백미를 더
해준다. 백양사 단풍나무는 단풍잎이 작고 색깔이 고운
애기단풍으로 부드러우며 섬세하여 가을의 정취를 더욱
잘 나타낸다.

백양사 및 백양계곡, 쌍계루와 연못, 백학봉에 단풍이

곱고 아름답게 수를 놓으면 대한팔경의 하나로 손색이 없다. 백암사 뒤편의 국기단
(國祈壇)에서 조선시대에는 국태민안을 빌었단다. 내장산과 내장사, 백암산과 백양
사 단풍을 병행하는 산행도 많은 각광을 받는다.

들머리에서

가을단풍의 절정은 내장산국립공원에서 마감한다고 할 정도로 단풍이 아
름답다. 내장산국립공원에 속한 백암산 백양사 단풍도 만만찮아 산행을 벼르던 곳
이었다. 가뭄으로 단풍빛깔이 바랬어도 미답산행을 한다는 것에 감회가 새롭고, 신
문화를 볼 수 있다는 것이 벅차다. 화려할 때는 화려한대로 빛이 바랠 때는 바랜대
로 전해오는 자연의 이치에 자신을 조명하면서 참된 길을 찾는 이정표를 본다. 까
치밥으로 매달린 감에서 우리의 넉넉한 정서를 읽으며 책"내심장을 쏴라"에서 정신
병원에는 2종의 정신병자가 있는데 원래 정신병자와 정상인사람이 치료받으며 정
신병자가 되는 경우란다. 우리는 자연을 후자의 정신병자로 몰아가면서 자연을 치
료하는 과정을 핑계로 온갖 개발을 일삼는 것은 아닌지.

전남대수련원 → 몽계폭포 → 고개 → 사자봉(722m 왕봉) → 상왕봉
→ 도집봉(11:10∼13:30)

장성호에 비치는 가을을 따라서 남창계곡을 끼고 관리소에 이르니 이별하는 가
을이 꺼칠한 암릉에 걸터앉았다. 가을단풍이 자리를 양보하는 시점에 이르렀구나.
후덥지근한 날씨와 가뭄으로 못다 핀 꽃 한 송이처럼 제대로 단풍 옷도 못 입고 낙
엽으로 뒹굴며 방황하고, 암릉도 불에 그을린듯 거무스름하여 단풍은 물 건너갔다.
그래도 암봉은 인고의 세월을 견디어내는 달관의 경지로 인(忍)의 진면목을 보여준

다. 언제나 좋을 수는 없다. 현재의 상황을 좋게 만들려면 과거의 아픔으로 미래를 밝히는 방법을 찾는 것이다. 과거와 현재를 탓한들 무슨 소용이 있는가? 탓하는 시간이 있으면 원인을 제거하고, 개선하는 방법으로 미래를 밝혀야 한다. 단풍과 낙엽 그리고 푸른 잎들이 섞여서 산을 장식하는데 식물들도 분업 활동을 하는가, 아니면 종족번식의 경쟁에서 승자와 패자를 표현하는 것인가? 말없는 자연 속에서 하나하나의 변화가 사람 사는 모습과 진배없다. 감기약으로 정신과 몸이 혼돈을 일으키니 비단길처럼 부드러운 길도 지옥 가는 길 인양 멀고도 힘들다. 몽계폭포를 지나치고, 단풍이 떠나버린 앙상한 가지에 먹장구름이 장막을 친다. 봉우리들은 구름에 잠겼다 풀렸다를 반복하며 겨울이 다가옴을 알린다. 고개에서 사자봉까지 왕복을 한 후에 상왕봉으로 간다. 삶에도 굴곡이 있듯이 산에도 굴곡이 있으며, 저 산 너머 세상을 속속들이 알면 산행의 묘미가 없듯이 미래가 확정되어 있다면 삶의 의욕이 사라지겠지. 미래의 세계가 희망의 불빛으로 타오르기에 미래에 과감한 투자를 하듯이 산행에서도 미래를 꿈꾼다. 상왕봉은 잡목으로 시야가 불투명하고, 도집봉에 이르니 백양사계곡은 붉게 물든 단풍을 내어 놓는데 2%가 부족하다. 고운 빛깔의 단풍은 태양이 밝게 빛나야 되는데 구름에 가렸으니 구름이 낀 만큼 단풍도 고운 빛을 발산하지 못한다. 태양이 없으면 아름다운 색상도 무슨 소용이 있으랴. 태양은 색을 창조하는 근원이라 고대에는 당연히 태양을 숭배하는 일신교(日信敎)가 성행하였을 것이다. 부족하면 부족한대로 백양사 단풍을 볼 수 있는 것이 감지덕지하다.

 도집봉 → 백학봉 → 계단 → 영천굴 → 약사암 → 백양사 →
쌍계루, 관리소 (14:30~17:00)

도집봉에서 722m봉우리를 지나 백학봉가는 길에는 소나무가 고고한 자태를 뽐

내며 절벽에서 곡예를 한다. 모진 폭풍우에도 흔들림 없이 굳게 자리를 지킨 소나무는 의지의 한국인을 표명한다. 어떤 악조건에서도 뿌리를 내리고 우아한 자태로 단풍과 어우러진 모습을 보노라면 옛 선조들이 왜 소나무를 극진히 사랑했는지를 알 것 같다. 자연은 경치가 아니라 철학이고, 삶의 가치관을 심어주는 위대한 스승이다. 삶의 고통이 밀려오면 잠시 자연으로 돌아가 자연에서 배워라. 자연에는 삼라만상의 모든 답이 있고, 길을 찾을 수 있다. 사람은 육체적으로는 현재가 가장 힘들고, 정신적으로는 과거가 가장 최상으로 인지하는 경향이 있어서 움직임을 싫어하고, 보는 것을 귀찮아한다. 세월이 흐를수록 너무 많은 것을 접하고 터득하기에 삶의 재미를 잃어버리기도 한다. 그런 결과 늙을수록 웃음이 줄고, 말수가 적어진다. 늙어서 기력이 쇄약해진 것이 아니라 산전수전을 다 겪어서 새로움이 반감되는 현상으로 인식하자. 이런 순환의 고리를 끊어야 삶의 묘미가 살아나므로 변화를 추구하자. 백학봉에서 지옥으로 떨어지는 끝없는 계단을 따라 가면 백학봉이 사람의 얼굴, 부엉이 바위로 변하며 풍광을 뽐낸다. 첨병을 선 봉우리 꼭대기에는 소나무가 도도하게 자라서 신선의 휴식처를 만들었다. 영천굴에서 약사여래상을 만나 약수를 공양하고, 약사암에서 자신을 돌이켜 본다. 무수하게 업보를 놓았지만 놓은 것도 없고, 무수하게 잡았지만 쌓은 것도 없다. 상대를 해하는 과욕의 사슬을 버려야 하는데 이 또한 쉽지가 안다. 백양사에서는 '이 뭣고'로 해답을 찾으라지만 진정한 해답은 알 수 없어 연못에 투영된 백학봉을 조명한다. 순간 가을 단풍보다 더 아름다운 사람의 물결이 일렁인다. 계단의 끝자락이 지옥처럼 보였지만 꽃보다 아름다운 사람들이 살아가는 이승이었다. 복사꽃처럼 활짝 핀 얼굴이 붉게 물든 애기단풍보다 화려하고 순수하여 노랫말처럼 '사람이 꽃보다 아름다워'가 생각난다. 단풍보다 아름다운 사람의 물결을 따라서 백양사도 내장사 단풍터널처럼 좀 더 긴 단풍 경관을 제공하는 장소로 탈바꿈하면 좋으련만 너무 목까지 시설이 진입하여 번잡하고 성가시다.

날머리에서

가을이 농익어가는 시간에 생일잔치를 백암산과 백양사에서 한 것이 기쁘지 아니한가? 예전의 아름다운 세상을 꿈꾸며 불나비가 되어 날개 짓을 하지만 옛 생각의 멋은 찾을 수 없고, 도시의 빛이 빈 공간을 채워온다. 도시로 자연의 소중한 빛이 퇴색되지 않기를 빌어본다.

월출산의 넉넉한 배려
별뫼산·가학산
·흑석산

산행정보

일 시 2009. 03. 07. (토) 12:00 ~
       17:00 (날씨 : 흐림)
명 칭 별뫼산(星山 : 465m), 가학산
       (577m), 흑석산(깃대봉 : 650.3m)
소재지 전남 강진군 성전면, 영암군 학
       산면, 해남군 계곡면
동 행 솔뫼산악회
코 스 제전마을 → 별뫼산 → 가학산
       → 가래재 → 흑석산 → 바람재
       → 가학산자연휴양림

땅끝기맥이 흐르는 별뫼산·가학산·흑석산은 영암 월출산을 한 폭의 병풍으로 볼 수 있는 곳으로 바위 봉우리와 정기가 뭉쳐서 옹골찬 위엄을 자랑한다.

별뫼산·가학산·흑석산 암봉마다 얽힌 알콩달콩한 희로애락을 바람결에 멜로디로 들을 수 있고, 흑석산에는 일제강점기 때 은을 채굴한 은굴이 있는데 동굴 끝에 위치한 샘에 빠지면 마산면 맹진리 다리 밑으로 나오고, 귀를 기울이면 영암군 미암면 두억리에서 닭 우는 소리를 들을 수 있단다.

흑석산 정상에서는 두륜산, 천관산, 월출산, 진도 및 목포의 개벌과 리아스식해안 등이 조화를 이루는 평화로운 어촌을 만날 수 있다. 순천과 목포를 잇는 2번국도와 곧 개설할 고속도로가 서해안 시대의 서막을 알리며 동과 서로 시원하게 달린다.

들머리에서

따스한 햇살에 만물이 소생하는 기운을 느끼고, 움츠린 겨울에 손을 비빌 때 꽃망울이 웃음 짓는 들녘은 보석처럼 빛난다. 군데군데 회색빛이 겨울을 부여잡지만 남풍과 촉촉이 내리는 비를 따라 다가오는 봄은 하루가 다르게 세상을 변화시키며 성숙해진다. 봄의 첫 전령사 매화는 만물이 잠든 들녘을 깨우며 화사한 수를 놓아 사랑을 전하니 4군자 중에 으뜸이구나. 책 "재미있는 논어이야기"는 춘곤증으로 개화도 못한다.

제전마을 → 암릉지대 → 별뫼산 → 민재 (12:00~13:50)

봄바람이 살랑거리는 들판은 회색으로 스산하여도 쑥과 봄나물이 뽀얀 얼굴을 내밀어 햇살을 즐기고, 그 너머로 바위산이 근엄한 표정으로 세상을 굽어본다. 초입에 만나는 바윗길이 손을 잡아주고, 발을 받쳐주어 정겨운 교감이 통한다. 가벼운 몸놀림으로 토끼처럼 깡충깡충 뛰어 전시장을 들러본다. 작은 고추가 맵듯이 삼라만상을 간직한 별뫼산은 월출산이 연출하지 못한 작품으로 차별화를 선언하며 땅끝기맥을 연결한다. 자연은 과유불급을 아는 것인가? 경쟁에 의한 차별화인가? 월출산은 자신의 넓이만큼 품고, 남는 부분은 골고루 나누어 주니 주변 산하도 넉넉한 터전이 만들어졌네.

월출산의 덕이 널리 퍼지니 고을마다 웃음이 넘치는구나. 인간은 무한한 욕심으로 끝없이 탐욕을 갈구하다 공황폭탄을 맞았으니 자연의 교훈을 보고 조절하는 능력과 배려하는 마음이 갖추어졌으면 한다. 자공왈 "가난해도 아첨하지 않고 부유해도 교만하지 않으면 어떻습니까?" 공자왈 "가난하면서 즐겁게 여기고 부유하면서 예를 좋아하는 사람만 못 하느니라." 하였다. 절차탁마(切磋琢磨)로 자신을 수양하여 겸양지덕으로 부를 사회로 환원하며 행복감을 포용할 시점이다. 기업을 설립하여 운영하는 대표들이 우리 삶을 유지하도록 터전을 만들어 주어서 감사의 뜻을 표하고, 올바른 경영으로 기부문화를 꽃피우는 분들께 존경과 경하의 뜻을 올린다. 존경과 경하의 문화가 온누리에 넓게 퍼지기를 기대하며 작품 감상을 마치니 별뫼산 정상이다. 월출산 자연병풍을 한눈으로 보니 직접 품안에 안기는 것과는 또 다른 맛이 있다. 하늘 향해 두 팔 벌린 바위의 군상들이 높낮이가 다른 색연필을 일렬로 세워 놓은 모습이고, 직접 안기면 부모님 품이지만 전체를 보면 작품으로 탄생한다. 현상만 보고 토론하면 자기중심에 빠져서 헤어나지 못하므로 전체를 보는 능력을 키워 현상의 연결성을 충분히 검토하자.

 민재 → 가학산 → 가래재 → 흑석산 → 바람재 → 가학산자연휴양림
(13:50~17:00)

인생의 향로가 이러하겠지. 순탄한 길과 험한 길, 로프와 바위틈에 몸을 지탱하며 끝이 없는 길, 질퍽한 장막으로 길을 가로막아도 희망을 찾아서 전진한다. 미래의 전개를 예측 할 것 같아도 미궁으로 빠지고, 폭풍우가 몰아쳐 암울한 세계가 전개될 것 같아도 태양 빛이 깃든다. 삶에 몰아쳐오는 다양한 환경을 개척하는 것도 자신이므로 마음을 굳건하게 다지고 전진해야 미래가 보장된다. 겨울에 초목이 빛을 잃었어도 고고한 푸른 자태로 생명을 이어온 춘란이 환한 미소로 웃는다. 인간의 횡포로 숨어사는 난들이 자연에 넓게 퍼져서 고운 자태를 하염없이 뽐내는 날이 오기를 기대하며 사진 한 장을 담는다. 원뿔로 솟아오른 가학산은 길이 없어도 길

을 제공하고, 위험해도 넉넉하게 품어주는 아량이 있다. 막막한 삶에도 길은 있다. 생명이 다할 때까지 길을 찾아야 한다. 길 찾는 것을 포기하면 희망이 없고, 척박한 삶이다. 궁하면 통하는 너머로 흑석산(깃대봉)에서 환호소리가 들리는데 신이 강림한 것처럼 서광이 서린다. 봉우리를 롤러코스트로 헤치며 노적봉에 안착하니 강진 쪽으로 호미봉산이 말머리로 솟고, 능선이 말 등으로 천마의 형상이다. 천마의 오른쪽은 화강암으로 백마요, 왼쪽은 녹음으로 청마로 좌우 대칭을 이룬다. 천마를 타고 세상을 두루 살펴보고도 싶고, 사랑하는 사람을 태워서 행복을 그리며 활짝 웃고 싶다. 천마의 환상에서 벗어나 가학산을 보니 물개 한 마리가 월출산을 입에 올려놓고 재롱을 피운다. 예전에는 바위 하나하나에서 어떤 형상을 보았는데 가끔은 전체가 하나의 형상으로 그려지니 자연을 보는 눈이 약간 밝아졌나보다. 자연의 오밀조밀한 조화에 감복하며 흑석산에 입 맞춘다. 아! 땅끝의 좌우로 해남의 남해와 목포의 서해가 리아스식 해안으로 꽃 봉우리를 터트리고, 갯벌수로는 용이 승천하는 물길을 놓아 자연도 생명이 있음을 알려준다. 대자연의 생명력을 보며 바람재에서 자연휴양림으로 하산하는 정상부에 맑은 물이 펑펑 솟아져 약수를 마시니 몸의 노폐물이 빠진다. 물은 곧 땅속으로 들어가 흔적이 없다. 은굴에서 샘이 공황으로 빠졌나? 공황이 발생하는 이유는? 금융(자본)이 존재하지 않는다면 공황이 없겠지. 금융이 없는 농경시대에는 흉년이 기아와 전쟁을 일으키는 원인이 되어 사회균형을 이루었다. 그런데 지금은 금융(자본)버블이 농경시대의 악순환을 대체하는 것 같다. 금융에 의한 재금융이 연속되므로 재금융의 범위를 원생산재의 일정범위로 제한하는 경제정책을 폈으면 한다. 경기가 어렵다고 경기부양책으로 금융공황이 더 발생하는 우를 범하지 않기를.... 내실 경영이 백년대계이고, 창의적 발상이 수익을 창출하는 근본이다.

날머리에서

가학산 물자락에 먹을 감았더니 발끝이 찬 기운으로 얼얼하다. 따뜻한 백숙과 하산주로 기운을 북돋우어도 한기와 오한이 밀려와 몸은 사시나무 떨듯 떨린다. 차속 사람들의 훈기로 체온이 높아가도 야구가 일본한테 허벌나게 깨지면서 몸은 더욱 얼음장으로 변한다. 올림픽열기가 식었나, 아니야 우승을 위한 교두보일 뿐이다. 한기가 엄습하는 몸으로 별이 빛나는 밤하늘을 보면서 오기도 좋지만 누울자리도 가려가며 살아야겠다.

우리나라 마지막 호랑이
불갑산
(佛甲山)

산행정보

▶▶

일 시 2009. 09. 19. (일) 12:30 ～
       17:00 (날씨 : 맑음)
명 칭 불갑산(516m)
소재지 전라남도 영광군 불갑면과 함평
       군 해보면 경계
동 행 나들이
코 스 불갑사 → 덫고개 → 불갑산연실
       봉 → 수구재 → 도솔봉 → 상사
       화꽃무릇 → 행사장

불갑산의 주봉은 영실봉(516m)으로 노적봉, 투구봉, 용봉, 도솔봉이 완만하고 아늑하여 어머니와 같다는 뜻으로 모악산(산들의 어머니)이라 했는데, 백제시대에 중국에서 마리난타가 법성포로 들어와 부처 '불(佛)'자와 육십갑자의 '갑(甲)'자를 따서 불갑사를 지어 산도 불갑산이 되었고, 옆에 모악산이란 봉우리도 있다.

불갑사에는 대웅전(보물 제830호), 만세루, 천왕문(전남유형문화재 159) 등의 문화재가 있고, 절 뒤에는 각진국사가 심었다는 참식나무(천연기념물 112 : 수령700면)가 있으며, 참식나무 자생 북한계선이라고 한다.

연실봉에서 바라보는 서해바다 낙조는 토함산일출과 견줄 정도로 아름다움을 자랑하며, 광주 무등산과 담양

추월산을 볼 수 있다. 공원부터 불갑사까지 상사화(꽃과 잎이 따로 피어 서로 볼 수 없음)꽃무릇을 이루는데 붉은 융단을 깔아 놓은 듯 화려하며 수려하다.

 들머리에서
　　상사화를 연상하며 새벽을 깨워 전라도 영광으로 달린다. '신5권에는 신이 인간으로 환생하여 신과 인간 사이의 갈등과 인간적 삶을 그리며 상상의 나래는 끝없이 이어진다. 어떤 제한된 것들이 사실이되고, 사실이 지배와 억압으로 신격화나 거짓으로 탈바꿈한다.

　　인류역사는 승리자의 기록이고, 패배자의 전설로 엮였는지 모른다.' 영광의 학원 농장 메밀밭 20만평에서 하얀 메밀꽃 물결을 보면서 이효석의 '메밀꽃필무렵'이 생각난다.

　　강원도와 전라남도의 메밀꽃은 동일한데 장소적, 시간적, 공간적 차이로 생활상과 방식이 달라져서 문학과 생업의 차별화가 나타날 것이다. 안개꽃처럼 광활한 대지를 백색으로 물들이는 메밀꽃 옆에는 코스모스와 해바라기도 군락을 이루며 자태를 뽐낸다. 홀로 핀 것 보다는 무리를 이루면 더욱 아름답고, 화려한 자태가 뿜어져 나오는구나. 전문점사업도 개별적으로 떨어진 것보다는 동종의 사업장이 무리를 이루고 있을 때 사람들이 많이 찾아드는 것과 같은 이치리라. 무리는 변화를 가져오고, 변화는 고객을 당기는 역할로 작용한다.

　　상사화축제 → 불갑사 → 덕고개 → 노적봉 → 장군봉 → 노루목 → 불갑연실봉 (12:30~14:40)

애드벌룬이 하늘을 날고, 각설이 타령이 광장을 덮는 상사화행사장은 신명나는

축제의 한마당이다. 전라도 사투리의 구수한 맛에 미소를 띠우며 먼 축제가 이리도 요란하당가? 하는데 붉은 꽃이 대지를 물들이며 사람을 황홀경에 빠뜨린다. 상사화 꽃무릇(붉은 꽃이 왕관 모양으로 피어나고 잎은 꽃이 진 후에 핀다.

꽃과 잎이 서로를 볼 수 없다.)이 붉은 융단을 펼친 것처럼 화려하고, 휘황찬란하여 감탄사가 절로 나온다. 아! 꽃이 사람을 선하게도 만들고, 환상의 도가니로 몰아넣기도 하구나. 상사화의 잔치 상을 물리고 불갑사에 이르니 공사 중이라 어수선하다. 화려함 후의 무질서는 극과극의 심정변화를 가져오며 짜증을 일으킨다. 조석(朝夕)으로 바뀌는 것이 인간의 심리고, 변화무쌍한 심리를 바로 잡는 것도 능력이다. 그래 보석도 손길로 피어나는 것이다. 사찰도 새 단장을 해야 고객이 찾을 것이고, 옛 명성을 이어갈 수 있을 것이다. 끝없는 변화와 재생의 순환과정이 세월의 흐름 속에서 발생하는 것이 자명한 이치다. 화려함을 유지하기 위하여 혼잡함도 있는 것이고, 혼잡함이 있어야 화려함이 돋보인다. 혼잡함과 화려함만 생각하는 것보다 과정임을 생각하며 불갑사 왼편 길을 따라 뒷고개에 이른다. 동굴 앞에는 호랑이가 앉아서 등산객을 맞이하는데 불갑산 뒷고개에서 농부가 포획한 모형 호랑이로 목포 유달초등학교에 박제로 보존되어 있다고 한다.

우리나라 남한 호랑이가 표본으로 남아 있다는 것은 복원의 희망이 있는 것이다. 불갑산 호랑이가 재탄생되기를 바라면서 노적봉을 비롯한 봉우리들과 줄넘기를 하면서 노루목을 지나 불갑산 연실봉에 안착한다.

서해바다와 황금벌판이 호남평야를 상징하는 멋과 풍요로 다가오고, 희미한 실루엣 산 그림자는 무등산과 추월산으로 보인다. 행사장 마이크소리가 산을 휩쓸어서 산신령님의 정신이 혼미해져 시야가 흐려지는 것은 아닐까? 오색찬란한 잔치마당이 흥겹게 살아나도록 산신령님이 참으시고, 시끄러우면 행사장에 동참하여 같이 즐기는 것도 해결 방법이 아니겠습니까? '안되면 즐겨라.' 듯이 짜증보다는 즐기는 것도 방책입니다. 아무쪼록 신명나는 잔치마당이 되게 해주시옵소서.

 연실봉 → 구수재 → 용봉 → 도솔봉 → 상사화꽃무릇 → 저수지 → 불갑사, 광장(12:30~17:00)

아담한 봉우리와 넓은 평야에 깃든 산자락은 우리의 정이 가득 배어 있는 곳으로 밋밋하고 지루할지라도 우리의 터전이고, 어머니 산이다. 비가 오나 눈이오나 모진 폭풍우가 몰아쳐도 당신의 배고픔을 허리띠로 졸라매고 자식 걱정으로 날을 새는

어머니의 따스함이 깃들어 있다. 보잘 것 없는 산도 어머니의 따스함을 부여하여 산을 승화시키는 조상의 지혜에서 우리는 많은 것을 배워야 한다. 남을 탓하기 보다는 자신의 탓으로 돌리고, 남을 시기하기 보다는 허물을 보듬는 우리가 되기를 바라며 구수재로 이어간다.

구수재 정자 옆에는 몰지각한 사람들이 쓰레기를 봉투채로 버리고 도망갔다. 저 쓰레기를 어찌하란 말인가? 팽개치는 양심으로 산하가 멍들고 썩는 것을 생각해 보지 않았는가? 쓰레기 썩은 침전물이 지하수로 흘러들어서 미래의 식수원이 오염되면 금지옥엽(金枝玉葉)으로 키운 새끼들은 어찌하는가? 당신이 버린 쓰레기가 당신의 금과옥조(金科玉條)인 자식을 쓰레기 썩은 물로 키운다는 것을 상기해야 한다. 순간의 선택이 평생을 좌우함을 잊지 말고 언제나 선행하는 자세로 생활하기를 바라며 용봉, 용출봉(도솔봉과 모악산가는 삼거리), 도솔봉을 따라서 행로를 잡아간다.

도솔봉에서 이정목까지는 급경사로 브레이크 없는 자동차처럼 내려가므로 조심하지 않으면 안 된다. 나무들이 손잡이가 되고, 바위가 안전망이 되는 급경사를 따라서 이정목에 도착하니 수구재에서 내려오는 사람들이 여간 반갑지가 않다. 고립무원에서 바람을 가르며 구름과 동행하고, 새들과 말벗할 때는 사람이 그립다. 붉은 빛깔이 점점이 피어난다.

아! 상사화 꽃무릇이 군락으로 길을 밝혀준다. 상사화가 만개한 산에서 자연의 존귀함과 신비함을 인지하며, 자연에서 사상을 배우고, 그릇을 키워가는 것이 자명하구나.

날머리에서

속세에서는 우문현답이 진정한 깨달음이 아니라 욕심과 욕망을 절제하고 페어프레이 정신으로 리딩하는 것이 상책이다.

습관적 삶의 관습을 깨뜨려야 앞날을 설계할 능력을 갖출 수 있다. 습관적 삶을 떨쳐버리는 것이 쉬운 일은 아니지만 쉽게 해결할 수 있도록 변화하자.

전라남북도

구름의 능선

운장산
(雲長山)

산행정보

▶▶

일　시　2009. 12. 19. (토) 12:00 ~
　　　　15:30 (날씨 : 흐림)
명　칭　운장산(운장대 1,125.9m / 칠성대 1,113m
　　　　/ 삼장봉 1,113.3m)
소재지　전남 완주군 및 진안군 주천면,
　　　　정천면, 부귀면 소재
동　행　두메산골산악회
코　스　동삼휴게(피암목재) → 활목재
　　　　→ 서봉(칠성대) → 운장산 → 동
　　　　봉(삼장봉) → 내처사동

　　운장산은 구름에 가려진 시간이 길어서 붙여진 이름
으로 암석은 퇴적암과 화강암류로 연석산(925m) · 복두
봉(1018m) · 구봉산(1002m) 등과 함께 고산지대
(800~1,000m)의 웅장한 산지를 형성한다.
　　서쪽 사면에는 만경강 상류를 이루는 대아 · 동상 저
수지 등이 있고, 진안고원쪽 사면에는 금강 상류인 주자
천 · 정자천 등이 발원하여 만경강과 금강의 분수령이 되
며, 주천면 대불리의 주자천계곡(또는 대불천계곡 · 야마
계곡)은 물이 맑고 암벽과 숲에 둘러싸여 여름철 피서지
로 각광 받는다. 계곡 입구인 운일암반일암 계곡은 명도
봉(863m)과 명덕봉(846m)의 협곡으로 항상 한기가 서리
고 겨울에는 하루 2시간 정도 햇볕이 든다고 한다.

들머리에서

　엄동설한의 맹추위로 경호강이 썰매지치기 좋게 빙판으로 얼어붙은 옆으로는 맑은 물이 산천을 적셔간다. 강가에는 모래톱과 바위들이 어우러져 개구쟁이 놀이터로 서정적인 농촌의 우아한 풍경이다. 정서적으로 사람을 안정시키고, 머리를 맑게 하는 고향도 이제는 자취를 감춰가겠지. 강을 정비하고, 운하를 뚫는다는 명분으로 직선화와 담수화가 이루어지면서 강물을 따라 흐르는 우아한 한복곡선도 직선화되고, 절경도 콘크리트 담수호에 자취를 감출 것이고, 생태계 교란도 일어나겠지. 오염과 자원고갈, 잃어가는 자연절경 등을 생각하니 가슴이 메이고, 강을 터전으로 생계를 이어가는 사람들은 어찌할까나.

동상휴게소(피암목재) → 활목재 → 칠성대(서봉) → 운장산
(12:00~14:00)

　산의 중턱부터 하얀 백설이 시작되며 정상은 구름에 잠겨 얼굴이 보이지 않는다. 경상도는 맑고 건조한데 호남 및 제주지방은 눈이 많이 오니 대한민국도 넓고 다양한 기후를 가졌구나. 덕유산, 지리산 등의 산줄기가 호남에서 영남으로 넘어가는 구름을 안아서 호남지방에 눈과 비를 많이 뿌리고, 영남지방은 맑고 건조한 날씨가 되는 지형이다. 이로 인하여 영호남의 기후와 문화 및 풍습도 다르게 발달한 것 같다. 산이 기후와 관습에 미치는 영향을 생각하며 산으로 들어서니 낙엽과 조릿대가 길을 안내한다. 고도가 높아지면서 눈과 상고대가 겨울 산을 장식하며 유인정책 쓴다. 구름 속 정상에는 상상을 초월한 아름다움이 있을 것이고, 겨울나기 이야기를 들려준단다. 환상을 쫓아서 미끄러져 내리는 길을 바위와 나무가 잡아주고, 흘러가는 세월을 참된 세상의 모습으로 바꿔주는 산에 고맙다 인사하니 눈처럼 하얗게 살

란다. 리듬을 타며 상승하는데, 아~ 장미에도 가시가 있듯이 부드럽고 너그러운 육산에도 비수가 숨었네. 활목재부근부터 경사가 만만찮다. 끝없는 급경사에서 숨쉬기도 어려워 선행자의 발자국에 의지하며 고통을 털어간다. 이 순간을 회피한다고 앞으로 발생할 역경을 해결할 수는 없다. 인생은 역경을 헤쳐 가는 묘미로 사는 것이리라. 한발두발 걷다보면 그 끝자락에는 정상이 자리할 것이다. 나뭇가지에 쌓인 눈의 뚜께는 높아만 가고, 손이 시릴 때 산 능선에 안착한다. 산의 높고 낮음에 고통이 많고 적음이 있는 것이 아니라 그때그때 언제나 역경을 헤쳐가야 하고, 역경을 피하지 못한다면 즐기며 살자. 큰 암봉은 한 겨울인데 단풍이 군집하여 접근하니 칠성대(서봉)다. 구름으로 시야가 불투명하지만 하얀 옷을 입은 백의 천사를 만난다. 한치 앞을 분간하기 어려운 상황이라도 백의천사는 아랑곳하지 않고 세상을 하얗게 하얗게 물들이며 옳고 그름을 설명한다. 순수함은 그냥 만들어지는 것이 아니라 산고의 고통이 따를 때 진정한 순수함이 이루어진단다. 진정으로 순수함에 도달할 때 백색의 참뜻을 알겠지. 운장대가는 길에서 서봉을 보니 삽살개가 집을 시키는 형국이라 전북은 든든한 충견이 있어서 좋겠다. 암봉능선에서 곡예를 하는데 한 등산객이 운장산능선을 인터넷사진으로 보았는데 고요하면서도 평온하였단다. 구름에 잠겨 볼 수 없는 운장산능선을 활짝 갠 날에 운장산과 구봉산을 연결하여 산행을 예약한다.

 운장산 → 삼장봉(동봉) → 삼거리(구봉산, 내처신동, 운장봉) → 내처사동 (14:00~15:30)

몽글몽글 피어난 눈꽃이 크리스마스 장식품을 전시해 놓은 것 같고, 조릿대 위에 살포시 덥힌 눈이 솜이불보다 더 포근하며, 나뭇가지의 하얀 눈은 사슴뿔을 연상시

킨다. 천상에서 노니는 것도 좋겠지. 바위능선에서 학춤을 추며 선녀들의 환한 웃음에 반해서 대자연에 투정을 부려보고 어리광도 떨면서 환상의 도가니에 빠져든다. 왜 명심보감으로 살라면서 역사적 기록에는 명심보감보다는 승리자의 깃발이 많이 그려져 있을까? 알렉산더대왕과 징기스칸의 위대한 업적이 명심보감을 읽어서 이룩된 것일까? 세계정복에 빛나는 위대한 업적들은 명심보감과 어떤 관계에 있는 걸까? 명심보감의 본질은 세계정복에 따르는 만행과 이로 말미암아 발생하는 혼란을 잠재우기 위한 가장 좋은 수단이겠지. 정복 후에 따른 혼란을 막고, 국민들의 불만을 잠재우기 위해서는 명심보감만큼 좋은 것도 없을거야. 역설적으로 자연을 사랑하고 생활한다고 원하는 먹거리를 얻을 수 없듯이 명심보감처럼 살아가고 생활한다고 부자가 될까? 아마 명심보감대로 살면 전설따라 삼천리나 혹은 효자상에 자주 등장할 수 있을거야. 구름처럼 혼탁한 상상의 나래를 펴는 동안에 동봉에 이르럿네. 정도로 사는데는 묘약이 따로 없다. 자신을 바로 세우지 않으면 혼란한 세상에서 도태되는 것이 자명하다. 가끔은 심신을 의탁하고 싶어서 종교에 의지하여 거짓을 떨쳐내는 우를 범할때도 있지만 진정한 정신은 찾을 수가 없었다. 한발자국한발자국 옮기면서 스스로 악의 수렁을 빠져나와야 진정한 자신을 발견할 수 있다. 바위군란들의 군집에서 삼장봉을 지나 삼거리에서 방향이 갈라진다. 모임과 갈라짐(세분화)의 행로는 시작과 끝이 분파되고, 집결되는 중심의 역할을 설명한다. 즉, 멋이 있고 없고 보다는 현재의 위치를 얼마나 잘 지키느냐가 중요하다. 저마다의 소질을 개발하고 운용하여 아름다운 세상을 열고, 이웃과 상부상조하여 값진 보람을 가졌어도 자신이 이룩한 것이 아니라 원뿌리의 부모님과 조상님이 이룩하신 근원이므로 이에 감사를 드리자. 속세로 가는 과정은 갈지(之)로 끝없는 내리막이다. 순탄한 것은 없다. 모든 일들은 역경의 집합체이고 이를 헤쳐 갈 때 진정한 멋이 있다. 내처신동에서 운장산을 바라보니 원통형 탑을 쌓은 고깔모자로 웃음을 선사한다. 끝을 좋게 만드는 것은 노력이고 실천이다.

날머리에서

빠가사리 매운탕으로 한기를 떨치고, 함양휴게소에 이르니 눈발이 날린다. 유수와 같이 흐르는 세월에 눈까지 흩날리니 세월이 더 심란하다. 그래도 내일을 향하여 차에 오른다.

임금과 신하를 모신
제암산
(帝巖山)

帝
岩
山
807m

산행정보

일 시 2008. 05. 03. (토) 12:00 ~
        17:00 (날씨 : 맑음)
명 칭 제암산(779m)
소재지 전라남도 장흥군 안양면, 보성군
        웅치면
동 행 솔뫼산악회 (백양동기산우회 합동)
코 스 제암산자연휴양림 → 제암산 →
        곰재 → 간재 → 곰재 → 휴양림
        (12:00~17:00)

　　제암산(帝巖山) 정상에는 높이 30여m 되는 바위가 임금 제(帝)자로 우뚝 솟아서 위용을 자랑한다. 바위 꼭대기 넓은 터에는 수십 명이 한자리에 앉을 수 있으며, 주변의 여러 바위와 봉우리들은 임금님께 공손히 절을 올리는 형상이라서 임금바위(제암)라고 한다.

　　정상에 서면 호남의 5대 명산중 하나인 천관산, '호남의 금강' 월출산, 광주의 진산 무등산, 고흥의 팔영산을 시야에 담을 수 있고 이곳에서 기우제를 지내기도 하였다고 한다.

　　제암산의 철쭉군락지는 해발 630m 부근에 위치하고, 5월 초부터 5월 중순까지 산이 붉게 타오른다. 철쭉군락지는 곰재에서 곰재산 오르는 능선, 곰재산의 산불감시

초소, 사자산가는 능선으로 철쭉꽃이 될때는 불타는 장관이다.

들머리에서

삼국지(9권)를 읽으며 시작은 끝이 있고, 끝은 또 다른 시작을 알리기에 끝맺음을 잘해야 또 다른 시작이 즐겁다. '천리길도 한걸음부터' 진행하지만 작심삼일로 중도 포기하여 결실을 맺지 못하는 경우도 종종 발생한다. 결말을 맺고 새롭게 시작하면 도전에 대한 두려움과 절망이 많이 감소하지만, 중도에 포기하고 새로운 도전을 하면 두려움과 절망이 앞서서 머뭇거리다 허송세월만 보내는 경우가 많다. 끊고 맺음이 정확하지 않으면 일(업무 등)이 산더미처럼 쌓여서 마음만 조급할 뿐 성과도 없어 자신에 대한 불만족이 표출되거나 혹은 신세타령으로 전락한다.

이런 상태가 계속되면 현실의 관점을 명확히 설명하지 못하고 추상적인 상황에 사로잡혀 그럴 것이라는 설만 난무하고, 그 결과 대화는 협의가 아니라 뒷다리 잡는 행정으로 전락한다.

삼국지의 관점은 전쟁하는 것이 중요한 것이 아니라 전쟁에 승리하기 위하여 상대의 전략을 분석하고 전략가가 의도한 대로 상대방을 움직이게 하여 전투에서 승리하고 또한 패전 후 패잔병이 움직이는 심리까지 예측하여 철저하게 상대를 공략하고 파괴하는 방법을 설명한다.

이와 같이 상대방을 철저하게 공략할 능력은 학문과 경험이 바탕이 되고, 확고한 신념이 뒷받침되어야 한다.

광우병협상은 전략도 없이 생존권과 주권을 잃고, 당면의 이익 앞에 국민의 건강을 담보한 것은 아닐까?

제갈공명은 촉이 위보다 열세라도 사람의 수와 힘으로 승리하는 것이 아니라 전략적으로 상대를 제압할 능력에 따라 승패가 좌우된다면서 촉을 승리로 이끌었다.

국민의 리더의 행동에 따라서 국민들은 파도처럼 요동치다가 신세 고달픈 불안 상태로 전락할 수 있으니 전략실행은 신중에 신중을 기하자.

자연휴양림 → 전망대 → 제암산 → 상황봉(644m) (12:15~14:00)

자연휴양림은 봄날의 따뜻한 햇볕을 받아서 연두색 옷으로 새 단장하여 밝고 티가 없어 보이니 자연에 매료된다.

한편으로 후덥지근하고 불투명한 날씨는 산행을 압박하며 고통을 전달하는 시간

이다. 한정된 시간에 과욕산행을 꿈꾸
며 산길을 재촉하지만 산은 쉽게 허락
하지 않고, 동료애를 주장하며 길을 안
내한다.

철쭉의 환상에 빠져 대자연의 멋을
가득 품으려는 지나친 욕심은 결국 모
든 것을 잃을 수 있기에 산이 주는 교
훈을 받아들이고, 산이 허락하는 정도
로 행동한다.

산은 초봄의 화사한 꽃 옷을 벗고,
푸릇푸릇 새싹의 밝고 싱그러운 옷으로 갈아입어 때때옷을 입은 것처럼 덩달아 기
분이 상승한다. 반듯한 들판은 생명의 젖줄로 자리하여 식량난이 거론되는 시점에
보리가 푸른 물결로 일렁이는데 황금빛보다 더 아름다운 싱그러움과 훈훈함이 있
다.

기온이 상승하며 숨이 턱에 차는 더위는 사람을 지치게 하는 사이로 한줄기 불어
오는 바람이 모든 고통의 터널을 떨어내고, 바람의 달콤함을 따라서 하늘로 날아오
른다. 임금바위로 가는 이정표에 안착하여 임금바위를 보며 제왕의 기상을 가졌는
지, 주변의 바위가 임금바위에 절하고 있는지를 살펴보지만 마음이 닫혀서 그런지
그림이 그려지지 않고 각자의 위치에서 알맞게 정좌하고 있었다.

자연처럼 제자리를 지키며 참된 세상을 만들어 가면 좋으련만 남의 자리를 탐내
다가 온 세상을 개판으로 만드는 망나니가 판을 치는 세상이라도 하소연 할 곳도
없고 답답한 심정을 자연의 푸르름으로 치유한다.

임금바위 정상에는 50여명정도 앉을 공간이 있고, 이곳에서 강연을 듣기도 하였
단다. 예전에 올라왔던 감나무재 길이 보이고, 저 멀리 가야할 사자봉과 사자두봉이
까마득하여 발걸음 떼기가 무섭다.

같은 거리도 공기의 청명도에 따라서 시야는 천량지차로 환경오염이 주는 심각
성을 감지할 수 있다.

날로 악화되는 환경오염으로 대자연의 아름다운 풍광을 맑고, 곱게 볼 수 없어서
애석할 따름이다.

제암산 → 곰재 → 곰재산 → 간재 → 곰재 → 제암산휴양림
(14:00~17:00)

더위로 가픈 숨을 몰아쉰다. 점심 때 홀짝홀짝 들이킨 술로 숨이 턱에 차서 혀를 길게 늘어뜨리고 머리는 땅에 처박으며 숨을 고르지만 쉽사리 해결되지 않는다.

곰재에서 곰재산가는 능선에는 철쭉이 화려하게 수를 놓았어도 내 코가 석자라 꽃도 잊어버리고 그냥 퍼질러 앉아서 쉬고 싶을 뿐이다.

아름다운 꽃에 반해서 외치는 감탄사는 고통의 자물쇠가 되어 사람을 힘들게 하고, 설상가상으로 내리쬐는 햇볕을 피할 곳도 없다. 이 상태로는 목적한 시간에 목적지에 도착하는 것은 무리다.

겨울 산행 때는 한두 잔이 보약이라 그 때를 생각하고 마신 술이 더운 날에는 엄청난 고통으로 밀려오며 술도 환경변화에 적응하란다. 해를 거듭하며 느끼면서도 또 잊어버리고 저지르니 어찌하면 좋을꼬? 사람은 그래서 망각의 동물이고, 학습되어지구나. 철쭉잔치는 자신이 불안전하니 아무리 아름다워도 빛 좋은 개살구다. 곰재산에서 간재까지 철쭉평전에는 철쭉이 붉은 빛깔로 온 세상을 물들여 사랑의 노래를 부르고 싶어도 목에 차는 숨과 더위로 그림의 떡이다.

술이 여인타령을 하는 장본인인가? 두 손을 꼭 잡고 가는 연인의 모습이 철쭉꽃보다 더 아름답게 보이고, 석양으로 접어드는 어르신들의 모습에서 더 진한 붉은 사랑의 빛이 피어오른다.

세상은 참 재미있구나. 환경(술로 헤롱헤롱 등)이 첨가되면서 안보이던 것도 보이고, 잠재한 잡다한 생각과 이야기도 술 힘으로 재미있게 표현되네.

간재에서 원래코스를 포기하고 철쭉잔치를 벌이는 곰재로 돌아가서 숲길을 따라 개울물에 몸을 담그니 천상이 따로 없다.

날머리에서

자연휴양림에서 시원하게 매무시를 가다듬고 목적지에 도착하니 즐거운 식사시간이다.

맛난 식사에 곡차 한잔을 걸치며 어려운 발걸음도 마다하지 않는 친구들이 고맙고, 고객을 알들이 챙기는 솔뫼산악회에 감사드린다.

산회장의 총 솜씨에 맥주뚜껑이 거나하게 열리고, 동행하였기에 자연스럽게 공통된 대화가 오가니 피로는 절로 물러가고 밤은 새벽을 달린다.

 여인의 향기

부드러운 대화에서 경음악이 흐르고
미소를 따라서 산천이 활짝 깨어나네

마음씨도 구들장처럼 훈훈하게 퍼지고
움직임도 선행하여 모두의 귀감이네

지아비 섬기기를 임금님보다 더 받들고
자신을 낮추어서 더욱 가치를 높이네

인내하는 마음은 바위보다 단단해도
다소곳한 자태에서 향기가 뿜어나네

가정사 궂은일도 물 흐르듯 흐르고
사회생활 거침없이 헤쳐가도 모가 없네

존재하면서도 없는듯 상대를 배려하여
없는듯하여도 보석처럼 광채가 핀다네

천자의 면류관

천관산
(天冠山)

산행정보
☆

▶▶

일 시 2008. 05. 17. (일) 10:30 ~
        15:30 (날씨 : 맑음)
명 칭 천관산 연대봉(723.1m)
소재지 전남 장흥군 관산읍 및 대덕읍
동 행 두메산골산악회
코 스 장안사 → 선인봉 → 중봉 → 환
        희대 → 천관산 → 책바위 → 불
        영봉 → 수동

전남 천관산은 해발 723m로 천풍산(天風山), 지제산 (支提山)이라 불리며 지리산(智異山), 월출산(月出山), 내 장산(內藏山), 내변산(內邊山)과 함께 호남지방의 5대 명 산 가운데 하나이며 도립공원이다.

수십 개의 암봉이 하늘로 솟은 형상은 마치 천자(天 子)의 면류관처럼 보여서 천관산이라 하였고, 신라 김유 신(金庾信)과 사랑한 천관녀(天官女)가 숨어 살았다는 전 설이 전해온다.

삼림이 울창하고 천관사 · 보현사를 비롯해 89개의 암 자가 있었지만, 지금은 석탑과 터만이 남았다. 산 정상 으로 당암(堂巖), 고암(鼓巖), 사자암(獅子巖), 상적암(上 積巖) 등이 이어지며, 봄에는 진달래와 동백꽃이 붉게 물들고 가을에는 억새와 단풍으로 장관이다. 문화재로는 천관사오층석탑(天冠寺五層石塔 : 전남유형문화재 135)·천관사석등(天冠寺石燈 : 전남유형문화재 134)·천관사삼층석탑(天冠寺三層石塔 : 보물 795) 등이 있다.

들머리에서

차창에 스미는 오월의 햇살에 '손자병법과21세기'를 읽으며 "천자나라는 만승지국(100만병력), 제후는 천승지국(10만병력), 공경대부는 백승지가(1만병력)"를 동원할 능력을 갖추어야 한다. 전쟁에 따른 폐단을 노자는 "무위정치를 추구하는 참모는 군대를 통해 자신의 주군을 천하의 강자로 만들지 않습니다. 전쟁을 통해 강해진 나라는 전쟁을 통해 망하게 됩니다. 군대가 머물다 간 자리에는 폐허가 되어 가시덤불만이 무성합니다. 큰 전쟁이 일어난 후에는 꼭 흉년이 들게 마련입니다. 진정 전쟁을 잘하는 사람은 적의 공격을 적절히 막아낼 뿐 전쟁을 통해 강해지려고 하지 않습니다." 또 "큰 나라를 다스리는 정치를 할 때는 작은 생선 굽듯이 하십시오"하듯이 백성을 우선적으로 생각하는 정치를 원하였다. 그런데 작금은 어떠한가? 시행착오 기법으로 먼저 위험에 노출시켜서 안 되면 그 때 다른 방책을 사용한다. 또 미래예측보다는 일단 시행하고, 잘되면 내 탓이고 못되면 남 탓으로 돌려서 얼버무리는 경우가 많으니 참담한 심정을 헤아릴 수가 없다.

장안사(관리사무소) → 체육공원 → 금강굴 → 상·중·하봉 → 환희대
(12:00~14:00)

시원한 나무 그늘이 더위를 식혀주는 곳에는 천관석표지석과 팔각정자 그리고 유명인의 비석 등이 적절한 공간 배치로 호남의 5대 명산답게 정비되어 안정감을 준다. 자연의 높낮이를 벗어나지 않는 자연친화적인 공간 활용은 사람을 안정시키는

묘약이 있다. 체육공원에서 숨을 진정시키고 선인봉이 안내하는 기암괴석들은 천관산 능선을 따라서 도열하는데 입석, 선봉, 모아이상, 돌하루방 등 온갖 사물의 명칭을 붙여도 손색이 없다. 기암들의 전시장에서 환희를 맛보고, 중봉(금종암)아래 금강굴에서 시원한 약수로 갈증을 해소하니 세상만사 모든 고통과 업이 씻겨 내려간다. 억압된 고통을 풀어 주는 꿀맛약수는 관념의 만병통치약으로 치유할 뜻을 굳게 가지면 고통은 사라지고 광명이 비친다. 바위들이 장기 자랑하는 마당에는 철학이 깃들었고, 햇살을 즐기는 식물에서 영생을 만나며 환희대에 다다르니 환희의 탄성이 절로 나온다. 넓은 평원에는 천관산답게 면류관을 쓴 수많은 바위 봉우리가 걸작품으로 전시되고, 억새는 배경으로 깔려서 운치를 더해준다. 면류관을 쓴 바위들은 무생물이 아니라 유생물로 살아서 사람들에게 많은 지혜를 전한다. 마인드 전환은 결코 어려운 것이 아니다. 한정된 관념으로 스스로를 옭아 매는 것이 아니라 관념을 허물어서 스스로 옭아 맨 쇠사슬을 풀어야 한다. 받아온 교육이 그렇고, 길들여진 사고가 그렇듯이 제자리에 머물러 있어야 될 것이 아니다. 사물을 뒤집어보는 순간 환희대에서 기쁨을 만끽할 수 있으며, 무수한 환희는 삶의 즐거움을 북돋운다. 길의 좌우측에는 무수한 꿈과 희망이 살아 숨 쉬고 있음에도 불구하고 고정관념에 사로 잡혀서 꿈과 희망을 보지 못하고 지나쳐 버린다.

　세상의 현상을 단편적으로 보지 말고 사물을 도와주는 관점으로 보면 상대에게 도와주어야할 것이 보이고, 정 안되면 상대에게 무엇을 도와주면 좋을지를 물어보자. 그리고 그것을 실행해 줄 수 있는 방법을 찾자.

 환희대 → 천관산(연대봉) → 책바위 → 불영봉 → 수동리
(14:00~17:00)

환희대의 기쁨만큼이나 천관산정상은 넓은 평지로 억새와 철쭉이 암봉과 어우러져 계절마다 옷을 갈아입는 패션장이다. 대지를 지키는 빛바랜 누런 억새는 과거의 삶을 고찰하는 기회를 준다. 지구가 급속히 늙어 가는 것은 인간이 지구를 괴롭히기 때문이고, 인간이 늙어가는 것은 스스로 늙기를 재촉하기 때문이다. 압박해 오는 무수한 스트레스를 업으로 품을 것이 아니라 훌훌 털어버리자. 업은 품으면 품는 만큼 한이 되고, 고정관념에 사로 잡혀 일을 망친다. 생각을 유연하게 하는 천관산(연대봉)에는 봉화대와 남해바다안내판이 있는데 완도를 비롯한 강진만의 아름다운 자태와 장흥반도에 이어지는 섬들이 그림 속의 파라다이스로 펼쳐진다. 리아스식

해안의 다양한 섬들은 자연이 빚은 가장 아름다운 결정체로 훌륭한 관광자원으로 재탄생하였으면 한다. 강진의 토하젓내음이 해풍을 따라 코를 자극하고, 정약용선생의 목민정책이 온누리에 퍼지는 책바위에서 인생을 독백으로 흥얼거린다.

무수한 영재와 영웅호걸이 탄생했지만 목민정신은 산천으로 흩어지고, 속세에 묻혀서 세상은 이전투구로 조용할 날이 없구나. 불영봉에서부터 길이 순탄하지 않고, 유배지의 정신을 배우란다. 바윗길에서 일행은 세 갈래도 흩어졌는데 한 쪽은 계곡, 한쪽은 왼쪽능선, 한쪽은 오른쪽능선(정상적인 길)으로 갈라진다. 우리 일행은 궤도를 수정하여 바위에서 로프를 타는 정상적인 길로 들어섰으나 중간에서 길이 희미하다. 좌측에 차량이 보여서 빨리 가고 싶은 욕심으로 좌측 방향으로 틀어가니 가시덤불만 가득하다. 앞장서서 길을 뚫어 가는데 가시들이 살을 헤집고, 나뭇가지는 전신을 때리고, 덩굴은 발을 건다. 전진하는 것이 힘들고 어려워도 뒷사람들이 당황하지 않게 길을 뚫으며 겨우 도로에 진입하였다. 독도법보다 관례와 선입견이 앞서서 정글을 헤매는 사고를 친 것이다.

섣부른 지름길이 고행과 고통을 낳는 근본이고, 시간을 허비하는 요소였다. 견물생심으로 눈에 보이는 것만을 추구하지 말고 깊이를 생각하자. 시행착오는 줄여야 할 절대절명의 과제였다.

날머리에서

정상적인 코스로 내려온 사람들은 여유를 가지고 깨끗하게 단장 후 피로를 풀고 있었다. 잘못한 것을 불평하여도 과거로 돌아갈 수 없으므로 과거를 탓하기 보다는 과거를 거울삼아 시행착오를 범하지 않도록 자신을 만들어야 한다.

실수가 반복되고 변명이 계속되면 신뢰성을 잃는다. 그러므로 과거에 얽매이지 말고 과거를 미래에 대한 삶의 거울로 만들자.

담양호에 담긴

추월산
(秋月山)

산행정보
★

일 시 2009. 11. 28. (토) 12:00 ~
      16:30 (날씨 : 맑고 흐림)
명 칭 추월산(추월산 731m, 수리봉
      723m)
소재지 전남 담양군 용면과 전북 순창군
      복흥면
동 행 부산동백산악회
코 스 견양동 → 견양동정상 → 복리암
      정상 → 수리봉 → 추월산 → 보
      리암 → 관광단지

추월산은 담양에 위치하며 전남 5대 명산이고, 전남기념물 4호로 방장산, 금성산이 이웃하며 호남정맥의 분기점이다. 정상은 스님이 누워 계신 형상이고, 아름다운 경치와 울창한 수림에 약초가 많으며 희귀종인 추월난이 자생한다. 명경지수 담양호에 담긴 수려한 산세에 심취되면 기암괴석과 소나무 그리고 깎아지른 석벽이 또 다른 절경으로 다가온다.

추월산은 금성산성과 함께 임진왜란 때 치열한 격전지였고, 동학농민운동 때는 동학군이 마지막으로 항거한 곳이다. 정상부 보리암(菩提庵)의 절벽은 임진왜란 때의 의병장 김덕령(金德齡)장군의 부인 이씨가 순절한 곳이다. 보리암은 고려 때 보조국사가 지리산 천왕봉에서 나무로 만든 매 세 마리를 날려 보내서 앉은 자리에 사찰을 지었다고 하는데 그 세 곳이 바로 장성 백양사와 순천 송광사, 그리고 담양의 보리암이다.

 들머리에서

가을이 은행나무에 걸려서 노랗게 익어간다. 추월산에서 가을의 끝자락을 만나니 잔잔한 파장이 일며 호수가 된다. 곡성휴게소의 고인돌유적지에서 생활양식의 변화를 살피며 문화의 발달과 변천은 문화를 창조하는 힘이 존재해야 가능할 것으로 판단된다. 인도네시아 오지의 한 부족국가는 현재도 석기시대의 생활양식으로 살아가는 다큐를 볼 때 문화발전은 전통을 고수하는 것보다 권력자의 행동양식과 부족외 문화가 접목하여 변화를 추구할 때 나타난다. 아집을 떨어내고 변화를 받아들이자.

견양동 → 견양동정상(무능기재) → 복리암정상 → 수리봉
(12:00~14:00)

견양동마을 감나무에 매달린 까치밥이 물욕의 원초적 본능을 일으킨다. 감나무에 매달린 붉은 감홍시에서 그윽한 단맛이 연상되어 입에는 군침이 돌아도 동물들이 추운겨울을 나도록 배려한 농촌의 넉넉함에 욕망을 누르며 미소를 짓는다. 모자란 듯이 하면서 이웃과 훈훈한 정을 나누는 후덕한 인심을 감나무에 매달린 까치밥에서 만날 수 있으니 이런 것이 살 맛 나는 세상이다. 견양동 끝집에서 김장을 담그는 배추가 먹음직스럽고, 일렬로 도열한 토종벌꿀통에서 겨울 채비가 그려진다. 개미와 베짱이의 준비와 준비부족에서 득과 실을 연상하며 낙엽을 밟는다. 미끄러지는 낙엽에서 가을산행의 멋을 즐기는 것이 좋아도 주의를 기울이라는 암시로 판단

하고, 안전을 담으며 가을의 포근함을 즐긴다. 역광의 그늘에 기암괴석의 협곡이 생명을 빨아들이는 음산함으로 다가올 때 기암절벽의 끝자락에는 소나무가 고운 자태로 하늘을 받치니 어둠은 광명으로 빛나고 불행은 행복으로 전환되면서 협곡도 생명의 기(氣)를 발산한다. 일체유심조(一切唯心造)로 견심을 찾으며 바윗길 전망대에서 전남의 5대명산 추월산을 볼 때마다 침묵을 지키는 광경이다. 마지막 난관을 가느다란 밧줄에 의지하는 것이 불안해도 자연이 내미는 손을 잡고 견양동정상(무능기재)에 이른다. 추월산가는 길에는 전망대가 곳곳에 위치하며 추월산의 수려한 경관과 병풍으로 둘러쳐진 석벽이 장엄하여 자연의 위대함에 고개를 숙인다. 삼각뿔 혹은 원뿔로 겹겹이 쌓인 봉우리들은 '작은 고추가 맵다.' 라는 속담을 알려준다. 수직절벽(동쪽사면)과 완만하면서 부드러운 어머니 품(서쪽사면)이 대조를 이루며 양면의 칼로 세상을 계도한다. 하늘과 맞닿아 이렇게 멋진 전경을 볼 수 있으니 하늘이 분노할 정도로 나쁜 삶을 살지 않았구나. 하늘이 분노하지 않은 것은 산이 인생길을 선하게 안내하였기 때문이리라. 산은 마음의 양식이요. 삶의 이정표였다. 초연하게 자연에 있는 것이 기쁨이요 행복이리라.

 수리봉 → 추월산 → 상봉(보리암정상) → 보리암 →
월계리국민관광단지 (14:00~16:00)

봉우리를 오르내리는 마루금에는 수많은 사연들이 깔려 있겠지. 산을 사랑하는 사람과 산에서 한(恨)을 푸는 사람 등 어떤 사연에도 대자연은 관용으로 순화시켜준다. 낙락장송에서 고고함과 인내를 배우고, 수직절벽의 끝자락에서 고통의 자물쇠를 놓기도 한다.

비우고 비워도 밀려오는 업보를 짐승이 되어 포호하면서 인간으로 거듭나는 훈련도 해본다. 언제 어디서나 요구하는 인(忍)을 새기며 추월산에 이르니 정상석 대신 이정표가 정상을 표시한다. 언제나 있을 것 같은 정상석이 빈공간이라 산행의 노고에 대한 대가를 받지 못한 것 같아서 심정이 착잡하다. 자연상태에서 정상석이 없는 것이 당연한데 고정관념에 사로잡혀 추월산을 잃어버린 것 같다. 호남정맥의 분기점에 손을 흔들고, 보리암 방향으로 돌아 나와 상봉(보리암정상)에 이르니 시원한 조망이 일품이다.

담양호가 산의 허리를 돌아서 리아스식 해안을 만들고, 건너편 강천산 및 산성산을 담아 차(茶)한잔을 내어 놓는다. 담양호의 그윽한 차 향기를 더 가까이 하고자 '광주산악회'로 길의 끝을 알리는 바위절벽을 타고 올라서니 또 바위봉우리가 시야를 막는다. 산 넘어 산이 있듯이 목적달성이 쉬운 것은 없다. 극한 도전의 끝자락에 또 다른 극한 도전들을 넘어야 자신의 목적이 달성될 수 있다. 명인들이 한순간에 모든 것을 이룬 것이 아니라 각고의 노력 끝에 매달린 결실임을 잊지 말자. 안전을 담보할 수 없어 되돌아 나와 보리암에 안착한다. 보리암은 수직의 석벽에 매달렸는데도 아늑한 공간을 제공하고 있으니 이것이 자연이고, 사람의 힘이다. 사람은 무엇이든 이루려고 마음먹고 실행하면 안 되는 것이 없다. 그러나 잘못된 선택은 자연을 파괴하고, 나라를 멍들게 하고, 가족을 흩어지게 하는 결과를 초래할 수 있다. 임진왜란 항전비에서 목례를 올리고, 동굴에서 원시의 삶을 엿본다. 태초에 사람들의 안전과 정착에 기여했을 동굴이 삶의 체험현장으로 다가온다.

우리가 현재와 같이 좋은 환경을 유지하여 의식주를 해결할 수 있는 것은 열심히 노력한 결과물이다. 현재의 삶에 만족하지 말고, 미래를 위하여 아이들에게 의식주 해결에 대한 체험도 길러주자. 관광단지에 다다르니 낙엽이 산을 덮어서 별천지에 온 것 같고, 무수한 돌탑만큼 행복하기를 바라며 추월산의 거대한 암봉은 스님 얼굴, 혹돔(물고기), 머지? 자신이나 올바로 찾자.

날머리에서

밤(율무)을 파는 촌로의 술타령에 밤을 구매해서 배낭에 담는다. 담양호에 자신을 비춰보며 자연처럼 살아가려해도 사람이 사람을 자연으로 살지 못하게 하네. 자연에서 인(忍)을 배우며 매수되지 않는 자연의 품이 그립다. 동백의 따뜻한 된장국이 속을 후련하게 쓸어내린다.

전설을 문화로 승격한

강천산 (剛泉山)

일 시 2007. 11. 17. (토) 11:25 ～
       16:40 (날씨 : 맑음)
명 칭 강천산(왕자봉 583.7m)
소재지 전라북도 순창군 및 전라남도
       담양군 소재
동 행 부산 동백산악회
코 스 매표소 → 병풍바위 → 강천산
       → 495봉 → 북바위 → 구장군
       폭포 → 매표소

　　전북 순창군과 전남 담양군의 도계인 강천산은 호남 정맥의 줄기로 깊고 맑은 계곡물, 기암절벽이 병풍처럼 늘어서 있으며 병풍바위와 병풍폭포, 구장군폭포, 용바위, 비룡폭포, 금강문, 금성산성 등의 명소가 즐비하여 '호남의 소금강' 이라한다.

　　아기단풍이 붉게 물들 때와 자연생 산벚꽃이 필 때 강천계곡 현수교와 어우러진 장관이 일품이다. 신라 진성여왕 때 도선국사가 강천사를 창건하여 최고 1,000여명의 승려가 생활하였으며 절 뒤로 치솟은 암벽과 암봉이 병풍처럼 펼쳐지고, 맑은 계곡에는 옥류가 흐른다. 강천산은 최초의 군립공원이다.

들머리에서

가로수가 가을과 겨울을 연결하며 마지막 남은 기력을 불태운다. 모닥불로 시들어가는 쓸쓸함과 황량함을 책 '사람과 여행'으로 채워간다. 투사, 방어기제, 용기, 자신감 등이 어떤 관점에서 일어나며 어떻게 적용시키고 해결하는지를 현실에 적용하여 이해하려니 천근보다 무거운 눈껍플이 그냥 책장만 넘기란다. 그래 가을을 떠나보내는 마당에 가을의 의미를 살리며 가을을 노래하자.

매표소 → 깃대봉 → 강천산(왕자봉583.7m) → 495봉 → 북문
(11:25~14:20)

강천산(剛泉山) 입구에 담긴 호수에서 심신을 정리하고 흥겨운 리듬에 맞추어 계곡을 따라간다. 애기 단풍이 손을 반짝이며 재롱을 피우고, 유유히 흐르는 물은 가을을 보내기가 아쉬워 아담한 소(沼)에 가을을 담았다가 흐른다. 병풍바위에서는 두 줄기 폭포가 형제애로 떨어지는데 전설에 의하면 '이곳을 지나는 사람은 죄가 깨끗이 씻겼다.'고 한다.

옛사람들은 험한 세상의 돌파구로 죄를 씻는 기회를 제공하여 사회가 깨끗해지도록 자연정화장치를 마련해 놓았구나. 조상님의 현명한 지혜에 탄복하며 현대에도 자연을 잘 활용하여 죄 없는 사회가 구현되었으면 좋으련만. 폭포의 상단부는 하늘과 맞닿아 물이 없을 것 같은데 폭포가 떨어지는 것에 의문을 품으며 금강교를 지난다.

화려한 단풍은 서서히 가을 낙엽으로 변하면서 겨울을 채비하는 산을 내어놓는다. 깃대봉 삼거리에서 왕자봉가는 능선은 오솔길에 낙엽이 깔려서 운치가 살아나고, 무성한 조릿대는 적막한 산하를 온화한 분위기로 전환시킨다. 강천산(왕자봉)에

들었더니 바람에 춤추는 나무들로 시야가 가려서 최고봉이라도 지휘본부역할은 어려웠다. 형제봉에서 495봉으로 가는데 산들이 파도치며 호남정맥의 웅장한 오케스트라 선율을 들려준다. 낮으면서 옹골찬 산세의 495봉자락에는 담양호 꼬리가 꿈틀거린다.

　금성산성 북문에서 도착하니 담양호가 추월산을 담아 수채화를 그려 놓았다. 금성산성은 구들장 같은 돌을 쌓아서 축성하였는데 일반 대리석 산성과는 색다르다. 성곽과 성문을 갖추고 있으면서 정교함까지 보여주는 금성산성에서 잉카제국의 잃어버린 왕국 마츄비추가 생각난다. 금성산성이 담양호에 어우러져 관광 상품을 만들고 우리는 옛 시간을 찾아서 역사기행을 하며 담양호를 노래한다.

 북문 → 운대봉 → 북바위 → 구장군폭포 → 현수교 → 강천사 → 매표소 (14:20~16:40)

　칼날 능선을 따라 북바위 너머로 이어지는 성벽은 세월의 풍파를 이겨낸 훌륭한 유적으로 길이 보존해야 할 것이다. 조상의 정성을 따라가면 산속 절벽에 강천제2호수가 단풍으로 연지곤지를 찍고 고운 자태로 정좌한다. 산에서 보물찾기를 하며 순창의 평야지대로 눈을 돌리면 산은 사람을 보호하고 평야는 생활의 터전이었다. 우리의 조상과 후손이 영원히 함께할 산하는 어느 한곳도 소홀히 취급해서는 안 될 곳이다. 북바위에서 강천산을 재 조망하고 계곡으로 접어드니 돌이 우둘투둘하면서 검고, 이끼도 말라서 삭막하다. 물이 풍족하면 절경일텐데 물이 없으니 거친 모습만 보는구나.

　세상 만물에는 음양의 조화가 적절하게 이루어져야 아름다움이 발산한다. 그렇듯이 우리도 음양의 조화를 적절하게 활용하여 세상을 아름답게 가꿀 수 있도록 해야겠다. 고도가 낮아지면서 거친 계곡을 지키는 가을단풍이 '한 송이 국화꽃을 피우기 위하여 그렇게 소쩍새는 밤새 울었나 보다' 라는 구절을 들려준다. 그래 쉬운 것은 없다. 외로운 산길을 혼자 지키는 단풍의 의지도 간과해서는 안 된다. 끝까지 최선을 다하는 자연에서 성공의 필요조건을 보며 성테마공원에 이른다. 성테마공원에는 남녀의 성기로 익살스러운 모습을 조각하여 두었으며, 기암괴석의 200여m 높이에서 떨어지는 구장군폭포는 암수로 한 쌍이다. 전설에 '마한시대에 아홉 장수가 전쟁에 패하여 이곳에서 자결하려다가, 적과 싸우다 죽자고 결의하여 비장한 각오로 다시 싸웠더니 승전하였다.' 고 한다.

또 한편에는 천년사랑 거북바위 전설이 전해온다. 사랑이 넘치는 공원을 뒤로하면 강천산과 광덕산을 연결하는 현수교가 아스라이 하늘에 매달려 있다. 오금을 저리며 현수교를 건너서 바위절벽을 미꾸라지처럼 빠져 나온다. 현수교를 보면서 좋은 산이 좋은 사람을 만드는구나. '성공하는 사람은 방법을 찾고, 실패하는 사람은 이유를 찾는다.' 고 하였다. 맑은 물을 따라서 강천사에 이르니 불공드리는 사람을 좀처럼 찾아보기 힘들다. 아마 전라남도지역은 불교보다는 천주교가 널리 전파되었기 때문인가 보다. 조선시대 때 천주박해를 떠올리며 시대적 참상의 그늘이 지역의 종교도 바꾸어 놓는구나. 강천사 경내의 가람은 대부분 문이 굳게 닫혔고 빛바랜 나무 기둥과 회색 옷을 입은 문이 고찰임을 설명한다.

구장군폭포에서 매표소까지 바위절벽의 협곡을 지나온 것 같다. 전투가 벌어지면 출입구를 굳게 지켜서 유민들을 충분하게 보호할 수 있는 군사요충지로 보인다. 삼국지에서 제갈량이 조조 군사를 협곡에 유인하여 함몰시키는 장면을 연상하며 이 지형에서 전투가 벌어지면 어떻게 군사작전을 전개하지. 유능한 참모와 장수는 정보수집과 전술개발에 최선을 다하여 불리한 지형을 승리로 이끈다. 철저한 계획과 준비로 매사에 임하면 궁극적으로 목표를 달성할 수 있다. 사회에서 문제풀이의 해답은 자신에게 달려 있다.

날머리에서

강천산은 낮아도 기암절벽과 장대한 폭포를 보유하여 상상을 초월한 비경이 숨어 있다. 금성산성 등의 축성술과 전해오는 전설에서 자신의 위치와 방향을 재정립한다.

왜적을 물리친
덕유산 남덕유산
(南德裕山)

산행정보

일 시 2009. 02. 22. (일) 10:30 ~
        17:00 (날씨 : 비와 눈)
명 칭 남덕유산 동봉(1,507m) 및 서봉
        (1,492m)
소재지 경남 함양군 및 거창군과 전북
        장수군 계북면
동 행 백양동문산악회
코 스 원각사 → 남덕유산 동봉 → 서
        봉 → 덕유산교육장 → 원각사

　　북덕유산(향적봉)에서 능선이 약17km를 뻗어가며 1,000m의 고봉을 넘다보면 남서쪽 끝자락에 남덕유산 (1,507m)이 전북 장수군과 경남 함양군의 경계로 백두대간을 잇는다. 북덕유산이 완만하다면 남덕유산은 기암봉우리로 가파르고 험준하며, 상봉, 중봉, 하봉으로 구분한다. 상봉은 다시 동봉(東峰)과 서봉(西峰)이 나뉜다. 서봉(장수덕유)과 동봉(경남덕유) 사이의 '황새 늦은목이' 능선은 황새목을 연상시키는 곳이다. 남덕유산에는 3대강을 발원하는 샘이 3곳 있는데 임진왜란 때 왜적과 싸우며 덕유산 의병들이 마셨던 육십령샘은 금강(錦江)의 발원지고, 삿갓봉의 삿갓골샘은 황강(黃江) 발원지고, 정상 남쪽 참샘 (겨울에는 온수가 여름에는 찬물이 솟는다는 전설이 있음)은 논개의 절개가 담긴 진주 남강(南江)의 발원 지로 이 두 강은 낙동강(洛東江)으로 흘러든다. 관광명소는 함양(서상면) 영각사와 덕유 교육원, 거창은 월성계곡(사선대, 분설담) 및 상류의 황점마을(옛 삼천동(三川洞)이다.

 들머리에서

차창을 때리는 빗줄기는 생명의 원천이고, 희망을 전하는 전령사로 봄을 잉태하려고 여념이 없다. 추위에 적응 못하는 것을 진화부족으로 돌리며 도로의 시간을 책 '광장'으로 때운다. 차속에서 세상사 이야기꽃이 피니 생활철학에 매료되어 책을 덮는다. 그래 남을 탓하기 보다는 자신의 상황을 긍정적으로 전환하여 우주의 섭리를 받아들이면 언제나 밝은 삶을 영위할 수 있다. 또한 일확천금에 유혹되어 악의 수렁에 빠지지 말자. 서상IC에서 영각사에 도착하니 비는 진눈개비로 바뀌어 산하에 백의를 입힌다.

영각사 → 영각사통제소 → 안부 → 남덕유산 (10:30~12:30)

영각사는 부귀영화(富貴榮華)를 잃고 과거와 현대(시멘트와 벽돌)를 연결하는 상처 난 문화재로 역사를 재현하여 우울하다. 조상의 얼을 담고 있는 문화재를 옛 기술 그대로 복원하면 산업의 업종이 다양화되어 소비증대와 고용창출이 늘어날텐데. 문화재 복원기술도 고도의 과학기술로 고부가가치 산업으로 육성하면 경제의 한 몫을 담당할 것이다. 백설이 산수화를 그려갈 때 몸이 무거워져 우보천리(牛步千里)로 체력을 보강한다. 경제성장은 전원이 합심하여 우보천리로 나아갈 때 더 큰 힘을 발휘하는 경우도 많다. 파레토그래프에 나타난 것처럼 20%가 80%를 리딩하는 것은 80%가 존재하기에 때문에 20%가 빛을 발휘하는 것이다. 즉, 각자가 맞은바 소임을 다하면서 100%가 한걸음씩 전진하면 거대한 경제효과를 얻을 수 있을 것이다. 세계경제에서 우리나라 국민모두가 힘을 합쳐도 65억대 4천만일 뿐이다. 즉, 국민 한사람이 162.5명과 경쟁해서 이겨야 우리나라가 세계 속에 한 나라로 존재하게 된다. 그러므로 국민모두가 참여하고 행동하여 좋은 결과를 내는 혼연일체가 되어야 우리경제가 반석위에 올라선다며 안부에 도착하니 세상이 백색으로 확 바뀌었다. 산정에 만발한 황홀한 눈꽃에 감탄하며 노력하는 사람만이 선경을 보게 되구나. 감나무 아래 누워서 감이 떨어지는 것을 기다리지 말고 감을 수확하자. 타인이 감이 떨어질 때 낚아채면 도로아미타불이다. 헉! 안개로 인하여 날카로운 원뿔형 암봉에서 길을 잃는다. 한발자국도 디딜 곳 없는 공간에서 도피보다는 적극적으로 대응해 나가자. 뫼만 높다고 타령하지 말고 무서움과 두려움을 벗어던지며 자연과 벗하면 광명의 빛이 선명하게 보인다.

절망이 희망으로 변하면서 눈꽃이 더욱 찬란하게 피어난다. 신선세계에 이르는 구절양장(九折羊腸)바위봉우리는 적응력을 키워주고, 살아있는 존재가치를 심어준다. 구름을 통과하여 하늘로 올라가니 남덕유산 정상석이 부처님 웃음으로 만면에 미소를 짓는다.

 남덕유산 → 백두대간갈림길 → 서봉 → 육십령갈림길 → 덕유산교육원
(12:30~17:00)

백두대간인 '황새 늦은목이'를 통과하며 암봉이 엄동설한에도 체력을 과시하는 것을 보고, 소나무들의 화려한 크리스마스트리에 힘이 솟는다. 자연의 변화무쌍함은 혼란이 아니라 감동의 극치를 선사하는 과정이었다. 서봉... 아!~, 백설의 장관에 끝없이 펼쳐지는 운해의 위대함을 보라. 언어로 형용할 수 없는 장관에 시간이 정지되었으면 한다. 남덕유산 자락에 감싸인 안락한 서상지역은 갓 깨어난 병아리처럼 운해의 껍질을 벗으며 모자이크로 차별화를 선언한다.

장수지역은 운해에 잠겨서 베일에 가렸다가 차츰 옷을 벗으니 이국적인 섬들이 유영을 한다.

우리나라 최남단 이어도처럼 신령스러움과 막연한 환상이 밀려온다. 서봉에서 지리산으로 연결되는 백두대간 육십령능선은 용이 승천하는 형국이다. 임진왜란 때 왜적들이 육십령을 넘지 못한 것은 덕유산 의병들이 용의 지원을 받아서 용감히 싸웠기 때문이 아닐까? 산줄기는 무생물이 아니라 살아 숨 쉬는 생명체이고 우리의

정신이다. 자연을 정신적 가치로 받아
들이면 더 큰 가치를 창출시킬 수 있
다. 자연을 훼손하면 원상복구가 어렵
다는 것을 상기하자. 남대문을 복원하
는 소나무를 자를 때 어명으로 예를 갖
추어 목적을 달성하였다고 한다.

우리는 불확실한 미래를 파라다이스
혹은 이상향으로 난관을 극복하며 나
아간다. 설령 환상에 빠져서 허송세월
이 흘러도 꿈을 실현시키려는 행동을
지속하고, 행동하였으면 결과를 획득할 때까지 매진하여야 한다. 또한 목적을 이룩
하려면 긍정적인 단어와 용어를 다양하게 사용하고, 자신의 신념을 믿으며 자신을
의심하지 마라. 의심하면 부정하므로 무조건 된다고 믿으며 일을 진행하면 뇌가 번
쩍하며 아이디어를 주고 성공의 지름길로 이끈다. 남덕유산이 주는 꿈과 희망으로
바위 길에 안전장치가 없어도

'정신일도하사불성'으로 안전하게 내려가고, 눈길에 넘어지고 깨지며 진흙탕에
처박혀도 칠전팔기가 아니라 언제나 일어서서 웃으며 걷는다. 할 수 있다.

남덕유산이 주는 무궁한 자연의 멋과 파노라마를 다시 새기며 모든 것을 이룰 수
있다는 신념으로 만감이 교차한다. 소나무향기에서 눈길의 어려움을 떨어내고 덕유
교육원에서 KIN산행과 안산의 현대어를 배운다.

날머리에서

비에 젖은 축축한 옷을 식어가는 체온으로 말리기에는 한계가 있어서 함
양휴게소 남자화장실 공개된 장소에서 옷 갈아입는 기습작전을 감행한다.

웃음소리를 쾌적한 기분으로 전환하며 위기는 기회이고 기회를 놓치면 후회한다.
어렵다는 말보다는 해결하는 방법을 찾으면 어디에서나 만날 수 있다. 역전 만루홈
런도 타석에 들어서야 가능하다.

영각사(靈覺寺)

신라 헌강왕 3년(877) 심광대사(審光大師)가 창건한 사찰로 해인사의 말사였다. 세종 31년 원경(圓境)대사가 중창한 후 몇 차례의 중수를 거쳤다. 6.25전쟁 때 산신각과 창고를 남기고 전소되었다가 화엄경판 81권, 3,284판과 법망경 2권 각판68매가 소실되었다.

화엄경판은 설파 상언대사(雪坡 尙彦大師)가 감수하여 만든 것으로 문화재급 가치가 있었는데 소실되었으니 애석한 일이다. 주변의 부도 및 기둥석의 분포로 보아서 해인사에 버금가는 큰 수량도장이었다.

육십령 (六十嶺 : 734m)

바람도 울고 넘는 육십령은 덕유산을 끼고 경남 함양군 서상면과 전북 장수군 장계면을 이으며 소백산맥의 죽령, 조령, 추풍령, 팔령과 함께 대표적인 고개로 세 가지 설이 있다.

1) 안의와 장수 각 감영에서 육십령까지 육십리라서 2) 육십여개의 고개를 넘어야 육십령을 넘는다고 해서 3) 전설로 전해오는데 옛날에 육십령에 산적들이 많아서 고개를 넘다가 사람들이 재물을 빼앗기고 생명까지 잃었다.

그래서 산아래 주막(동네이름 : 장군동(壯群洞))에서 육십명의 장정이 모여서 죽창과 몽둥이로 무장하여 넘던 고개라서 붙였다는 설이다. 산적들을 피해 살았던 피적래(避賊來)마을도 서상면에 있다.

또한 할미성(육십령성)에는 장수 조억령(趙億齡)의 사연이 있는데 임진왜란 때 조억령이 가솔인 유솔(劉率)과 병사 및 장정들이 함께 할미성과 봉수대를 지켰다.

조씨 부인이 남편을 찾아 나섰다가 육십령에서 화적떼에게 붙잡혀서 희롱 및 능욕 당한 뒤 죽음을 당하여 조억령은 화적떼를 도륙하고 부인 시신을 거두어 장례 치르고 원귀를 위로하였단다.

임진왜란 때는 왜적이 호남지방을 침범하기 위해서 육십령으로 침입할 때 조억령 장수는 육십령성에서 치열한 전투를 벌여, 왜적을 여러 차례 격퇴 시켰으며, 왜적의 유탄에 맞아 전사하였고, 부인 묘소 옆에 장례 지냈다고 한다.

임진왜란 후 조억령 장수의 전적비를 육십령 전적지에 세웠다는데 비석은 없고 장수지에 기록이 남아 있다고 한다.

무주의 비경
덕유산 향적봉

일 시 2008. 01. 13. (일) 11:00 ~
16:30 (날씨 : 흐리며 맑음)
명 칭 덕유산 향적봉 (1,614m)
소재지 경남 거창 및 전북 무주, 장수 일대
동 행 한마음 산악회
코 스 송계리 → 횡경재 → 송계삼거리
→ 중봉 → 향적봉 → 송계리(역순)

아고산대는 해발고도가 비교적 높은 지역 (1500m~2500m)으로 바람과 비가 많으며 기온이 낮고, 맑은 날이 적어서 키가 큰 나무들이 잘 자라지 않는다. 철쭉, 진달래, 조릿대, 원추리, 산오리풀 등이 바람과 추위를 견디며 자연과 균형을 이룬 지상의 낙원과 같은 생태적 가치가 높다.

아산고대는 확트인 뛰어난 조망과 갖가지 야생초 서늘한 기후 등의 특징이 있으나 훼손될 경우 자연적인 회복이 거의 불가능한 지역이다.

우리나라의 대표적인 아산고대는 백두산에 넓게 분포하고 지리산 노고단, 세석평전, 소백산 비로봉, 설악산 중청, 대청봉 주변에 소규모로 분포하고 있다. 덕유산자락은 백두대간이 흘러가고 주변에는 높고 유명한 산들이 산재하여 사시사철 많은 관광객 및 등산객이 찾는다.

 들머리에서

백설에 잠든 산하에 안기고자 아침이 분주하다. 차창에 낀 서리가 밖을 차단하여 꿈틀대는 아침을 꿈으로 연장하다가 '공자가 죽어야 나라가 산다.' 라는 책을 읽으며 조선시대도 과도한 효 사상으로 당파싸움을 비롯한 수많은 내부분열과 뒷다리잡기가 성행하였다. 효의 정도를 넘어 역적몰이와 반란으로 생산성보다는 핍박의 문화로 변질되지 않았나 싶다.

예의 탁상공론을 하는 동안 적의 침략은 계속되었고, 방어능력은 부족해서 침략자의 총칼 앞에서 민초들은 하염없이 유린당하였다. 전쟁에 대한 방어 전략보다는 '백의민족' 이라는 감투로 철부지 백성을 위안시키고, 전쟁의 소용돌이를 무마하는 정치 쇼를 보면서 현재도 그렇지 않을까? 국외로는 강하고, 내부는 상생하는 내유외강(內柔外剛)으로 부국강병이 되어야 한다. 메스컴은 내부분열을 조장하는데 앞장설 뿐, 세계열강으로 진입하는 방안은 제시하지 않고 있으니 애석하다. 세계열강은 자국이 잘사는 방법을 밖에서 가져오거나 사람을 유입하는데 반하여 우리는 이전투구로 자멸하는 불상사가 없기를 기대하며 덕유산자락에 안긴다.

 송계리(거창군 소정리) → 횡경재 → 송계삼거리 → 중봉 → 향적봉 (11:00~14:00)

송계계곡의 맑은 물소리에 마음이 청아해지고, 얼음을 뚫고 흐르는 물에서 새해의 정기가 대지로 스며든다. 명경처럼 투명한 소(沼)에서는 나무들이 단장한다고 열

기가 후끈하여 방울방울 떨어지는 물결에 희망이 퍼져간다. 원초적 자연은 자신을 보여주며 맑음의 본질을 가르쳐 주는데 사람은 투영되는 것이 두려워 자신을 내어 놓기를 거부한다. 더도 덜도 없는 중용(中庸)으로 자신을 가꾸며 살자는데 하얀 눈밭을 밀감 등의 과일 껍질로 훼손하고, 쓰레기로 훼손하고, 불법 채취와 벌목으로 자연을 훼손하여 안타깝다. 동물들이 껍질을 먹는다는데 동물을 생각하면 알맹이를 주고, 껍질은 자신이 먹는 미덕이 필요하다. 다람쥐도 도토리 껍질을 벗겨서 먹는다. 그러니 동물핑계로 쓰레기 버리지 말고, 발자국만 남기는 산행으로 동물들이 사는 집과 산림을 어지럽히지 말자. 동물에게 음식을 제공하려면 알맹이를 좋은 위치에 남겨 두고 껍질은 가져가자.

물론 음식물 제공도 동물들이 야행성을 잃어버리게 해서 안 되겠지만.... 겨울에 식량이 부족할 때는 예외가 될 수 있겠지. 눈이 제법 오랜 시간이 흘렀어도 탐스럽게 보이는 것은 사람의 손길이 적었기 때문이겠지. 순백의 자연미를 즐길 수 있도록 서로 배려하자. 횡경재에서 신풍고개에서 올라오는 길과 만나서 송계삼거리로 방향을 트니 중봉이 머리를 갂고 방향을 가르쳐준다. 순백에 빠진 여인에게 '마음이 착해서 순백으로 보인다.' 라는 말을 하며, 순백으로 사는 것이 옳은지, 때를 타야 옳은지 구분이 어렵다. 제발 순수한 사람을 사기치고, 윽박지르고, 갈취하는 사람이 덕유산자락에는 없기를 바란다.

송계삼거리에서 남덕유산쪽으로 올라오는 등산객들과 합류하니 등산로는 인산인해다. 웅장한 산자락이 남덕유산쪽으로 이어지는 능선에는 구름들이 산을 넘지 못하여 운해를 이루고, 백설로 윤곽이 뚜렷한 산들의 힘찬 기상에서 장엄한 서사시를 들으며 산의 정기를 받아 중봉으로 들어선다. 중봉에는 안개구름이 밀려들고, 세찬 바람은 체온을 급강 시켜 손가락이 시리다. 음식물로 체력을 보강하며 추위를 이기며 나아간다. 중봉부터 향적봉까지는 아산고대지역으로 봄에는 원추리풀 등이 초원을 덮어서 천하의 절경이라는데 어떤 모습일까? 만나고 싶어도 인연이 닿지 않으면 못 만나는게 세상의 이치라, 세월이 흘러 인연이 되면 좋은 만남이 있기를 기대한다. 세월에 한숨 쉬지 않고 열심히 노력하고 살다보면 언젠가는 인연이 닿겠지. 겨울 덕유산의 비경 주목나무와 구상나무에서 늙어도 곱게 늙어야겠구나.

세월에 한탄하지 않고 우아한 자태로 멋을 뽐내는 아름다움이 돋보인다. 주목과 구상나무처럼 자신을 상대로 기념촬영을 해줄 수 있도록 나이를 가꾸었으면 한다. 돈으로 꾸미는 가식적인 미(美)보다는 자연의 미가 물씬 풍겨 나오도록 정신과 육체를 가꾸어야 한다. 향적봉대피소에서 나무계단을 넘으니 향적봉이고, 설천봉쪽 스키장은 구름에 가리어 희미하다. 가야산, 대둔산 등도 구름에 갇혀 어디에 둥지를 틀었는지 알 수 없구나. 빛을 내는 것은 혼자의 힘으로 되는 것이 아니라 주위의 도움을 있어야 가능 한 것이다.

향적봉 → 중봉 → 송계삼거리 → 횡경재 → 송계리(원점회귀) (14:00~16:30)

돌아갈 거리가 너무나 멀고도 길다. 바람소리가 매서운 곳으로 발길을 돌리니 까마득하게 느껴져서 산이 숨 쉬고 노래하는 소리도 접고, 수많은 사람과 어깨를 부딪치며 가는 길이 어찌 그리 더딘지.

중봉에서 송계삼거리까지가 지척인데 하염없이 멀고도 지루한 길이고, 송계삼거리에서 횡경재까지 이렇게 많은 봉우리들을 넘었단 말인가? 횡경재에서 송계리까지 위험을 무릅쓰고 가속 페달을 밟고 달려오니 30분이나 지각하여 하산주도 깡소주로 대신한다. 신비의 세계를 탐험하는 길은 험해도 힘든 줄 모르는데 돌아오는 하산 길이 너무나 멀고 힘들다. 신비감은 과거에 얽매이지 않는데 회귀 때는 과거만 남았으니 죽을 맛이다. 그러므로 동일한 길도 아는 길이 어렵고 힘든 것은 신비감이 떨어진 관념상의 차이겠지.

날머리에서

차속에서 연장자분들이 차속의 지겨운 시간을 흥겨운 시간으로 전환시킨다. 타인에게 권하지 않는 조용한 음주문화에서 세상이 많이 변했다.

예전에는 음주가무가 짜증나더니 흥겨운 가락이 되어 장단도 맞춰보고 속으로 덩달아 춤추며 몸을 들썩거린다. 나이가 들면 노래도 생활을 지탱하는 중요한 요소인가? 가끔은 현실의 이탈을 통해서 혼자 머물러 고통 받는 것 보다 서로 피로를 풀며 내일을 위한 도전도 좋아 보인다. 불쾌한 사람들도 많겠지만 이해...

서해의 금강산

변산반도 관음봉
(觀音峯)

산행정보

★

▶▶▶

일 시 2009. 08. 15. (토) 12:00 ~ 17:00 (날씨 : 맑음)
명 칭 변산반도 쌍선봉(450m), 관음봉 (425m)
소재지 전북 부안군 변산면 및 진서면
동 행 몬테산악회
코 스 지서리 남여치 → 쌍선봉 → 월 명암 → 선녀탕 → 직소폭포 → 관음봉 → 내소사

변산반도는 전북 부안군 변산면·진서면·상서면·하서면에 위치하고 남쪽은 곰소만, 서쪽에 위도가 있다. 능가산 관음봉(425m)를 비롯한 기상봉(509m), 옥녀봉(433m), 갑남산(409m) 등의 울창한 수림과 깊고 맑은 계곡에는 호랑가시나무·후박나무·꽝꽝나무 등의 군락이 있으며 천연기념물이다.

내소사, 개암사 및 월명암 등의 유명한 사찰을 비롯하여 직소폭포(直沼瀑布), 용소(龍沼), 옥수담(玉水潭), 선녀폭포 및 선녀탕은 제일의 경승지다.

암석해안은 절벽이 발달해 변산해수욕장·채석강·적벽강(赤壁江)이 유명하다. 이곳 명칭은 중국의 시선(詩仙) 이태백(李太白)과 문장가 소동파(蘇東坡)가 노닐던

채석강과 적벽강의 경치와 흡사하다고 붙여졌다. 연안일대는 바지락·조개 등의 채취와 염전이 활발하다.

 들머리에서

책 '신(베르나르 베르베르)'의 첫 장을 넘기며 그리스와 로마 신화의 진부화가 느껴져 책을 덮었다 읽기를 반복한다. 역사굴레의 시스템에 출생자의 이성과 감정 및 행동만 바뀌면서 전체의 틀은 고정된 느낌이다. 약3,000년의 역사기록에 겉모습은 달라도 삶의 본질은 동일한 것 같다. 책은 다양한 사상을 최소비용으로 접할 수 있는 가장 좋은 문화의 범주이며 울타리를 키워주는 훌륭한 도구다. 그럼에도 책에 대한 향수가 옅어지고, 이성과 감정, 웃음과 해악이 부족해지는 것은 자신을 재정립할 필요가 있기 때문이리라.

지서리 남여치 → 쌍선봉 → 월명암(뒷산 낙조대) → 자연보호헌장탑
(13:50~15:10)

남여치에 월명암표지석이 황금빛으로 반짝거린다. 아열대성기후처럼 습도가 많고 후덥지근한 날씨가 몸으로 감긴다. 불볕더위에 숨이 목에 차고 땀이 비 오듯 떨어지며 기가 빠져나가는지 기우뚱거리며 쌍선봉으로 들어선다. 월명암은 고요한 산속에 위치하여 불도를 닦기에 안성맞춤이고, 뒤 봉우리는 낙조대로 석양이 일품이란다. 너머로 고창 선운산과 청송 주왕산과 같은 암봉이 도열하여 국립공원임을 과시한다. 산이 낮으면서(약400m정도 내외) 첩첩산중의 원시림으로 수림이 우거지고, 계곡도 깊고 물도 맑다. 내변산에 자연의 멋이 숨어있다더니 과연 설악산 부럽지 않은 장엄함과 위용이 서려구나. 산의 생명력과 고결함은 도시의 개척자에게 좌우

되는 것을 느끼며 목표지점으로 향한다. 월명암과 부설거사는 '현재의 악조건에 머물거나 한탄하지 말고 이를 극복하려고 끝없는 정진과 도(道)를 연마하면 깨달음의 경지에 도달함.'을 전한다. 월명암에서 식수를 공급받으니 몸이 균형을 잡는다. 허기와 갈증을 해소하지 않고 깨달음을 얻을 수 있을까? 원초적본능의 갈등에서 깨달음을 얻는 것은 쉬운 일이 아니다. 또 도(道)를 득했어도 속세로 접어들면 이해타산에 물들어 깨달음의 경지는 어떻게 될까? 속세의 깨달음은 인간의 욕심을 억제하고, 만물에 해를 입히지 않는 정신자세일 것이다.

어쩌면 자식을 사랑하는 어머니 마음이 깨달음에 견줄만한 것은 아닐까? 관음의 세계로 접어들려면 인내가 필요한 모양이다. 하염없이 하강하여 직소폭포입구에 이르니 자연보호헌장탑이 전환점이란다. 사자동에서 올라오는 신선한 체력과 효성(孝誠)이 어우러져 하강곡선을 상승곡선으로 전환시켜 피로도 좋은 향기로 바뀐다.

 자연보호탑(저수지) → 선녀탕 → 직소폭포 → 관음봉 → 내소사 → 매표소 (15:10~17:00)

바위암봉에 아담하게 자리한 인공호수는 산을 품었는데 권선징악을 비춰보는 거울이다. 거울아! 거울아! 를 불러서 심판받고 싶으나 왠지 용기가 나지 않는다. 자연과 벗하였어도 지은 업보가 헤아릴 수 없고, 정화하려는 노력을 하여도 사회의 악순환에 동참하여 마음과 다른 행동이 한·두번인가? 목구멍이 포도청이라는 핑계로 사는 세월이 무릇 얼마인가? 선행으로 업보를 씻는 것이 최선이라 생각할 때 호수에 비치는 암봉이 신화탄생처럼 투영된다. '새 술은 새 푸대에 담는다.'고 하듯이 새로운 설계가 필요한가? 선녀탕에서 선녀를 찾아 볼 수 없다. 선녀탕이 오염되어서 우리의 미래를 보는 것 같아 암울하다. 미꾸라지 한 마리가 온 방죽을 꾸정꺼

리듯이 몇몇 악의 무리가 판을 휘저어 오염을 시키기 때문이다. 악의 무리에 편승하면 암울한 미래가 따르므로 악을 애초부터 접하지 않아야 한다. 물이 깨끗이 정화되어 선녀가 돌아오기를 기대하며 직소폭포에 이른다. 직소폭포는 오지의 원시자연 속에서 극락세계로 안내하는 관문으로 고요하면서 아늑한 신비감이 뿜어져 나온다. 직소폭포 상류의 맑은 물과 울창한 숲은 보물섬에 들어온 기분이고, 명경지수(明鏡止水)는 세상을 맑고 투명하게 만드는 보화이다. 훌륭한 보물을 각자가 품고 있는데 보물을 보는 혜안이 없어 보물을 보고도 보물을 찾지 못하는 우를 범하는 것은 아닌가? 마음을 맑게 만들면 세상의 모든 것이 보물로 보이려나? 재백이고개를 지나 전망대서 과거, 현재, 미래를 회상하는 기회를 부여 받는다.

오늘 지나온 길을 회상하고, 변산반도 전경을 둘러보며 자연의 오묘한 이치를 배우고, 관음봉에서 미래의 희망을 본다. 쌍선봉에서 볼 때는 아득한 관음봉이 오늘의 미래였는데 눈앞으로 다가왔다. 꿈을 이루려고 실천하면 달성되는 것인가? 관음봉을 넘어야 목표지역에 도달할 수 있다. 관음봉 정상으로 달려가니 봉우리는 표지석도 없고 전망도 없다. 진정한 멋은 화려함이 아니라 부드러움과 관용에 있단다. 정신을 집중하지 않으면 들으면서 관심이 없고, 들었어도 화려함에 취해서 잃어버리니 화자를 생각해서라도 자리에 앉았으면 관심을 가지고 경청하여 진정한 의미를 알아야 한다. 관음봉 삼거리도 돌아오니 정상을 다녀온 사람이나 다녀오지 않는 사람이나 다른 것이 없다. 그러나 이런 것들이 쌓이면 세상을 보는 눈이 넓어지겠지. 아니면 부족한 내면의 세계가 조금이나마 넓어지기를 기대하며 내소사로 향한다. 관음봉은 암봉의 위용답게 전망대마다 절경을 보여주고, 변화무쌍한 삼층원형석탑으로 세상을 두루 살피시며 내소사와 중생을 구원한다. 전나무는 차분한 분위기를 연출하고, 사천왕상은 업보를 씻어준다. 예전에는 사천왕상을 보는 것도 무서웠는데 감정이 메말랐는지 자꾸만 무덤덤해지는 세월이 무섭다. 내소사 경내의 할아버지 당산나무와 일주문 앞의 할머니당산나무가 500여년의 수령에도 건재하다.

날머리에서

곰소항의 염전은 농지정리를 한 것처럼 반듯하고, 주변은 현대식으로 탈바꿈하여 옛 정취는 사라져간다. 천지가 변하는데 이곳만 옛 모습을 간직하기를 기대하는 것도 욕심이다. 몬테산악회 1주년 기념을 축하하고, 산을 사랑하는 생명력이 충만되기를 기원하며 건배!

월명암(月明庵)

산내면 중계리(中溪里)의 낙조대(落照臺) 정상부에 가까운 동사면에 위치하며 6·25전쟁 때 병화를 입은 것을 중건하였다. 신라시대 때 창건한 월명암은 도사의 일가족이 득도를 한 곳이다. 뒷산인 낙조대(448m)는 황해로 떨어지는 해를 바라보는 경관이 그윽하다.

 ## 직소폭포

전북 부안군 진서면(鎭西面)에 있는 선인봉(仙人峰) 동쪽에 위치한 계류폭포(溪流瀑布)로, 물이 20m 이상을 비류(飛流)하여 옥수담(玉水潭)에 떨어진다. 그 밑에 제2·제3의 폭포가 또 있다.

현지인들은 이 폭포와 그 일대를 내변산(內邊山)의 제일 경승으로 치고, 변산 8경의 하나로도 꼽는다.

은감속의 신비

선운산
(禪雲山)

산행정보
★

▶▶

일 시 2007. 4. 29. (일) 12:00 ∼
       16:30 (날씨 : 맑음)
명 칭 선운산(수리봉, 도솔산 336m)
소재지 전북 고창군 심원면, 아산면
동 행 백양동문산우회
코 스 관리소 → 마이재 → 도솔봉 →
       소리재 → 낙조대(병풍바위) →
       도솔암 → 선운사

선운산(336m)은 봄에는 매화와 동백, 가을에는 단풍이 절경으로 호남의 내금강이다. 맑은 물과 울창한 수림으로 도인(道人)의 경지에 다다르는 황홀경을 맛볼 수 있다. 변산반도와 위도가 이웃하고, 일몰의 장관을 볼 수 있는 낙조대, 신선이 학을 타고 내려와 놀았다는 선학암과 봉두암, 사자암, 용문굴, 만월대, 천왕봉, 여래봉, 인경봉, 구황봉, 노적봉 등 명소가 산재한다.

선운사 뒤편 동백나무 숲(천연 184호)은 3천여그루가 수령 5백년을 자랑하는데 제주도 · 울릉도 · 여수오동도의 동백나무 숲보다 더 유명하다.

또한 송악(천연 제367호)과 6백년된 장사송(천연 제354호)은 세월만큼 우아하고 여유롭다. 도솔암, 참당암,

석상암, 동운암 등은 선운사의 내력을 잘 설명한다. 가을이면 단풍나무와 어우러진 상사화(꽃무릇)도 관광자원의 보고다.

 들머리에서
관광버스가 화려하게 채색한 휴게소에는 방긋방긋, 알록달록, 포동포동한 꽃들이 매스게임을 펼치며 봄을 환영한다. 꽃보다 아름다워 나비와 벌이 되어 날아가고 싶어도 앉을 자리라도 마련해 줄지 콩닥거려서 차속에 나를 가둔다. 나비와 벌이 꽃에 앉아서 편안히 꿀을 빠는 것을 상상하며 선운산에 도착하니 자연의 꽃이 활짝 반긴다.

매표소 → 석상암 → 마이재 → 선운산(수리봉, 도솔봉 366m)
(12:00~13:00)

선운산 앞뜰에는 자유를 즐기는 남녀노소의 미소와 연초록의 빛깔이 어울려 봄을 더 화려하게 수놓는다. 화사하게 피어나는 봄을 유유자작 즐기는 송악나무는 억겁의 세월로 바위절벽과 조화를 이루며 고고하게 늙어간다. 그래 사물을 신·구로 비교하는 것보다 세월의 흐름에 어떻게 자신을 가꾸어 가치와 품격을 격상시키느냐에 있다. 우리가 이룩한 공로를 인정하지 않는다고 후손을 탓할 것이 아니라 우리가 존경받도록 재무장하여 후손을 올바르게 이끌고 또한 좋은 결과를 영원히 물려주도록 하자.
즉, 자신의 가치를 재정립하며 새롭게 연마할 때 좋은 결과를 얻을 수 있다. 한편으로 자신을 상품으로 포장하여 시장에 진열하면 수요자가 구매할 것인지 점검하고, 타인에게 귀감이 되는 덕망을 쌓았는지 확인하면서 자신의 품격을 높이면 후손

전라남북도

들이 존경할 것이다. 선운산가비(禪雲山歌碑)가 전하는 노래를 파스텔로 채색되는 봄빛으로 대체하며 맞배지붕 일주문에서 통과의례를 진행한다. 속세의 번뇌를 놓으며 들어서니 세상을 연초록으로 물들이며 시원한 그늘까지 제공한다. 선운사를 돌아오면서 보기로 하고 신작로를 따라가니 녹차 밭에는 '피'가 자라서 하늘을 받친다. 세상을 아름답게 만들려면 손길이 따라야 되구나. 손길이 미치지 못하면 자연으로 귀속되니 그것도 괜찮겠지. 자연의 순환과정을 그리며 석상암에 이르니 현대 옷을 입은 가람이 정비되지 않는 마당에서 더위에 허덕인다. 공원공사법을 제정하여 자연경관과 어울리게 공사를 진행하면 좋겠다.

그러면 공사자는 타인을 배려하고, 관객은 좋은 환경을 보니 서로 상생의 길을 갈 수 있을 것이다. 새싹이 채색하는 길에서 여린 새싹이 되어 바람결에 살포시 날아올라 나뭇잎 사이로 스미는 햇살을 따라가니 마이재가 휴식처를 제공한다. 여러 이정표를 따라서 갈 곳이 많아도 한가로운 봄을 사랑하며 수리봉을 향한다. 나무사이로 보이는 해변은 봄을 잉태하고 산새는 봄을 전해주어서 '봄 처녀~'를 흥얼거리며 선운산(수리봉, 도솔산)에 편안하게 안긴다. 하늘을 담은 곰소만을 건너서 변산반도에 가면 내소사, 채석강, 낙조 등이 절경이고, 곰소항 토굴 젓은 맛이 일품이라. 굴비를 걸어 놓고 식사하는 자린고비 이야기는 전설이 되어 가구나.

 수리봉 → 견치산(개이빨산) → 소리재 → 낙조대(천마봉, 도솔암) → 선운사(13:00~16:50)

견치산로 이동하며 수리봉을 돌아보니 독수리가 날아오르는 모습이라서 수리봉으로 개명하였네. 봉우리 명칭도 시대의 요구에 따라서 바뀌는 세상에 낙오하지 않으려면 자신을 개혁하고 가꾸는데 부단히 노력해야겠다.

견치산(개이빨산)은 눈으로 다녀오고 소리재에서 천상봉에 이르니 바위잔치가 벌어졌다. 주왕산은 외부로 도출된 비경이라면 선운산은 주왕산을 내부에서 감상하는 곳이다. 수평으로 달려가다가 하늘로 솟아나고, 바위군락은 비산하여 암봉 꽃을 피우고, 천마가 내려와 하늘 구경을 시켜주려고 대기 중이다. 전체를 감상하고 용문굴로 들어가니 '장금이'를 촬영한 장소란다.

영화를 상상하며 낙조대에 서니 절묘한 바위들이 병풍으로 펼쳐지는 곳에 도솔암이 자리하였다. 꿈속의 요람 도솔암을 배경으로 한 낙조를 떠올리며 병풍바위로 간다. 병풍바위에 걸쳐진 철 계단에 몸을 실어서 천상을 걷는 기분을 안고 배맨바위로 가면 수탉의 머리 깃 암봉은 묘한 뉴앙스를 풍긴다. 그래 발길이 머무는 곳이 선경이고 지상낙원이며 무릉도원이구나. 산에서 일어난 감흥이 다시 산을 찾게 하는 최면에 걸리며 산을 그리워한다.

산은 마음이 곧 부처라며 도솔암 내원궁으로 안내한다. 한순간 모든 것을 잊어버리고 비경에 넋을 빼앗긴다. 도솔암 내원궁은 부처가 될 보살이 머무는 곳이라 욕계가 스며들지 못하도록 깊은 곳에 안치한 것인지, 아니면 내원의 비경을 내어놓지 않으려고 숨겨 놓은 것인지, 어쨌든 속세의 때를 타지 않아서 심신이 안정된다. 내원궁 밖에는 고려시대 마애불이 세월을 달래며 비가 오나 바람 부나 중생을 구원하며 미륵불 탄생을 기원한다. 장자송의 나긋나긋한 가지에는 '남편을 애타게 기다리다 숨진 여인이 극락왕생하였다.'는 전설이 전해오고, 진흥굴은 '진흥왕이 왕위를 퇴위한 후 수도하였다.'고 전해온다.

역사는 세월에 누적되어 전설로 잉태되어 우리의 길잡이가 된다. 산의 곳곳에서 올바른 삶을 살도록 유도하는 내력을 물과 길에 무심코 흘려버리며 선운사고찰에 이르니 우리를 어루만져준다. 단풍나무로 테두리를 두르고, 동백나무로 병풍을 친 선운사는 고전과 현대가 어우러져 수수하면서도 시원하다. 세상을 깨우는 종(鍾)과 목어가 때를 설파하고, 약수는 악을 씻어 내린다. 절에 있으면 세상을 전부 구원할 것 같은데 일주문을 나서자마자 숱한 말과 술이 환속하였음을 알려준다.

날머리에서

시간은 마술을 부리는지 한눈을 팔면 후다닥 지나가고 열심히 활용하면 더디게 흘러간다. 그러므로 시간의 노예가 아니라 시간의 관리자로 목표한 점을 찍으며 세상을 보면 참된 자아를 발견할 수 있다. 승주에서 민생고를 해결하고 불빛을 따라서 시간을 정리한다.

선운사 (禪雲寺)

백제 27대 위덕왕 24년에 검단선사가 선운사를 창건한 뒤 고려 공민왕3년 효정스님이 법당과 요사를 중수하였다.

조선 후기에 화엄학의 종주(宗主) 설파상언(雪坡尙彦)스님과 선문(禪門)의 중흥조 백파긍선(白坡亘璇), 구한말의 청정율사 환응탄영(幻應坦泳), 근대불교의 선구자 영호정호(暎湖鼎鎬)스님등이 선운사에 수행하면서 당대의 불교를 이끌어온 명문사찰이다. 선운사 경내 및 참당암, 도솔암에는 보물5점 및 중요문화재 11여점이 보존되어 있다.

 ### 도솔천(兜率天)

불교에서 말하는 욕계(欲界) 6천(六天) 중의 제4천으로 통속적인 어원 해석으로는 '만족시키다'의 의미로 설명된다.

이는 지족(知足)·묘족(妙足)·희족(喜足), 또는 희락(喜樂) 등으로 번역한다. 장차 부처가 될 보살이 사는 곳이라고 하며, 석가도 현세에 태어나기 이전에 이 도솔천에서 머물며 수행했다고 전해진다.

 ### 내원궁(内院宮)

도솔천에 있다는 미륵보살의 정토(머무는 곳, 깨끗한 땅)를 내원이라고도 한다.

불교설화에 의하면, 도솔천이라는 천계가 있고, 그곳에 내원궁, 외원궁이 있는데, 미륵보살은 그 내원에 거처하면서 석가의 교화를 받지 못한 중생을 위해 설법을 한다고 한다.

계룡산
(鷄龍山)

산행정보
★

▶▶▶

일 시 2008. 12. 19. (금) 13:30 ~
　　　 17:30 (날씨 : 맑음)
명 칭 계룡산 관음봉(816m)및 삼불봉
　　　 (775m)
소재지 충남 대전시 및 공주시 일대
동 행 푸른하늘
코 스 동학사 → 은선폭포 → 관음봉
　　　 → 삼불봉 → 삼불삼거리 → 금
　　　 잔디고개 → 갑사

　　계룡산은 천황봉(845m :접근 금지)을 비롯하여 관음
봉 · 삼불봉 · 연천봉 · 형제봉 · 도덕봉 등 20여 봉우리가
'닭 벼슬을 쓴 용'의 형상이라 붙여진 명칭이다. 우리나
라 4대 명산의 하나이며 '정감록'에는 십승지지(十勝之
地)로 예언하였고, 조선 초에는 왕도를 건설하려 고 하
였다.

　　동학사(신라 성덕왕 때 창건)는 동쪽에 학바위가 있어
서 붙여졌고, 갑사(백제시대에 고구려 아도화상이 창건)
는 화엄종 10대 사찰의 하나이며, 갑사계곡의 상부에는
신흥암(천연석탑인 천진보탑)이 있다. 계룡8경의 제1경
은 천황봉의 일출, 제2경은 삼불봉(세분의 부처님을 닮
음)의 설화(雪花), 제3경은 연천봉의 낙조, 제4경은 관음

269

봉의 운해(흰구름 및 철쭉), 제5경은 동학사계곡 실록, 제6경은 갑사계곡 단풍, 제7
경은 은선폭포(기암절벽), 제8경은 청량사지쌍탑(7층탑은 오라비탑, 5층탑은 누이탑
: 남매탑)이다.

들머리에서

동학사는 유명세에 비하여 겨울만큼이나 쓸쓸하고 인적 없이 한가하다. 고
요하면 허전함이 밀려오고, 혼잡하면 정숙함을 찾으니 사람이 조석으로 바뀐다는
말이 틀리지는 않구나. 변화무쌍에서 수신을 갖추어 나아갈 때 제가, 치국, 평천하
가 되는가 보다.

매표소 → 동학사 → 은선폭포 → 관음봉고개 → 관음봉
(13:30~15:00)

국립공원입장료가 없어져도 문화재관람료를 지불하니 손해를 보는 것 같다. 문화
재 보호 및 복원에 사용하기를 바라며 일주문으로 들어선다. 동학사계곡은 신록이
우거지고 물이 맑아서 계룡8경의 하나인데 계곡은 낙엽의 잔해로 메워져 가뭄의 심
각성이 피부에 와 닿는다. 올해는 태풍도 없는 가뭄이라 대재앙의 전초전인가? 세
진정(世塵亭)에서 티끌을 떨어내고 싶어도 물이 넉넉하지 못하니 업보를 짊어지고
먼지를 일으킨다. 녹지는 줄어들고 빙하는 녹아서 열대화가 급진전되는 이상기온
현상을 동학사에 화두로 올린다. 도선국사가 태조의 원당으로 정하고 국운을 기원
한 동학사에서 비를 내려주시기를 기원한다. 서산으로 기우는 해살을 잡으며 부서
지는 낙엽에 갈증을 일으키고, 메마른 가지에 목이 마른다. 돌들도 동면에 들어간
길을 깨우며 은선폭포에 악수하니 수직절벽에 갇힌 은선폭포는 물이 말라서 피골

이 상접하다. 산자락에 걸린 쌀개봉은 꺼져가는 한숨으로 V자를 깊게 패어 놓았다. 물 없는 산은 앙꼬 없는 찐빵이요, 고무줄 없는 팬티로다. 가뭄으로 산하는 빛을 잃고 퇴색되었구나. 지구 곳곳에서 사막화현상이 급속도로 일어남을 상기하며 믿을 것은 나무밖에 없다. 산림이 우거지면 물이라도 많이 저장할텐데. 거친 바위와 메마른 대지에 소나무가 녹음을 선사하고, 고도가 높아지며 암릉의 산줄기가 장관을 이루며 꿈을 잃지 말란다. 시련을 극복하면 좋은 결과가 있다면서 관음봉이 정자를 내어 놓는다. 천황봉을 바라보니 바위봉우리가 장벽을 치고 정상에는 군 시설이 하늘과 교신하며 우리의 소원을 실어 보낸다. 봉우리들은 닭 벼슬로 마루금을 이루는데 기세가 예사롭지 않다. 수직절벽의 라인을 따라 봉우리에 등산로가 있는데 승무처럼 하늘로 솟았다 꺼지고, 산을 감았다가 풀어놓는 장관이 오금을 저리게 한다.

저 멀리 유성시내의 건축물이 영화 속의 요새지처럼 빛을 발산한다. 반대편 공주는 유성을 따라가고 싶은지 비닐하우스로 요새지의 빛을 발산한다. 희색으로 탈색되는 자연이 자신을 학대하며 진리를 전해주어도 깨닫기에 목구멍이 포도청이로다.

아무리 좋은 명언도 욕망에 사로잡힌 사람에게는 계란으로 바위치기(以卵投石:이란투석)이다. 유엔이 정한 물 부족 국가로 전락하는 과정인가?

 관음봉 → 삼불봉(삼거리) → 금잔듸고개 → 신흥사 → 용문폭포 → 갑사 (15:00~17:30)

닭 벼슬과 하늘을 나는 용을 타려니 동아줄로 훈련을 시킨다. 외줄에 매달려 하늘로 솟았다가 땅으로 꺼지고, 손이 발이 되어 용을 꼭 안는다. 차츰 무서움이 사라지며 산에 순응하니 너그러움으로 안정을 전해주며 석양햇살에 물들은 계룡산을 눈여겨보란다. 소나무가 우아한 자태로 수직 암봉과 절경을 빚으니 신선 놀이터가 따로 없다. 풍경화가 한없이 그려지는 봉우리에서 명상으로 세상의 기운을 흡수하고, 거침없는 암봉의 기상에서 '일체유심조(一切唯心造)'를 새긴다. 세상이 어렵다고 한탄하는 것보다 초발심으로 매사에 임하면 못 이룰 것이 없다.

보라! 암봉이라 아무 것도 자라지 못할 것 같은데 소나무가 자라서 한국화를 선사하며 전시장을 내어놓았다. 산은 인생의 진리를 가르치는 교사요 우리는 배우는 학생이다. 시련은 성공의 아버지라고 성공을 위한 시련을 겸허히 받아들이며 부처님 세분이 계시는 삼불봉에 안긴다. 지나온 길을 되돌아보며 저 철옹성같은 암릉을 어찌 넘을꼬 걱정이 앞서더니 이제는 만감이 교차한다. 고비를 넘기면 목적이 달성

되고, 어려운 흔적은 추억이 되어 뿌듯
해진다. 목적이 달성되면 새로운 길을
찾아야한다. 성취한 영광에 안주하여
쉬고 싶어도 미래의 길을 찾아야한다.
그 길에 한파와 굶주림이 도사려도 역
경을 헤쳐가야 한다. 갈 길은 멀고 끝
이 없어서 당대에 못 이루면 후손이 이
어가도록 하자.

삼불삼거리에서 금잔디고개로 향하
면 부서진 낙엽이 따라오며 뽀얀 먼지
를 일으킨다. 헬기장인 금잔디고개를 지나 갑사로 향하면 쌍암봉 아래에 신흥암(자
연석 천진보탑이 있음 : 부처님 진신사리 봉안)이 고요하게 자리하여 중생을 제도
한다. 천진보탑에서 인류평화를 기원하고 돌너덜을 신명나게 내려오면 갑사계곡에
반가운 물이 흐른다. 영규대사가 임진왜란 때 의병을 일으켜 세운 공을 기리는 기
념비에는 '한 그릇의 밥과 물에도 나라의 은혜가 있거늘 내 어찌 갚지 않으리, 우
리가 일어난 것은 조정의 명령이 있어서가 아니다. 죽음을 두려워하는 자는 나의
군대에 들어오지 마라' 라고 새겨져 있다. 국가의 부름이 없어도 육신을 산화할 정
신은 갖추고 있을까? 조정대신들은 전쟁으로 국가가 위기 상황에 놓여도 싹을 자
르기에 여념이 없겠지.

위기상황에서 국가를 지킨 영웅의 비석은 초라하기 짝이 없다. 그래도 우리는 우
리나라를 사랑하고 지켜야 한다. 일본은 국가 유공자에 전범도 포함시키고 있다는
데. 조국 수호에 산화한 조상님께 묵념을 올리며 고이 잠든 영혼을 괴롭힌다.

날머리에서
중3학년생과 대화를 하는데 지리산, 설악산, 금강산, 백두산, 한라산, 독
도 등이 어디에 위치하는지도 모른다. 교육이 도대체 어디로 가는지.
초미의 관심사는 오늘 촬영 온 1박2일 뿐이다. 일본은 애국심이 부족하다고 전범
을 깨우고, 독도로 애국심을 불어 넣는다.

산신령의 인삼씨

진악산
(進樂山)

산행정보

일 시 2009. 09. 26. (일) 12:20 ~
        15:20 (날씨 : 맑음)
명 칭 진악산(723.3m)
소재지 충청남도 금산군 금산읍
동 행 부산동백산악회
코 스 수리넘어재 → 관음굴 → 진악산
        → 737봉 → 노구통바위 → 산
        림욕장 → 보석사

　　진악산은 충남에서 서대산(903m), 계룡산(845m)에 이어 세번째 높은 산으로 금산읍의 진산이다. 강처사가 산신령으로부터 인삼 씨를 받았다는 관음굴, 이무기가 영동의 학산까지 뻗어 있다는 용굴(물굴), 주능선으로 이어지는 빈대바위, 노구통바위 등이 볼만하다. 신라 헌강왕 때에 조구대사가 창건한 보석사는 당시 캐낸 금으로 불상을 세워서 붙여진 명칭이고, 보석사 은행나무(천연기념물)는 영악함보다는 세상을 넓고 굵게 아우르며 살란다. 그리고 영천암, 선공암, 원효암 등의 사찰이 세상을 밝혀준다. 진악산 정상에서 대둔산, 서대산, 민주지산, 덕유산, 마이산을 볼 수 있으며 운장산, 계룡산, 속리산도 아지랑이처럼 보인다.

들머리에서

　가을 햇살이 작렬한다. 계절변화에도 아랑곳없이 따가운 햇살이 살을 파고 들어온다. 썬크림을 바르면 피부로 스며들어 뇌에 축척되어 암을 유발한다는 뉴스로 썬크림 바르기를 포기한다. 강렬한 태양으로 기미가 생길까봐 고민도 하지만 묘책이 없다. 가을 햇살을 안고 금산으로 들어서니 인삼축제가 신명나게 벌어진다. 축제 바이러스에 걸려서 즐거운 잔치마당에서 휩쓸리고 싶다. 농촌도 이제는 '농자천하대본야' 라는 말이 무색하다. 특용작물로 차별화를 꾀하여 도시 부럽지 않게 부농을 이루어 문화 창달을 이루고 있구나.

수리넘어재 → 관음굴 → 진악산 (12:20～13:30)

　수리넘어재(진악로광장)에서 긴급구조 글과 진악로 표지석 글을 읽고 나서 나무 닥트로 잘 정비된 등산로를 따른다. 토사유실방지와 자연보호를 고려한 일거양득정책에 박수를 보내며 정보제공은 좋은 산행을 유도한다며 등선에 들어선다. '금산인삼과 진악산' 에 대한 글을 읽고, 진악산신령장승께 인삼의 약효가 거듭 밝혀져서 세계의 명약이 되도록 기원을 드린다. 고도가 높아지면서 이곳저곳에서 산 능선이 저마다 암팡지고 독특한 자태를 뽐내며 산을 장식한다.

　아! 산이 예사 산이 아니로구나. 낮으면서도 웅장함이 서린 산은 작은 고추가 맵다는 말뜻을 새기게 한다. 암릉을 따라가는 좌측에는 금산읍 들녘이 황금과 흑금으로 빛을 발산하는데 그 위로 단풍이 곱게 물들어 총천연색의 세상을 선사한다.

　황금벌판에서는 우리의 먹거리를 생산하여 풍요로움 삶을 주고, 흑금벌판에서는 인삼을 생산하여 우리의 건강을 챙겨주니 금산은 풍요와 건강이 함께하는 명당이었다. 예전에는 황금벌판에서 순금을 생산하였다고도 한다. 소나무분재가 가을의 로

맨스를 전해주는 바위능선에는 관음굴 가는 곳이 있다. 약간 위험하면서도 불안한 행로를 따라서 절벽아래에 아담하게 자리한 관음굴에는 연명할 물이 고여 있고, 무속의 흔적도 보인다. 강처사의 지극정성 효심으로 산신령께 받은 인삼이 저 아래 개삼터에서 처음으로 재배되어 금산인삼이 탄생하였다고 한다. 우리의 문화를 보면 지역별로 나름대로 독특한 문화를 보유하고 있다.

이 문화들은 산이 많아서 마을이 고립되어 생긴 것도 있지만 사람들의 정성이 후대로 내려오면서 생성된 것도 많겠구나. 예와 효성의 문화를 적절하게 전파하여 어려움을 참고 이겨내는 조상의 슬기에 감복한다. 관음굴 삼거리로 돌아가서 진악산으로 가는 것이 번거로워 바위자락을 잡고 진악산 정상에 인사를 올린다.

진악산의 악자가 (岳)자가 아니고 악(樂)자임을 보며 꿈을 이루면 악(岳)자가 악(樂)자로 되구나. 진악산에서 전체를 둘러보니 부드러우면서 날카로움을 간직하고, 낮으면서도 웅장하며, 육산일 것 같으면서 암릉으로 비수를 품은 위풍이 서렸다.

진악산에서 진행방향으로 5시방향 대둔산, 7시방향 서대산, 10시방향 덕유산, 1시방향 마이산 등이 서로 맥을 이어와 진악산에서 혈을 맺으니 금산의 진산임에 틀림없도다. 계룡산과 속리산도 손을 흔들지만 마음이 맑지 못하니 아른거려서 찾을 수가 없다.

 진악산 → 737봉 → 노구통바위 → 산림욕장 → 보석사, 은행나무 → 관리소(12:30~17:00)

산들이 물결치며 밀려오는 정기를 품는다. 지극 정성으로 일을 하면 못 이룰 것이 없구나. 우주로 좋은 기를 보내면서 자신이 목적한 일에 최선을 다하면 좋은 결과를 얻는다는 교훈을 다시 새기며 소규모 암릉에서 곡예사의 첫사랑을 노래한다.

우리가 생활하면서 지나가는 모든 굴곡이 우리의 인생을 축소한 것으로 생각하며 737봉우리를 올랐다가 노구통바위를 만나지 못하고 개삼터 삼거리에서 진악산 산림욕장으로 방향을 잡는다.

샘물바위에는 이끼가 물을 전부 먹는지 물기가 없고, 가뭄으로 메마른 길에는 흙먼지가 삼림욕장을 덮는다.

영천암이 잠시 쉬어가라 하지만 더위가 기승을 부려서 발걸음이 떨어지지 않는다. 산행피로는 산행시간의 길고 짧음보다 느끼는 환경에 영향을 많이 받는 것 같다. 물이 맑고 산세가 웅장하면 긴 시간의 여행도 즐거운데, 목적지가 지적이고 가뭄으로 먼지가 펄펄 날리니 긴장감이 없어지며 싫증이 쉽게 일어난다. 환경에 대한 영향을 맹모삼천지교로 핑계를 대며 우리가 태어나면서 운명이 결정되었다면 팔자는 스스로 관리해야 한다.

즉, 팔자는 자신의 운명에 금칠하느냐, 똥칠하느냐를 결정하는 것이므로 자신이 방법을 찾아야 한다. 사람은 가꾸고 다듬으며 좋은 그림을 그릴 때 더욱 광채가 나고 귀한 대접을 받는다. 목 타는 계곡 옆으로 천년재회 은행나무가 그늘을 제공하며 하염없는 배품을 선물한다.

이 은행나무는 조구대사가 심은 것으로 나라에 큰일이 있을 때에는 소리 내어 울음으로써 재난에 대비하도록 알려주는 마을의 수호신이란다. 둘레가 약 어른의 다섯 품정도 되는 은행나무는 쥬라기공원 등의 공상과학영화 등에 나올법하다.

정방형의 아담한 돌담을 따라가면 보석사 대웅전이 조선시대의 고풍으로 미적인 감각을 살려준다.

조구대사가 지은 보석사는 임진왜란 때 소실되었다고 한다. 한(恨)많고 서러운 우리나라 훌훌 털어내고 환희의 세상을 만드는데 온힘을 다하자.

아무리 좋은 세상이 와도 과거를 잊으면 또 과거가 우리를 덮쳐오므로 불행한 과거를 다시는 만들지 않도록 역사의 장을 제대로 구축하자. 가을 들녘의 황금빛과 붉은빛은 풍요가 깃들어 있어서 행복함이 넘쳐난다.

날머리에서

인산축제장에는 인삼뿐 아니라 먹거리와 볼거리가 많아서 어깨춤이 절로 나온다. 오색찬란한 허수아비들이 액운을 물리쳐서 신종플루도 비켜 가다.

인삼튀김과 인삼막걸리로 원기를 너무 상승 시켰나 연신 공자를 만나러 간다.

관음굴과 개삼터(금산군 남이면 성곡리)

지금부터 약1500~600년전에 강씨 성을 가진 처사가 부친을 여의고 모친이 병들어 자리에 누웠다. 강처사가 진악산 관음굴에서 온갖 정성을 들여 어머니의 쾌유를 빌었다.

그러던 어느날 꿈에 산신령께서 현몽하여 '진악산 관암불봉 암벽에 가면 빨간 열매 3개 달린 풀이 있을 것이니, 그 뿌리를 달여 드려라' 는 계시가 있어서 꿈에서 계시한대로 찾아보니 붉은 열매를 탄 풀이 있어서 뿌리를 캐서 지극정성으로 달여 드리니 모친의 병은 완쾌되었고 한다. 씨앗은 남이면 성곡리 개안이 마을에 심어 재배하니 처음으로 인삼 재배가 시작되었다고 전해진다. 당시에 씨앗이 3개 달려있었고 사람의 모습과 비슷하여 '인삼' 이라 부르게 되었으며, 현 개삼터가 금산 인삼의 최초 재배지로 물 맑고, 공기 좋은 금산인삼이 최고라고 한다.

개삼터에는 1983년 7월에 개삼각을 지었고, 개삼각에는 진악산 산신령이 강처사에게 인삼을 하사하시는 그림이 있으며 개삼각 앞에는 강처사가 살던 고택을 재현해 놓았다. 매년 금산인삼축제 때 인삼을 재배하도록 해주신 진악산 산신령님과 풍년을 기원하는 인삼축제를 군민의 정성으로 올리고 있다.

항간에는 인삼이 열 많은 사람에게는 안 좋다고 하는데 인삼이 가지고 있는 샤포닌은 열이 많고 적음에 관계없이 열을 안정적으로 유지시키는 기능이 있다고 한다.

그러므로 인삼에 대한 속설에 현혹되지 않았으면 한다. 산신령이 주신 선물이 누구에게는 좋고 누구에게는 나쁘겠는가? 홍삼을 선전하기 위한 유언비어에 현혹되지 말고 인삼, 홍삼 등은 우리의 산신령님이 주신 귀중한 선물임을 명심하자.

우리의 훌륭한 인삼 수출도 많이 해서 인삼의 약효를 세계만방에 알렸으면 한다..

충주호와 비단결

금수산
(錦繡山)

산행정보
★

▶▶

일 시 2008. 10. 26. (일) 11:30 ~
       15:30 (날씨 : 맑음)
명 칭 금수산(1,016m)
소재지 충청북도 단양군 적성면 및
       제천시 수산면
동 행 범산산악회
코 스 상학주차장 → 남근석공원 → 금
       수산 → 서팽이고개 쪽 → 용담
       폭포 → 상천휴게소

　　충청북도 단양군의 금수산(1,016m)은 원래 백암산(白
巖山)이었는데 퇴계 이황(李滉)선생이 단양군수로 계실
때, 경치가 빼어나 "비단에 수를 놓은 것 같은 산"이라
하여 금수산으로 개명하였고, 미녀가 누워 있는 모습이
라 '미녀봉'이라고도 부른다.

　　월악산국립공원의 북단에 위치하며 주봉(主峰)은 암봉
(巖峰)이며, 제천쪽 상천휴게소에서 보면 비단으로 수를
놓은 것처럼 부드러우면서 화려하고, 바위들은 백색이
라 옛 백암산을 연상시키는 한 폭의 동양화다.

　　단양은 소백산의 국망봉(國望峰 : 1,421m), 연화봉(蓮
花峰 : 1,394m), 도솔봉(兜率峰 : 1,314m) 등과 월악산
국립공원을 연결하는 곳으로 남쪽 계곡으로 남한강이 흐

른다. 충주호를 드라이브하면 청풍호반을 따라 기암괴석의 절경이 널렸으며, '해상' 촬영지와 감골단풍축제도 훌륭하다. '비상'이란 식물이 자생하는데 먹으면 즉사 한단다.

 들머리에서
　　일상의 기분을 전환하고자 듣기에도 화려한 금수산으로 향한다. 단풍철이라 고속도로 휴게소에서는 여자들이 남자화장실을 점령하여 남자들이 갈 곳 없다. 가을의 파란하늘은 청아한 원색으로 눈부시고, 산하는 오색물감으로 채색하여 어디서나 유혹의 손길이 뻗어온다.

　들판에 무르익은 곡식이 황금물결로 출렁이고, 풍요와 다산을 상징하는 과일은 집집마다 풍성하게 열려서 세상이 이보다 좋을 수 없구나. 가을을 음미하며 "내 몸은 내가 고친다(김홍경)"의 자연치유요법이 비결이구나. 자신을 사랑하면 계절음식을 잘 먹고 박수치며 박장대소하자. 그리고 손에 기를 모아서 손·발·얼굴·머리를 마사지하면 젊고 예뻐진다.

 상학주차장 → 남근석 → 약수터 → 살계바위, 철계단 → 금수산
(1,016m) (11:30~13:30)

　총천연색의 산하와 함께하는 기쁨으로 밝은 미소가 피어나고 가슴은 활짝 열려 온몸에 전율이 흐르더니 파랑새가 되어 단풍으로 채색된 황금궁전을 날아서 오곡백과에 행복을 얻는다.

　금수산은 여성산으로 음기가 강하여 음기를 누르려고 나무와 돌로 남근을 다듬어 남근석공원을 조성해 놓았다. 사물을 보는 시각과 관념에 따라서 남근이 성의

상징물이 될 수도 있고, 음양의 조화물이 되어 마을의 평화를 지킬 수도 있구나.

선조들은 지세의 허한 곳을 보하여 실하게 만들고, 실한 곳은 잘 보존하여 지형을 효율적으로 관리하면서 사용하였다. 아무리 어려운 환경도 득이 되는 방법으로 개선하고 노력하면 극한 환경도 생활에 유리하게 전개될 수 있으므로 목표를 가지고 활동하자. 음기가 강하면 남자들이 힘을 못 쓴다고 하던데 이 때문인지 아니면 운동부족 때문인지 순탄한 길임에도 몸은 술주정뱅이가 된다. 그동안의 나태함과 방심으로 틈새가 벌어져 생긴 것이겠지.

이를 극복하려면 체력관리에 노력해야겠다. 약수 샘에서 갈증해소와 기력을 회복하여 계단을 오르니 금수산이 악수를 청한다. 자연이 제공하는 물 한모금도 헛된 것이 없으므로 자연의 선물에 감사하며 주변으로 눈을 돌린다.

금수산에서 만나는 주위 절경은 극락정토의 세계라 월악영봉, 충주호, 신선봉 등과 물결치는 산들의 기운이 밀려오고, 충주호의 청풍호반에서는 푸른 생명의 신비로움이 담겨 있다. 자연이 제공하는 무한한 가치에 눈이 뜨이며 행복을 영위할 수 있어서 감사드린다.

 금수산 → 서팽이 및 정낭골 쪽 → 용담폭포 → 백운동 → 상천휴게소 (13:30~15:30)

월악산은 국립공원지역으로 통로가 많이 봉쇄되어 있으며, 바위산이라 길은 거칠고 울창한 산림으로 기암절벽 감상이 어렵다.

암봉이면서 산이 거칠어 남성산일 것 같은데 여성산으로 평하고 있으니 도인들은 산의 지형을 어떤 기준으로 여성 산과 남성 산으로 평하였을까? 현대의 문명은 과거의 역사(철학과 의학 등)를 재해석하거나 과학적으로 증명하여 발전하고 성공

하는 경우가 많다. 그러므로 과거의 역사에 대한 본질을 해석하고 분석할 능력을 갖추어 현대에 적용시키면 삶의 폭도 넓어지고 윤택해질 것이다.

용담폭포는 수직절벽의 미끈한 화강암으로 하얀 속살을 드러내고 추위에 떠는데 가뭄으로 화려한 옷을 입혀주지 못하니 속이 타들어 간다. 산수의 조화처럼 인체의 건강한 삶도 조화를 이뤄야 한다.

책의 내용처럼 산수신산(酸收辛散 : 신맛은 흡수하거나 저장하고, 매운맛은 흩어버린다.), 두한족열(頭寒足熱 : 머리는 차게 하고 다리는 따뜻하게 한다.)을 고려하여 음식물 섭취나 운동을 하면 보다 건강하고, 원활한 삶을 영위할 수 있단다.

국방부는 사병들에게 침대를 보급한다고 하는데 우리나라 정서와 맞지 않는 침대문화보다는 두한족열의 관점에서 구들장문화로 사병의 기를 원활하게 해주는 것이 국방을 더 튼튼하게 하는 것이 아닐까? 가을을 담은 백운동에는 단풍과 어우러진 산수유와 가시오가피 열매가 붉게 빛나고, 모과와 감은 은행나무 빛깔과 어울려 농촌을 더욱 풍요롭게 해준다.

가을은 남자의 계절이라고 하였나? 단풍빛깔에서 인생의 가치를 음미해보고, 영그는 과실에서 땀의 댓가를 맛볼 수 있어서 그런가. 가을을 사색하며 과거를 짚어보고 회상하는 감칠맛이 있어서 남자의 계절이 확실한 것 같다. 세상을 밝게 보자 그러면 삶의 가치가 충만해지고 밝은 미소로 세상을 접하게 되어 더 밝은 미래를 향하여 힘찬 도약도 가능하다.

지금의 경제 환경이 어렵다고 투덜거려도 누가 도와주는 것이 아니다. 밝은 마음으로 세상을 보면서 역경을 헤쳐 나갈 방법을 찾으면 방법은 도처에 있다.

개구리가 멀리뛰기 위하여 움츠리듯이 멀리 뛸 수 있도록 내실을 기하자. 게으르면 병마가 찾아오고, 부지런하면 병마가 찾아올 틈이 없다. 열심히 달리자 내일을 향하여....

충청남북도

날머리에서

상천휴게소에서 산세를 둘러보면 산이 금보자기에 쌓여있는 형국이고, 가을 단풍은 비단에 수를 놓은 것처럼 화려하다. 기암괴석과 단풍, 음과 양, 산수의 조화를 갖추어 아담하면서 부드러워 가만히 누우면 깊은 잠에 빠져들 것 같다. 임금님보다 더 화려한 곳에 있는 기회는 자연에 안길 때구나. 중주호에는 옥순봉 구담봉이 청풍호반에 담겨있고 화려한 금수강산을 옮겨놓은 선경은 산수를 아는 사람만의 행복이요 기쁨이다. 산행은 고통이 아니라 자신을 찾는 명약이다. 신이 행복을 가져다주는 것이 아니라 자신이 행복을 만들고 챙겨야 하듯이 우리나라에 환란이 생기면 우리나라 사람들끼리 해결하는 것이 급선무지 종교가 보호해주는 것이 아니다. 종교이전에 서로를 감싸는 풍토를 조성하여 살기 좋은 우리나라가 되자.

금수산에서

뭉게구름 은은하게 파스텔로 수를놓고
바람결은 원색으로 화려하게 치장하네
백옥같은 화강암은 새악시의 살결이고
수정같은 계곡물은 대한민국 젖줄이네

청풍호반 파르르르 잠든단풍 배태우고
적빛백과 보배이고 금빛과수 황제였네
온누리에 가을향기 조화롭게 꽃이피니
세상일을 신보다는 우리들이 풀어내자.

깨달음의 즐거움

도락산
(道樂山)

산행정보

▶▶▶

일 시 2008. 10. 04. (토) 11:30 ~
　　　15:30 (날씨 : 맑음)
명 칭 도락산(964.4m)
소재지 충북 단양군 단성면 가산2리
동 행 골든산악회
코 스 상선암휴게소 → 제봉 → 신선봉
　　　→ 도락산 → 채운봉 → 상선암
　　　휴게소

　충북 단양의 도락산은 우암 송시열선생이 '깨달음을
얻는데는 나름대로 길이 있어야 하고 거기에는 또한 즐
거움이 뒤따라야 한다.' 라는 뜻으로 지었단다.

　소백산(小白山:1,440m)과 월악산(月岳山:1,093m)의 중
간에 있는 바위산으로 북쪽은 사인암(舍人岩)이, 서쪽는
상선암(경천벽·와룡암·일사대·명경담 등)·중선암(쌍
룡폭포·옥렴대·명경대 등)·하선암(下仙岩) 등이 기암
괴석과 맑은 물로 절경을 이룬다.

　도락산을 신선봉·채운봉·검봉·형봉 등이 병풍으로
감싸며, 신선봉에는 노송이 산수화에 담겨서 세상이 주
는 의미를 풍미토록 한다. 월악산·황정산(黃庭
山:959m)·수리봉(守理峰:1,019m)·작성산(鵲城

283

山:1,077m) · 문수봉(文殊峰:1,162m) · 용두산(龍頭山:994m) 등도 이웃하여 더 아름
다운 멋을 전해준다. 단양은 영춘 · 청풍 · 제천과 함께 청풍명월의 명소로 알려져
있으며, 광덕암(廣德庵 : 대궐터였다고 함)과 신라 적성비, 단양팔경 · 석문 · 고수동
굴 · 노동동굴 · 천동동굴 · 온달산성 · 구인사 · 다리안국민관광지 · 단양유황온천 등
이 둘러볼만한 단양의 관광코스다.

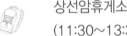

들머리에서

가을이 옷깃을 스쳐가도 기온은 아직 늦여름이라. 아열대성 기후처럼 습
하고 건조한 날씨로 가을걷이가 한창인 농촌에는 정겨운 풍악놀이를 볼 수 없고, 메
마른 들판에는 갈증만 깊어간다. 사인암을 지나서 상선암휴게소에 도착하니 전통가
옥은 사라지고 도시문화가 깊은 산골을 지배하여 우리의 터전이 퇴색되니 서글프
다. 20여년전에 단양팔경을 둘러보며 상선암에 왔을 때는 자연속의 오지로 뽀얀 화
강암과 수정 같이 맑은 물이 심금을 울려서 꼭 다시 찾고 싶었는데 이제는 음식점
이 판을 치니 격세지감(隔世之感)이다.

상선암휴게소 → 제봉 → 채운봉삼거리 → 신성봉 → 도락산 (964.4m)
(11:30～13:30)

상선암휴게소에서 상선암(庵)을 지나며 산행하는데 바위산에 설치된 철계단과 로
프가 나타나며 행로가 순탄치 않음을 암시한다. 그래도 소나무가 작품으로 살아나
서 손발을 나무와 돌에 의지하며 봉우리에서 여유 시간을 맞는 순간, 봉우리들이
저 멀리서 도를 설명하며 애간장타게 미소를 짓는다.

바위가 하늘을 떠받치며 산세가 험해져도 수려한 자연경관에 매료되어 힘든 것

을 잊고 나아간다. 저 많은 바위들 중에는 동일한 것 하나 없이 각각의 특징으로 세상을 장식하면서 시기하거나 질투하는 것을 볼 수 없으니 대자연이로구나. 혼자가 아니라 서로 존중하며 존재하기에 더욱 아름다운 자연미를 발현하는 것이겠지. 바위 사이를 비집고 멋을 발휘하는 우아한 자태의 소나무들도 천년의 고행으로 일궈낸 멋으로 지금 우리가 볼 수 있다는 것이 큰 행운이다. 현재 수천 수만년을 지내온 사물이 공존하는데 자신을 기준으로 동시대에 태어난 것으로 착각하여 자신만이 현재에서 가장 고통 받는다고 판단하는 것이 애석한다. 저 소나무의 우아한 자태도 모진 비바람과 북풍한설의 역경을 이겨내려는 수많은 몸부림과 아픔이 있어서 피어났으며 바위 또한 억겁의 세월을 지키며 현 위치에 있는 것이다. 자신을 버리는 것보다 자연 속에서 자신을 굳게 만드는 지혜를 터득하고, 파란만장한 소용돌이 속에서도 삶의 가치가 중요하다는 것을 인식하여야 한다. 제봉과 형봉을 거쳐서 신선봉에 이르니 수직절벽 끝자락 작은 샘에는 '처녀가 샘을 푸면 비가 내린다.' 는 전설이 전해진다. 바위샘에는 현재 무당개구리가 살며, 물이 탁하여 다른 생명체는 볼 수 없으니 가뭄이 극심한 모양이다. 미끈한 화강암의 기세에 위풍당당한 소나무의 자태는 한 폭의 수채화요. 신선들이 노니는 장소가 아닐 수 없다. 도락산과 포옹한다고 날씨가 시샘하는지 안개로 사방을 가두어서 2km 앞의 황정산도 볼 수 없으니 안타깝다.

 도락산 → 신선봉 → 채운봉삼거리 → 채운봉 → 선바위 → 휴게소
(14:00~15:30)

　도락산에서 채운봉삼거리로 돌아와서 채운봉으로 향한다. 사방공사와 등산로를 구축하는 분들 감사드리며 채운봉에 들어서니 신선봉과 도락산의 전체형상이 그려진다. 거대한 화강암은 신선의 하얀 수염으로 뻗었는데 사자가 편안히 안식을 취하구나. 장엄하고 엄숙함이 뭉클 솟으며 만나는 희열은 산행에서 맛볼 수 있는 감흥이다. 사람마다 산을 보는 방식과 감정이 다르지만 대부분 산속에서 참다운 삶을 살기 위하여 자신을 재정립하며 위치를 잡을 것이다. 어떤 악조건도 중도에 포기하지 않는 불굴의 정신은 스스로 만드는 것이지 누가 가져다주는 것이 아니다. 채운봉의 로프와 계단은 스릴과 낭만이 있는데 보잘 것 없는 남자도 아름다운 여인과 사랑을 꽃 피울 수 있을 곳이다. 위험한 곳에서 기치를 발휘하여 사랑을 전하고, 여자보호로 안정감을 주면 사랑이 더욱 영그러질 것이다. 사랑은 세상을 아름답게 만

든다. 사랑에 투자하는 무수한 노력에서 인생은 눈을 뜨며 자신을 찾아간다. 자연이 인생에 사랑을 전해준다. 흐르는 세월에 세상만물의 변화가 사랑이다. 산은 계절변화로 인생길과 디자인을 설명하고, 봉우리마다 지난날의 삶을 보여주고, 돌 하나하나에서 사물의 존재가치를 심어주며, 나무 하나하나가 삶을 아름답게 가꾸는 것이란다. 시원한 바람이 정신을 일깨우고, 맑은 샘물에서 죄를 씻으며 마음을 풍요롭게 승화시키면 미래가 보인다. 산에 들어서면 언제나 스승을 만날 수 있어서 좋다. 많은 인파로 등산로는 골이 파여서 자꾸 허물진다. 정비한다고 골을 메우거나 침목으로 계단을 만드는데 눈 가리고 아웅 식이다. 좀 장기적인 투자로 자연 상태에서 등산로를 나무닥트로 만들어 지상위로 올리자. 그러면 흙의 유실도 줄어들고, 빗물도 능선을 따라 자연스럽게 흐를 것이다. 근본적인 해결방법을 찾아서 활동하면 고용증가와 경제활성화도 동시에 일어날 수 있다. 밭고랑에는 산골의 애환을 심었고, 꽃은 산골의 한을 풀어주니 정겨운 우리의 터전이다. 옥수의 상선암(巖)에서 잠시 신선이 되려고 참선에 든다. 자연의 배품을 실천하자. 선은 악을 낳고 악은 선을 낳는다. 악이 따로 있는 것이 아니라 선의 반대일 뿐이다.

날머리에서

아름다운 세상을 버리는 심정은 어떨까? 산과 벗하며 자신을 만들었다면 세상과 이별하지 않아도 될텐데. 연예인의 특수성으로 고립된 환경에서 행동제약, 대화단절로 극단적인 행동이 나타난 것은 아닐지. 삼라만상의 고통을 산에서 씻는 기회를 가져보라. 그리고 대 자연에서 삶의 진리를 찾아가면 더욱 아름답게 승화되는 자신을 발견할 수 있다. 종교보다 책을 읽고 자연과 대화하는 능력을 키워가면 자연이 삼라만상의 즐거운 삶을 깨우쳐준다.

일곱가지의 보물창고

보배·칠보산
(보배·七寶山)

산행정보
★

▶▶▶

일 시 2009. 7. 25. (토) 11:00 ∼
16:00 (날씨 : 흐림)
명 칭 보배산(750m)·칠보산(778m)
소재지 충북 괴산군 장연면과 칠성면
동 행 부산동백산악회
코 스 서당말 → 보배산 → 청석대 →
칠보산 → 구봉능 → 강선대 →
쌍곡폭 → 쌍곡휴게소

　　보배·칠보산(불교의 무량수경 혹은 법화경의 일곱가
지 보배 : 금, 은, 파리(玻璃), 마노(瑪瑙), 거거, 유리, 산
호)은 보석 같이 아름다운 봉우리가 연이어져 붙은 명칭
이고 속리산국립공원의 끝자락에 속한다. 소나무와 바위
가 어우러져 바로 한국화다.

　　군자산(760m)과 마주하며 쌍곡계곡(괴산8경의 하나)
의 절경을 빚었는데 소금강으로 불리며 제1곡 호롱소(절
벽아래 호롱불을 닮은 바위), 제2곡 소금강(병풍절벽에
야생화), 제3곡 떡바위(시루떡 병암) 제4곡 문수암(소와
바위), 제5곡 쌍벽(협곡), 제6곡 용소(용 승천), 제7곡 쌍
곡폭포, 제8곡 선녀탕, 제9곡 마당바위가 선경이다.

　　청석골에는 충북에서 가장 오래된 각연사가 위치하고,

경내는 각연사석조비로자나불좌상(보물 433)이 있다. 이황, 정철 등의 유학자들이 많이 찾았다.

 들머리에서
　　장마는 남부지방을 중심으로 상승과 하강을 번갈아하며 소강상태로 흐린 날씨다. 기상청은 올해부터 장마예보를 별도로 하지 않고, 날씨 예보만 한다니 지구의 기후변화가 심각한 것 같다.

　작금의 기상상태를 보면 우리나라도 아열대성 기후로 변화하는 과정으로 폭우와 폭염, 가뭄이 수시로 발생하여 자연재해가 빈번하겠다는 예측을 해본다. 습하고 건조한 날씨는 생활방식과 정신에 영향을 미쳐서 삶의 척도도 달라지겠지. 구름이 유영하는 산에서 신비한 매력을 담으며, 맑은 시냇물에 정신을 정화하고 산속 여행으로 스며든다.

　　서당말 → 붉은 기와집 → 도마재 → 전망대 → 보배산 → 709 →
　　689봉 (11:20~13:30)

　펜션에서 관광객들이 족구 등으로 친목을 다지는 사이에 쌍곡계곡은 맑은 물로 속세의 때를 벗겨낸다. 오래된 가뭄으로 누적된 산수의 피로를 깔끔이 씻겨낸 옥류동천은 생활이 어렵고 힘들어도 언제나 맑은 물처럼 깨끗하면서 유연하란다. 속세를 떠나면 가능하지만 속세에서는 어디 가능한 일인가? 옥류도 하류로 흘러가면서 폐수 등이 섞여서 엄청난 몸살을 앓듯이 보통 어려운 일이 아니다. 그래 환경이 어렵고 힘들다고 팽개칠 수는 없다.

　　어떤 악조건이라도 정화하지 않으면 암흑천지로 변하여 삶의 터전도 잃는다. 그러므로 근원을 깨끗하여 하류도 깨끗하게 만드는 정화에 힘써야 할 것이다. 옛말에 윗물이 맑아야 아랫물도 맑다고 하였다. 모두 윗물의 입장이 되어 아랫물을 정화시키는 근본을 갖추자며 보배산에 진입하니 산딸기가 붉은색에서 검정색으로 변하였다. 처음 본 검정색 산딸기에서 단맛향기가 그윽하여 손이 절로 간다.

아! 산딸기가 잘 익으면 검정색으로 변하는구나. 이 산딸기가 최상품의 복분자에 해당되는 품종이란다. 복분자를 먹으면 오강단지가 깨진다던데 천연 복분자를 먹었으니 오강단지가 남아나지 않겠구나. 산은 풍요롭고 너그러워 아낌없이 주면서 정신적 문화까지 숙성시켜주니 루소의 '자연으로 돌아가라'는 말이 떠오른다. 습기가 높아 돌에는 이끼가 짙게 덥혔고, 오래 방치된 석축에서는 삶의 흔적이 묻어난다. 깊고 깊은 이곳까지 생활의 흔적이 나타나는 것은 어떤 연유인가, 의문을 품으며 나아간다. 버섯이 고운 자태로 봉긋봉긋 얼굴을 내밀어 채취하고 싶어도 버섯 먹고 탈난 사람이 한둘이 아니라 사진으로 담는다. 음산한 분위기에 늘어진 등나무줄기는 마법의 세상으로 진입하는 관문이다. 부주의로 조그만 돌이 굴렀는데 큰 돌에 충격을 줘 눈사태가 나듯이 돌이 구른다. 돌이 구를 때면 '돌' 하고 복명 후 나무 뒤로 몸을 숨기는 것이 상책이란다. 물먹은 바위가 서 있는 것을 거부하여 하늘과 맞닿은 곳으로 손을 뻗으니 보배산표지석이 빙그레 웃는다. 칠보산과 군자산이 구름에 잠길듯말듯하면서 애간장을 태우고, 청석골에는 각연사가 청순하게 자리한다. 깊은 산골에 절이 있어도 자연과 조화를 이루는 건축술로 아무리 보아도 거북하지 않고 은은하다.

보배·칠보산은 명칭에 비해 2%가 부족하다. 바위잔치도 있을 법한데 부서지는 바위조각에 기대가 허물어진다. 산이 좋아 산을 찾으면서 바라는 것은 왜 그리 많은 고. 허황된 욕심을 버리라면서 욕심을 하나도 버리지 않았구나.

삶과 죽음이 대비되는 소나무에서 유와 무를 배우고, 무에서 또 다른 유·무를 보며 성숙되는 과정을 밟는다.

 689 → 청석고개 → 칠보산 → 구봉능(9,8,7) → 강선대 → 쌍곡폭 → 쌍곡휴게 (13:30~17:00)

봉긋봉긋한 봉우리들이 롤러코스트를 연상시키고, 암벽을 하강한 후 봉우리를 돌아보면 화강암이 소나무를 품고 절경을 빚는다. 아! 비경은 숨겨두고 부스러지는 바위로 고행의 의미를 전달하는구나. 담금질되어야 세상 보는 눈이 넓어짐을 배워가

며 화강암 절벽의 소나무는 발레리나의 우아한 춤사위보다 부드럽고, 하늘로 뻗은 굳은 기상은 로켓보다 높다. 떨어지는 물방울은 보석으로 빛나고, 재롱을 피우는 다람쥐가 꿈을 전달할 때 각연사는 청아한 새벽을 깨우듯이 마음을 깨운다. 청석재부터 둥글넓적한 바위들이 저마다 소질을 뽐내고, 로프를 매달아서 재미를 더해줘서 바위들과 악수하며 칠보산에 들어선다.

정상석은 정사각형 기둥으로 직선의 미로 뽐낸다. 작지만 각진 자태에서 곧음을 보고, 욕망의 그림자를 베어 버릴 것 같은 느낌을 받으며 자아를 찾아본다. 정상에서 덕가산, 희양산, 군자산, 장성봉, 대야산, 청하산, 조항산이 보인다는데 구름에 갇혀 자신도 찾을 수 없어서 구봉능선으로 접어든다.

산악회에서 안전한 코스로 유도하여도 마음은 바위봉우리에 매달렸기에 원래 계획된 코스로 향한다. 9봉, 8봉, 7봉은 칠보산의 보석이 꽃으로 피었는데 기대하였던 화강암 바위에서 쭉 뻗은 각선미를 만나고, 웅장한 자태의 남성미도 만난다. 바위와 어우러진 소나무는 한 폭의 예술품으로 구름과 산이 춤사위를 펼치니 더욱 생동감이 넘쳐난다. 7봉을 지나서 내려서면 강선대에 물과 바위가 어우러져 선녀들이 노니는 곳이다. 쌍곡폭포가 치마의 하얀 허릿단으로 옥치마를 펼치니 술 한자 걸치고 치마폭에서 놀고 싶구나. 신선의 놀이터는 차츰 대중화되고, 선경은 발자취로 오염되어 빛이 잃는 것이 아쉽다.

날머리에서

쌍곡휴게소에서 바위와 소나무가 어우러진 아담한 소에서 정비하니 쉰내는 사라지고 분향기가 난다.

산악회에서 제공하는 참외, 수박, 돼지수육, 칼국수에 배를 채우니 남부러울 것이 없다. 신선들이 노닐다간 자락에 앉은 것도 황송한데 이렇게 배를 두드릴 수 있다니. 모든 것이 여럿의 협조 때문으로 안정감이 묻어난다.

각연사(覺淵寺)

각연사는 충청북도 괴산군 칠성면 태성리에 소재하고, 신라 법흥왕 때 유일대사가 창건하였다는 설이 있다. 경내에는 비로자나불좌상(보물 제433호)을 비롯한 비로전(충청북도 유형 문화재 제125호), 대웅전, 통일대사비(충청북도 유형문화재 제2호), 부도 등의 문화재가 산재하고, 깊은 산 속에 자리하여 왜침이 없다할 정도로 원형을 보존하고 있다.

각연사의 창건설화는 신라시대 법흥왕 때 유일(有一)대사가 현재 위치한 각연사 산 너머에 절터를 정하여 절을 짓고 있었다. 목재를 다듬는 대패질을 하면 대팻밥이 남아야 되는데 대팻밥이 자꾸 없어지는 이상한 일이 벌어졌다.

어느 날 유일대사가 유심히 살펴보니 수 백 마리 까마귀들이 대팻밥을 물고 날아가는 것이었다. 대사가 까마귀를 뒤쫓았지만 까마귀는 서쪽 하늘로 사라져 보이지 않았다. 유일대사가 포기하고 돌아서는데, 대팻밥이 줄을 선 듯 일렬로 땅바닥에 떨어져 있었다. 대팻밥을 따라 가니 산림이 울창한 곳에 연못이 고요하게 펼쳐져 있었고, 까마귀들이 그림 같은 연못에 대팻밥을 떨어뜨리고는 합장을 한 듯 고개를 숙이고 울어댔다.

유일대사는 부처님의 뜻이라고 생각하고 이곳에 절을 지었다고 한다. 그러자 연못에서 환한 광채가 일어나더니 석불이 나왔다고 한다. 이 석불이 현재 비로전에 봉안된 석조비로자나불좌상이라고 한다.

'유일대사가 연못 속에 불상이 있음을 깨달았다. (覺有佛於淵中)' 라는 말에서 '각연사(覺淵寺)' 라는 명칭이 유래되었다 한다.

후삼국시대 최대 접전지

소백산
(小白山)

산행정보

▶▶

일 시 2007. 1. 28. (일) 11:20 ~
        17:00 (날씨 : 맑음)
명 칭 소백산 비로봉
        (소백산 1,439.5mm)
소재지 경북 영주시 및 충북 단양군 소재
동 행 백양(白楊)산악회
코 스 삼가매표소 → 비로사 → 소백산
        비로봉 → 주목관리소 → 천동골
        매표소

소백산은 충북단양과 경북 영주시의 경계로 산에 하
얀 눈을 이고 있어서 소백산이라 부른다. 이곳은 후 삼
국시대에 견훤의 부친 상주맹주 아자개가 장악하고 있
었다. 아자개는 고려(왕건)의 손을 들어주어 아자개와 견
훤이 원수관계로 발전하였다.

이를 견훤(원)지간이라고 한다. 소백산의 겨울은 광활
한 백설초원과 '살아서 천년 죽어서 천년'의 주목에 핀
설화가 자연의 걸작이고, 봄이면 진달래꽃, 철쭉꽃, 원추
리, 에델바이스 등이 '천상의 화원'을 꾸민다.

백두대간의 줄기인 소백산은 국망봉, 비로봉, 연화봉,
도솔봉 등이 있고, 죽계구곡과 희방계곡, 희방폭포, 단양
팔경 등 수려하고 빼어난 비경을 볼 수 있다. 그리고 단

양쪽 온달산성과 온달동굴, 풍기인삼, 구인사 등이 관광명소다.

 들머리에서

금요일 눈발로 상당히 추운날씨를 예상했는데 포근하여 활동하기 좋다. 소백산은 경북과 충북에 확연히 다른 두 얼굴(날씨)을 보여준다.

즉, 충북은 백색눈꽃과 칼바람, 경북은 그레이와 포근한 날씨이다. 도서 '좋은 기업을 넘어 위대한 기업으로'를 읽으며 기업조직에 사람의 배치를 정립해보지만 미로의 세계. CEO에게 스톡옵션을 확대하고 직원들에게 보수를 많이 준다고 '좋은 기업을 넘어 위대한 기업으로' 전환되는 것은 아니라는 것에 동감한다. 직원을 신뢰하고 교감이 흐르면 성취감이 일어나 기업은 성장한다.

삼가매표소 → 비로사 → 소백산 비로봉 (11:20~14:30)

맨손체조와 스트레칭으로 몸을 풀고, 하얀 면사포를 쓴 소백산으로 들어가는데 사과나무가 움트려고 햇살을 받아들이고, 시냇가는 잔설이 남아서 맑고 고운 물과 장난을 친다. 옛 추억을 간직한 비로사는 늙은 가람을 벗으며 단청도 새로 고치며 젊게 변해간다. 은은하게 들려오는 독경소리에 심금이 편안해진다. 춥고 어려워도 따뜻한 마음으로 만물을 대하라. 그러면 마음에 평온을 얻는다. 비로봉 가는 길은 하얀 눈이 깔린 숲으로 자연의 싱그러움이 만물을 평온하게 한다. 연속되는 계단은 살아온 세월만큼 넘고 넘어야할 인고이다. 길을 막고 쓰러진 거목은 무엇을 잘못하였기에 허리가 잘렸나? 욕심 or 번개. 죽음에서 삶의 척도를 재며 비로봉표지석과 포옹을 한다. 무수한 사람들 너머로 국망봉, 비로봉, 제1·2 연화봉이 백색의 설원을 펼쳐놓는다. 백두대간을 언제 산행하지. 국망봉가는 전망대에서 백두대간을 꿈꾸며 준비한 옷을 전부입고 출발한다. 칼바람을 맞는 순간, 아! 왜 이 길을 택하였는가? 예전에도 초원이고, 설원이었는데 후회하면서 칼바람을 헤집고 나아간다. 콧속이 얼어 숨이 답답하고, 얼굴이 칼에 벤 것처럼 에리고 얼얼하다. 빵모자를 둘러써서 얼굴을 보호하지만 앞이 안보이니 진퇴양난이다. 가죽장갑을 낀 손도 손끝이 시리더니 톡톡 끊어지는 느낌이라. 아! 아! 소리만 연발할 뿐 대책이 없다. 폴짝폴짝 뛰고, 모자를 겹쳐 쓰고, 손을 소매 속에 숨겨서 주머니에 넣지만 몸의 끝자락들은 끊어질듯이 에리다. 아! 이것이 칼바람이구나. 산에서 동사와 안전사고는 이렇게 준비부족으로 발생하구나. 혹독하게 추운 어느 겨울철에 '소백산 안전사고' 뉴스가 뇌리를 스친다. 소리 내어 울고 싶어도 울지 못하는 처지라 앞뒤분간하지 않고 급하게 비로봉으로 돌아온다. 비로봉의 경북 쪽은 지상낙원으로 따뜻한 봄바람이 살랑살랑 불어온다. 삶의 선택으로 얻는 결과를 미리 알 수 있으면 얼마나 좋을까? 막연한 도전으로 혹독한 고통을 경험하며 한 단계 성숙한다. 돌다리도 두드려보고 건너라고 했다. 도요타자동차는 미국에 진출할 때 바로 건너지 않고 신중하였다. 징검다리를 점검하고 또 점검하고 도하 후에 발생할 손실도 충분히 회복할 수 있는 튼튼한 내실경영을 갖춘 후 투자하여 성공을 거둔다.

 비로봉 → 주목단지 → 천동갈림길 → 천동(소백산북부매표소)
(14:30~17:00)

　　비로봉 주목군락지는 주목보호를 위하여 철조망이 장막을 친다. 그래도 주목과 구상나무는 눈꽃을 피워서 화사한 자태로 등산객에게 다가온다. 사람들은 넋을 잃으며 생전처음으로 설화와 상고대의 화려한 잔치를 구경한단다. 고사목에 앉은 하얀 눈은 그대로 얼어서 두터운 솜이불이 되고, 꽃으로 피어나 선경을 가슴에 담아준다. 눈꽃이 핀 나무사이로 하얀 백색모자가 하늘에 맞닿아 청백을 대비시킨다. 신기하여 살펴보니 소백산 정상부가 하늘과 교감하며 우리를 보호해준다. 순백은 혼돈의 세계를 평정하고, 원색의 푸른색은 맑은 세상을 선물한다. 아! 이래서 소백산이구나. 백두대간을 사람들이 가르마 타도 자연의 품격으로 소화하며 멋을 살리는 것에 감복하며, 소백산에 타임캡슐을 묻으며 파란 하늘로 빨려든다. 천동쪽 하산 길은 신작로처럼 넓고 매끈하여 신나게 눈썰매를 지치니 동심의 세계가 따로 없다. 행동들이 그대로 동심이요 초발심이라. 자연스러운 호탕한 웃음이 젊음을 회복시키고, 행복감과 기쁨이 얼굴에 가득 피어난다. 청아한 물소리에 귀 기울이면 갑자기 여성의 부드러움이 사라지고, 험악한 계곡에 다리안폭포가 또 다른 비경을 선사한다. 다리안폭포는 3단 폭으로 용이 승천할 때 힘껏 구른 발자국이 크게 찍힌 곳은 소(沼)가 되어 용담폭(龍潭瀑)이라 불린다. 동토지대에도 물이 흐르듯이 세월도 세상도 변화하며 끝없이 흘러간다. 세상은 절대 막히지 않고 흐른다. 우리는 변화를 불인정하여 스스로 퇴보하는 경향이 허다하다. 변화를 인지하며 활동하는 기업이나 사람들은 무수한 경쟁자를 물리치고 성공의 길을 걷는다. 생각하기 따라서 제자리걸음 혹은 후퇴하거나 진일보하므로 자기개발을 위하여 꾸준히 활동해야 한다. 독서와 여행등도 삶에서 얼음 아래 흐르는 물과 같다. 소백산 머리에도 구름이 드리우며 저녁노을 황금왕관으로 고정관념을 버리란다. 세상은 금으로 장식한 옷을 입고 벗기를 끊임없이 하는데도 금 옷을 보지 못하고 어둠으로 빨려든다. 주어진 생활에서 자신을 찾기는 매우 어렵다. 독서와 다양한 문화로 세상을 보는 견문을 넓히고, 역사의 과정에서 서로 관계를 형성하는 것을 점검하면 하나의 점이 지구가 되고 우주가 된다.

날머리에서

모두모두 함박웃음으로 단체 사진을 찍으며 추억을 만든다. 시간이 지체되었어도 모두가 안전 산행이라 안심이다. '고시레'로 아름다운 눈꽃산행과 안산에 감사드리며 아쉬운 이별을 올린다.

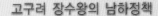

고구려 장수왕의 남하정책

소백산 도솔봉
(兜率峯)

산행정보

★

일 시 2008. 05. 31. (일) 11:50 ~
17:00 (날씨 : 맑음)
명 칭 소백산 도솔봉(1,314.2m)
소재지 경북 영주시 풍기읍 및 충북 단
양군 대강면
동 행 강산에 산악회(동래전철역 앞 출발)
코 스 죽령 → 도솔봉(1,314.2m) →
묘적봉(1,148m) → 묘적령 →
사동리(절골)

　

도솔봉은 소백산국립공원에 속하며 백두대간에 위치
한다. 소백산은 죽령(689m)을 중심으로 서쪽은 도솔봉
(兜率峰 : 1,314m), 동쪽은 연화봉(蓮花峰 : 1,394m), 국
망봉(國望峰 : 1,421m) 등이 1,400m 내외의 높은 봉우리
를 이루며 험한 지세로 마루금을 이어간다.

서쪽은 충주호로 흘러드는 죽령천과 연결되고, 단양 8
경, 희방사, 구인사, 온달산성 등의 문화유적이 산재하
고, 풍기인삼이 유명하다.

삼국시대에는 주요한 군사적 요충지로 장수왕 때 고
구려의 영토가 되어 신라와 국경을 이룬 곳이다. 후 삼
국시대 때에도 견훤과 왕건이 이 지역을 점령하기 위하
여 치열한 전투를 벌였다. 최종적으로는 견훤의 부친 아

자개가 왕건의 손을 들어주어 고려가 삼국통일을 이루는 결정적인 계기가 된다.

들머리에서

촛불집회와 산행의 기로에서 산행을 하지 않으면 한주가 허망한 것 같고, 삶의 가치도 퇴색되는 기분이라 과감하게 뒤 꼭지가 당겨도 산을 찾는다. 산을 찾는 행복감이 부족하면 부족한 대로, 풍족하면 풍족한 대로 욕망을 절제하는 방법을 배우며 수양하는 자세를 가진다. 깊은 시련에서도 스트레스로 시달리지 않고 슬기롭게 이겨낼 수 있는 것은 산이 넋두리를 포용해 주기 때문이다.

죽령에는 도처에서 온 사람들이 여름의 태양에 아랑곳하지 않고 분주하게 움직이며 풍요로운 계절을 만끽하는 밝은 웃음이 피어난다. 죽령은 도(道) 경계선이고, 옛적부터 군사적 요충지라 그런지 지방의 특산물과 관광명소를 내세우는 홍보가 화려하게 도색되어 있고, 백두대간의 길목이며 충북과 경북을 잇는 관문이라 전설과 역사적 사실이 많이 서린 곳이다. 애환의 역사가 활력의 역사로 바뀌었으면 한다.

죽령 → 삼형제봉 → 도솔봉(1314.2m) (11:50~14:10)

죽령 옛길의 안내판 위로 도솔봉까지 6km가 표시되어 있으며 녹음이 우거진 호젓한 길에 빛이 들어서 신비스러운 기운이 스며들고, 새소리 물소리가 첨가되니 파라다이스로 안내되는 광경이다. 옹달샘에서 기운을 충전하고 4.7km의 장엄한 산세와 수목이 밀집하여 주위 경관도 볼 수 없는 밀림지대를 고군분투하며 나아간다.

온통 나무로 덮힌 산은 정글지대를 헤치는 탐험가를 연상시키고, 간간이 불어오는 바람은 생명의 의욕을 살려서 꺼져가는 희망을 살려 준다.

가끔 약초와 나물 캐는 사람들이 사람 사는 곳임을 설명하지만 호젓하고 인적이

산과 카멜레온

드물어서 스산한 기분도 팽배하다. 여유로울 때 사색하며 삶의 방향을 찾으려면 급경사로 고행을 하란다. 비지땀이 코끝을 자극할 때 도솔봉이 보이는 전망대에 안착하며 고행의 시간도 얼마 남지 않았구나. 고행 속에서 도솔봉과 만나는 목적을 달성할 수 있는 기쁨이 충만 되어 피로가 물러간다. 풍기읍전경이 눈에 그려지고 산속의 마을도 들어오며 눈이 환하게 밝아지니 산을 가로지르는 임도가 대형 상처자국처럼 적나라하게 나타나 서글프다. 안부로 내려섰다가 닭 벼슬을 한 도솔봉 정상에 손을 얹으니 어! 부산에서 정상석을 제공하였네... 인간의 감정은 조그만 것에서 기쁨을 찾고 행복을 찾는 것인가? 글 한자에도 친근감이 밀려오는 것은 정말 인간은 사회적 동물이구나. 조그만 것에서도 동지애를 찾고 서로를 연결시켜 친근감을 살리는 본능이 있어서 사회는 더욱 구조화와 조직화 되겠구나. 동쪽으로 고개를 돌리니 연화봉(기상관측소)과 비로봉 그리고 물결치는 소백의 힘찬 기상이 하늘에 맞닿아 웅기충천하고, 다시 힘찬 달음질을 통하여 백두대간의 고을마다 대한의 기상이 스며든다.

산은 산으로 존재하여 사람들이 희망을 잃어갈 때 다시 용기와 희망을 심어주어 삶의 의욕을 높이도록 도와주어서 좋다.

 도솔봉 → 묘적봉 → 묘적령 → 국립공원안내판 → 사동유원지
(14:10~17:00)

백두대간 이정표에서 일제시대의 산맥개념을 벗어나 산경표로 우리의 근본은 하나임을 깨우쳐주는 지리학자 및 산악인들에게 감사의 묵념을 올린다.

묘적봉으로 향하는데 지도에는 나무계단도 없었고, 방향도 하향이라 이상하게 생각하여 다시 올라가다가 목소리가 들려서 다시 하산을 하였는데 아무래도 묘적봉

298

방향이 아니다. 길을 물으니 정상부근에서 우측으로 돌아가란다. 아! 머리를 잘못 쓰면 손발이 고생한다는데 요즘 이런 현상이 가끔 일어나서 걱정이다. 묘적봉방향으로 들어서니 한가로워 이런저런 생각에서 우리나라 국민을 냄비근성이라고 하는데 과연 누가 만든 단어일까? 냄비의 속성이 금방 끓고 식어버리기 때문에 비유하는 말이지만 혹시 정치가들이 냄비근성이라는 단어로 국민들을 호도하는 것은 아닐까? 국민들이 정부정책에 의견을 제시하면 정부는 묵살하다가 국민들이 정당성을 주장하면 우선적으로 강제진압, 이념논쟁, 북한의 사주 등으로 몰아붙이기 일쑤고, 사태가 악화되면 해결책보다는 권력으로 국민들이 수용하기를 원하고, 필요하면 국민을 희생양으로 몰아서 가슴속에 응어리지게 만들고, 참다못한 울분은 하소연할 곳이 없어서 한이 되어 자포자기하는 현상이 누적된 것은 아닐까? 국민의 울분이 한이 되어 잠잠해지면 상황이 정리된 것으로 판단하고 정부는 국민의 충언을 헤아려주는 것 보다 유야무야 무시하며 권력의 맛에 길들인다. 결국 국민은 정부를 불신임하고, 국가관과 희생보다는 자신만 잘먹고 잘살면 된다는 개인주의와 이기주의가 만연하게 된다. 이런 상황을 파악하지 않고 일부 학자들은 냄비근성이라는 용어로 호도하면서 국민성을 타령하니 어찌 서글프지 않겠는가? 정부는 국민탄압보다는 국민의견을 듣고 국민의 애환을 풀어주는 진정한 동반자가 되어 굴욕외교가아닌 당당한 주권외교로 위상을 높였으면 한다.

현대사회는 나를 죽이고 타인에게 모든 것을 잘해 준다고 타인이 나를 인정하지 않는다. 그들은 우리를 바보 취급할 뿐이다. 경제가 어려우면 국민들과 머리를 맞대고 진정으로 지혜를 찾으면 신바람나서 2002년 월드컵정신처럼 하나가 되어 경제를 살릴 수 있다.

절골의 합수지점에서 산은 여러 갈래로 다양한 의견을 내고, 강은 여러 갈래를 모아서 기름진 문전옥토를 내어놓듯이 정부의 역할이 무엇인지 의식을 높여야할 시점이다. 청명한 옥수에 마음을 담아서 고향산천을 따라서 내려간다.

날머리에서

산행은 자신과 싸움으로 길을 잃고 모르면 도움 줄 사람이 올 때까지 머물 줄도 알고, 선행에 대한 책임도 따른다.

남을 탓하기 이전에 자신의 행동을 돌아보고 행동이 잘못되었으면 전철을 밟지 않도록 자신을 개발하는 꾸준한 탐구가 필요하다.

죽령(해발 689m)

소백산 허리, 구름도 쉬어간다는 아흔아홉 굽이의 죽령은 영남과 충청을 넘나드는 길목가운데서도 가장 유서 깊고 이름난 중요 관문(죽령, 문경새재, 추풍령은 영남과 충청지방을 잇는 3대 관문으로 죽령이 맏형격임)이다.

이 고개는 신라 아달라왕 5년(서기 135년)신라사람 죽죽(竹竹)이 길을 개설하였다 하여 죽령이라 불리어 왔으면 한때는 고구려와 국경이 되기도 하였다.

고려와 조선시대에는 청운의 꿈을 안은 선비들의 과거길 이었고, 온갖 문물을 나르던 보부상들과 나그네의 발길이 끊이지 않아 숱한 애환이 서린 곳이다. 비교적 높고 험한 고개라 봇짐이나 등짐을 지고 걸어야 했던 시절에는 도둑떼가 들끓었다고 한다.

전설에 의하면 도둑떼에게 아들을 잃은 할머니가 도둑소굴로 숨어들어 망을 보다가 토벌꾼에게 신호로 '다자구야' 라고 외쳐서 도둑떼를 사로잡는데 공을 세웠으며, 주민들은 매년 대강면 용부원리의 산신당에서 다자구 할머니에게 제사를 지낸다고 한다.

부근에 죽령 봉수와 보국사·희방사·죽죽사가 있으며, 단양팔경과 풍기인삼 등 유명한 관광자원과 문화자원이 많다.

우리나라 3대 풍혈

충북알프스 구병산
(九屛山)

산행정보

▶▶▶

일 시 2009. 03. 14. (토) 10:30 ~
17:00 (날씨 : 맑음)
명 칭 충북알프스 1구간 - 구병산
(876m)/신선대(785m)
소재지 충북 보은군 마로면(적암리) 및
외속리면 경북상주시 화남면
동 행 산내음산악회
코 스 서원교 → 백지미재 → 풍혈 →
구병산(876m) → 853 → 신선
대(785m) → 적암리

구병산(876.5m)은 속리산지맥으로 충북 보은군과 경북 상주의 도계를 이루며, 옛 문헌에는 동·서로 아홉 개 봉우리가 병풍처럼 펼쳐져 구봉산(九峰山)으로 불렸다. 산중턱의 토골사는 6·25전쟁 때 폐허가 되었으며 수백년생 참나무들과 약수가 있다.

신선대와 병풍바위 등은 신선이 노닐던 곳으로 기암괴석과 웅장한 경관이 장관이다.

구병산과 속리산 사이 서원계곡의 진입로 주변에 정이품송을 닮은 소나무는 정이품송의 부인 '암소나무(수령 250년)'로 보호수다. 상주·청주고속도로 속리산휴게소 앞에는 시루봉(417m)이 솟아 있다.

　※ 충북알프스 : 보은군청은 속리산과 구병산을 잇는 43.9km 구간을 '충북 알프스'로 칭하며 이 명소에는 구병산, 천황봉, 문장대, 관음봉, 묘봉 등이 기암괴석으로 장관을 이루며 맑은 물과 수려한 계곡 아래에는 법주사가 중생을 제도한다.

　속리산의 천황봉은 지아비산, 구병산은 지어미산, 금적산은 아들 산으로 묶어서 '삼산'이라고 칭한다.

　※ 풍혈 : 구병산 풍혈은 여름에는 냉풍이 겨울에는 훈풍이 솔솔 나오는 대자연의 신비스러운 결정체로 구병산정상에서 서원계곡방향으로 약30m지점에 위치한다. 2005년 1월 19일에 풍혈직경 1m짜리 1개, 풍혈직경 30cm짜리 3개가 발견되었다.

　구병산풍혈은 전북 진안군 대두산 풍혈과 울릉도 도동 풍혈과 더불어 우리나라 3대 풍혈로 명성을 얻고 있다.

　들머리에서
　매서운 꽃샘추위가 겨울을 붙잡고 매서운 바람은 어둠을 밀쳐낼 때 공자의 '추운 겨울이 되면 그때 어느 것이 상록수인지 알게 된다. 보통 때는 어느 나무든 푸른색을 띠고 있거든'과 '아침에 도를 들으면 저녁에 죽더라도 후회는 없다.'라는 의미를 새기며 구병산으로 달려간다. 세상을 밝게 만들려고 시간적, 공간적, 물질적 희생을 강요하며 우리를 정서적 고향으로 돌려놓아도 길들어진 물질주의와 침범해 오는 물질공세에 정신으로만 자신을 평정하지 못하는 것이 착잡하여 돌파구를 찾고자 노력하나 머리는 더욱 혼란스럽다.

　서원교 → 백지미재 → 쌀개봉 → 풍혈 → 구병산(876m)
　(10:30～14:20)
　충북알프스 개념도를 보니 ㄱ형으로 좌하단 서원리에서 속리산을 거쳐 활목고개에 이른다. ㄱ자속에는 법주사와 정이품송, 서원계곡이 있으며 말티고개를 넘어야 안으로 들어갈 있는데 산속의 요람이었다. 방문객을 맞는 충북알프스 첫 진입로 계단은 초발심부터 단단히 준비를 갖추라는 신호로 다가온다. 컨디션이 안 좋은지 무게중심이 흔들리고, 숨이 답답하여 중도 포기하고 싶다. 대자연의 흐름에 컨디션을 조절하며 527봉에 이르러 보은의 넓은 농토와 산을 따라 ∞자로 흐르는 시냇물에 고통을 떨어내니 한결 수월하다. 산행은 건강 체크와 자아 발견에 많은 도움이 되

는데 어떤 이들은 내려올 산 왜 올라가
는지 모르겠단다.

각자의 취미와 사고가 다르기 때문에
세상은 흥미가 있고, 사는 맛이 있으리
라. 컨디션을 계속 조절하며 구병산으로
가는데 칼바위 능선은 '도미솔, 파라도'
화음으로 정신수양과 체력단련을 요구
한다. 로프에 매달려 담력을 키우고, 명
품 소나무에서 예술을 배우며 대자연의
리듬에 박자를 맞춘다. 긍정적인 사고로
위험한 장소는 체력단련장으로 소나무와 암봉은 자연예술품전시장으로 전환시키며
세상을 바라보니 자연스럽게 일거다득이 되어 돌아온다. 사고의 전환을 위하여 희
생을 감수해야 한다. 즉, 활동을 통하여 자신의 사고와 행동이 현시대에 진부한 것
임을 알고, 다양한 방식이 자신의 지식을 대체하는 것을 인정하여 변화를 읽어야
긍정적인 사고로 전환되며 자신의 길을 수정할 있다. 희생으로 얻는 소득은 값으로
따질 수 없는 가치가 있고, 사람의 의식을 바꾸어 놓는다.

수직절벽에 뿌리를 내리고 험한 굴곡에도 명품으로 성장하는 소나무에서 낙락장
송의 풍류를 즐기니 신선이 따로 없다. 산과 함께 있는 것에 감사드리며 풍혈에서
미지근한 봄바람을 맞는다. 풍혈도 계절에 따라서 자연스럽게 냉풍과 온풍으로 바
뀌는구나. 자연도 변화의 순리를 따르는 것에 순응하며 구병산 정상에 이른다.

속리산 천황봉과 문장대로 이어지는 무수한 암봉은 설악산이 연상된다. 봉우리마
다 깃든 사연처럼 우리기업의 업종이 많아지면 경제도 살아날 것이다.

창의적인 사고가 다양해야 업종이 많아지는데, 자연을 인간의 잣대로 동일한 모
형으로 개조하니 창의력이 감소되어 업종의 다양성이 만들어지지 못하는 것 아닌
가? 상주 · 청원고속도로가 시원하게 달리는 것뿐이란다.

야! 달려도 산과 산을 자르지 않고 터널 등으로 달리면 안 되니.

 구병산 → 815 → 853 → 안부 → 824 → 신선대 → 팔각정 →
적암휴게소(14:20∼17:00)

높은 '도'에서 내림 '도'로 이어지는 하산 길은 '도라시, 시파솔'을 그리며 백상

어의 흰 이빨로 솟았으니 두려움과 절망감이 밀려온다. 스스로 용기를 북돋우며 멋진 풍광 앞에서 떨리는 가슴을 숨긴다.

해빙으로 질척한 신발은 바위에서 미끄러져 큰 사고를 일으킬 수 있으므로 안전을 도모하는데, 로프에 매달릴 때는 무게중심이 흔들려 목적한 곳에 발이 디뎌지지 않으니 전율이 흐른다. 얼마 전에 '리듐밧데리 충전에서 병목

현상을 발견하여 우회로를 만들어 휴대폰밧데리 충전시간을 30초정도로 줄였다.' 는 뉴스를 생각하며, 직선만 고집하지 말고 우회로도 고려하며 가자. 옛 방식만 고집하면 문제가 풀리지 않는다. 우회하였으나 미련이 남아서 꼭지점을 찍고 돌아오면서 과학의 길과 인간의 행동은 다른 모양이다. 수려한 소나무에 기대어 옛 생각으로 폼을 잡으려면 바람은 길을 재촉한다. 산속 광장에 이르니 암봉의 잔치가 벌어지고, 신선대 표지석은 안도의 숨을 쉬게 한다. 산줄기가 모여들며 희망의 찬가로 하모니를 이루고, 나선형 바위는 대미를 장식한다. 신선대를 지나서 적암휴게소로 방향을 바꾸니 계곡이 반기나 물이 없어 늙고 추한 모습이다. 산수의 조화에 사람의 조화를 재조명한다.

사람은 조화를 외치면서 욕심으로 조화를 파괴하며 공자를 부르짖는다. 사심이 없어야 세상은 맑은 물이 흐르고, 어두운 구석은 밝게 정화되는 것이다.

백상어의 흰 이빨로 병풍을 친 구병산 앞에는 시루봉이 오케스트라 연주자가 되어 산의 정기를 살린다.

날머리에서

닭백숙에 추위를 달래고, 소주한잔에 추위를 떨치며 노고가 많은 분들께 감사드린다. 고개를 젖히니 꿈속이고, 잠은 끝이 없다. (산내음산행대장의 보행방법 : 발걸음은 무릎과 무릎이 닿듯이 하여 무릎은 직각으로 세우고 허리는 곧게 펴서 걷는다. 운동 때는 허리를 펴고 발끝으로 걸으면서 뒷발로 밀어라. 서 있을 때는 뒤꿈치를 들어 앞꿈치로 서 있어라. 이렇게 운동하면 운동효과가 3배란다.)

세조대왕이 글읽으신
충북알프스 속리산
(俗離山)

산행정보
★

일 시 2009. 03. 28. (토) 10:20 ~
        18:20 (날씨 : 맑음)
명 칭 충북알프스 2구간 – 형제봉(829m)/
        천황봉(1057.5m)/문장대(1028m)
소재지 충북 보은군 내속리면 및 경북
        상주시 화남면, 화북면
동 행 수요산들산악회
코 스 동관음고개(치마바위) → 형제봉
        → 속리산(1057m) → 문장대 →
        법주사 → 관리소

충북알프스 제2구간은 장고개~문장대17km + 법주사 5.8km + 주차장1.2km = 약24km ~ 25km의 거리다.

충북알프스의 주봉은 속리산(일명 천황봉)으로 묘봉 (874m), 관음봉(985m)·문장대(1,033m)·입석대·비로봉·속리산(천황봉1,057m)·형제봉(829m)·구병산 (876m) 등이 마루금이다. 속리산(천황봉)에서 발원한 물은 동(낙동강), 남(금강), 서(남한강)로 흘러들어가 3파수라고 한다.

법주사, 정이품송(正二品松), 보은의 망개나무, 은폭동과 용유동계곡·쌍룡폭포·오송폭포·장각폭포·용화온천 등이 주요 관광 상품이다. 괴산군 청천면의 화양동계곡은 화양동구곡(華陽洞九曲)과 선유동구곡(仙遊洞九

曲)나뉘고, 화양천에는 경천벽·운영담·금사담·첨성대 등이 있고, 천연수반에 담긴 맑은 물과 울창한 숲의 조화, 선유동구곡에는 선유동문·경천벽·학소암·은선암 등이 주요 명소이다.

들머리에서

봄의 전령 매화, 개나리, 목련, 진달래, 산수유 등이 만발하여도 서늘한 기운이 겨울보다 강하여 활동이 위축된다.

몇 일전 강원도 폭설과 함께 4월에도 눈이 내릴 수 있으므로 농작물 피해가 없도록 주의하라는 뉴스를 들으니 지구의 자전축이 바뀔 모양이다. 여명이 밝을 무렵 고속도로를 질주하여 장고개에 A팀이 하차하고, 동관음마을에서 B팀이 하차한다.

절골·치마바위(동관음고개부근) → 형제봉 → 천황봉(속리산1,057.5m)
(10:20~15:00)

동관음고개로 버스접근이 어려워 동관음마을에서 절골의 끝집에 도착했는데 지도상 산길이 오리무중이라 B조 단체는 형제봉 직진 길을 택하고, 혼자서 동관음고개에서 올라오는 능선을 따르고자 우측을 택한다.

차바퀴자국을 따라가다 발길이 멈춘 곳은 어느 묘 앞. 숲을 헤치며 봉우리에서 형제봉가는 길을 찾으니 계곡으로 단절되어 산 능선을 따라서 나무와 바윗길을 헤치며 나아간다. 간단하게 오를 것 같았는데 낙엽으로 미끄럽고, 잡목과 돌이 길을 막아 기운이 빠진다. 생각과 현실의 불일치에서 불안감으로 사로잡힐 때 횡부는 바람이 지옥을 안내하는 것 같다. 초조하고 불안한 감정은 종주능선 치마바위·상불암바위 정도에서 A조 일행과 만나며 안도감으로 바뀐다. 장고개서 이곳까지 약1시간 30분 거리인데 벌써 만났으니 사람의 의지와 발걸음이 무서운 것인가? 아니면 산속에서 헤맬 때 시간이 유수처럼 흘러가 버렸나? 아인쉬타인은 물질적시간과 심리적시간이 다르다 하였는데 이 경우에 해당될 것이다. 길을 잃어버린 경험이 없으면 우리가 살고 있는 길이 얼마나 편안한지 피부로 못 느낀다.

현재의 삶이 가장 힘들다고 하지만 힘든 경험이 부족하기 때문에 그렇다. 역경을 이겨내려면 자신이 미경험한 타인의 독한 경험을 알고 습득해야 한다. 힘들다고 포기하지 말고, 할 수 있다는 가능성으로 자신을 일으키자. 산은 철학을 가르쳐준다. 나태해지면 오르내리게 하고, 지루하면 나무와 바위로 멋을 보여주고, 갈증을 주었다가 풀어주며 끊임없는 자기성찰을 요구하고 훈련을 시킨다. 좌측에 보이는 형제봉이 ⊐자로 틀어 앉아 가도가도 끝이 없다는 비애를 품을 때면 백두대간을 지키는 도깨비 방망이바위(?) 옆에 형제봉이 손을 내민다. 형제봉에서 천왕봉까지 높고 낮은 무수한 봉우리와 안부 (∫∿⌣)를 토마도쥬스와 물(아침도 대충, 점심 김밥은 짜다 못해서 쓰다)로 넘어가려니 고달프다. 천황봉은 신기루처럼 손을 뻗으면 닿을 듯해도 롤러코스트로 자리를 쉽게 내어놓지 않는다. 삶이 그렇지 질러가려다 사고 나고, 매달리다 떨어지는 질곡의 구렁텅이를 알면서도 한순간의 유혹에 무작정 달려가지 않는가? 때와 시간을 가르쳐주는 산은 고통이 아니라 인생길을 설명하는 예술이요, 철학이다. 천황봉(속리산 주봉)은 낙동강, 금강, 남한강의 물줄기를 만든다.

천황봉에서 태어났지만 갈 곳과 역할이 다르다. 그리고 바다에서 다시 만난다. 흐르는 중심에는 모태와 뿌리가 있음을 알고 과거에 연연하지 않으면서 과거를 욕되게 하지 말자.

 천황봉 → 비로봉 → 입석대 → 문장대 → 법주사 → 주차장
(15:00∼18:20)

문장대에 16시까지 도착이 가능할까? 해빙으로 뻘을 품은 신발은 천근만근이고 산길은 질퍽거린다. 천황봉부터 바위의 축제마당으로 바위 꽃이 화려하게 피어 천혜의 작품전시장이고, 삼라만상이 담겼다. 물개바위, 원숭이바위, 입석대, 신선대, 통천문 어떤 이름도 소화하는 천상의 요람이고, 선경이요, 조물주가 빚은 명품의 집합이다. 무수한 바위 꽃에서 희망을 얻고, 기운을 높여도 워낙 많은 인파로 시간은 유수같이 흐르고, 길은 멀기만 하다. 유명한 바위작품을 사진기에 담고, 감상할 시간은 없다. 6시까지 목적지에 도착해야한다. 문장대에 안착하니 전설에서 알을 낳

은 구덩이는 흙탕물로 혼탁하고, 바닥은 오색찬란한 빛을 잃고 회색이다.

신성한 장소가 볼품없는 바윗덩이로 바뀌는 현장을 보고 조상님은 어떻게 생각할까? 조상님께서는 신성시하여 성스럽게 제를 올리며 국태민안(國泰民安)을 기원하셨고, 세조임금께서 글을 읽으신 곳이다. 이렇게 짓밟힌 현장을 보니 조상님을 욕보이는 것 같아서 착잡하다. 성스러운 장소를 마구잡이식으로 개방하면 문화시민의 긍지가 퇴색되니 별도의 전망대로 관람할 수 있는 방법도 고안했으면 한다. 사회가 혼탁해지고, 자기중심으로 바뀌는 것도 문화의 방치와 가치의 단절로 생겨나는 불감증일 수 있다. 문장대에 새겨진 선과 웅덩이는 예사스러운 것이 아닌 마야문명처럼 큰 의식이 열렸던 곳일 수도 있다. 우리가 우리 문화를 업신여기면 누가 우리를 문명국가라 칭하고, 반만년 역사를 믿겠는가? 산속의 속리산(속세를 벗어남)을 뒤로하고 법주사로 달리는데 바위들은 먼지가 자욱하여 빛을 잃었고, 냉천골 물은 맑아도 주위가 어지러워 시원함을 잃었다. 3~4군데의 휴게소도 음식냄새로 지저분하고, 차량들이 들끓는 세심정(洗心亭)은 탁심정(濁心亭)으로 속리산은 속세산으로 개명해야겠다. 법주사 일주문에서 바쁜 일상을 털어내며 산을 찾는 의미를 새긴다. 산과 친근한 시간을 보내야 할 때도 있고, 산과 이별을 해야 할 때도 있고, 바삐 서둘러야 할 때도 있다. 한정된 시간에서 목적한 행위를 마무리해야 하므로 체력도 증강시켜서 어떤 환경이 몰아쳐도 받아들일 수 있어야 한다. 하루하루의 행동에서 자기를 성찰하며 살아가자구나.

날머리에서

수요산들산악회 종주 팀은 하루 30여km를 매주 토요일에 실시한다니 대단한 건각들이다. 허기로 된장국밥과 닭도리탕을 게 눈 감추듯 먹어 치우고 차에 몸을 실으니 한기가 엄습하고 환자처럼 혼미한 세상이 오락가락하여도 시원한 내일을 열 수 있으리라.

바위들의 꽃잔치
충북 알프스 속리산
(俗離山) 묘봉

산행정보

일 시 2009. 10. 24. (토) 11:30 ~
        17:00 (날씨 : 맑음)
명 칭 속리산 묘봉(卯峰 : 874m) (충북
        알프스 3구간)
소재지 충청북도 보은군 및 경상북도
        상주시 화북면
동 행 늘푸른산악회
코 스 운흥1리 → 비로봉 → 상학봉 →
        묘봉 → 북가치 → 미타사 → 운
        흥2리

충북알프스의 3구간에 속하는 묘봉은 경상북도와 충청북도의 경계를 이루는 암릉으로 속리산 문장대에서 관음봉, 북가치, 묘봉, 상학봉, 매봉, 활목재로 이어진다. 이 암릉에서는 관음봉에서 문장대, 입석대, 비로봉, 천황봉까지 속리산의 주봉이 파노라마로 펼쳐지는 진목면을 볼 수 있다.

속리산에서 은폭동과 용유동계곡, 쌍룡폭포, 오송폭포, 장각폭포, 용화온천 등의 명소들은 상주 쪽에 위치하며, 괴산군 청천면에 위치한 화양동계곡은 화양동구곡(華陽洞九曲)과 선유동구곡(仙遊洞九曲)으로 나뉜다.

화양동구곡에는 경천벽, 운영담, 금사담, 첨성대 등이 있고, 하얀 돌 위로 흐르는 맑은 물, 울창한 숲의 조화가 절경이다. 선유동구곡에는 선유동문, 경천벽, 학소암, 은선암 등이 절경을 자아낸다.

 들머리에서

    싱그러운 가을바람이 코끝을 간지럼 태우는 파란하늘의 싱그러움에 이끌려 날개 짓을 한다. 한복은 자연의 색상을 고스란히 담아서 화려하면서도 단정함이 흐르니 선조들의 경이로운 안목이 예사롭지 않았구나. 새아씨의 색동옷에 스며든 가을단풍과 무지개는 새아씨의 설레임과 꿈을 상징하였으니 자연을 생활에 적용하는 조상의 지혜가 더욱 놀랍다. 화려한 가을 색상에 '내 심장을 쏴라'라는 책장이 넘어가지 않는다. 독서의 계절이지만 이 아름다운 금수강산에 책과 시름하는 것이 가능할까? 천고마비의 계절이 더 잘 어울린다. 고구마, 감자, 야콘 등이 식욕을 돋우는 가을은 세상이 풍성해서 좋구나.

    운흥1리 → 사지매기골(재) → 고개 → 비로봉 → 상학봉
    (11:30~14:30)

    운흥리에서 보는 묘봉의 산세가 범상치 않다. 산이 춤추는 것인지, 삶의 질곡이 그려졌는지 예사롭지 않은 신비함이 가미되면서 신선이 거처하는 숭고한 장소로 탈바꿈 한다. 특이한 형상으로 규범화시키고, 구속력을 갖추어 통제하므로 범접하지 못하여 신격화가 성립되고, 그에 따라서 마을마다 다른 미풍양속이 만들어진다. 어설프게 가을을 매단 고추와 호박에서 흐르는 세월을 가늠하고, 농작물 수확이 끝난 밭에서 내일을 위한 일상을 정리한다. 산과 들에는 푸른색이 가득했는데 이제 들판은 누런색에서 흙빛으로 변하며 오고가는 것이 자연의 섭리임을 일러준다. 누구를 탓하거나 바라는 것은 없다. 시간에 따라서 꽃과 잎을 피워서 결실을 맺고 자리를

내어 놓는 미덕이 자연에 있다. 그런데 우리는 끈을 놓는 것을 너무나 부자연스러워 한다. 부여잡은 끈에 매달린 한과 절규로 강산을 난도질당하는 것 아닐까? 야생 멧돼지가 마을을 습격한 것을 탓할 것이 아니라, 멧돼지의 터전을 우리가 너무 넓고 깊게 침범한 것은 아닌지 고려해 보자. 명심보감이나 공자왈 맹자왈을 아무리 외운들 무슨 의미가 있는가? 자연의 섭리를 올바로 배우는 것이 어떤 것보다 더 값진 철학이요, 이 가을에 인생을 일깨우는 숭고한 정신이다. 붉게 채색되는 계곡의 높이에 따라서 색상이 달라지는 오묘함을 감지하며 사지매기골(재)를 거쳐 능선(고개)에 이르니 바위봉우리들이 잔치를 벌인다. 뒤편으로 매봉이 알록달록한 치장에 여념이 없고 토끼봉, 상학봉은 장엄한 바위봉우리로 굳센 의지를 심어준다. 곧게 뻗는 암봉의 어깨 위로는 다양한 조각 작품들이 올라 있는데 바람이 불면 곧 떨어질 것 같은 바위를 비롯하여, 말안장바위, 모이를 쪼는 새, 마을의 파수꾼인 장승바위 등이 소나무와 어우러져 절경이다. 아래로는 단풍이 물들어 비단옷을 입고 고운 새 아씨처럼 앉았다. 억겁의 세월에 다듬어진 바위봉우리를 로프와 사다리 그리고 묘기를 부리며 오르내린다. 언제 또 찾겠는가? 보고 또 봐도 아쉬운 것이 한·두개가 아니다. 산을 놓으라면서 숨은 비경을 찾아서 산을 부여잡고 놓지 못하는 것도 병이리라.

상학봉 → 묘봉 → 북가치 → 미타사 → 운흥2리 (14:30~17:00)

상학봉을 비롯한 봉우리에는 소나무가 우아한 자태로 폼을 잡는다. 바위틈에 자라는 소나무의 단아함과 곡선미는 분재를 넘어서 그림과 작품으로 거듭나 심금을 울린다. 한국화에 배어있는 묵화를 현장에서 보는 맛에 더하여 단풍을 입혔으니 이 또한 신선들이 살만한 곳이리라. 바위자락을 잡고, 나뭇가지에 매달려 어렵고 힘든 난관을 극복하는 가치를 터득하고, 흘리는 땀방울에서 노고의 대가로 대자연의 풍경을 얻는다. 바위동굴에서 통과의례를 거치며 상승과 도하를 거듭하면서 담력을 키워 묘봉에 이른다. 지금까지 거쳐온 토끼봉, 상학봉 등이 하늘 높은 줄 모르고 우뚝 솟았는데 장엄함에 절로 숙연해진다. 도열한 암봉 아래로 붉고 고운 단풍이 물들어서 천상의 낙원에 온 것 같이 환상적이다. 은은하면서도 붉고, 붉으면서도 노란 색상들의 향연에 살포시 빨려든다. 백악산, 낙영산이 이웃하여 바위들의 잔치에 흥을 돋우고, 능선을 이어서 관음봉을 비롯하여 문장대, 비로봉, 입석대, 천황봉이 한폭의 병풍으로 펼쳐져 백두대간을 이어간다. 산들은 화음으로 세상의 관계

를 설파한다. 생물과 무생물의 관계가 단절된 것이 아니라 서로 관계하며 공존하는 것이다. 바위봉우리로 떨어진 빗방울이 대지를 적시며 계곡을 이루어 우리의 농촌을 기름지게 하듯이 수많은 관계성에서 단절할 수 없기에 우리는 언제나 이웃사촌이다. 저 멀리 보이는 각 봉우리마다 인사를 드리고, 재롱을 부리던 시간이 엊그제였는데 이곳에서 바라보니 만나고 싶음이 간절하다. 산은 무생물이 아니라 생물이며 서로를 연결시키는 자연의 섭리가 깃들어 있으므로 이제는 대자연에 대한 존엄성을 가르칠 때가 되었다. 자연의 존엄성이 깃들어 있으면 명심보감보다 더 값진 인간다움과 미래의 희망을 찾을 수 있다. 북가치에서 속리산 문장대까지는 휴식년제로 출입을 통제하여 절골로 하산을 한다.

가을 단풍이 수를 놓고, 산들은 붉은 빛으로 물을 들인다. 봉우리에서 전체를 보는 느낌과 속에서 나무를 보는 느낌은 또 다른 관념을 제공한다. 전체는 조화를 보여주고 산림 속에서는 개체들이 아름다움을 경쟁한다. 개체의 경쟁이 있기에 조화가 이루어지나, 조화가 개체의 경쟁을 유도하는가? 가을을 선사하는 할머니의 얼굴과 손에 패인 주름에는 삶의 희로애락이 고스란히 담겨 있다. 저 주름에 보태주는 것도 없으면서 바라기만 하고 있으니 가을이 갑자기 쓸쓸해진다.

날머리에서

산마와 고구마 등 지역 특산물을 맛보며 가을을 담고, 누렇게 고개를 숙인 벼 이삭에서 겸허함을 배운다. 깊어가는 가을에 산악회에서 제공하는 만두국으로 속을 따뜻하게 데우며 속리산의 암봉을 바라보며 자연이 흠나지 않고 오랫동안 간직되기를 기원한다.

부처님의 손바닥

황정산
(黃庭山)

산행정보
★

▶▶▶

일 시 2008. 09. 27. (토) 11:30 ~
       16:50 (날씨 : 맑음)
명 칭 황정산(959m) /
       수리봉(守理峰 : 1,019m)
소재지 충북 단양군 대강면 황정리
동 행 부산 동백 산악회
코 스 윗점 → 수리봉 → 신선봉 → 황
       정산 → 원통암 → 대흥사
       (11:30~16:50)

황정산은 충북 단양의 청풍명월에 숨은 명산으로 바위능선과 소나무가 절경을 자아내며 도락산과 마주보고 있다. 원통암(庵)의 칠성암(巖)(부처님 손바닥을 닮은 바위)이 신 단양팔경 중 하나로 지정되었고, 신라시대의 천년고찰 대흥사를 비롯하여 마당바위 · 누에바위 · 괴물바위 · 돌탑바위 · 남근바위 등이 볼만하다. 수리봉에서는 월악산영봉이 하늘에 맞닿아 있고, 암릉에서 로프를 타는 재미와 고송의 품격 높은 자태에서 산행의 보람을 느낄 수 있다. 황정산정상에서는 백두대간이 남쪽으로 장엄하게 뻗어 내리고 동북쪽으로 도솔봉과 묘적봉이 춤을 추듯 흥겹기만 하다. 주변으로 단양팔경의 사인암 등이 관광명소다.

※ 대흥사 및 원통암

대흥사는 건평 6,000여 평에 500나한과 1000여 명의 승려가 있었던 대가람이었으나 1876년 소실되었고 고려 공민왕 때 나옹화상이 창건했다고 전해지는 원통암만 남아 있었으나 그마저도 1997년에 불타버렸다. 다만 원통암 옆의 높이 7m 대석 위에 약 15m의 암석이 있는데 암석에는 4개의 수직 균열이 부처님 손바닥을 닮았다고 하여 칠성암이라 칭하며, 신 단양팔경의 하나로 지정되어 이 산의 백미로 꼽힌다.

 들머리에서

여름이 식을 줄 모르더니 어제부터 기온이 하강하면서 일교차가 커져 체감온도를 감당하기 어렵다. 하늘은 허물을 벗듯이 구름을 벗고 파란 원색으로 빛나고, 들에는 누런 곡식이 황금물결로 가을을 수놓는다. 가을들판의 오곡백과는 하늘이 주신 선물로 알고 감사드리자. 겸손함을 익혀서 잘못은 내 탓으로 성과는 타인에게 돌리는 미덕이 증가할 때 사회도 도덕적으로 성숙한 선진국이 될 것이다. 가을들판의 풍요는 겸손함에서 잉태하는 결실이다.

윗점 → 수리봉(1,019m) → 용아릉 → 신선봉 → 남봉 → 황정산
(11:30~14:10)

사인암 계곡에는 음식점이 자리하여 자연미가 퇴색되어가 아쉽다. 관광명소는 한국의 전통미를 겸비시켜서 시 한수 읊고 싶은 환경을 조성하고, 머리가 복잡할 때는 사색하는 장소로 만들면 금상첨화인데 눈앞의 이익에 급급한 관광지 개발정책이 미래를 죽이는 것 같다. 윗점에서 비포장도로를 따르다 산길로 접어드니 하얀

화강암이 속살을 드러낸다. 백색의 화강암을 애무하며 눈부신 백태에 넋이 빠지고, 매끄러운 자태에 깊은 사랑을 하고 싶다. 로프에 악수하며 고독을 털고, 우아한 자태의 소나무에서 뿜어 나오는 품격을 보며 세상에는 표현된 아름다움보다 숨은 비경이 더 많음을 인지한다. 발길이 많아질수록 비경은 사라지므로 자연과 인간의 공생관계를 깊이 고려하자. 산을 절개하는 임도라도 놓지 않으면 발길이 줄어서 피해가 적겠지만 깊고 높은 산을 자르고 헤집으며 임도를 뚫으니 명산에 숨은 비경이 차츰 사멸되지 않을까 걱정이다.

수리봉 표지석이 미소 짓는 너머로 산들이 하얀 물보라로 일렁이며 파도치는 대자연은 사람들의 다양한 사연이구나. 산이 많아서 10리마다 말이 달라지고 100리마다 풍습이 달라져 문화창달이 끊임없이 발생했는데 이제는 교통과 과학이 발달하여 말과 언어와 습관이 틀에 박히고 규격화되어 새롭고 아기자기한 멋과 참다운 사람냄새가 퇴색되어 씁쓸하다. 용아릉(설악산?)지대를 만나서 가느다란 홈에 발끝을 걸고 사선(?)을 넘어가는 짜릿한 쾌감이 배어나오고, 수직절벽의 전망대에서 한 마리 새가 되어 우리강산 우리옥토를 훨훨 날아보는 참다운 맛이 있어 좋다. 밀려드는 산에 손을 흔들며 문화와 삶의 가치를 깊이 새긴다. 삶의 굴레에 머물지 말고, 삶의 굴레에서 벗어나 삶을 진일보 시키자.

 황정산 → 누운소나무 → 영인봉 → 전망대 → 원통암(칠성암) → 대흥사 (14:10~16:50)

구슬땀을 흘리면서 이정표와 산행닥트를 설치하는 분들께 감사드린다. 닥트설치를 좋아하지 않지만 등산인파로 길이 패이고 흙이 유실되어 산이 훼손되는 것을 막을 수 있으니 반대를 할 수는 없다. 산의 원형이 보존된다면 흙을 못 밟는 정도는 이해할 수 있으리라. 사회 곳곳에서 구슬땀을 흘리며 일하는 사람들이 많기에 밝은 사회가 잉태되고 경제가 성장한다.

그리고 이 분들을 생각하며 이웃에게 피해를 주는 행동을 없애자. 지금 이 산길에도 수많은 쓰레기를 버리면서 양심을 내동댕이 치는 사람이 많다. 나만의 이익이 아닌 우리 모두의 이익이 되도록 자연을 사랑하고 보호하여 우리의 자연을 영원히 자손만대에 물려주어야 한다. 절벽에서 "정신일도하사불성"의 굳센 의지로 두려움을 떨쳐내며 용기가 솟구칠 때 영인봉이다. 바위사이에서 소나무분재를 수없이 만나고, 짙은 녹음으로 절로 정신이 수양되는 과정을 겪으니 원통암에 이른다. 골 사

이로 흐르는 물에 갈증을 해소시키고, 칠성암을 보면서 부처님 손바닥을 그리며 길을 재촉하는데 사람들이 이 물을 어떻게 먹느냐고 투덜거리고, 어떤 분은 아직 목이 마르지 않는 모양이라고 한다. 영국의 한 학자가 "어릴 때 너무 청결하게 살면 박테리아가 몸에서 사라지게 되고, 이에 따라서 면역력이 떨어져 성인이 되면 당뇨병에 걸릴 확률이 높다"라고 발표했다. 면역력을 키우기 위하여 적당하게 깨끗한 생활이 필요할 것 같다. 산속의 물이 중금속에 오염되지 않았고, 대장균이 약간 있다면 그냥 면역력을 키우는 약수라 생각하며 마시면 건강에 좋을 수도 있다. 건강할 때 면역력을 기르는 습관을 키워야 몸이 아프지 않고 건강 체질이 된다. 대화를 하다 보면 '약하게 태어나서 그렇다.' 면서 자신의 태어난 환경에서 빠져 나오지 않고 머무르려는 경우가 많다. 모든 것은 마음에 있음으로 자신의 울타리를 벗어나 환경을 개선하려는 자세와 실천이 필요하다. 면역력으로 병의 침입을 다스리는 방법도 건강에는 금상첨화다.

올해는 적은 비로 계곡이 말라서 목이 더 마르다. 옛날에는 임금이 덕이 부족하다고 판단할 때는 좋은 일을 많이 찾아서 행하고, 기우제도 지냈다고 한다. 과학의 발달로 기우제는 어려울 것이고, 아무튼 극심한 가뭄을 덕으로 해결하였으면...

날머리에서

가을계곡에 몸을 담구니 온몸이 얼어붙는 찰나, 골이 모여 계곡이 되듯이 작은 것이 모여 하나의 결실로 맺어진다.

세월 속에 하나의 점(자격증 등)들을 만들면 늙어서도 미소짓는 자신을 발견할 것이다. 세월에 잠들지 말고, 일을 찾아서 완성시켜 보자. 고진감래....

환상의 바위섬
사량도 옥녀봉
(玉女峰)

산행정보

▶▶▶

일 시 2008. 03. 22. (토) 11:30 ~
16:00 (날씨 : 맑음)
명 칭 지리산(400m), 가메봉, 옥녀봉
소재지 경상남도 통영시 사량면 사량도
동 행 솔뫼산악회
코 스 내지 → 지리산 → 불모산(달바
위) → 가메봉 → 옥녀봉 → 금
평항(11:30~16:00)

사량도의 유래는 바다에서 해무(바다안개)가 피어오르면 신비스런 섬이 되는데 하늘에서 보면 뱀의 형상이라 사(蛇 : 뱀사)량도라는 설과 뱀이 많이 서식해서 불렸다는 설 2가지가 있다.

사량도는 통영 앞바다의 다도해 한려해상국립공원에 위치하여 윗섬(상도)과 아랫섬(하도)으로 구분하며, 상도의 지리산·가마봉·옥녀봉 능선은 대부분 현무암으로 1~2cm뚜께의 석판을 지각변동에 의하여 수직으로 세워 놓았다고 볼 수 있다.

각 암봉에는 철사다리, 로프 등으로 등산로를 개설하여 스릴을 만끽하면서 산행할 수 있고, 하산 후에는 돌멍게 등의 자연산 해산물로 입맛을 돋우는 묘미도 있다.

고성의 쌍족암(공룡발자국)과 공룡박물관 관람 및 통영의 우유 빛 굴, 삼천포대교를 이용한 남해의 전경 유람 등도 손꼽는 관광명소다.

 들머리에서

　　어둠이 벗어지는 아침을 맞이하며 봄 향기 가득한 산을 찾는 기분으로 들떠서 갈팡질팡 중심을 못 잡는다. 늦은 아침의 달콤한 꿈속에서 미소 짓는 행복보다 산행과 운동으로 심신단련하는 것이 행복이고, 산에서 스트레스 풀며 심신과 건강을 챙기는 것이 가장 큰 기쁨이다. 고성 용암포선착장을 출발하여 사량도에서 삼천포를 바라보니 와룡산이 원통형 얼굴로 밝게 웃는다. 산들이 멀리 떨어져 있을 것 같아도 직접 접하면 서로 이웃하여 상부상조하므로 자기중심적 천상천하 유아독존처럼 판단이나 행동하지 말고 이웃과 돈독하게 협조하여 살아가는 힘이 발휘되었으면 한다. 이웃을 배려하며 힘을 모아 일을 추진하면 이상적인 계획도 달성할 수 있다. 특별휴가 나온 자식도 영역을 확보하려면 독립심이 높아져야겠지.

　　내지 → 금북개 → 삼거리 → 지리산(397.8m) → 불모산(달바위400m)
　　(10:30〜13:00)

　　육지에 인접한 바다는 오염되었을 것으로 판단하였는데 투명한 바닷물을 보니 바다의 정화력이 놀랍다. 찌릿하고, 비릿한 바다내음이 전형적인 어촌마을임을 설명하는 금북개는 등산객들이 형형색색 수를 놓는다. 봄의 꽃보다 사람이 더 아름답고, 꽃향기보다 더 강한 향기에 냄새를 쫓으니 젊고 아름다운 여인들이 꽃밭을 이룬다. 꽃보다 더 아름다운 젊은 시절이 그립구나. 진달래가 안내하는 길을 따라 전망대에 안착하니 파란바다 위에는 섬들이 전위 예술로 바다를 장식한다. 섬은 이정표가 되었다가 친구가 되고 다시 연인이 되어 길동무로 따라온다. 돈지마을의 계단식 논은 우리정서와 삶의 애환을 담아서 정겹고 친근감이 간다. 천수답에 물을 대려는 농부가 흘린 땀과 각고의 노력은 영화의 한 장면으로 기억 속에 아련하다. '개구리 올챙이시절 모른다.' 는 속담처럼 벌써 과거의 고통들을 잊어버리고 부를 쫓아서 불나방처럼 날아들 뿐이다. 과거의 경험은 미래를 여는 위대한 유산으로 간접경험을 통해서라도 물려줘야 가난을 대물림하지 않는다. 옹기종기 모인 집들은 이웃이며 가족이고 친구로 영원히 함께 살아갈 영혼이다. 외나무다리 바윗길에서 위기를 슬기롭게 대처할 능력을 키우며 불안감을 떨쳐낸다. 안정감을 찾을 새도 없이 우뚝 솟은 봉우리들을 보고 굳은 의지와 용기를 다진다. 아기자기한 해안선에서 안정을 찾아가니 지리산이 다가섰다. 돈지로 흐르는 바위 능선의 우아한 곡선은 흐트러짐이 없고, 근육질의 장엄함은 나무가 멋있게 장식하여 자연은 적절히 눈높이를 맞추는 능력을 지녔나보다. 산은 단순하게 존재하는 것이 아니라 억겁의 시간으로 창조한 예술품을 전시하는 박물관이었다. 억겁의 세월로 이루어진 자연을 한번 훼손하면 원상복구가 불가능할 뿐 아니라, 막대한 예산을 쏟아 부어도 복구가 어려우므로 길이길이 보존할 대책을 세워야 한다.

불모산(달바위400m) → 가마봉(303m) → 옥녀봉 → 선착장
(13:00~16:00)

사량도는 설악산 공룡능선의 축소판으로 설악산 바위가 화강암이라면 사량도 바위는 현무암이 융기하여 이루어진 지형이다. 바윗길은 수직의 판조각이 부러져 오돌토돌하다. 가메봉과 옥녀봉이 협곡을 이루며 따로 솟았는데도 개미가 열을 지어 가듯이 바위에 사람들이 다닥다닥 붙어 있다. 험한 봉우리도 로프에 매달려 서로를

섬

위안하고 격려해서 두려움을 떨쳐버리고 달려가니 가메봉이다. 수직의 사다리에서 오금이 저리고, 외줄에 의지하며 용기를 불어 넣어 손을 뻗으니 옥녀봉이다. 삶의 길은 순탄대로만 만날 수 없다. 살면서 겪는 고통은 고행의 순간이라 당연히 격어야 할 과정이다. 용기와 지혜로 헤쳐가면 참되고 아름다운 세상을 만날 수 있다. 절벽에서 손에 손을 잡고 희망의 노래를 부르고, 네발로 기는 바윗길도 유머와 재치로 넘기면 꿈은 현실로 다가온다. 숨 가쁘게 바위능선을 넘어가는데 119헬기가 달바위에 인접한 것으로 보아 부상자가 있어서 긴급 출동한 것 같다. 사량도는 안전산행을 고려하지 않으면 위험이 곳곳에 도사려 낭패를 볼 수 있으므로 안전산행을 아무리 강조해도 부족함이 없다. 달바위를 내려서는 행렬은 끝없이 이어져 만리장성의 축소판을 보는 느낌으로 그 위에 노출된 등산객의 장사진은 사량도의 명칭유래에 대한 전설을 떠 올리게 한다. 섬은 작아도 옹골차고 다부진 곳이 많아서 다양한 산행의 묘미를 찾을 수 있다. 사량도가 육지에 위치하였다면 주왕산이나 선운산 정도의 멋진 관광명소로 유명세를 떨쳤을 것이다. 그래도 교통발달로 고속도로와 뱃길이 원활하여 서울에서 당일치기 산행이 가능하니 사량도를 찾는 관광객이 많이 늘어나고 있어서 섬마을 사람들은 사량도가 더욱 사랑스러울 것이다. 상도와 하도 사이의 바다는 호수처럼 평온하여 배들은 대양의 위험을 잊고 오수를 즐기며 한 번씩 지나가는 뱃고동소리에 잠시 눈을 껌벅거렸다가 이내 잠자리에 든다. 섬 산행은 바다와 섬 그리고 뱃고동소리를 듣는 낭만이 있어 한번쯤을 나들이 할만하다.

날머리에서

금평항에서 돌멍게와 해삼으로 하산 주를 한잔! 바다의 향긋한 내음이 입 안에 가득하면서 드넓은 바다를 전부 품은 것 같다. 넘어 온 봉우리들을 보면 대견하기도 하고, 좀 더 오래 머물러 있지 못한 아쉬움이 그리움으로 변한다. 또 다른 숨겨진 보물을 찾으러 다음 산행을 준비하는 미래가 있어서 좋다. 설령 보물을 영원히 찾을 수 없어도 좋고, 보물을 찾았어도 좋다. 그 보물은 영원히 한 장소에 머물러 있을 것이니까. 오고가는 산군들은 보물을 캐는 것이 목적이 아니라 보물을 보존하는 것이 목적이다. 어둠이 내리는 금평항에서 배를 타고 용암포선착장으로 돌아오는 배전에서는 사량도가 신비의 섬으로 변화되어 간다.

신라 장보고 장군의 전초기지

완도 상황봉
(像皇峰)

산행정보

⭐

▶▶▶

일 시 2008. 04. 18. (토) 12:15 ~
17:00 (날씨 : 맑음)
명 칭 상황봉(644m), 백운봉(601m),
숙승봉(461m)외 2봉
소재지 전라남도 완도군
동 행 솔뫼산악회
코 스 대구리 → 심봉 → 상황봉 → 백
운봉 → 불목리 (12:15~17:00)

완도의 산을 통칭하는 상황봉(해발 644m)은 최고봉으
로 북쪽부터 숙승봉(461m), 업진봉(544m), 백운봉
(601m), 상황봉, 심봉(598m) 등 5개봉우리가 완도를 대
체로 형성한다.

각 봉우리에서는 한려해상공원 다도해가 앙증맞은 장
난감을 띠워 논 것처럼 보이고 북쪽으로는 굵직한 산줄
기가 육지를 향해 힘차게 뻗어가는 기상이다.

상황봉 일대의 수림은 동백나무 후박나무 등의 난대
림이 주종이라 중부 내륙지방의 산과는 다른 분위기가
연출되며 동백꽃이 무리지어 필 때는 일대 장관이다. 완
도가 숲이 울창하게 된 역사적 배경은 신라시대 장보고
장군의 죽음 이후 서기 851년에 완도 사람들을 모두 전

321

라북도 김제군으로 강제 이주시켰으며, 고려 공민왕 때인 1351년에야 비로소 다시 들어와서 살기 시작하였다. 이 결과 완도 섬이 무려 500여년동안 비워져 자연적으로 숲이 울창해질 수밖에 없었다.

들머리에서

삼국지 적벽대전을 읽으며 권모술수와 필요악을 연관시킨 후 책 뒤편에 '젊어서 삼국지를 읽고, 나이 들어서는 삼국지를 읽지 마라' 는 내용이 의미심장하게 와 닿는다. 젊음의 포부와 늙음의 사악함이 삼국지를 해석하는데 큰 차이를 있기 때문이리라. 젊음의 불타는 야망이 사리사욕을 잠재울 수 있어도 늙어서는 야망보다는 권모술수로 사리사욕을 앞장세우는 것이 현실일 것이다. 늙음은 어디까지 가야하고 어떻게 늙어야 후손들에게 짐이 되지 않고 이 세상을 하직할 수 있을까 생각할 문제다. 푸르른 소나무도 항상 푸르다고 하지만 그러나 작년의 푸른 잎은 왠지 보기 싫고, 새순이 난 소나무 잎에 더욱 눈길을 끄는 것은 자신이 늙었으면서도 젊음을 갈망하기 때문이다. 그렇기에 일정한 나이가 되면 우리도 세상을 젊게 만들기 위하여 자리를 물려줄 마음을 단단히 가져야 한다. 삼국지를 삼탕해도 의리와 중요한 전쟁 정도만 이해되니 아직은 철이 덜 들어 책의 내용을 간파하지 못했나보다. 완도에 다다르니 갈대가 흩날리는 갯벌은 서정적이며 올망졸망한 섬들은 예술품의 전시장으로 다가온다. 장보고장군이 주둔한 청해포구가 차창으로 스치며 장보고장군에 대한 단순한 지식과 역사현장을 견학한 것에 자부심이 살아나고 감회가 밀려와 감개무량하다. 지식과 경험의 차이가 인식을 바꾸게 한다.

대구리 → 전망대 → 심봉(590m) → 상황봉(644m) (12:15~14:00)

대구리에서 보는 상황봉 능선은 봄의 기운이 만연하여 오색찬란하다. 꽃과 새순으로 약동하는 총천연색의 장관은 가을단풍보다 더 활기가 넘친다. 가을이 원색물결로 세상을 물들였다면 봄은 아기의 속살처럼 부드럽고, 은은한 파스텔톤으로 생명이 피어나는 역동성이 강하여 어쩔 줄 모르는 떨림이 전해온다. 자연환경에 취해 콧노래를 부르며 상황봉 능선으로 접어드니 쉽게 산길을 허락하지 않고 힘든 여정을 준비하라고 급경사로 일깨워준다. 작은 고추가 맵다는 속담이 있듯이 산의 표고가 낮아도 경거망동하게 접근하면 위험하므로 주의를 기우려야겠다. 사고는 한 순간의 방심으로 발생한다. 전망대로 불어오는 시원한 바람에 땀을 훔치며 봄의 빛

깔과 향기를 만끽하며 팔 벌리니 암봉이 우뚝 솟아서 미소를 짓는다. 심봉에서는 다도해의 섬들이 태평양을 향하여 점을 찍어가고, 달마산이 마중 나와서 반기는 남해는 하모니가 넘쳐난다. 봄날은 화창하지만 상승하는 기온으로 아지랑이가 안개장막으로 피어나 시야가 불투명하다. 완전하면 완전함에 불안하고, 불완전하면 완전하기를 바라는 양면성으로 스스로 걱정을 만든다. 사람들은 현재 시점의 관계만으로 판단하는 경향이 있어서 단편적으로 결론을 낼 수 있으므로 세상의 이치와 안목을 가지고 판단할 줄 아는 현명함을 길러야겠다. 바로 이웃한 봉우리가 상황봉이라 단숨에 달려드니 봉수대가 함께하고 안내판은 가고 싶은 환상의 섬들을 설명한다. 산속에 있으면서 저 섬들을 향하는 마음이 자리하는 것은 인간의 욕망이 끝이 없음을 보여주는 것인가? 아니면 만족한 돼지보다는 불만족한 인간의 심리를 표현하는 것인가? 왠지 모를 외로움과 기대감이 밀려오며 그리움이 앞선다.

상황봉 → 하느재 → 백운봉 → 업진봉 → 숙승봉 → 불목리
(해신촬영장 등) (14:00~17:00)

정상에서 동쪽 능선을 택할 줄 알았는데 북쪽능선이 이번 산행코스다. 지도가 없었다면 직관적으로 다른 코스로 접어들 뻔하였다. 항상 지도를 소유하여 독도법으로 올바르게 진입하여야 산에서 길 잃는 것을 최소화 할 수 있다. '아는 길도 물어가라' 는 옛 속담을 새겨볼만하다. 백운봉까지는 2.5km로 하느재를 중심으로 해발 200m여를 오르내려야 도달하는 백운봉은 거북이가 북상하다 뒤돌아보는 형상으로 자리한다. 길은 멀지만 산들의 멋진 포즈에 반해서 신바람이 일어나는 길에는 재미를 더하고자 자일도 엮여있고, 자연전망대와 인공전망대에서 고행을 여행으로 만들며 백운봉에 접한다. 백운봉 글자를 정상의 자연석에 새겼는데 하늘과 교감이 통하는 예사롭지 않은 느낌으로 하늘의 힘을 받는 방법도 다양하구나. 동쪽아래로 대야저수지가 오색의 녹색지대에서 자태를 뿜어내고, 여수와 연결되는 다도해 물결은

백운봉아래 피어나는 진달래를 붉게
물들여 장관이다. 상황봉에서 이어오
는 힘찬 산줄기가 백운봉을 상징적으
로 만들며, 표지석도 특이하다.

　전방에 위치한 두 봉우리가 위풍당
당하여 먼저 업진봉에 이르니 업을 가
진 사람이 이곳에서 업을 풀라고 붙인
이름이란다.(?) 업을 풀고 세상을 밝게
보는 것도 세상을 살아가는 덕목이다.
산 아래에는 해신세트장과 다도해가
정겨운데 완도를 말발굽처럼 굽이굽이 뚫어 놓은 임도가 대수술 자국으로 보여서
애처롭다. 숙승봉에서 달마산과 두륜산이 뚜렷하게 물결치고, 옆으로 주작 · 덕룡산
이 그려지는 완도는 바다와 육지를 연결하는 중심에 서 있었다. 산을 하나하나 단
독으로 넘을 때는 단독이었지만 이제는 제법 큰 무리가 되었다. 하나하나의 꾸준한
실천은 큰 결실이 되어 다가오는 희열이 느껴진다. 큰 것으로 한 방하는 것도 좋지
만 꾸준한 실천으로 결실을 맺어가자.

　　　날머리에서
　　　청소년수련장에서 몸을 정비하여 기분을 전환하고, 솔뫼산악회의 하산주
에 배를 두드리니 세상 부러울 것이 없다. 닭살 선배님의 금실은 1주에 세 번 정도
하는 산행에서 나온단다. 그래 집에서 단점만 들춰내서 부부싸움 하는 것보다는 상
호 의존하는 산행으로 노년을 즐겁게 보내는 것도 금실이다.

　유채꽃과 자운령꽃이 화려하게 피어난 들판에서 동심으로 뒹굴며 노닐다가 차에
오르니 유채꽃 향기가 그윽한 꿈속에서 신비로운 선녀를 만난다.

큰애기의 일편단심

진도 동석산
(銅石山)

산행정보
★

일 시 2009. 04. 17. (토) 12:30 ~
       16:00 (날씨 : 맑음)
명 칭 동석산 (240m)
소재지 전남 진도군 지산면 송호리 및
       가학리
동 행 두메산골산악회
코 스 아랫신동 → 동석산 → 큰애기바
       위 → 세방마을

동석산(銅石山)은 산허리에 동굴이 있는데 이곳에 마파람이 스칠 때면 은은한 종소리가 울린다는 '종성골'이 있어서 붙은 명칭이고, 조도에서 보면 어머니가 아이를 안고 있는 모양이라 동석산(童石山)이라고도 불린다. 동석산 아래 천종사는 말발굽의 터에 자리하여 천개의 종을 매달았다고 하며, 뒤편의 중업바위에는 동굴이 있는데 쌀이 나왔다고 전한다.

동석산은 낮지만 웅장한 바위산으로 공룡알이 부화를 기다리듯이 울뚝불뚝 솟았는데 종들이 연이어 매달린 형국이다. 동석산 정상에서는 다도해의 신비함과 그리움이 수채화로 그려지고, 호수처럼 평화로운 바다는 무릉도원을 연상시킨다. 진도와 육지사이 울돌목은 임진왜란

(정유재란) 때 이순신장군이 명량대첩의 대승을 거둔 장소로 세계4대해전에 손꼽아
도 손색이 없는 대승을 이룬 곳이다. 진도에는 진도홍주와 전복, 진돗개, 신비의 바
닷길 축제, 진도아리랑 축제, 명량대첩축제, 조개잡이 체험 등 다양한 볼거리와 먹
거리가 있다.

 들머리에서
　　　남해마을에는 유채꽃 금빛물결과 자운령 분홍융단이 어우러져 환상을 이
루는 옆으로 보리의 푸른 정원이 봄의 여신을 맞이한다. 늙음에서 젊음으로 변화하
는 싱그러움과 원색의 찬란함에 그림 같은 집을 지어 살고 싶구나.
　　진도대교가 위치한 울돌목은 거품을 일으키며 목 놓아 울고, 이순신장군 동상 옆
으로 현대식 거북선이 운항되는데 명량해전은 울돌목에 수장되었는지 그 자취를 볼
수 없다. 우리문화의 우수성을 설명하면서 현장에서 역사를 볼 수 없으니 애석하다.
명량해전의 통쾌한 승리의 함성이 현장에서 울렸으면 좋겠다. 전라우수영에 자리한
걸 못 봤나?

　　　천종사입구(아랫심동) → 중업바위 → 칼날암릉 → 220봉 → 동석산
　　　(12:30~14:30)

　　청명한 하늘아래 종 바위들은 로켓처럼 발사대기 중이라 점검하고자 다가선다. 맞
잡은 바위는 화강암이 아니고, 화산암의 나이프리지로 거칠고, 경사가 심하다. 등반
용으로 설치된 안전로프는 빨래 줄로 몸을 완전히 의지하기에는 미심적어 바위 홈
을 이용하여 바위능선에 접한다.
　　스릴과 긴장으로 몸이 굳어지는데 시원한 자연바람이 심신을 풀어주며 중업바위

로 안내한다. '중업바위에는 수도승이 한명 살았었는데 쌀 구멍에서는 한사람분의 쌀이 나왔다고 한다. 어느 날 손님이 찾아와서 쌀 구멍을 파면 쌀이 더 나올 것이라 생각하고 구멍을 후볐는데 쌀은 나오지 않고, 핏물만 나왔다.'고 한다. 동굴에는 미륵좌상도 흔적 없이 사라지고 붉은 빛이 군데군데 보인다.

문화재는 소실되고 뚜렷한 대책은 없고, 우리의 역사는 교과서로 남으니 누가 우리의 역사를 인정하겠는가? 일본은 자국의 위대함을 설파하고자 다양한 방식으로 문화재를 보존하고, 미확인 문화첨가와 역사 왜곡을 겸비하여 문화를 확대 재생산하는 판이다. 우리는 눈앞의 이익에 몰두하여 역사도 과거로 묻어버리고, 유물은 도난당하고, 불법 매매로 해외로 유출되어도 눈 가리고 야옹하는 문화정책이 답답하다. 이러한 상황에서 우리나라와 일본이 역사를 고증하면 언제나 밀리는 것은 명약관화하다.

우리의 역사인식에 대한 아쉬움을 바위자락에 흘리며 암봉에 안착하니 산 아래 말발굽 터는 천종하강지지(千鐘下降之地)의 명당으로 천종사가 자리하였다.

새로 단장을 하였는지 검은머리가 유난히 빛난다. 암봉 너머로 봉암저수지와 환상의 섬 속의 또 섬, 그 속에서 자아를 찾는다. 칼날능선에서 자아를 연마할 때 우회하면서 땅으로 꺼졌다가 220봉으로 안착하니 산은 인과 행을 구별하라 일러준다. 경거망동한 행동은 현장의 이슬일 뿐 분별력 있는 행동을 위하여 인을 깨달으며 동석산에 자리하니 세상이 천상이다.

다도해의 섬들은 꿈을 심어주고, 진도의 바위산들은 또 다른 이정표로 맘 설레게 한다. 파스텔 색채는 생명을 탄생시키고, 푸른바다는 끝없는 이상의 나래를 펼치게 한다. 천상의 공간도 이같이 진배없을 것이다. 그래서 이 섬을 진도라 하였는가?

 동석산 → 가학재 → 큰애기봉 → 전망테크 → 셋방마을 →
세방낙조전망대 (14:30~16:00)

동석산을 지나면 육산으로 길도 부드러워 여유롭게 행보를 할 수 있다. 즉, 지나온 굽이굽이 바위길에서 삶에 걸쳐진 장막을 걷어내는 시련을 담금질 하였다면 이제 부터는 평화롭고, 행복한 삶을 보장받아도 되겠지.

개구리 올챙이시절 모른다고 하였나? 체력이 부족하면 도중하차할 수 있고, 독도법을 잘못하여 목적을 이루지 못할 때도 있으므로 방심은 금물이다. 약한 시련이 중간 중간 파고들어도 시련을 해쳐온 경험으로 슬기롭게 극복하며 콧노래에 산이

정겹고, 담소로 무료함을 달랜다. 가사도, 상태도, 두 발가락섬, 손가락섬 들이 신비함과 그리움으로 다가오는 큰애기봉에서 전설을 듣는다.

"뱃사람 남정네 총각에 반하여 선뜻 만남의 장소로 결정한 봉우리, 17살 착한 순이(큰애기)는 남정네를 만나러 매일 올랐다가, 죽음으로 남정네를 기다린 봉우리라 큰애기봉이란다."

젊은 큰애기의 애틋한 사랑에 감정이 흔들리지 않는 것은 왜일까? 산전수전을 겪으면서 감성이 사라지고, 감정이 무뎌졌기 때문인가? 개방된 문화로 참된 사랑의 진실이 피부에 와 닿지 않기 때문인가? 애기봉의 사연을 읽으면서 무디어진 감정을 발견하고 놀라움을 금치 못한다. 어머님께서 요즘은 맛있는 것이 없다고 말씀하시면서 이것저것 모든 것이 귀찮고 싫다고 하셨다.

그 의미도 모르고, 운동을 하시면 맛있게 드실 수 있다고 말씀을 드렸는데 어쩌면 어머님처럼 변할 날도 얼마 남지 않은 것 같구나. 사는 날이 너무 길어도 세상이 즐거운 것이 아니라 고통의 연속일 수도 있겠다. 죽음의 문턱이 다가올수록 삶과 죽음에 대한 의미를 깊이 새겨보자.

무조건 장수가 좋은 것은 아니리라. 장수에 맞게 소일거리도 만들고, 삶에 보람을 심을 수 있는 여건도 만들어야 한다.

그러면서 세월에 장사가 없으니 죽음을 받아들일 수 있도록 초연해져야 한다. 마음을 약하게 만들면 곧 그것도 병이니 일단은 오늘을 만족하며 살자.

산에서 젊음을 찾아가며 세방고개에서 세방마을로 가는데 마을이 코앞이라도 가시덤불을 헤쳐서 도로에 안착한다. 우회하여 안전을 택하면 되는데 가로지르려는 욕심이 화근이다. 선택을 잘못하여도 조그만 어려움을 헤치는 것도 재미요, 경험이므로 불평보다는 긍정으로 현재의 행위를 즐겨보자. 세방낙조전망대에서 다도해가 품은 해를 관망하며 꿈과 이상을 만든다.

날머리에서

세방낙조대서 식도락을 즐기며 낙조를 기다린다. 중천에 자리한 태양이 바다에 풍덩 빠질 시간은 2시간여가 필요하다.

소주 한잔에 개인사를 들으며 60세가 넘었어도 부부가 서로를 찾고, 희생을 감수하니 현대 속 순수함에 큰애기봉 사랑이 떠오른다. 무수한 섬들이 태양을 맞이할 때 탑승한다.

 큰애기봉 사연

큰애기봉 아래 마을은 가치리로 200여호의 큰 동리였다. 마을의 동쪽 조금 떨어진 곳에 개들샘이라는 공동우물이 있었고, 멀지 않은 곳에 원뚝이라는 포구가 있었다. 그 옛날 원뚝포구는 진섬, 가사도, 사자도, 손가락섬, 발가락섬, 굼섬, 조도 등지에서 모여든 어선들로 항상 북새통이었고, 비릿한 생선냄새와 술냄새가 진동하였다. 가치리 정씨 부자집에서 담살이(가정부)하는 순이는 두근거리는 가슴을 가까스로 진정하며 몇번째 우물길에 나섰다. 집안의 물항아리는 이미 찼것만 도무지 발길이 말을 듣지 않는 것이다.

우물에는 총각선원이 빨래하고 있는데, 열일곱살 순이는 이 총각의 복쟁이(복어)마술에 걸려 제 정신이 아닌 것이다. 총각은 순이의 마음을 간파한 듯이 불쑥 말을 걸었다. '거시기 큰애기는 참말 이쁘구만 이름이 머여', '순.... 이.... 근데 남자가 무슨 빨래를 그렇게 많이 한다요?', 대답은 모기소리 같다. '응, 나는 아버지와 단둘이 사는디 섬에는 물이 귀하거든', 침묵이 흐른 뒤 총각은 청천벽락같은 요청을 한다. '순이, 우리 언제 어디서 만나자. 우리 아부지는 순이같이 착한 며느리를 원하거든', 순이는 깜짝놀라 황급히 주변을 둘러보았다. 저 만큼 수다쟁이 각제네가 물 길러 오고 있었다. '빨리 말해 사람이 오니께' 재촉이 추상같다. '저기.... 저.... 봉우리' 순이는 너무 당황하고 화급한 나머지 까마득한 지금의 큰애기봉을 가르쳤던 것이다. 참 사람의 운명이란 묘한 것이다.

한순간의 말한마디 행동하나가 자기 운명의 결정적 계기가 되고 전기가 될줄이야! 아무튼 그 뒤로 순이는 나무하러 간다는 핑계로 매일 그 봉우리에 오르게 된다. 순이는 험한 산을 오르내리며 몸이 허약해지고, 나무동도 적어지며 마을사람들은 순이가 귀신에 홀려 미쳐간다는 것이다. 주인은 인정사정없이 순이를 쫓아낸다. 천애고아로 갈곳 없는 순이는 울며불며 애원을 했지만 홍로점설 소용이 없었다. 순이가 사라진뒤 어느날 이웃마을 사냥꾼이 산에 올라 사냥꾼이 대경질색하였다.

칠흑같은 댕기머리에 소복입은 처녀가 바위에 단정히 앉아 하염없이 바다를 보고 있지 않은가. '웬, 큰애기여' 하고 사냥꾼이 순이를 흔들자 썩은 나무밑뚱처럼 힘없이 무너지고 말았다. 이후로 큰애기봉이라 불렀다고 한다.

세상에 이처럼 순진무구하고, 무모한 처녀가 있을까? 조금만 바람이 불어도 변덕을 부리는 바다. 그 위에서 생활하는 뱃사람의 말을 철썩같이 믿고, 자신의 모든 것을 불사른 순이의 순정이야 말로 이산의 정령이요, 혼백인 것이다. 메아리인 것이다. '춘초(春草)는 년년록(年年綠)인데 애인(愛人)은 귀불귀(歸不歸)'라.

보리

남해는 보리가 들판을 가득 메워 드넓은 푸른 잔디밭을 연상시킨다. 보리를 보면서 '쌀은 익으면 익을수록 고개를 숙인다'고 한다. 사람이 지식과 지혜로 박식해지면 경솔하게 나서지 말고, 겸손함으로 덕을 쌓으라는 말이겠지.

그러나 보리를 보고 고개를 숙이라고 하기에는 너무나 낯설은 구석이 있다. 가을들녘 모든 것이 노란색과 붉은색으로 물들며 고개를 숙이는 시간에는 쌀이 고개를 숙이는 뜻을 당연하다. 허나 봄은 모든 것이 쓰러져 회색빛으로 죽은 들판에 생명의 빛으로 불어 넣고, 화사하게 단정해야 하는데 보리가 고개를 숙이기에는 시간적, 계절적 리듬이 맞지 않다.

자라는 새싹들은 푸른빛으로 대지를 장식하고, 대자연을 소생시켜야 한
다. 보리의 풋풋함에서 젊음이 있고, 싱싱함이 있는 것이다.

  보리는 보리나름대로의 시대에서 제 역할을 충실히 한다면 그것이 곧
자기의 맡은 임무이다.

  우리는 아직 보리의 인생이 필요한지 모른다. 쌀처럼 고개를 숙이고
살다가는 언제 어디서 어떤 공격을 가해올지 모르니 그 대비책도 준비
해야할 것이다. 정신의 세계도 육체적 세계가 존재함을 명심하자. 푸른
들판이 주는 희망의 빛이 황금 가을 벌판의 쓸쓸함 보다 활기차서 좋다.

 ### 명량대첩(鳴梁大捷)

  1597년 왜적이 2번째 조선에 침입해 정유재란(1차 : 임진왜란 → 대
표성)이 일어났는데, 왜적의 재침략 직전에 1월에 삼도수군통제사 이순
신은 모함을 받아 하옥 되었다. 이순신을 대신해 통제사가 된 원균은 왜
적에 대항했으나 대패하고 전사해 수군은 전멸상태에 빠졌다.

  조선은 백의종군하던 이순신을 통제사로 임명해 적을 막도록 했는데,
고작 군사 120명과 병선 12척뿐이었다. 왜적이 한산섬을 지나 남해안
일대에 침범해 서해로 진출하려 하자, 이순신은 서해 진출의 물목이 되
는 명량을 지키기 위해서 12척의 전선을 수습해 이진(利津)·어란포(於
蘭浦) 등지를 거쳐 8월 29일 벽파진(碧波津)으로 이동했다. 왜적수군은
벽파진에서 기습작전을 전개했으나 조선수군의 철저한 경계로 성공하지
못했다.

  이순신은 명량을 등뒤에 두고 싸우는 것은 불리하다고 보아, 9월 15
일 우수영(右水營 : 해남군 문내면)으로 수군을 옮겼다. 명량은 간만(干
滿) 때 바다가 소리를 내며 급류하는 좁은 목(울돌목)이었으므로, 좁은
목과 조류를 이용해 적은 수의 전선으로 많은 수의 적선과 대치하고자
했다. 다음날 새벽 왜적수군 133척이 명량으로 진입하자, 이순신은 명량
으로 들어서면서 일자진(一字陣)을 형성해 적을 향해 돌진하면서 현자

(玄字)·지자(地字)의 총통(銃筒)을 쏘았다.

　그리고 이순신은 거제현령 안위(安衛)와 중군(中軍) 김응함(金應諴) 등을 독려해 적진으로 돌진시켰는데, 적선 3척의 왜적이 안위의 배에 올라 격전이 벌어졌고, 이순신은 총통을 쏘아 3척을 불질렀다. 군사력은 왜적이 압도적으로 우세했지만 이순신은 후퇴의 기미를 보이지 않았으며, 마침 북서류하던 해류가 점차 남동류로 바뀌어 상대적으로 조선군에게 유리해졌다.

　이때 안골포해전에서 투항했던 왜인 준사(俊沙)가 적선을 내려다보고 왜적의 수군장수 구루시마[來島通總]를 가리켜주자, 이순신은 그를 끌어올린 뒤 목을 베어 높이 매달았다.

　이에 왜적수군이 분노해 일제히 덤벼들자 이순신은 총통과 불화살을 쏘아대며 방향이 바뀌는 조류를 이용해 공격함으로써 왜적 병선 31척을 격파했고, 왜적수군은 달아나버렸다.

　이 해전은 12척의 배로 10배 이상의 적을 크게 이긴 싸움으로 정유재란의 대세를 바꾸고, 이후 왜적수군은 서해로의 진출을 포기하는 계기가 되었다.

꿈결에서 만나는

선유도 망주봉
(仙遊島 望主峰)

산행정보

▶▷

일 시 2008. 08. 10. (일) 12:30 ~
16:30 (날씨 : 맑음)
명 칭 망주봉(150m)
소재지 전북 군산시 옥도면 고군산군도리
동 행 산마루(부산부부)산악회
코 스 선유도선착장 → 망주봉 → 무녀
도, 대장도

고군산군도는 선유도·무녀도·대장도·장자도·신시도·방축도·말도 등으로 이루어져 있으며 선유도는 면적이 2.13km²로 중심 섬에 해당된다. 섬의 북단 해발 100여m의 선유봉 정상은 두 신선이 마주 앉아 바둑을 두는 것처럼 보여서 선유도라 전한다.

고려시대에는 여·송 무역로의 기항지였고, 최무선이 왜구와 전투에서 승리한 진포해전 기지였으며, 임진왜란 때는 함선의 정박기지로 해상요충지였다.

원래는 군산도였으나 조선 초기에 창설된 수군진영이 세종 때 옥구현 북쪽 진포로 이동하면서 '군산'이란 명칭까지 옮겨감으로써 이곳을 '고군산도'라고 부르게 되었다. 본래는 3개로 분리된 섬이었으나 중앙에 긴 사주가 발달되면서 하나로 연결되었다.

최고봉은 망주봉(152m)이며, 낮은 구릉지가 많고, 유적으로 통계마을과 진말 사이에 있는 패총과 수군절제사 선정비의 비석군이 있다.

 들머리에서

여름휴가를 울릉도로 가려고 배편을 알아보니 벌써 만원이고 19일 이후부터 예약편이 있으며 성수기에는 사전(15일전정도)에 예약하지 않으면 배표를 구할 수 없단다. 우리나라가 참 잘 사는 모양이다. 울릉도 관광도 사전 예약을 하지 않으면 갈 수 없다하니 잘 살면 좋지. 울릉도를 접고 선유도로 방향을 바꾸어 꿈결에 빠졌다가 휴게소에 내리니 갑자기 파란 하늘에 두 귀를 쫑긋하고 솟아있는 산이 다가온다. 어! 많이 본 산인데, 아! 마이산이구나.

마이산은 해맑은 웃음으로 재롱을 떠는 옥동자가 관모를 쓴 모습으로 정겹고, 한편으로 천상천하유아독존처럼 솟아나 신비로움이 다가온다. 꿈속요람에서 푸근한 정이 배어나와 꺼져가는 빛을 살려 놓은 이정표처럼 뭉클한 감흥도 있다. 대통고속도로와 맞물려서 군산까지 고속도로가 연결되어 차량으로 군산여객선터미널에 11시(20분출발)까지 도착하여 선유도를 관람하고 당일로 돌아오는데 무리가 없었다.

선유도 가는 서해는 황토 빛 잔잔한 호수처럼 평온하고, 군데군데 떠 있는 섬들은 초가집처럼 아담한 자태로 앉아 있기도 하고, 새알처럼 부드럽게 다가와 머리를 쓰다듬어주고 싶기도 한다. 저 멀리 하얀 백선실선이 백사장처럼 가물거리는데 백사장이 저렇게 길지는 않겠고 무엇일까?

아! 새만금방조제가 은빛 백사장이 되어 신기루처럼 보이는 것이다. 바위섬이 춤추고, 양식장이 즐비한 사이를 뚫고 배는 미끄러져 선유도로 들어간다.

선유도 망주봉 / 선유도해수욕장(명사십리)

선유도 선착장은 수많은 인파의 복닥거리는 번잡함으로 정신이 없는데, 섬 특성상 비좁은 장소와 정비되지 않은 도로에서 자전거, 오토바이, 유람전동차, 호객행위 등이 어지럽게 섞여 무더운 여름을 더욱 지치게 만든다.

상업적 이익만 추구하는 일상생활이 하나의 문화로 자리 잡아 물질만능주의로 사회가 바뀌고 있으니 어쩌지. 관광객을 지속적으로 유치하려면 섬자치구에서 공간활용과 질서유지에 앞장서야 할 것이고, 관광객을 맞이하는 방법도 고객만족의 개념이 도입되었으면 한다.

문화가 빈약하고, 질서마저 없어지면 사람들은 외면한다는 것을 잊지 말아야 한다. 고객이 발을 돌리면 그 때가서 땅을 치며 후회한들 아무 소용이 없다. 망주봉 가는 우측은 개뻘이고, 좌측은 선유도해수욕장(명사십리)인데 아마 이곳이 사주가 발달하여 두 개의 섬이 연결된 곳이 아닐까?

선유도 해수욕장에는 많은 사람들이 물놀이를 즐기고, 섬과 섬을 연결하는 다리는 연인의 마음을 연결하는 오작교이고, 망주봉은 하얀 고깔을 쓰고 뜨거운 여름 햇살을 피하고 있다. 각 섬들은 각자에 맞는 특이한 색채를 띠고 있어서 섬에 있어도 건너편 섬이 부럽고, 그리움이 밀려온다.

작열하는 태양은 얇은 옷을 파고들어 살갗을 태우고 갈증을 극도로 높여서 150m 여정도 밖에 안 되는 망주봉이 백두산을 오르는 것보다 힘들게 느껴진다. 그늘에 숨었는데도 숨이 막히고, 땀은 비 오듯 쏟아지며 기력이 빠져 나간다.

겨우 몸을 추수려서 망주봉 정상에 안착하니 풍광이 기력을 회복시켜 주는데, 명사십리 하얀 버선발 곡선에 펼쳐지는 잔잔한 모래와 해변, 해변과 이어진 섬은 모세의 기적을 만들고, 손에 잡힐 듯한 선유봉은 손짓하며 부르고, 무녀도가 장구를 치며 섬사람들의 안녕을 기원할 때 장자도, 대장도는 너울너울 춤추며 뭍사람과 섬 사람들을 하나로 묶는다.

유배된 선비가 임금이 불러주기를 지극정성으로 비는 열정을 이곳 섬 주민들이 잘 살 수 있도록 실사구시 정책을 폈으면 좋으련만. 권력의 시녀가 되어 언제 어떻게 사라질 줄 모르는 권력을 맛보고 유배를 당하였으면 권력의 탐욕을 버리고 창작 활동과 어촌계몽 운동 등을 펼쳐서 어촌 소득증대에 나섰으면 더욱 더 큰 업적을 남겼을텐데 아쉽네. 훌륭한 선비들이 유배지에서 남긴 업적이 얼마나 많은가? 허준 선생의 동의보감, 정약용선생의 목민심서, 정약전선생의 자산어보 등 국보급 명저들이 유배지에서 남겨졌고, 유배지에서는 백성들을 위하여 헌신적으로 노력 봉사하여 역사의 한 획을 그으셨다. 어둠이 깔리며 선유도 망주봉과 이별의 손을 흔들어야 한다.

망주봉아! 기다림으로 백발이 성성해서 지난 세월이 아쉽겠지만 항상 새롭게 피어나는 젊은이들이 당신을 찾으니 이 또한 기쁘지 아니한가. 덩실덩실 춤을 추며 고군산도가 대한민국의 사람들에게 알려져서 서해의 무역전진기지로 자리 메김하였던 옛날의 부귀영화를 함께 누려 보자구나.

날머리에서

세월을 짊어질 연세에 세월과 풍류를 즐기는 분들이 희로애락의 참 맛을 알 것이다.

연세는 숫자에 불과할 뿐 숫자에 고개 숙이지 말고, 활동적으로 살아가는 모습이 젊은이들에게 참된 귀감으로 자리할 것이다. 동쪽 울릉도와 서쪽 선유도는 반대편에 위치하지만 우리는 하나이다.

오룡묘 (五龍廟 : 망주봉 오르는 곳 중간지역에 있음)

선유도 오룡묘는 송나라 서긍의 「선화봉사고려도경」에 "고군산의 작은 산위에 오룡묘가 있다."고 기록되어 고려시대에서부터 이미 존재하고 있음을 알 수 있다. 오룡묘에는 두채의 작은 당집이 지붕을 맞대고 남쪽을 바라보는데 섬 주민들은 앞의 당집을 오룡묘 혹은 아랫당이라하고 뒤쪽의 당집을 윗당이라 부른다.

오룡묘는 다섯 마리의 용이 모여 살았다고 붙여진 이름이다. 윗당에는 임씨 할아버지의 전설이 전해지고 있다.

"옛날 선유도에는 임씨 부부가 살았는데 늦게까지 아이를 얻지 못하였다가 나이를 먹어서 마침내 딸아이를 얻게 되었다고 한다. 그런데 이 아이가 태어나면서 왼손을 쥐고 나와 한번도 펴질 않아서 임씨 부부는 아이가 불구인줄 알고 키웠단다. 장성한 딸아이는 용모가 아름다운 처녀가 되었고 부부는 혼처를 구하여 혼인날을 받았는데 혼인 전날밤 임씨 처녀가 갑자기 사라져 집안사람들이 찾아보니 놀랍게도 망주봉 오룡묘안에서 죽은체로 발견되었다고 한다.

그런데 숨을 거둔 임씨처녀가 평상시 쥐고 있던 주먹을 펴고 있어서 사람들이 살펴보니 손바닥에 왕비란 글씨가 새겨져 있었다고 한다.

이에 마을 주민들은 임씨 처녀가 본래 왕비가 될 사람이었는데 비천한 사람에게 시집보내려고 하자 죽은 것임을 알고 서러워하며 오룡묘 뒤에 당집을 만들어 임씨 처녀를 제사 모셨다고 한다."

불필요

 망주봉

옛날 이곳 선유도에 유배된 충신이 매일 산봉우리에 올라 북쪽의 한양에 계신 임금을 그리워하여 붙인 이름이라 하는데 망주봉 바위에는 당시 충신의 발자국이 남아 있다고 한다. 그러나 이곳 망주봉에는 유교적 냄새가 물씬 풍기는 충신의 이야기보다는 더욱 신비롭고 애절한 전설이 전하는데 그 이야기가 바로 천년임금을 기다리다 굳어져 바위가 되었다는 부부이야기이다.

우리민족의 미래를 예견한 「정감록」에 뿌리를 둔 이야기는 '조선 다음에는 정씨가 계룡산에서 나라를 다스리고 그 후에는 범씨가 고군산(선유도)에서 천년도읍을 정하여 나라를 다스린다는 이야기다.' 이를 믿고 천년도읍을 이룰 왕이 북쪽에서 온다는 말에 젊은 부부가 나란히 서서 북쪽을 바라보다가 굳어져 바위가 되었다는 내용의 전설이다.

그래서 봉우리 하나는 남편이고 다른 하나는 아내라서 조금 작다는 것이다. 고려시대 송나라 사신 서긍은 '망주봉을 군산정은 바다에 닿아 있고, 두 봉우리는 우뚝 솟아서 수백길 절벽으로 이루어져 있다.'고 적고 있다.

 무녀도의 유래

무녀도의 주산이 무녀봉 앞에 장구모양의 장구섬과 그 옆에 술잔모양의 섬이 있어 마치 무당이 굿을 할 때 너울너울 춤을 추는 모습과 같다 하여 무녀도라 하였다. 이곳 무녀도에 처음 살았던 사람은 신석기시대 인들로 추측되고 있다.

무녀도는 서이드(1구)와 모개미(2구)로 나뉘는데 서이드는 무녀도의 본래 명칭으로 열심히 서둘러서 일을 해야 살 수 있다. 라는 뜻으로 전해진다. 무녀도에는 모감주나무 군락지와 전통적인 장례형태를 재현한 초분공원 그리고 몽돌해변이 볼만하다.

자전거 및 오토바이 이용

고군산도의 큰 섬들은 대교로 대부분 연결되어 있어서 자전거나 오토바이를 대여하여 주변 경관을 둘러보는 것도 좋다. 시간이 짧은 관계로 구석구석을 둘러보고 싶다면 오토바이를 이용하는 것이 좋을 것이고, 낭만을 즐기려면 자전거 혹은 미니전동차를 이용하여 주요 해안 절경과 문화를 체험하는 것도 좋다.

문화를 즐기려면 사전에 선유도에 대한 개념을 이해하는 것이 짧은 시간에 많은 경험을 할 수 있는 효과를 볼 수 있다.

해수욕과 일광욕 그리고 갯벌체험

망주봉과 선유봉을 산행하고 선유도해수욕장(명사십리)에서 일광욕과 해수욕을 즐기는 것도 일석이조의 효과를 만끽하는 일품이다. 바닷물은 따뜻하여 온천욕하는 느낌을 받고, 모래사장은 백색의 고운 자태로 사람을 유혹하니 명사십리라는 명칭이 나올 법하다. 바닷가 해수욕이 지루하다면 모세의 기적을 이루는 섬으로 이동하여 해산물을 채취하는 것도 가능하다.

특히 곳곳에 발달된 갯벌에서 바지락 등의 해산물을 채취하는 경험을 맛보는 것도 체험관광의 묘미를 살릴 수 있으며, 신석기 유물을 찾아서 선사시대의 문화를 맛보는 것도 섬과 육지의 연결성과 서로 다른 생활 양식을 만날 수 있어서 흥미로운 일이다.

설화와 전설의 유래를 통한 문화체험

　선유도 곳곳에 전설과 설화가 깃들었는데, 각 섬의 명칭들이 전래되는 사례와 섬에서 생활한 조상의 생활양식의 변화, 삶의 애환과 희망이 전설과 설화로 전해오는과정을 생각하면서 선유도를 관광하면 흥미가 더해진다.

　섬은 육지와 떨어져 있으므로 독립된 섬만의 문화가 현재도 유지되고 있어서 섬 주민들의 정감 넘치는 정취를 전설과 설화에 연계하여 섬들을 보면 우리가 살아가야할 다양한 생활양식을 찾아 낼 수 있고, 이를 활용하여 새로운 문화를 창조할 수 있다. 조상의 지혜를 활용한 문화의 창달도 우리가 이끌어야할 과제다.

 자신을 만드는 생각 (선하고, 인류를 위한 방향으로)

1) 자기와의 싸움에서 자신을 이기자
2) 자신감과 불굴의 정신으로 모든 일에 임하면 밝은 내일이 열린다.
3) 이웃을 사랑하는 인간미 넘치는 사람이 되자

신선이 노니는 석원
제주도 한라산
(漢拏山)

산행정보

▶▶▶

일 시 2007. 12. 07. (금) 08:40 ~
        16:30 (날씨 : 흐림)
명 칭 한라산(1,950m)
소재지 제주도
동 행 상고대
코 스 성판악 → 한라산 → 관음사

  한라산은 백두산, 금강산과 함께 우리나라 3대 영산으로 '한라(漢拏)'는 하늘의 은하수를 잡을 수 있을 만큼 높다는 뜻으로 남한 최고봉(해발 1,950m)이다.
  정상에는 백록담이 있으며 고산식물의 보고로 식물종류도 무려 1,800여종이나 된다. 울창한 자연림과 더불어 광대한 초원에는 백록담을 둘러싼 화구벽, 왕관릉의 위엄, 계곡에 숨은 폭포들, 설문대 할망과 오백장군의 전설이 깃든 영실 등이 있다.
  또한 진달래평원 및 철쭉, 가을단풍 및 겨울의 수빙현상(樹氷現象)과 탐라계곡의 빙폭(氷爆) 등이 장관이다. 드넓은 설원의 한라산에 고사(枯死)목과 구상나무에 핀 눈꽃도 절경이다.

들머리에서

등산준비로 비가 추적거리는 거리를 헤매니 생쥐가 되고, 중부지방은 눈으로 교통 혼잡이 예상되는데 한라산 등반이 가능할까?

새벽하늘에는 먹구름이 잔뜩 끼어 불안해도 설경의 환상을 꿈꾸며 달려간다. 삼(편백)나무가 하늘을 찌르며 우수에 찬 낭만의 섬. 그리고 언제나 정겨운 돌담으로 신비감을 부르는 동경의 섬.

 성판악 매표소 → 진달래광장 → 한라산(1,950m)정상(08:40~12:30)

성판악 매표소에서 모락모락 오르는 하얀 김으로 속을 데우고 손에 입김을 불면서 한라산으로 스며드니 조릿대가 길을 안내한다. 고사목에서 죽음의 형태에 따라서 다양한 가치를 알아가며 구슬땀을 훔친다. 살짝살짝 눈 꼬리치는 싸리 눈에서 눈 덮인 한라산을 연상하니 마음은 벌써 천상에 닿는다. 면사포처럼 쌓여가는 눈의 미묘함을 진정시키고 진달래밭대피소에 들어서니 여정을 정비하는 등산객들로 번잡하다. 주변은 백의(白衣)로 단장하는 과정이라 흑백이 교차하며 영적인 분위기가 연출되어 한라산이 더욱 신령스럽다. 한라산정상에는 엷은 구름이 빠른 속도로 날리는데 영혼이 구름을 타고 하늘로 승화되는 과정 같다. 아니면 한라산 마고할멈이 부리는 조화이리라. 산 아래 구름은 느릿느릿하고, 정상의 구름은 전광석화처럼 빠르게 변신하며 흩어진다. 안정과 변화의 갈등에서 우리나라가 세계 70억 인구에 맞서서 영원히 존속하는 방법은 무엇일까? 발등의 불을 끄다보면 경쟁자는 날개 짓하며 훨훨 날아간다. 계획하고 실천하며 개선하지 않으면 미래는 없다. 미래의 열쇠는 성실한 실천에 달려 있다. 한라산 정상은 봉긋한 처녀가슴으로 선이 아름다워 몰래 애무하면서 얼굴이 붉어진다. 원초적 본능으로 불덩이가 된 몸뚱이를 잔설에

식히며 정신을 가다듬는다. 구상나무에 핀 상고대(얼음과 눈꽃)에 정신이 팔려서 자리를 맴돈다. 바람 부는 쪽은 상고대가 두텁고, 반대편은 녹색이다. 만물은 작용하는 효과에 따라서 미치는 영향이 다르다. 그러므로 서로를 인정하여 각자 중요한 역할을 담당한다고 생각하며 자신의 행동이 타인에게 누가 되지 말자. 상대성을 존중해야 아름다운 한라산의 설경을 볼 수 있으리라. 나무 계단에서 등산객이 쥐가 난다면서 자리에 주저앉는다. 저 체온증에 걸릴 위험이 있어서 쥐를 풀어주고 열량식품을 건네준다. 겨울산행은 목숨을 담보로 할 수 있으므로 철저한 준비를 해야 한다며 정상에 도착한다. 구름은 백록담을 보여주었다가 덮어버리기를 반복한다. 백록담을 담고 싶은데 찬바람이 손가락을 얼려서 끊어질듯 에리다. 아름다운 광경은 오직 사진으로 남는다. 이를 악물고 추위를 참으며 백록담을 담기에 여념이 없다. 운해사이로 서귀포시가 보금자리를 틀고, 광활한 남해바다는 쪽빛으로 눈이 시리다. 대 자연의 장관은 노력하는 자에게 제공되는 특산물이었다. 산, 바다, 운해, 설원에 펼쳐진 상고대 등이 어우러져 그려내는 천상의 세계를 보여주는 한라산 마고할멈께 감사를 드립니다.

백록담 초원은 하얀 황금의 터전으로 늙음을 서러워할 것이 아니라 늙었어도 젊은이에게 용기와 희망을 심어 주자고 한다. 그래 몸은 늙어도 마음만은 늙지 말자. 마음이 늙으면 모든 것을 잃는다. 대자연의 풍광에 희열과 탄성을 자아내며 젊음을 캔다. 한 아주머니는 이 자리에 있는 모든 사람들이 축복받은 것이라며 기쁨을 감추지 못한다.

 한라산 백록담 → 용진각대피소 → 삼각봉 → 관음사매표소
(12:30~16:30)

제주도의 중심에서 위치한 한라산은 우수한 조망권이 압권이다. 주목나무와 구상나무가 원근(遠近)의 적절한 높이로 자라서 영화 '닥터지바고'의 설원을 보여준다. 구상나무에 핀 상고대는 크리스마스트리를 연이어 놓은 것처럼 화려하면서도 웅장

섬

하여 환상적인 세계에 있는 착각을 일
으킨다. 백록담을 돌아서 관음사 가는
길은 상고대가 칼날로 끝없이 연이어
져 장관이다. 눈꽃축제가 열리는 바닥
은 운무가 솜이불처럼 포근하게 깔리
며 더 하얀 세상이 열린다. 섬세하고
화려한 명품을 누가 건드릴까봐 전율
이 감돌고, 작품에 입맞춤하며 로맨스
영화의 주인공이고 싶다. 바람과 이슬
의 작품이라는데 놀라고, 온 세상이 이
처럼 밝고 투명하면 얼마나 좋을까?

　이전투구(泥田鬪狗)의 아비귀환이 없는 세상을 만들기는 힘들겠지. 욕망이 존재
하는 불만족한 인간의 세계에서는 고귀하고 맑은 세상을 이루기 힘들거야. 백록담
을 감싸는 화구벽 하나하나가 기묘한 예술품이라 상상의 날개로 동화의 집을 짓는
다. 화구벽은 용암의 자연석축으로 대자연의 서사시를 기록한 것 같다. 화구벽을 볼
때마다 신비롭게 변하는 것은 마음에 담은 생각이 많아서 그럴 거라며 용진각 대피
소에 도착한다. 오메! '나리태풍'으로 대피소가 사라져 버렸다. 용암섬 제주도는 홍
수가 없는 곳이라는데 집중 호우로 제주지역이 쑥대밭이 되었다. 주민들은 자연의
흐름을 고려하지 않고 개발한 결과라고 이야기한다. 정부정책은 개별사안으로 인허
가를 고려할 것이 아니라 전체를 설계하여 그 목적에 부합한지 검토하여 인허가를
하였으면 한다.

　우리사회는 총체적인 관점으로 개별사안을 설명하면 부정적인 사람으로 매도를
하는 경우가 다반사다. 그러므로 긍정과 부정의 개념을 정확히 구별하는 능력도 필
요하고, 비평과 비판을 부정으로 단정하지 않아야 진일보 할 수 있다. 왕관릉지역에
서 까마귀가 배가 고픈지 처량하게 울며 따라와 먹을 것을 나눠주니 먹을 것을 물
고 날아간다. 새끼를 키우는가? 식품을 저장하는 것인가? 다시 돌아와 떨어진 조각
을 쪼아댄다. 새끼를 돌보는 까마귀에서 어린 시절 어머님이 그려진다. 단것은 자식
을 위하여 배가 아프다고 드시지 않고, 쓴 것은 부족할 때를 대비하여 저장하며 자
식을 키우셨던 어머니. 불효자식은 아직도 철이 안 들었답니다. 까마귀는 고맙다고
인사한 후 하얀 나무위에 앉는다. 사진을 한 장 찍자면서 이쪽을 보라고 하니 순간

까마귀는 고개를 돌려 사진기를 바라본다. 이심전심으로 통하는 인과응보로다. 말 못하는 동물들이 미천한 것이 아니라 사람보다 더 순박하고, 예절이 바르구나. 흥부 전을 전해오는 이야기로 치부할 것은 아닌 것 같다. 왕관릉은 구름 속에 갇혀서 보이지 않는다. 삼각봉에 도착하니 까마귀가 조화를 부렸는지 닫혔던 구름이 걷히면서 삼각봉의 위용을 보여주며 사진을 찍으라고 웃음 짓는다. 그래 하잘 것 없는 도움도 상대에게 큰 힘이 되고 커다란 감동이 되므로 남이 어려울 때 작은 보탬이라도 될 수 있도록 하자. 상대의 아픔에 다가설 수 있는 원초적 본능이 세상을 더욱 아름답게 한다. 한라산에서 일어난 기분 좋은 일만 생각하니 기나긴 길에 웃음꽃이 함박 피어난다.

어느덧 거대한 입을 벌린 계곡이고, 어스레한 어둠으로 깊이를 알 수 없는 웅덩이들은 온몸을 서늘하게 한다. 옛 사람들은 신변의 안전을 위하여 생활하였다고 하는데 우리는 얼마나 살 수 있을까? 현대의 주거환경과 비교하며 부족해도 미래를 위하여 참는 것도 큰 힘이 될 것이다. 개구리가 멀리 뛰기 위하여 움츠리듯이 서민은 저축으로 멀리 뛸 준비를 해야 한다. 나무들의 안내를 따라서 흥겹게 노래를 부르니 음치를 아는지 바로 택시를 태운다.

 날머리에서

공항에서도 한라산이 그리워서 한라산을 찾아 허공을 쫓는다. 산은 친구가 되고, 선생이 되어 공허한 가슴을 채워주면서 용기와 희망을 불어 넣어준다. 말보다는 이심전심으로 통하기에 더욱 산이 그립다. 어떠한 어리광도 받아주어 따뜻한 가슴을 품을 수 있도록 해주는 산에 감사드리며 미소를 짓는다.

산행정보

일 시 2009. 12. 11. (금) 08:00 ~
        14:30 (날씨 : 정상 맑음, 하단
        흐림)
명 칭 한라산 돈내코코스 ~ 영실
소재지 제주도 제주시 및 서귀포시
동 행 구름과 주목
코 스 돈내코탐방안내소 → 남벽분기
        점 → 방아오름샘 → 윗세오름대
        피소 → 영실

한라산 돈내코(한라산 계곡물이 너무 맑고 깨끗하여 돈내고 봐도 아깝지 않지만 돈을 내지 않는 곳)코스는 15년동안 자연휴식년제로 2009년12월 04일에 개통하여 서귀포시민의 숙원을 풀었다.

한라산을 오르는 성판암, 관음사, 영실, 어리목의 4개 코스에 추가되는 돈내코코스는 남벽분기점까지 약7.0km로 밀림지대, 살채기도, 평궤대피소, 남벽분기점에 이르고, 한라산 남벽의 기암절경을 관망할 수 있다.

한라산 화구벽은 거북이, 수직병풍바위, 봉긋한가슴으로 변화되고, 12지신상이 정상을 향하는 형상도 있다. 평궤휴게소에서 영실까지 방아오름샘, 노루샘 등 맑은 물이 군데군데 흘러서 물이 귀한 한라산에 시원한 물맛을 볼 수 있다. 특히 영실기암과 구상나무와 주목나무는 대자연을 자연상태로 보존할 이유를 보여준다.

 들머리에서

　제주도는 한라산의 영향으로 남북으로 기후변화가 심하다. 새벽을 달리는 한라산 북쪽은 추위와 안개구름으로 한치 앞이 안보여도 남쪽(서귀포)으로 들어서니 안개가 걷히며 태양이 비치고 따뜻하여 기분도 상승한다. 서귀포에서 달고 맛있는 밀감이 재배되는 이유도 따뜻한 기후의 영향 때문이다. 꿈은 어떤 역경도 헤쳐가는 힘이 있어서 15년만에 개통한 돈내코탐방로를 안개가 방해하여도 아랑곳 않고 나아가니 희망의 빛이 가득하다.

　돈내코관리 → 밀림지대 → 적송지대 → 살채기도 → 평궤대피소 → 남벽분기점(08:00~11:30)

　돈내코주차장은 도시 냄새가 물들지 않은 아담한 시골의 전원이라 기지개를 키면서 서귀포의 아침을 마신다. 서귀포 앞에는 문섬과 범섬을 비롯한 아기자기한 섬들이 세수하며 아침을 맞이하고, 햇살은 구름을 뚫고 대지를 살찌운다. 고요하고, 평온에 잠든 서귀포의 아침에 찬사를 보내며 돈내코코스로 들어선다.

　나무테크로 정비된 등산로는 많은 등산객을 고려하여 자연 유실을 최소화하였으며 관리사무소도 친환경적인 나무집으로 자연과 일치하려는 배려가 돋보인다. 자연에 동화된 관리사무소가 현대화되지 않기 바라며 깨어나는 돈내코에 실례를 구하여 대자연에 빨려든다.

　밀림지대는 빽빽한 나무지대로 한 마리 동물이 되어 자연에서 신나게 뛰놀고 싶다. 뜻대로 할 수 있다면 얼마나 좋겠는가. 현실과 이상의 괴리에서 현실을 직시하며 일장춘몽을 떨치고, 한적하고 쾌적한 공간에서 우문현답(愚問賢答)으로 자아를 찾는다. 수많은 혼돈이 끝없이 밀려드는 것을 산행으로 중심을 잡으며 정상궤도에 들어서도 어느덧 혼돈의 세계로 빠져들면서 한치 앞도 볼 수 없다. 정리와 혼돈의 무수한 반목으로 번뇌가 일어날 때 조리대군락이 정신을 안정시키며 구름지대로 안내한다. 구름지대는 사람과 신의 영역을 구분하는 곳으로 구름위로 올라서면 또 다른 세상을 만난다. 끝없는 운해의 바다는 어머니의 가슴처럼 포근한 환상의 요람으로 둥실둥실 떠올라 어느덧 구름위에 선 자아를 본다.

신의 영역에서 손오공처럼 구름을 타고 한라산 남벽의 장엄한 위용을 본다는 것이 큰 행운이다. 한라산의 반은 푸른 초원이고, 반은 수직화구벽으로 병풍을 치면서 세상은 하나라도 육신과 정신으로 나뉘어 있어서 혼연일체를 이루는 것이 쉬운 일이 아니란다. 서귀포바다의 운해에 안녕과 변화를 보고, 한라산의 오름에서 평화로움을 찾는 희열을 맛보며 대자연에 동화될 때 하얀 비행기구름이 정신일도하사불성을 알려준다.

 남벽분기점 → 방아오름샘 → 윗세오름대피소 → 노루샘 → 영실기암 → 영실 (11:30~14:30)

방아오름샘에서 천연약수로 몸을 정화하고, 평온한 기분으로 남벽을 돌아가는데 남벽은 차츰 완벽한 용암 화구벽으로 변화한다.

화구벽은 모회사 우유선전처럼 왕관모양의 무수한 분화구로 이루어져 있다. 각 왕관모양의 기둥들은 12지신과 후예들이 정상으로 향하는 분화구예술품으로 한라산 남벽의 걸작이다. 원색의 푸른 하늘과 오름의 초원이 환상의 세계로 안내하고,

하늘을 나는 비행기는 망망대해를 항해하는 배로 보여 하늘과 바다를 구분하는 것이 어색하다. 서로의 관계를 분석하여 이분법적으로 세상을 보려는 것이 인간 세상이라면 분석을 통하여 서로의 관계를 연관시켜 세상을 일원화하려는 것이 신의 세상이리라. 그러므로 천상이 따로 있는 것이 아니라 지금 머무는 곳이 천상이고, 하늘의 세계다. 생각이 무궁무진하면 스스로 올가미를 씌웠다가 벗었다가, 나락으로 떨어졌다가 이상 세계를 날아다니는 등으로 혼란이 가중되므로 방향을 제대로 잡고가야 혼란이 야기되지 않고 성공할 수 있다. 대자연의 순수함은 사람을 정화시켜서 세상은 살만하므로 스스로 혼돈에 빠져들지 말자. 행동과 양심이 따로 도는 무수한 무리들이 저 구름 아래 세계에 살고 있다.

그 사악한 무리들이 한라산의 대자연에 마음을 정화시키고, 마고할멈께 속죄하며 살아가면 얼마나 좋을까? 윗세오름에서 한라산 정상까지는 약30여분이면 도착할 수 있으나 등반로가 심하게 훼손되어 산행을 통제하는 주변으로 영국의 스톤헤지처럼 신성한 용암 돌기둥이 자리한다. 오름들의 광활한 초원에서는 노루와 사슴이 뛰어 놀 것 같은데 기척이 없다. 서양에서는 동물과 사람이 자연스럽게 어울리며 마을을 이루기도 하던데 아직은 자연에 대한 성숙도가 미약한 것이 우리의 현실이다. 윗세오름 대피소로 내려가는 길은 주목과 구상나무 군락지로 하얀 눈이 길을 안내한다. 성장하는 식물에 따라서 특색을 갖추는 자연의 조화로움을 찾으며 관계성의 자연이 신비롭다. 살아서 천년 죽어서 천년을 간다는 주목나무의 고사목은 절개와 죽음의 숭고함을 함께하고 있으니 사람은 일정한 세월이 흐르면 자연으로 돌아갈 준비를 해야 한다.

윗세오름대피소에서 제주도민의 따뜻한 배려로 고기가 가득 든 김밥을 맛보고, 옆에 있는 까마귀에게 김밥 고시레를 하면서 자연과 숨 쉬며 사는 것에 감사드린다. 까마귀에게 썰매를 끌어달라고 할까? 한발두발 내딛는 자연의 길옆에는 노루샘이 맑은 물로 선율을 울리고, 물 한 모금 입에 물고 한라산을 쳐다보니 포근한 여인의 가슴으로 신비함을 뿜어낸다.

영실기암과 오백나한상으로 밀려오는 구름은 속세로 들어서는 관문임을 알리고, 수많은 작품이 꿈속을 거닐게 하는 착각에서 영실폭포와 기암의 잔치에 넋을 놓으면 영실계곡의 맑은 물이 영실로 안내하며 정신을 차린다.

어느덧 선경에서 속세로 들어서 버렸다. 슬픈 전설이 담겨진 영실에서 한라산이 그리워진다.

섬

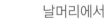

날머리에서

제주시지역은 아직도 안개 속에서 길을 내어놓지 않는다. 운해 속에 섬이 하나 떠 있으니 한라산이다. 그래 잠시 신의 세계에 있었던 것이 분명하구나. 중절모와 포근한 솜이불이 있으니 춥지는 않겠지. 불빛이 휘황찬란한 도시에서 한라산이 아른거린다.

 영실기암과 오백나한의 전설

영주십경(瀛州十景), 제주에서 빼어난 경치중의 하나인 이곳엔 경치만큼이나 슬픈 전설이 전해옵니다. 아주 먼 옛날 이곳에는 오백명의 아들을 거느리는 한 어머니가 계셨습니다. 흉년이 든 어느 해 어느 날 아들들이 모두 사냥을 나간사이 어머니는 사냥을 나간 아들이 돌아오면 먹이려고 커다란 가마솥에 죽을 쑤고 있었습니다.

그런데 솥이 너무 커서 죽을 젓다가 그만 실수로 펄펄 끓는 솥에 빠져버리고 말았습니다. 이런 줄도 모르고 사냥을 마치고 돌아온 아들들은 제 어미를 삶은 죽을 맛있게 먹었지요. 식사를 마칠 무렵 솥 바닥에서 뼈마디가 나오자 아들들은 그제서야 사실을 알고 말았습니다.

제 어미를 삶은 죽은 먹은 아들들은 대성통곡하며 슬프게 울었습니다. 울음에 지친 그들은 그 자리에서 바위로 굳었고, 막내아들은 섬을 떠돌아다니다가 섬의 끝자락에서 제주 섬을 지키는 바위가 되었습니다.

슬픈 전설이 아름다운 풍경을 만들었는지 풍경이 서러운 전설을 낳았는지 오랜 세월의 풍파에 깍이고 닳은 바위들은 그저 의연하기만 하고, 그들이 흘리던 눈물인 양 계곡을 적시는 물은 말없이 흘러내립니다.

영주십경(瀛州十景)

(1) 성산일출(城山日出) : 성산일출봉의 해돋이 광경이다.

(2) 사봉낙조(沙峰落照) : 건입동(健入洞) 측화산(側火山) 사라봉(沙羅峰)의 해넘이 광경

(3) 영구춘화(瀛邱春花) : 오등동(梧登洞) 방선문(訪仙門), 한천(漢川)의 봄꽃놀이

(4) 정방하폭(正房夏瀑) : 서귀포 동쪽에 단애에서 직접 바다로 떨어지는 폭포

(5) 귤림추색(橘林秋色) : 제주성에서 주렁주렁 매달린 귤을 바라보는 것

(6) 녹담만설(鹿潭晚雪) : 늦봄 한라산 정상의 백록담에 흰눈이 덮여 있는 경치

(7) 영실기암(靈室奇岩) : 한라산 정상 남서쪽에 깎아지른 기암군(奇岩群)이 총립(叢立)풍광

(8) 산방굴사(山房窟寺) : 남제주군 안덕면(安德面) 사계리(沙溪里) 산방산(山房山)

(9) 산포조어(山浦釣魚) : 산지포(山地浦, 지금의 제주항)에서 낚시를 즐기는 멋

(10) 고수목마(古藪牧馬) : 일도동(一徒洞)남쪽 고마장(古馬場)의 수천 마리 말

 영주십이경

(11) 용연야범(龍淵夜帆) : 용담동(龍潭洞) 한천(漢川)의 하류 용연에서 여름달밤에 뱃놀이

(12) 서진노성(西鎭老星) : 천지연(天池淵) 하류

희망의멘토를찾습니다

대한민국을 더욱 따뜻하게 만드는 희망의 멘토들의 행진은 계속됩니다.

저희 도서출판 행복에너지에서는 각박한 사회 속 식어가는 인정의 온기를 되살리는 책을 만들고자 노력하고 있습니다.
「성공을 위한 리허설」은 그 노력의 결과물로써 현재 여러 기업체와 각종 공공기관, 지방 자치단체, 복지기관 등에서 활발한 활동을 하시고 계신 다양한 분야에 종사하는 21인의 전문가와 함께 하였습니다.

이 한 권의 책으로 말미암아 조금이나마 대한민국이 따뜻해지리라 믿어 의심치 않습니다. 저희 출판사에서는 이러한 성과에 안주하지 않고, 더욱 폭넓고 다양한 삶의 지침서를 만들어갈 예정입니다.
각자의 분야에서 타의귀감이 되신 분들, 뛰어난 아이디어로 새로운 지평을 열어가는 분들, 본인만의 전문성과 노하우로 무장한 특정분야의 전문가들, 많은 사람들이 인지하지 못하는 영역에 대한 지식이 있는 분들을 모시고자 합니다. 치열한 삶의 이야기, 감동이 묻어나는 사람 사는 이야기로 많은 이들과 소통할 수 있는 기회를 함께 누리고자 합니다.
참여하실 의사가 있거나, 지면을 통해 보다 많은 사람들과 소통하기를 원하신다면 언제든 저희 출판사의 문을 두드려 주십시오. 보내주신 신중한 결정에 대해 최상의 대우를 약속드리겠습니다.

망설이지 말고, 지금 바로 희망의 멘토가 되어주십시오
당신의 참여로 세상은 한결 더 행복해질 것입니다.

행복이 깃드는 도서, 에너지가 넘치는 출판을 지향하는

대표 권 선 복 드림

도서
출판 **행복에너지**

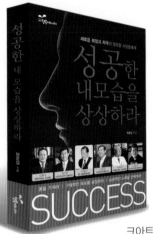

성공한 내 모습을 상상하라

정문섭 지음 | 신국판 | 값 15,000원

산골마을에서 태어나 서울시장을 역임하고 민선 충청북도지사를 재선한 후 아름다운 퇴장을 선택한 이원종 지사, 최초의 민간인 출신 한국거래소 김봉수 이사장, 전 세계 마그넷 시장의 절반을 석권한 (주)자화전자 김상면 대표이사, 초우량 반도체회사를 일군 (주)세미텍 김원용 대표이사, 암 연구 분야의 세계적 권위자 박재갑 국립암센터 초대원장, 국내 정크아트를 개척하고 시장을 만든 (주)정크아트 오대호 대표이사. 끊임없는 노력과 명쾌한 목표의식으로 성공에 이른 여섯 주인공의 치열한 생애를 살펴본다. 모든 개인과 단체와 기업들에게 더없이 소중한 가치가 있는 여섯 주인공의 특별한 경험들을 바로 지금 만나 볼 수 있다.

세상을 지배한 요리

이부춘 지음 | 신국판 변형 | 값 15,000원

고대의 진시황, 네로황제에서 근대로 넘어와 안철수, 정주영, 구자경, 조석래, 정몽준, 김승연, 이건희는 물론 박지성과 김연아까지 모두 열정과 체력을 뒷받침하는 음식에서 힘을 얻었다. 음식과 위인에 얽힌 에피소드로 가득한 〈세상을 지배한 요리〉는 어느덧 당신의 눈과 혀를 사로잡을 것이다.

행복의 멘토22

성공사관학교 서필환 외 21인 지음 | 신국판 변형 | 값 15,000원

성공사관학교라는 이름으로 하나가 된 대한민국 명강사들을 이제 책으로 만난다. 「행복의 멘토 22」라는 제목은 행복(幸福)의 한자 획수 22에서 착안되었다. 한 획 한 획이 모여 행복幸福이라는 글자를 이루듯이 한 명 한 명이 서로 조화롭게 모여 진정한 성공을 형상화 한다. 현재 대한민국 전국의 기업체들과 각종 공공기관, 지방 자치단체, 복지기관 등에서 활발한 강의활동을 이어가며 큰 인기를 누리고 있는 명실상부한 명강사 드림팀으로 엄선된 「행복의 멘토 22」는 진정한 행복과 성공의 멘토로 자리매김 하게 될 것이다.

대한민국 상위 0.1%의 자식교육

이규성 지음 | 신국판 | 값 15,000원

대한민국을 움직이는 명문기업家의 자식들은 뭔가 특별한 것을 배운다? 그간 외부에 드러나지 않았던 명문기업가의 자식교육 비법을 파헤친다. 최고의 자리에 올라 기업을 이끄는 선두리더가 되기 위해 그들은 부모로부터 무엇을 배웠으며, 또 후대의 자식들에게는 어떤 것을 가르치는지를 심층적으로 추적한 이 책은 현재 대한민국을 대표하는 기업 삼성, 현대, LG, SK, 롯데, 한화, 두산, 효성, 코오롱, 대림, 동원, 배상면주가, 샘표식품, 에이스침대, 안철수 연구소의 존경받는 리더들이 어떻게 완성되었는지를 알려준다. 명문기업가의 자식교육비법을 전수받아 대한민국을 넘어 세상에 우뚝 서는 자녀들의 청사진을 그려보자.

도서
출판 **행복에너지** 에서는

출판 및 기타 홍보물을 의뢰받아

기획 디자인 제작대행 해드리고 있습니다

● **제작 · 대행 업무**

출판 Publishing _ 자서전, 전기, 소설, 시집, 사보, 회사 연감

편집디자인 Editorial Design _ 브로슈어, 팜플랫, 카달로그, 리플릿, 회사 소개서

그래픽디자인 Graphic Design _ C · I (회사심벌), B · I (제품심벌)

● **출판제작과정**

출 판 제 작 과 정
1. 주문의뢰
2. 고객과의 디자인 방향 협의
3. 제품시안 제시 및 반복 수정 작업
4. 고객님의 최종 결정
5. 제품 제작 및 자료 전송

※ 특수 주문에 따라 일부변동 가능

www.Happybook.or.kr
☎ 0505-613-6133